刑法各论前沿问题探索

Exploration on the Frontier issues of Specific theories
of Criminal Law

彭新林　著

南开大学出版社

天　津

图书在版编目(CIP)数据

刑法各论前沿问题探索 / 彭新林著. —天津：南
开大学出版社，2016.1
ISBN 978-7-310-05014-7

Ⅰ.①刑… Ⅱ.①彭… Ⅲ.①刑法－研究 Ⅳ.
①D914.04

中国版本图书馆 CIP 数据核字(2015)第 282057 号

南开大学出版社出版发行
出版人：孙克强
地址：天津市南开区卫津路 94 号　　邮政编码：300071
营销部电话：(022)23508339　23500755
营销部传真：(022)23508542　　邮购部电话：(022)23502200

*

河北昌黎太阳红彩色印刷有限责任公司印刷
全国各地新华书店经销

*

2016 年 1 月第 1 版　　2016 年 1 月第 1 次印刷
230×160 毫米　16 开本　26.875 印张　2 插页　382 千字
定价：52.00 元

如遇图书印装质量问题,请与本社营销部联系调换,电话:(022)23507125

中国法学会 2015 年度部级法学研究课题"我国腐败犯罪境外追逃追赃面临的难点及对策研究" [CLS（2015）D058]的重要成果

司法部 2013 年度国家法治与法学理论研究课题"中国特色前科消灭制度构建研究"（13SFB3013）的重要成果

我不去想身后会不会袭来寒风冷雨

既然目标是地平线

留给世界的只能是背影

——汪国真：《热爱生命》

序

　　刑法各论研究的是各种具体犯罪及其刑事责任,刑法学关于犯罪、刑事责任和刑罚的一般理论、原则等,都需要通过刑法各论对各种具体罪刑的阐述,才能得到实际的贯彻和体现,从而为司法适用提供理论引导。正是在这种意义上,深入研究刑法各论十分重要和必要。

　　本人曾在检察、纪检机关从事实务工作,参与过有关职务犯罪、违纪案件的研讨和办理,也多次参加相关典型疑难刑事案件的专家咨询论证活动。在研讨、办理有关案件的过程中,我深感当前刑法各论的理论研究尚不能有效满足司法实践的需求,刑法理论与司法实务的良性互动还远未形成。其中重要的原因就是现行刑法各论的理论研究尤其是刑法学教材对具体犯罪及其刑事责任的阐述,既不连“天线”,缺乏必要的理论品格和深度,人云亦云者众多,无益于刑法知识的增长,又不接“地气”,缺少典型案例的支撑和解析,理论与实践出现“两张皮”的现象,难以为司法适用提供有力的法理指导和学理支撑。比如,近年来,抢夺被公安交通管理部门依法行政扣押的本人车辆案件时有发生,对于这类常见多发的案件,该如何定性,在刑法上应该做何种评价?目前司法实践中分歧很大,有的主张定抢夺罪,有的主张定抢劫罪,有的主张定非法处置扣押的财产罪,有的主张定妨害公务罪,还有的认为应当是数罪并罚等。由于此类案件情况较为复杂,涉及对刑法中公共财产内涵的理解、对物权性质的判定和行政执法权的保护等问题，因而处理起来比较棘手，似乎难以从现行的刑法各论教材、著述中找到答案。正因为如此，刑法各论理论研究的深化和发展，需要面向刑事司法实践，应当聚焦司法实务中的重点、热点和新问题，高度重视典型案例的法理研究，找准理论与实践的契合点。只有这样，才能既有助于发现司法实践对刑法各论理论的新要求，激发刑法各论理论创新，进而检验、丰富和发展刑法各论理论，同时也裨益于司法适用经验和规律的总结，从而更好地为刑事立法和刑事司法服务。

本书坚持以问题为导向，以科学理论为指导，从理论和实践的结合上对刑法各论领域的热点、难点、争议等前沿问题进行专题研究，在论述具体内容时注意反映和运用理论界的最新研究成果，或解说法律要点，或阐明法理依据，或探讨法理问题，或剖析典型案例，力求反映刑法分则相关重点罪名和条文的适用情况。应当说，本书不是系统完整的刑法各论著作，而是专题研究刑法各论若干前沿理论和法律实践问题的论著，主要是以我在检察、纪检机关工作时撰写的部分实务研究成果为基础，并纳入了这些年来我参与疑难刑事案件咨询论证、给刑法专业研究生讲授刑法各论课程时撰写的若干专题论文。虽然研究的内容基本涵括了刑法分则各章，但在全书的整体设计上，主要考虑了主题的集中性，注意突出重点，不搞面面俱到、大而全式的综合研究，而是有选择、有针对性地集中探讨刑法各论领域若干重要理论和实际问题，冀盼在研讨的领域有所深入、有所进展，对繁荣发展刑法各论的理论研究和服务司法实践有所贡献。

本书也是这些年来本人在刑法各论领域学术研究轨迹的呈现，大体上反映了我对刑法各论领域诸多问题的思考和见解。当然，由于刑法各论理论内容丰富，司法实践纷繁复杂，且刑法规定的罪名众多，新情况新问题层出不穷，虽然我在撰著过程中一直抱持力争言之有理、持之有据的谨慎心理，突出学术性、新颖性和可读性的有机结合，并注意运用生动真实的典型案例，力图寻求解决相关刑事司法疑难问题的合理方案，但难免仍然会存在一些疏漏和不足。比如，还有一些疑难、热点、争议等刑法各论前沿问题未纳入本书进行研究，书中某些观点有待加强论证，对某些问题的分析还不够深入细致等，因此，诚望得到方家和广大读者的批评指正。好在司法实践之树常青，刑法各论的理论发展和对刑法适用的解释是永无止境的，我们不应拘泥于某些具体的结论，而要勇于观察和琢磨丰富生动的司法实践，注意从司法实践中汲取理论滋养，丰富刑法各论理论的内容，赋予刑法各论理论更多的实践特质，从而推动刑法各论理论研究的深化发展。

最后，需要说明的是，本书的撰写、整理得到了著名法学家赵秉志教授的大力关心和支持，书中也有两节是在我和赵秉志教授合作撰写的有关文稿基础之上修改而成，因此，本书也凝结了赵秉志教授的一份心血，在此表示衷心感谢！也感谢责任编辑和同仁为本书出版所付出的辛勤劳动，正是他们的支持和帮助保证了本书的及时出版。

谨识于北京紫竹院·澄碧山房
乙未年九月

目　录

第一章
危害国家安全罪

第一节 投敌叛变罪的理解适用

一、概念和构成要件

投敌叛变罪，是指中国公民投奔敌人营垒，或者在敌人捕获、俘房后投降敌人，出卖国家和人民利益的行为。

投敌叛变罪具有如下构成特征：

（一）客体特征

关于本罪的客体，理论界对此认识不尽一致。第一种观点认为，投敌叛变罪的客体是"人民民主专政的政权和社会主义制度"[1]。第二种观点认为，投敌叛变罪的客体是"国家的安全与利益"[2]。第三种观点认为，投敌叛变罪的客体是"国家局部的利益"[3]。第四种观

[1] 高铭暄、马克昌主编：《刑法学》（第 5 版），北京大学出版社、高等教育出版社 2011 年版，第 333 页。

[2] 肖扬主编：《中国新刑法学》，中国人民公安大学出版社 1997 年版，第 313 页；陈兴良主编《罪名指南（上）》（第 2 版），中国人民大学出版社 2007 年版，第 57 页。

[3] 欧阳涛等主编：《中华人民共和国新刑法注释与适用》，人民法院出版社 1997 年版，第 13 页。

点认为，投敌叛变罪的客体是"国家安全"①。第五种观点认为，投敌叛变罪的客体是"公民对国家的忠诚义务"②。我们认为，第五种观点基本上是合理的，但表述不够准确，投敌叛变罪的直接客体应是"公民对国家的忠诚"。这里的关键是，要正确区分犯罪的同类客体与犯罪的直接客体的关系，不宜将犯罪的同类客体直接等同于直接客体，特别是在有其他内容可以作为其直接客体的时候，将同类客体的内容直接表述为直接客体的内容就更不妥当。否则，犯罪的直接客体就丧失了其在决定犯罪的性质以及在区分罪与非罪、此罪与彼罪界限上的意义。当然，犯罪的直接客体还应当具有确定性，即某种犯罪行为一旦付诸实施，在任何情况下就必定会直接侵害某种刑法所保护的社会关系。鉴于此，上述有关观点所言的"国家的安全和利益""国家的安全""人民民主专政的政权和社会主义制度""国家局部的利益"等，其表述的实际上是指危害国家安全犯罪的同类客体，而非投敌叛变罪这一个罪的直接客体，故而是不妥当的。而且有些投敌叛变行为可能并不一定会侵害所谓的"人民民主专政的政权和社会主义制度"，如行为人投奔某些并不主张改变现行政治制度的反动组织，就很难说其侵害了"人民民主专政的政权和社会主义制度"。另外，有的观点将犯罪的直接客体表述为某种"利益"甚或"局部的利益"，其妥当性更是值得商榷的。犯罪的直接客体，应是指某一种犯罪行为所直接侵害而为我国刑法所保护的某种具体的社会关系。应当说，社会关系的含义比利益更深刻，内容更为丰富，其有些是作为利益表现出来的，但有些则不能用利益来直接代替，如意识形态关系等。故此，在此意义上，将投敌叛变罪的直接客体表述为"国家的安全与利益""国家局部的利益"也不准确。其实，我国《宪法》明文规定："中华人民共和国公民有维护祖国的安全、荣誉和利益的义务，不得有危害祖国的安全、荣誉和利益的行为。"公民对国家忠诚、不得背叛乃是最基本的法律义务，法律规定这种基本义务即是对国家安全和利益的一种保护。而投敌叛

---

① 于志刚主编：《危害国家安全罪》，中国人民公安大学出版社 2003 年版，第 236 页；周道鸾、张军主编：《刑法罪名精释（上）》（第 4 版），人民法院出版社 2013 年版，第 57 页。

② 刘作俊：《投敌叛变罪若干疑难问题研讨》，载《南都学坛》2002 年第 4 期。

变行为，实际上违反了公民对国家的忠诚义务，破坏了公民对国家的忠诚，必然使国家的政治、经济、文化等各方面的利益和国家安全受到损害。综上，投敌叛变罪的直接客体是"公民对国家的忠诚"。

（二）客观特征

投敌叛变罪在客观方面表现为投奔敌人营垒，或者在敌人捕获、俘虏后投降敌人，出卖国家和人民利益的行为。

投敌叛变行为是"投敌"行为与"叛变"行为的统一，两者缺一不可。只有投奔国内外敌对势力的行为，没有背叛人民或国家的性质，不足以认定投敌叛变行为；只有投降敌人的行为，没有背叛人民或国家的行为，也不足以认定投敌叛变行为。投敌叛变的行为方式多种多样，无论采取何种形式，不管是主动投敌，还是被动投敌，只要行为人在实际上投奔或者投降敌人，背叛祖国或者人民，与我国国家为敌，就构成本罪。

1. 投敌

投敌行为主要有两种表现形式：一是投奔敌人营垒；二是在敌人捕俘后投降敌人。

所谓投奔敌人营垒，是指投奔国内外敌对势力或者国家上与我为敌的国家。"敌"是广义的，既包括交战状态下公开的敌国、敌方等敌人，也包括和平时期其他公然敌视我国政权和社会主义制度的敌对营垒；既包括国外敌人，也包括国内敌对势力，如国内出现的敌视党和国家政权的暴乱或敌特组织等。投奔敌人营垒，既包括投奔敌人控制区域，也可以是投向敌对国家的大使领馆、代表机构等拟制领土以及军舰、飞机等浮动领土。例如，被告人沈某于1977年7月由我国政府派往加蓬共和国援助筹建一针织厂期间，为达到援外期满回国时购置电视机等物品的目的，以伪造签名手段，贪污外籍工人工资14460西非法郎。事后沈某恐其问题败露，加之羡慕资产阶级生活方式，产生叛逃念头，遂于某日下午乘机逃到某国驻加蓬大使馆，书写了叛逃书，声称要"自由"，请求将其送到某国或台湾，不愿返回中国大陆。后沈某又给四个国家的政府首脑写信，呼吁这些国家领导人要求加蓬总统不要将自己交给中华人民共和国。在某国大使的策动下，沈某又书写

3

了内容反动的条幅，并呼喊"自由中国万岁""大陆光复"等反动口号，后被加蓬政府引渡至中国大陆。人民法院以投敌叛变罪对被告人沈某作了有罪判决。①在这一案件中，沈某投奔的就是敌对国家驻加蓬的大使馆。值得注意的是，有观点认为，在敌人的策动下，身在我方而暗中加入敌人阵营，为敌人提供情报，是投敌叛变行为。②我们认为，这种观点是值得商榷的。投敌是投奔敌方或者被捕俘后投降敌方的犯罪，与"加入"敌方是不同的，两者在性质和程度上均存在明显差别，不能一概而论。行为人暗中"加入"敌方阵营并提供情报的行为是间谍行为，而不是投敌叛变行为。

所谓在敌人捕俘后投降敌人，是指行为人被敌人捕获、俘虏后，停止对抗、屈服对方或者宣布脱离我方。

2. 叛变

叛变，是指背叛祖国或者人民，即出卖国家和人民利益，向敌人提供我方政治、经济、军事等国家秘密、情报等，以及其他为敌人效力的行为。行为人投敌后，变节成为敌方的人员显然具有背叛祖国或者人民的性质；而出卖组织、同志或者向敌人提供我方的国家秘密、情报或者接受敌人派遣为其服务，则是直接的背叛祖国或者人民的行为。"为敌人效力"是投敌后"叛变"行为的主要表现形式，既包括接受敌方组织、安排、派遣、命令，从事有利于敌方的行为，也包括为取得敌人赏识、信任而实施的损害我方国家安全和利益的行为；既包括在投敌叛变后为敌人效力，也包括在投敌叛变之前或者过程中为敌人效力。如被告人张某因收听台湾广播电台，萌生叛变之念，多次书写信件与敌特组织挂钩联系，自1986年至1987年9月，搜集有关国内政治、经济、军事等资料达341本（份），重达48公斤；张某还在记录本上写下"参加三民主义统一中国的行动经过"，以表其决心，并于1987年9月22日携带上述物品泅渡投奔台湾。在海上泅渡时，张某被我国公安机关抓获。③该案中，张某实施的"搜集有关国内政治、

①王作富主编：《刑法分则实务研究（上）》（第二版），中国方正出版社2001年版，第12页。
②陶驷驹主编：《中国新刑法通论》，群众出版社1997年版，第436页。
③于志刚主编：《危害国家安全罪》，中国人民公安大学出版社2003年版，第240页。

经济、军事等资料"以及在记录本上写下"参加三民主义统一中国的行动经过"以表其决心的行为，就属于在投敌叛变之前为敌人效力。

（三）主体特征

本罪的主体是中国公民，即达到法定刑事责任年龄、具有刑事责任能力的中国公民，而不限于武装部队人员、人民警察、民兵，其他公务员、企事业单位人员、普通百姓等均可成为本罪的主体。外国人和无国籍人不能单独成为本罪的主体，但可以成为本罪的共犯。

（四）主观特征

本罪的主观方面是故意，但究竟是直接故意，还是也包括间接故意，存在一定的争议。传统的观点认为，投敌叛变罪的主观方面只能是直接故意，而且具有危害国家安全的目的。但也有观点认为，投敌叛变罪在主观方面可以是间接故意，因为刑法没有明文规定投敌叛变罪要以一定犯罪目的为构成要件，不排除投敌叛变罪存在间接故意的可能；而且行为人基于逃避刑罚惩罚、移居他国、图谋钱财等目的投敌叛变的，其主观方面应为间接故意。[①]我们认为，本罪的主观方面只能是直接故意，并且具有危害国家安全的目的。上述有关观点以刑法没有明文规定投敌叛变罪要以一定犯罪目的为构成要件，得出不排除投敌叛变罪存在间接故意的可能的结论，是比较牵强的。因为从犯罪目的与刑法规定的关系看，有些是刑法分则明文规定了犯罪目的，如刑法第 192 条、第 193 条对集资诈骗罪和贷款诈骗罪非法占有目的的规定；有些是刑法分则虽无明文规定，但根据条文对客观要件的表述以及条文之间的关系，而为成立犯罪所必须具备的目的，如刑法第 266 条规定的诈骗罪，虽然条文没有规定犯罪目的，但根据诈骗的特征和构造，"非法占有的目的"显然属于诈骗罪主观方面的构成要件要素。可见，刑法分则对犯罪目的的是否有明文规定，并不是衡量构成某种犯罪主观方面是否需要有犯罪目的的判断标准。另外，上述有关观点还提到"基于逃避刑罚惩罚、移居他国、图谋钱财等目的投敌叛变"的情形下，行为人主观方面应为间接故意。这也是不正确的。其一，

---

① 于志刚主编：《危害国家安全罪》，中国人民公安大学出版社 2003 年版，第 240 页。

逃避刑罚惩罚、移居他国、图谋钱财等心理，并不属于犯罪目的的范畴，而应是犯罪动机，即是促使行为人实施投敌叛变行为的心理动因；而犯罪动机如何，不影响犯罪构成。其二，如果行为人仅是为了逃避刑罚惩罚、移居他国或者图谋钱财而投奔敌对势力，没有背叛祖国或者人民的性质和行为，那就只有投敌而无叛变行为，这种情况是不构成投敌叛变罪的。当然，若行为人为了逃避刑罚惩罚、移居他国或者图谋钱财，投奔敌对势力后又有为敌人效力等叛变行为的，是可以构成投敌叛变罪的。此种情况下，行为人的主观方面只能是直接故意，并且具有危害国家安全的目的，而不可能是间接故意的放任心态。

二、司法认定

（一）罪与非罪的界限

划清投敌叛变罪罪与非罪的界限，关键是要注意以下两点：一是行为人主观上具有危害国家安全的目的。没有危害国家安全的目的，即使行为人误闯敌占区或者敌人控制区域，或者出于其他动机投敌，均不构成投敌叛变罪。二是要有投敌叛变行为。行为人即使主观上有投敌叛变的犯罪故意，但若没有投敌叛变行为，也不构成投敌叛变罪。特别是要注意把被敌人捕俘后投降敌人的一般变节行为与投降后又有为敌人效力等叛变行为区分开来，一般的投降变节行为，不构成投敌叛变罪。

（二）投敌叛变罪与相关犯罪的界限

对投敌叛变罪与其他相关犯罪的界限，主要是要搞清其与背叛国家罪、间谍罪、偷越国（边）境罪的关系。

1. 投敌叛变罪与背叛国家罪的界限

背叛国家罪，是指中国公民勾结外国，危害中华人民共和国主权、领土完整和安全的行为。它与投敌叛变罪的主体都是中国公民，在客观方面都涉及外部势力，都有背叛国家的行为。两罪的区别在于：其一，两罪侵害的直接客体不同。两罪虽然都是危害国家安全犯罪，但背叛国家罪的直接客体是国家的主权、领土完整和安全，而投敌叛变罪则的直接客体是公民对国家的忠诚。其二，两罪的客观方面不同。投敌叛变罪的行为方式是背叛国家、投奔敌人营垒或者在被敌人捕俘后投降变节，而背叛国家罪则是行为人勾结外国势力危害我国主权、领土完整和安全，与外国是一种勾结关系。投敌叛变罪投奔或者投降的对象可以是国内外任何敌对势力，但背叛国家罪勾结的对象只能是外国政府、组织、政党或者社会势力，不包括国内的敌对势力。其三，犯罪的主体有所不同。两罪的主体虽然都是中国公民，但背叛国家罪的主体通常是窃据党和国家重要权力或者具有一定社会地位或政治影响的人，而投敌叛变罪的主体可以是任何中国公民。

2. 投敌叛变罪与间谍罪的界限

两罪都是危害国家安全的犯罪，且与境外有联系，但也存在明显的区别：其一，主体不同，投敌叛变罪的主体只能是中国公民，而间谍罪的主体可以是中国公民，也可以是外国人、无国籍人。其二，行为方式不同。投敌叛变罪的行为方式是背叛国家、投奔敌人营垒或者在被敌人捕俘后投降变节，而间谍罪的行为方式是参加间谍组织或者接受间谍组织及其代理人的间谍活动任务，为敌人指示轰击目标。

3. 投敌叛变罪与偷越国（边）境罪的界限

两罪都有越境的情节，但区别非常明显：其一，两罪的客体不同。投敌叛变罪是危害国家安全的犯罪，其直接客体是公民对国家的忠诚，而偷越国（边）境罪侵害的国家出入境管理制度。其二，主观方面不同。投敌叛变罪要求主观方面具有危害国家安全的目的，而偷越国（边）境罪主观方面不具有危害国家安全的目的。其三，主体不同。投敌叛变罪的主体只能是中国公民，而偷越国（边）境罪的主体既包括中国公民，也包括外国人、无国籍人。其四，客观方面不同。偷越国（边）境罪客观方面表现为采取秘密、蒙混、绕道等方式擅自出入国（边）境的行为，而非背叛国家、投奔或者投降敌对势力的行为。

（三）投敌叛变罪的罪数形态问题

行为人在投敌叛变之前或者过程中或者之后又实施其他犯罪行为的，该如何处理？这就涉及投敌叛变罪的一罪与数罪问题。我们认为，只有投敌叛变行为与其他犯罪行为之间具有包容关系、竞合关系、吸收关系或者牵连关系的，都应当按照法条竞合、想象竞合、牵连犯或者吸收犯的有关原则进行处理。如在投敌叛变之前或者过程中，为获得敌人的信任和赏识，而实施的窃取国家秘密、盗窃武器、破坏我方财物等行为，就应认为是投敌叛变行为的表现，是一罪而非数罪，从而仅成立投敌叛变罪；投敌叛变后，行为人实施的泄露国家秘密、出卖国家利益等，也属于投敌叛变的当然内容，而不单独成立其他的犯罪。如 1965 年 11 月 11 日，时任中国人民解放军空军第 8 师 22 大队飞行员的李显斌驾驶 1 架伊尔－28 轰炸机从杭州笕桥机场起飞投敌。李显斌被台湾方面封为"义士"，获得了价值 280 万新台币的奖金，并加入台湾空军。1991 年 12 月李显斌回大陆探亲，后被我国公安部门扣留。1992 年 6 月 26 日，山东省青岛市中级人民法院以"叛变投敌罪"判处李显斌 15 年有期徒刑。[①]在本案中，李显斌驾机投敌，既是其投敌叛变的手段，也是其取得敌方信任的"礼物"。人民法院认定李显斌驾机投敌是投敌叛变行为的具体体现，以投敌叛变罪判处其刑罚，无疑是正确的。当然，对于行为人实施的其他犯罪，若与投敌叛变罪不存在有关包容、竞合、吸收或者牵连关系的，如在投敌叛变前报复杀人、故意伤害、抢劫财物、强奸妇女、卷走公款等，则应实行数罪并罚。

（四）投敌叛变罪的停止形态问题

投敌叛变罪是行为犯，按照通说的观点，应当以其法定行为的完成作为犯罪既遂的标志。投敌判变罪的法定行为是"投敌叛变"，即"投敌"行为与"叛变"行为统一的复合行为，只有在"投敌"行为和"叛变"行为均完成的情况下，才能认定为是投敌叛变罪的既遂。当行为人着手投奔敌对营垒或者在敌人捕俘后着手投降敌人，但因意志以外的原因，未能完成投奔行为、投降行为、叛变行为的，应当认定为是投敌叛变未遂，成立未遂犯；反之，如果是行为人出于自己的意愿而放弃投敌或者叛变的，则属于犯罪中止，成立中止犯。当行为人以投

---

① 李立朴：《大陆逃台飞行员娶台湾女谍为妻——回乡探亲被捕》，载《羊城晚报》2012 年 4 月 2 日。

敌叛变故意准备犯罪工具、拟定犯罪计划、排除犯罪障碍等，但尚未着手投奔敌对营垒的，或者在敌人捕俘后尚未投降敌人的，应当认定为是投敌叛变预备行为，成立预备犯；反之，如果是行为人出于自己的意愿而放弃犯罪预备行为的，也属于犯罪中止，成立中止犯。如被告人段某先后4次按台湾地区情报电台广播的联络地址投寄5封挂号信，在信中他大肆攻击中国的政治制度，并积极向对方申领任务。为投靠对方，段某准备了路费，购买了某省地图、指南针和救生圈等物品，伪造了混入边防地区的有关证件。某日晚上，段某驾驶偷来的船驶向对方控制区域，但被我方当场抓获。[①]在本案中，段某为投敌叛变，做了大量的准备工作，包括准备犯罪工作、排除犯罪障碍等，但其只是驾船开始驶向敌方控制区域，尚未到达或者接近敌方控制区域，可以说是在还尚未"着手"投奔敌对营垒的情况下，因意志以外的原因未得逞，因而是一种投敌叛变的犯罪预备行为而非未遂行为，应认定为预备犯。

三、刑罚适用

根据刑法第109条、第113条的规定，投敌叛变的，处3年以上10年以下有期徒刑；情节严重或者带领武装部队人员、人民警察、民兵投敌叛变的，处10年以上有期徒刑或者无期徒刑。对国家和人民危害特别严重、情节特别恶劣的，可以判处死刑。本罪可以并处没收财产。

对投敌叛变罪的刑罚适用，应当注意以下三点：

第一，妥当把握"情节严重"的情形。对于构成投敌叛变罪，情节一般的，应处3年以上10年以下有期徒刑；情节严重或者带领武装部队人员、人民警察、民兵投敌叛变的，应处10年以上有期徒刑或者无期徒刑。何谓"情节严重"？目前没有司法解释进行明确。我们认为，情节严重主要包括下述情形：带领众人投敌叛变的手段特别恶劣

---

① 赵秉志主编：《中国刑法案例与学理研究》（第2卷），法律出版社2004年版，第44页。

的；携带重要机密投敌叛变的；携带或者驾驶武器装备投敌叛变的；挟持他人投敌叛变的；高级官员或者负有重要职责的人投敌叛变的；投敌后接受派遣返回境内从事严重危害国家安全犯罪活动的；给国家和人民利益造成严重损失的；造成恶劣政治影响的；等等。

第二，正确理解"带领武装部队人员、人民警察、民兵投敌叛变"的内涵。关于"带领武装部队人员、人民警察、民兵投敌叛变"的含义，主要是指带领人数较多至少有一个以上武装部队人员、人民警察、民兵的投敌叛变行为。如带领成建制的或者人数较多的武装部队人员、人民警察、民兵投敌叛变。武装部队、人民警察、民兵是国家的武装力量，负有保卫国家主权、领土完整和安全等重要职责，带领这些人员投敌叛变比带领其他人员投敌叛变，对国家安全和人民利益具有更大的社会危害性，因而必须严惩。

第三，严格掌握适用死刑的条件。只有对国家和人民危害特别严重并且情节特别恶劣的，才可以判处死刑（包括死缓）。在司法实践中，"对国家和人民危害特别严重、情节特别恶劣的"，一般包括下述情形：挟持中央首长、重要岗位的高级军事指挥官投敌叛变的；投敌后接受派遣返回境内实施投放危险物质、爆炸、杀人等严重暴力犯罪活动的；携带大量武器、弹药、装备、重要国家机密等投敌叛变的；因投敌叛变致使我方大量人员或者隐蔽战线重要人员遭到敌人拘捕、杀害或者财产遭受特别严重损失的等。

第二节　叛逃罪的理解适用

一、概念和构成要件

叛逃罪，是指国家机关工作人员和掌握国家秘密的国家工作人员在履行公务期间，擅离岗位，叛逃境外或者在境外叛逃的行为。

叛逃罪具有如下构成特征：

（一）客体特征

本罪客体是狭义上的国家安全，而非作为危害国家安全犯罪同类客体的广义上的国家安全。国家机关工作人员由于担任公职的关系，往往掌握着一定的或者某一方面的国家秘密，或者熟悉我国政治、经济、文化、军事、社会等领域的情况，一旦叛逃境外或者在境外叛逃，就会给我国国家安全带来直接威胁。而那些掌握国家秘密的国家工作人员，本身就知悉关系国家安全和利益的秘密，甚至具有保密的职责，他们一旦叛逃，其对国家安全造成的损害不亚于甚至远远超过叛逃的其他国家机关工作人员。

（二）客观特征

本罪的客观方面表现为国家机关工作人员和掌握国家秘密的国家工作人员在履行公务期间，擅离岗位，叛逃境外或者在境外叛逃的行为。可见，本罪的客观方面包括"履行公务期间""擅离岗位"和"叛逃境外或者在境外叛逃"等必备要素。

1. 履行公务期间

如何理解"履行公务期间"，有观点认为"履行公务期间是指国家机关工作人员履行职责，从事公务活动期内"[1]，有观点指出"履行公务期间是指国家工作人员代表国家，依照有关规定，办理自己职责范围内的事务过程中"[2]，还有观点表示"履行公务期间主要指在职的国家机关工作人员在执行公务期间，如国家机关派出的代表团在国外访问期间，我国驻外使、领馆的外交人员在执行使、领馆职务期间等等"[3]。从上述有关观点的表述来看，对"履行公务期间"的确切范围还是没能明确划定，无论是从时间还是从业务性质上都缺乏规定性，有的观点用"履行职责""执行公务期间"等作为核心范畴来解释"履行公务期间"，其外延仍然是模糊的。如在境外工作的国家机关工作人员下班、节假日期间叛逃的，能否认为是"履行公务期间"等？回答这些问题，都需要对"履行公务期间"的内涵和外延进行明确的

---

[1] 高铭暄主编：《新编中国刑法学》，中国人民大学出版社 1998 年版，第 503 页。
[2] 肖扬主编：《中国新刑法学》，中国人民公安大学出版社 1997 年版，第 313 页。
[3] 周道鸾、张军主编：《刑法罪名精释（上）》（第 4 版），人民法院出版社 2013 年版，第 59 页。

解释。我们认为，履行公务期间就是在职的国家机关工作人员或者掌握国家秘密的国家工作人员担任公职期间。从时间上看，应是从该国家工作人员从任职起到被解职止这段时间。履行公务的内容应当是与其职务有关的一切公共事务，而不仅限于"自己职责范围内的事务"或者"某一具体事项"。基于此，不仅行为人在上班、出差、考察、执行任务期间，而且行为人被派驻境外执行职务的整个期间（包括节假日、下班，不仅限于上班时间）等，都应认定为属于履行公务期间。当然，有以下几种情况应当排除在"履行公务期间"之外：行为人虽然具有公职身份，但其在一定时期内不能正常履行职责、因病休养、离职到境外学习、被停职审查但尚未办理有关手续等。

2. 擅离岗位

擅离岗位，就是违反规定私自离开岗位的行为。详言之，包括未按规定向有批准权的机关和人员汇报，或者虽已向有权批准的机关和人员汇报但未被批准，或者未得到有权机关和人员的决定、命令，而私自脱离其所在的工作岗位等几种情况。如受派遣在境外工作的人员或者国家机关工作人员临时出境滞留不归等，都属于擅离岗位。

3. 叛逃境外或者在境外叛逃

叛逃境外，是指行为人同境外的机构、组织联络，由境内逃离到境外的行为，逃往外国驻我国使领馆、代表机构等拟制领土以及外国军舰、飞机等浮动领土的，也应以叛逃境外论处。

在境外叛逃，是指行为人在境外擅自不归国，投靠境外的机构、组织的行为。其中"境外"是指我国边境以外的国家和地区。

（三）主体特征

本罪的主体是特殊主体，即国家机关工作人员和掌握国家秘密的国家工作人员。国家机关工作人员是指在国家权力机关、行政机关、司法机关、军事机关和党的机关、政协机关中从事公务的人员。不包括在上述国家机关中从事工勤事务的人员。此外，根据刑法第430条的规定，属于军人叛逃的，构成军人叛逃罪，应按军人叛逃罪定罪处罚。国家工作人员则既包括国家机关工作人员，也包括国有公司、企业事业单位、人民团体中从事公务的人员和国家机关、国有公司、企业事业单位委派到非国有公司、企业、事业单位、社会团体从事公务的人员以及其他依照法律从事公务的人员。

（四）主观特征

本罪的主观方面是故意，过失不构成本罪。至于是直接故意还是也包括间接故意，理论界存在一定的争议。第一种观点认为，叛逃罪主观上只能是出于直接故意。[①]第二种观点认为，叛逃罪的主观方面表现为故意，包括直接故意和间接故意，即行为人明知自己的行为会发生危害国家安全的结果，并且希望或者放任这种结果发生。[②]我们认为，第一种观点是正确的，叛逃罪的主观方面只能是直接故意，即行为人明知自己是在履行公务或者是掌握国家秘密的国家工作人员，应当忠诚于国家和人民，不得背叛，而仍决意实施叛逃行为，投靠境外机构、组织，并且希望叛逃结果的发生。至于从行为人叛逃的意图来看，有的是贪图享乐，有的是企图逃避法律制裁，有的是甘当境外敌对势力的马前卒等，叛逃的意图或者动机不影响叛逃罪的成立，在量刑时可以考虑。

二、司法认定

（一）罪与非罪的界限

正确区分叛逃罪罪与非罪的界限，主要是要把握好三点：一是看行为人是否系国家机关工作人员和掌握国家秘密的国家工作人员。如果行为人不是国家机关工作人员，或者不是掌握国家秘密的国家工作人员，那么就不构成本罪。二是看叛逃是否发生在履行公务期间，如果行为人不是在履行公务期间叛逃，或者是在一定时期内不能正常履行职责、因病休养、离职到境外学习、被停职审查但尚未办理有关手续等过程中叛逃，也不构成本罪。三是看行为是否具有叛逃的性质。特别是在认定"叛逃境外"或者"在境外叛逃"这一客观方面构成要

[①] 李希慧主编：《刑法各论》，中国人民大学出版社 2007 年版，第 32 页。
[②] 于洋编著：《刑法罪名适用（第一分册）》，中国法制出版社 2012 年版，第 33 页。

件时，要注意分析行为人的行为是否属于背叛我方、投靠境外组织或者机构。如果行为人没有背叛我方或者没有投奔境外的组织、机构，则不应认定为叛逃行为。如 2008 年 9 月 19 日，温州市鹿城区委原书记杨湘洪因公率团出国考察滞留法国不归，根据浙江省委的要求，温州市委多渠道、多层次地开展劝说工作，但劝说无果。浙江省纪委决定给予杨湘洪开除党籍、行政开除处分。[①]在本案中，杨湘洪因公率团出国进行经贸交流活动期间，逾期滞留法国不归，属于擅离岗位，但其没有投靠境外组织或者机构，不属于叛逃性质，其行为不构成叛逃罪，因而给予其党纪政纪处分即可。

（二）叛逃罪与相关犯罪的界限

1. 叛逃罪与背叛国家罪的界限

叛逃罪也具有背叛国家的性质，因而易与背叛国家罪发生混淆。其实，两罪也有明显的区别：其一，叛逃罪的主体是特殊主体，即国家机关工作人员和掌握国家秘密的国家工作人员，而背叛国家罪的主体是一般主体，只要是中国公民即可。其二，行为方式不同。叛逃罪的行为方式表现为在履行公务期间，擅离岗位，叛逃境外或者在境外叛逃；而背叛国家罪的行为方式则是勾结外国，危害我国的主权、领土完整和安全。

2. 叛逃罪与投敌叛变罪的界限

叛逃罪与投敌叛变罪都有叛逃的性质，危害国家安全，因而有相似之处，两罪的区别是：其一，主体不同。叛逃罪的主体是国家机关工作人员和掌握国家秘密的国家工作人员，而投敌叛变罪的主体是中国公民。其二，客观方面不同。叛逃罪是一种单纯的叛逃行为，不要求投奔敌人营垒或者被捕俘后投降敌人，而投敌叛变罪是投敌行为与叛逃行为的统一，两者缺一不可；叛逃罪要求在履行公务期间发生，投敌叛变罪无此要求；叛逃罪投奔的只能是境外的机构、组织，投敌叛变罪投奔或者投降的对象可以是国内外任何敌对势力。

---

① 《杨湘洪出国考察滞留不归 被开除党籍开除公职》，载《浙江日报》2008年11月13日。

3. 叛逃罪与军人叛逃罪的界限

叛逃罪与军人叛逃罪都是在履行公务期间，擅离岗位，叛逃境外或者在境外叛逃，主观方面也都有叛逃的直接故意。两罪的主要区别是：其一，主体不同。军人叛逃罪的主体必须是军人，叛逃罪的主体是除军人以外的国家机关工作人员以及掌握国家秘密的国家工作人员。其二，客体不同。叛逃罪的直接客体是狭义的国家安全，而军事叛逃罪的直接客体则是国家军事安全利益。

（三）叛逃罪的罪数形态问题

叛逃罪的罪数形态认定，主要涉及以下几种，到底是一罪还是数罪的问题。

第一，行为人实施了贪污、受贿等犯罪行为，为逃避法律追究而叛逃境外或者在境外叛逃的情形。这种情况下，行为人实施的贪污、受贿等是单独的犯罪行为，此类叛逃行为应认定为数罪，以贪污罪、受贿罪等与叛逃罪数罪并罚。当然，如果行为人实施了贪污、受贿等犯罪行为，为逃避法律追究，只是潜逃出境，并没有叛逃行为的，一旦缉捕回国，直接以贪污罪、受贿罪定罪科刑。

第二，行为人为了取得境外组织、机构的信任和赏识，以窃取、刺探、收买等方式获取国家秘密、情报的，这种情况下，窃取、刺探、收买、非法提供国家秘密、情报的行为已经超出了叛逃的范畴，也非叛逃罪的手段行为或者结果行为，应当以叛逃罪和为境外窃取、刺探、收买、非法提供国家秘密、情报罪实行数罪并罚。

第三，行为人为了取得境外组织、机构的信任和赏识，将自身掌握的国家秘密、情报泄露的，只以叛逃罪定罪处罚，因为将自身掌握的国家秘密、情报泄露给境外机构、组织，也是叛逃行为的重要表现方式。

第四，行为人为了叛逃境外或者在境外叛逃，伪造国家机关公文、证件、印章的，这种情况下，伪造国家机关公文、证件、印章是叛逃的手段行为，应按照牵连犯的处理原则以叛逃罪从重处罚。

第五，行为人叛逃后又实施危害国家安全的行为，如接受境外机构派遣窃取我国国家秘密或者煽动颠覆国家政权等，这种情况下，应当认定为数罪。因为叛逃罪本来就具有危害国家安全的性质，而且《刑法修正案（八）》第21条对1997年刑法典规定的叛逃罪罪状进行了修改，删去了原"危害中华人民共和国国家安全"的表述。故而对于行为人在叛逃后实施的危害国家安全行为，应当进行独立评价，即应实行数罪并罚。

三、刑罚适用

根据刑法第109条、第113条的规定，国家机关工作人员在履行公务期间，擅离岗位、叛逃境外或者在境外叛逃的，处5年以下有期徒刑、拘役、管制或者剥夺政治权利；情节严重的，处5年以上10年以下有期徒刑。掌握国家秘密的国家工作人员叛逃境外或者在境外叛逃的，依照前款的规定从重处罚。犯本罪的，可以并处没收财产。

正确适用刑法关于叛逃罪的处罚规定，要注意把握以下几点：

第一，区别不同情节，正确适用法定刑。国家机关工作人员叛逃，情节一般的，处5年以下有期徒刑、拘役、管制或者剥夺政治权利；掌握国家秘密的国家工作人员叛逃，情节一般的，则应在"5年以下有期徒刑、拘役、管制或者剥夺政治权利"的量刑档次内从重处罚。国家机关工作人员叛逃，情节严重的，则应处5年以上10年以下有期徒刑；掌握国家秘密的国家工作人员叛逃，情节严重的，则应在"5年以上10年以下有期徒刑"的量刑档次内适当从重量刑。

第二，合理确定"情节严重"的内容。何谓"情节严重"？我们认为，应着重从叛逃造成的后果、叛逃时机和投奔对象、叛逃主体的身份、犯罪情节等方面综合分析判断是否属于"情节严重"。属于下述情形的，一般应认定为"情节严重"：叛逃给国家安全和利益造成重大损害的；叛逃引发国家之间外交等争端或者造成恶劣政治影响的；叛逃者担任国家重要领导职务或者系掌握国家秘密的重要岗位人员的；携带大量国家秘密叛逃或者率众叛逃的；在我国与相关国家之间发生战争、进行重大谈判等特殊敏感时期叛逃该国的等。如以重庆市原副市长王立军叛逃案为例，王立军就是掌握国家秘密的国家机关工作人员，而且官居副部级；且曾担任重庆市公安局局长等重要领导岗位，其在履行公务期间，擅离岗位，叛逃至美国驻成都领事馆，给国家安全和利益造成了重大损害，带来了极其恶劣的政治影响，就是属于情节严重的情形，理当依照刑法第 109 条的有关规定从重处罚。当然，因王立军犯叛逃罪后自动投案，并如实供述其叛逃的主要犯罪事实，属于自首，根据刑法第 67 条的规定，依法可以对其从轻或者减轻处罚。故四川省成都市中级人民法院在综合分析该案有关案件事实和情节的基础上，对王立军所犯叛逃罪依法予以减轻处罚，以叛逃罪判处王立军有期徒刑 2 年，剥夺政治权利 1 年。①

第三，注意把握国家秘密的含义。根据《保守国家秘密法》的有关规定，国家秘密是指关系到国家安全和利益，依照法定程序确定，在一定时间内只限一定范围内的人员知悉的事项。国家秘密主要包括以下涉及国家安全和利益的事项：国家事务重大决策中的秘密事项；国防建设和武装力量活动中的秘密事项；外交和外事活动中的秘密事项以及对外承担保密义务的秘密事项；国民经济和社会发展中的秘密事项；科学技术中的秘密事项；维护国家安全活动和追查刑事犯罪中的秘密事项；政党的秘密事项中符合《保守国家秘密法》第 9 条规定的，属于国家秘密；经国家保密行政管理部门确定的其他秘密事项。国家秘密的密级分为绝密、机密、秘密三级，绝密级国家秘密是最重要的国家秘密，泄露会使国家安全和利益遭受特别严重的损害；机密级国家秘密是重要的国家秘密，泄露会使国家安全和利益遭受严重的损害；秘密级国家秘密是一般的国家秘密，泄露会使国家安全和利益遭受损害。因此，对掌握国家秘密特别是机密级以上国家秘密的国家工作人员叛逃的，势必会给国家政治、经济、国防、外交等领域的安全和利益造成严重损害甚至特别严重的损害，故而必须从严惩处。

---

① 李斌、杨维汉：《王立军徇私枉法、叛逃、滥用职权、受贿案一审宣判》，载 http://news.xinhuanet.com/legal/2012-09-24/c_113183202.htm

第三节　间谍罪的理解适用

一、概念和构成要件

间谍罪，是指参加间谍组织或者接受间谍组织及其代理人的任务，或者为敌人指示轰击目标，危害国家安全的行为。

间谍罪的构成特征如下：

（一）客体特征

本罪侵犯的客体是狭义上的国家安全。间谍行为往往以秘密方式打入对方内部，窃取、刺探、传送各方面的国家机密和情报，进行各种破坏、策反、颠覆等活动，直接损害国家的安全和利益，是一种严重危害国家安全的犯罪行为。

（二）客观特征

间谍罪的客观方面主要表现为参加间谍组织或者接受间谍组织及其代理人的任务，或者为敌人指示轰击目标的行为。

1. 参加间谍组织或者接受间谍组织及其代理人的任务

间谍组织是指外国政府或者境外的敌对势力建立的旨在收集我国情报，进行颠覆破坏活动等，危害我国国家安全和利益的组织。参加间谍组织，就是行为人通过一定的程序和手续加入间谍组织，成为间谍组织的成员。参加间谍组织可以是行为人主动要求加入间谍组织并被其接纳，也可以是间谍组织主动邀请行为人加入并且其同意加入。只要行为人履行了一定的加入程序或者手续（如登记、培训等），就可以认为是开始实施参加间谍组织的行为；参加间谍组织行为的完成，以实际加入为准；但在非常情况下，行为人还未完成加入行为，但事实上已作为该间谍组织的成员进行活动的，也应认定为参加间谍组织。

间谍组织的代理人，是指受间谍组织或者其成员的指使、委托、资助，进行或者授意、指使他人进行危害我国国家安全活动的组织和个人。代理人的范围是较为广泛的，可以是自然人，也可以是法人或者不具有法人资格的组织、团体。在实践中，由于间谍组织代理人的情况比较复杂，在确定哪些组织和个人属于间谍组织代理人时，根据《国家安全法实施细则》的有关规定，应由国家安全部进行确认。接受间谍组织及其代理人的任务，是指接受间谍组织及其代理人的命令、派遣、指使、委托为间谍组织服务，从事进行危害国家安全的活动。至于接受间谍组织及其代理人任务的人，是否包括已加入该间谍组织的行为人，有观点持肯定态度，认为行为人不管是否已加入间谍组织，均可以是"接受间谍组织及其代理人的任务"的人；[①]另有观点持否定态度，认为这里是没有从组织上参加间谍组织，而是接受间谍组织及其代理人的指令，完成他们交给的收集情报等任务的人。[②]我们认为，后一种意见是正确的。刑法第 110 条第 1 项将"参加间谍组织"与"接受间谍组织及其代理人的任务"并列规定在一起，中间用"或者"一词进行连接，就表明两者在外延上不具有包容关系，其立法意图除了是要打击参加间谍组织的行为外，还必须将这种尚未参加间谍组织但仍接受间谍组织及其代理人任务的间谍活动纳入刑法规制的范围。行为人如果已加入间谍组织并且接受间谍组织及其代理人的任务，就可以直接认定为"参加间谍组织"这种情形；行为人如果没有加入间谍组织，而接受间谍组织及其代理人的任务，就应认定为"接受间谍组织及其代理人的任务"这种情形。

2. 为敌人指示轰击目标

为敌人指示轰击目标，是指行为人通过写信、打电话、发电报、放信号弹等方式，向敌人指示其所要轰击的目标，以使敌人能够准确地击中我方目标。这里所说的"敌人"，主要是指战时或者宣布进入紧急状态时与我方交战的敌方，也包括平时采用轰击方式袭击我方目标的敌方。"轰击"则包括各类武器爆炸、炮击、导弹袭击、轰炸等方式，不管行为人是否已参加间谍组织或者接受间谍组织及其代理人的任务，只要为敌人指示轰击目标的，就构成间谍罪。

---

① 于洋编著：《刑法罪名适用（第一分册）》，中国法制出版社 2012 年版，第 40 页。
② 周道鸾、张军主编：《刑法罪名精释（上）》（第 4 版），人民法院出版社 2013 年版，第 61 页。

（三）主体特征

间谍罪的主体是一般主体，中国公民和外国人、无国籍人都可以成为本罪的主体。

（四）主观特征

间谍罪的主观方面表现为故意，但至于是直接故意，还是也存在间接故意的情形，理论界存在一定的争议。一种观点认为，间谍罪的主观方面是直接故意，无论行为人实施何种具体行为，其犯罪的故意都表现为明知自己的行为会发生危害国家安全的结果，并且希望这种结果的发生。[①]另一种观点认为，当行为人为了物质利益、出国留学等为间谍组织及其代理人服务，行为人在主观方面是间接故意。[②]我们认为，后一种观点是可取的。一般情况下，行为人主观方面是直接故意，即明知是间谍组织而参加或者明知是间谍组织及其代理人派遣的任务而接受，或者明知是向敌人指示轰击目标，会发生危害国家安全和利益的结果，而希望这种结果发生。不过，也确实存在行为人明知自己的行为会发生危害国家安全和利益的结果，但为了寻求物质利益、出国留学等，而放任危害国家安全利益结果发生的情形。而且对于双重间谍行为，在很多情况下，行为人主观方面都是表现为间接故意。

二、司法认定

（一）罪与非罪的界限

划清间谍罪罪与非罪的界限，关键是要把握以下两点：第一，要把参加间谍组织的间谍分子与间谍组织中工作的非间谍分子区分开来。如对于间谍组织中的一般勤杂人员、医务人员、行政事务人员等，这些人虽然来我国交流、探亲、旅游等，如果未进行间谍活动的，不能以间谍罪论处。第二，要正确认定向间谍组织写挂钩信的案件。向

---

① 高铭暄、马克昌主编：《刑法学》（第 5 版），北京大学出版社、高等教育出版社 2011 年版，第 335 页。

② 于志刚主编：《危害国家安全罪》，中国人民公安大学出版社 2003 年版，第 331 页。

间谍组织写挂钩信的案件，以前在司法实践中处理并不一致。我们认为，应根据写信的动机和信件内容来综合判断行为人的行为是否属于间谍犯罪。如果行为人向间谍组织写信要求加入间谍组织或者积极领取任务等，那么可以认定为是间谍罪的预备行为，以间谍罪论处；如果行为人向间谍组织写信仅是发泄不满情绪或者索要钱财等，并无危害国家安全动机的，一般不应以犯罪论处。

（二）间谍罪与相关犯罪的界限

把握间谍罪与相关犯罪的界限，主要是要分清间谍罪与投敌叛变罪、背叛国家罪、故意泄露军事秘密罪以及为境外窃取、刺探、收买、非法提供国家秘密、情报罪之间的界限。关于间谍罪与投敌叛变罪的界限，我们已在投敌叛变罪的司法认定中做了分析，此处不赘。

1. 间谍罪与背叛国家罪的界限

间谍罪与背叛国家罪有一定的关联性和相似性，间谍罪中为敌人指示轰击目标的行为，必然会严重危害国家的军事安全；而背叛国家罪中的勾结外国，危害我国主权、领土完整和安全，其中，国家的军事安全就是重要内容。但两罪也有明显的区别：其一，两罪所危害的国家军事安全性质是不同的，背叛国家罪危害的军事安全是全局性的，而间谍罪中为敌人指示轰击目标的行为，所危害的军事安全往往是具体的、局部性的。其二，背叛国家罪的主体是中国公民，且主要是担任了一定职务的人或者掌握国家重要权力的人，而间谍罪的主体除了中国公民外，还包括外国人和无国籍人。其三，两罪的行为方式不同。背叛国家罪的行为方式表现为勾结外国，危害我国的主权、领土完整和安全；间谍罪的行为方式是参加间谍组织或者接受间谍组织及其代理人的任务，或者为敌人指示轰击目标。

2. 间谍罪与故意泄露军事秘密罪的界限

军事秘密是间谍活动的重要对象之一，间谍罪中也存在获取、泄露国家军事秘密等情况，但间谍罪与故意泄露军事秘密罪是两种差异明显的犯罪：其一，故意泄露军事秘密罪的对象是军事秘密而非国家秘密；间谍罪的对象不仅限于军事秘密，也包括军事秘密外的其他国家秘密。其二，故意泄露军事秘密罪的主体是现役军人，间谍罪的主

21

体无此限制，既可以是军人，也可以是非军人甚至外国人、无国籍人。其三，两罪侵犯的客体也不同，间谍罪的客体是狭义上的国家安全，而故意泄露军事秘密罪属于军职犯罪，侵犯的是国家军事秘密的管理制度。

3. 间谍罪与为境外窃取、刺探、收买、非法提供国家秘密、情报罪的界限

间谍罪中也可能存在为境外窃取、刺探、收买、非法提供国家秘密、情报等情况，因而需要把握其与境外窃取、刺探、收买、非法提供国家秘密、情报罪的界限。其一，行为方式不同。行为人只要参加间谍组织或者接受间谍组织及其代理人的任务，或者为敌人指示轰击目标即可构成，不需要再行窃取、刺探、收买、非法提供国家秘密、情报；而为境外窃取、刺探、收买、非法提供国家秘密、情报罪，则要求行为人必须实施了对国家秘密或情报的窃取、刺探、收买、非法提供等行为。其二，行为对象不同。间谍罪提供国家秘密、情报的对象是间谍组织及其代理人；而为境外窃取、刺探、收买、非法提供国家秘密、情报罪的行为对象则是境外的机构、组织和个人。

（三）间谍罪的罪数形态问题

关于间谍罪的罪数形态，需要正确把握以下几种情况的一罪数罪问题。

第一，行为人实施了"参加间谍组织或者接受间谍组织及其代理人的任务"和"为敌人指示轰击目标"这两种行为的，只构成间谍罪一罪，不是数罪，按照间谍罪一罪进行处理。

第二，行为人实施间谍犯罪的过程中，又实施了危害国家安全或者其他犯罪行为的如何处理？对此，理论界有几种不同观点。有的主张按间谍罪一罪论，认为实施其他危害国家安全的犯罪活动是间谍罪的当然内容；有的主张根据具体行为构成的其他犯罪，实行数罪并罚；有的认为，这种情况属于一种犯罪行为既触犯间谍罪又触犯其他罪，它们之间是法条竞合关系，应按照重法优于轻法的原则处理；还有的认为，这种情况成立牵连犯，应当按照牵连犯的原则，从一重处断。我们认为，参加间谍组织或者接受间谍组织及其代理人的任务等，就

有可能实施其他危害国家安全的犯罪行为，如暗杀、破坏、策反等活动，这些活动应在间谍罪的构成要件内容之内，属于间谍罪的当然内容，否则，间谍罪的最高法定刑也不会配置死刑。因此，这种情况下，以间谍罪一罪论处即可。但是，如果行为人在间谍行为实施过程中，实施了其他超出间谍组织指令或者间谍罪的构成要件内容之外的犯罪活动，如强奸妇女、贩卖毒品、抢劫财物等，则应认定为数罪，实行数罪并罚。

（四）间谍罪的停止形态问题

关于间谍罪停止形态的认定，我们可以根据其不同的行为方式进行具体分析。

1. 参加间谍组织行为的停止形态认定

参加间谍组织的停止形态问题，可分以下几种情况区别对待：其一，行为人写挂勾信要求参加间谍组织的，实际上是为参加间谍组织做联络性的准备工作，为实施间谍犯罪行为创造条件，这种情况是间谍罪的犯罪预备行为，应以间谍罪的预备犯进行处理，可以比照既遂犯从轻、减轻或者免除处罚；其二，因某些间谍组织的加入程序较为严格和复杂，往往设置一定的考验期，在考验期内，行为人尚未完成正式加入手续，新被抓获或者间谍组织拒绝其加入的，应认为行为人构成间谍罪的未遂。其三，在行为人写挂构信要求参加间谍组织后或者在间谍组织的考验期内，行为人自动放弃犯罪或者自动有效地防止犯罪结果发生的，可以成立犯罪中止。

2. 接受间谍组织及其代理人任务的停止形态认定

行为人为了接受间谍任务而做了相关准备工作，但由于意志以外的原因以致其未能接受任务的，成立犯罪预备；如果是行为人主动放弃领取任务的，则成立犯罪中止。行为人一旦接受了间谍组织及其代理人的任务，不论其是否完成任务，就构成犯罪既遂，这种情况下不存在犯罪未遂的成立空间，即行为一着手即告既遂。

3. 为敌人指示轰击目标停止形态的认定

行为人为了给敌人指示轰击目标，实施安装电台、准备信号弹等行为，因意志以外的原因致使未完成为敌人指示轰击目标行为的，应认定为犯罪预备；如果是行为人主动放弃为敌人指示轰击目标的，应认定为犯罪中止。行为人已着手实施为敌人指示轰击目标的行为，如将相关目标的位置信息写信寄送给间谍组织，被我有关部门截获，这种情况就是因意志以外的原因致使犯罪未得逞，应认定为犯罪未遂；当然，如果行为人着手实施为敌人指示轰击目标的行为后，幡然悔悟，放弃为敌人指示轰击目标或者自动有效防止危害结果发生的，可以成立犯罪中止。

三、刑罚适用

根据刑法第110条、第113条的规定，犯间谍罪的，处10年以上有期徒刑或者无期徒刑；情节较轻的，处3年以上10年以下有期徒刑。对国家和人民危害特别严重，情节特别恶劣的，可以判处死刑。犯本罪的，可以并处没收财产。

正确适用刑法第110条、第113条规定的处罚时，应当注意以下问题：

第一，正确理解"情节较轻"的含义。犯间谍罪，情节一般或者情节严重的，判处10年以上徒刑或者无期徒刑；情节严重的在该量刑幅度内相对从重量刑，该判处无期徒刑的就毫不犹豫判处无期徒刑。而对于情节较轻的，处3年以上10年以下有期徒刑。何谓情节较轻？司法解释也没有相关规定。而廓清情节较轻的含义，对于准确裁量间谍罪的刑罚，无疑具有重要意义。我们认为，对于情节较轻的认定，应注意从间谍行为造成的后果、犯罪手段、犯罪目的和动机等方面综合分析。具有下述情形之一的，可以认定为是情节较轻：虽然参加了间谍组织，但没有从事具体间谍活动的；虽已解释间谍组织及其代理人的任务，但尚未着手实施的；为敌人指示轰击目标错误，未给我国的人员、财产及军事利益造成损失的；行为人由于素质低下、受到物质利诱等因素加入间谍组织或者实施间谍活动，没有造成实际危害的等。

第二，严格把握间谍罪死刑适用的条件。犯间谍罪，只有对国家和人民危害特别严重、情节特别恶劣两个条件同时具备时，才可以适用死刑。所谓"对国家和人民危害特别严重、情节特别恶劣"，一般包括下述情形：间谍行为致使我国经济、政治、军事等利益遭受特别重大损害的；多次实施间谍活动，极端仇视我国人民民主专政政权和社会主义制度，犯罪动机恶劣的；实施间谍行为的过程中，又实施其他严重危害国家安全的犯罪活动，造成多人伤亡、财产重大损失或者军事设施严重破坏的等。如 2006 年 4 月，中国人民解放军原某部 54 分队中尉排长戴某通过互联网与台湾间谍组织取得联系，随后按该组织代理人林某的要求，于同年 11 月 25 日晚在江苏省无锡市一家网吧，通过互联网将 116 份军事秘密电子文档提供给林某，其中有 9 份属于绝密级、35 份属于机密级、55 份属于秘密级，台湾间谍组织为此先后支付 82160 元给戴某作为酬金。南京军区军事法院审理后认为，戴某主动与台湾间谍组织勾连，为其提供大量军事秘密，其行为已构成间谍罪，情节特别恶劣，危害特别严重，遂以间谍罪判处戴某死刑，剥夺政治权利终身。戴某不服判决并提出上诉，经解放军军事法院终审裁定，驳回上诉，维持原判。后经最高人民法院核准，戴某被执行死刑。[①]在该案中，戴某主动与间谍组织勾连，为其提供大量国家军事机密，使我军事安全和利益遭受特别重大损害，社会危害特别严重，情节特别恶劣，判处其死刑，是罚当其罪的。

第四节 为境外窃取、刺探、收买、非法提供国家秘密、情报罪

一、概念和构成要件

为境外窃取、刺探、收买、非法提供国家秘密、情报罪，是指为境外的机构、组织、人员窃取、刺探、收买、非法提供国家秘密或者情报的行为。

---

① 《中国人民解放军南京军区军事法院布告》，2008年9月5日。

本罪的构成特征如下：

（一）客体特征

本罪的客体是狭义上的国家安全和利益。保守国家秘密是公民的一项基本义务，无论是为境外窃取、刺探、收买、非法提供国家秘密还是情报，都会对国家的安全和利益造成危害。我国《保守国家秘密法》第3条明确规定："一切国家机关、武装力量、政党、社会团体、企业事业单位和公民都有保守国家秘密的义务。任何危害国家秘密安全的行为，都必须受到法律追究。"因而，对于严重危害国家秘密安全的"为境外窃取、刺探、收买、非法提供国家秘密、情报"行为，应当将其纳入刑法规制的范围，予以严厉打击。

（二）客观特征

本罪的客观方面表现为境外的机构、组织、人员窃取、刺探、收买、非法提供国家秘密或者情报的行为。

本罪是选择性罪名，对为境外机构、组织、人员窃取、刺探、收买、非法提供国家秘密的行为，定为境外窃取、刺探、收买、非法提供国家秘密罪；对为境外机构、组织、人员窃取、刺探、收买、非法提供情报的行为，定为境外窃取、刺探、收买、非法提供情报罪。

所谓"境外机构"，是指我国边境以外的国家和地区的官方机构。如政府、军队以及其他由政府设置的机构，包括外国驻我国的使领馆、代表机构等。"境外组织"，是指我国边境以外的国家和地区的政党、社会团体等，也包括企业等经济组织以及宣传组织。"境外人员"，是指不隶属于任何境外机构和组织的外国人、无国籍人等。

本罪的犯罪对象是"国家秘密和情报"。这里的"国家秘密"，根据《最高人民法院关于审理为境外窃取、刺探、收买、非法提供国家秘密、情报案件具体应用法律若干问题的解释》第1条的规定，是指《中华人民共和国保守国家秘密法》第2条、第8条以及《中华人民共和国保守国家秘密法实施办法》第4条确定的事项，即关系国家安全和利益，依照法定程序确定，在一定时期内只限于一定范围的人知悉的事项。国家秘密分为绝密、机密、秘密三级，包括国家事务的重大决策、国防建设和武装力量活动、外交和外事活动、国民经济和社会发展、科学技术、维护国家安全活动和追查刑事犯罪、政党有关活动中的秘密事项以及经国家保密行政管理部门确定的其他秘密事项。"情报"，是指关系国家安全和利益、尚未公开或者依照有关规定不应公开的事项。应当注意的是，这里的"情报"是除国家秘密以外的涉及国家政治、经济、文化、科技、军事等方面尚未公开或者依照有关规定不应公开的事项。

本罪的行为方式是窃取、刺探、收买、非法提供。"窃取"是指行为人采取偷拍、偷录、盗窃等秘密手段取得国家秘密或情报的行为。"刺探"是指行为人通过各种渠道、使用各种手段探知国家秘密或情报的行为。"收买"是指行为人以给予财物、物质性利益或者其他非物质性利益（如性服务）的方法非法得到国家秘密或情报的行为。"非法提供"是指国家秘密或情报的持有人，将自己知悉、管理、持有的国家秘密或情报非法出售、交付、告知其他不应知悉该国家秘密或情报的人的行为。

（三）主体特征

本罪的主体是一般主体，既可以是中国公民，也可以是外国人或者无国籍人。具体分为两类：一类是没有合法掌握国家秘密或者情报的人；一类是合法掌握国家秘密或情报的人。

（四）主观特征

本罪的主观方面是故意，过失不构成本罪。至于仅是直接故意还是直接故意和间接故意都存在，理论界有一定的争议。有观点认为，本罪的主观方面只能是直接故意，即行为人明知是国家秘密或者情报而进行窃取、刺探、收买或者非法提供。[1]有观点则表示，本罪在主观方面表现为故意，既包括直接故意也包括间接故意。[2]我们认为，本罪的主观方面主要表现为直接故意，也不排除存在间接故意的情况。本罪故意的认识因素包括下述内容：其一，行为人明知为境外窃取、刺探、收买、非法提供的是国家秘密或者情报，即使未标明密级，但

---

[1] 周道鸾、张军主编：《刑法罪名精释（上）》（第4版），人民法院出版社2013年版，第65页。

[2] 于志刚主编：《危害国家安全罪》，中国人民公安大学出版社2003年版，第344页。

行为人知道或者应当知道所涉事项关系国家安全和利益的，也应视为行为人明知。其二，行为人明知是为境外机构、组织、个人窃取、刺探、收买、非法提供国家秘密或者情报。其三，行为人明知为境外窃取、刺探、收买、非法提供国家秘密或者情报，会危害国家的安全和利益。就本罪故意的意志因素而言，既可以是希望，也可以是放任、听之任之。前者是明知为境外窃取、刺探、收买、非法提供国家秘密或者情报的行为会发生危害国家安全和利益的结果，仍然希望发生或者积极追求这一结果的发生；后者是明知为境外窃取、刺探、收买、非法提供国家秘密或者情报的行为会发生危害国家安全和利益的结果，为了追求其他目的（如获取物质利益、享受美色），而放任这种危害结果的发生。

当然，本罪行为人主观动机是多种多样的，有的是贪财图利，有的是敌视社会，有的是填补精神空虚等。无论出于何种动机，都不影响本罪的成立。

二、司法认定

（一）罪与非罪的界限

划清本罪与非罪的界限，主要是要注意以下三个方面：第一，在对外合作与交往中，按照规定的程序审批，向境外有关机构、组织和个人提供有关国家秘密或者情报的，不属于向境外非法提供国家秘密、情报，不是犯罪。第二，如果犯罪对象不属于国家秘密或者情报，自然不构成本罪。国家秘密比较容易认定，关键是情报的范围相对模糊，又没有一个明显的外部标志，因而应当严格把握。人民法院审理为境外窃取、刺探、收买、非法提供情报案件，需要对有关事项是否属于情报进行鉴定的，由国家保密工作部门或者省、自治区、直辖市的保密工作部门鉴定。我们认为，对于不公开的单位内部情况、信息动态、业务活动情况等，一般不应认为是这里的"情报"。对于为境外非法提供这类信息的，不宜以本罪论处。第三，如果行为人主观上并不明知是国家秘密或者情报，或者不明知是境外机构、组织和个人，而误将国家秘密或者情报非法提供境外机构、组织、个人的，应按照刑法中的认识错误进行处理，不能认定为本罪。

（二）本罪与相关犯罪的界限

关于本罪与相关犯罪的界限，重点是要分清本罪与故意泄露国家秘密罪、非法获取国家秘密罪以及非法持有国家秘密、机密文件、资料、物品罪的界限。

1. 本罪与故意泄露国家秘密罪的界限

本罪与故意泄露国家秘密罪都涉及国家秘密，本罪也存在窃取、刺探、收买、非法提供国家秘密的情形，因而具有一定的相似。两罪的区别主要表现在以下几方面：其一，侵犯的客体不同。本罪侵犯的客体是狭义上的国家安全和利益；而故意泄露国家秘密罪侵犯的客体则是国家的保密制度。其二，行为方式不同。本罪的行为方式表现为窃取、刺探、收买或者非法提供，而故意泄露国家秘密罪的行为方式是泄露，把国家秘密让不该知道的人知道。其三，犯罪对象范围有所不同。本罪的犯罪对象包括国家秘密和情报，而故意泄露国家秘密罪的对象仅限于国家秘密，不包括情报。其四，本罪的主体是一般主体，故意泄露国家秘密罪的主体虽然也可是非国家机关工作人员，但主要是国家机关工作人员。

2. 本罪与非法持有国家秘密、机密文件、资料、物品罪的界限

非法持有国家秘密、机密文件、资料、物品罪是指非法持有属于国家绝密、机密的文件、资料或者物品，拒不说明来源与用途的行为。该罪与本罪的区别在于：其一，犯罪对象有所不同。本罪的对象是国家秘密和情报，而非法持有国家秘密、机密文件、资料、物品罪的犯罪对象则是国家秘密、机密文件、资料、物品。其二，行为方式不同。本罪的行为方式表现为窃取、刺探、收买或者非法提供，而非法持有国家秘密、机密文件、资料、物品罪的行为方式是不作为，即非法持有国家秘密、机密文件、资料、物品，而拒不说明来源与用途。

3. 本罪与非法获取国家秘密罪的界限

非法获取国家秘密罪，是指以窃取、刺探、收买方法，非法获取国家秘密的行为。该罪与本罪的行为方式都包括窃取、刺探、收买方

法，有相似之处。两罪的主要区别在于：其一，本罪还有非法提供的行为方式，非法获取国家秘密罪不包括非法提供的行为方式。其二，本罪必须是为境外的机构、组织、个人而窃取、刺探、收买、非法提供，而非法获取国家秘密罪只要具有窃取、刺探、收买国家秘密的行为即可构成。其三，本罪的犯罪对象包括国家秘密、情报，而非法获取国家秘密罪的犯罪对象仅限于国家秘密。其四，本罪侵犯的客体是狭义上的国家安全和利益，而非法获取国家秘密罪侵犯的客体的国家的保密制度。

（三）本罪的罪数形态问题

本罪是选择性罪名，只要行为人具有窃取、刺探、收买、非法提供四种行为之一的，即可构成本罪。具有两项以上行为的，应认定为一罪，不实行数罪并罚。

对于行为人实施间谍行为的过程中，又实施了窃取、刺探、收买国家秘密或情报行为的，应以间谍罪论处，不进行数罪并罚，因为这种情况下的窃取、刺探、收买国家秘密或情报行为属于间谍罪构成要件内容。

对于行为人实施窃取、刺探、收买、非法提供国家秘密或情报的行为，同时触犯非法获取国家秘密罪、故意泄露国家秘密罪的，即一行为同时符合数个犯罪构成的情况，应当依照法条竞合的处理原则进行定罪量刑。

三、刑罚适用

根据刑法第 111 条、第 113 条规定，为境外的机构、组织、人员窃取、刺探、收买、非法提供国家秘密或者情报的，处 5 年以上 10 年以下有期徒刑；情节特别严重的，处 10 年以上有期徒刑或者无期徒刑；情节较轻的，处 5 年以下有期徒刑、拘役、管制或者剥夺政治权利。对国家和人民危害特别严重、情节特别恶劣的，可以判处死刑。犯本罪的，可以并处没收财产。为依法惩治为境外的机构、组织、人员窃取、刺探、收买、非法提供国家秘密、情报犯罪活动，维护国家安全和利益，最高人民法院还于 2000 年 11 月 20 日颁布了《关于审理为境外窃取、刺探、收买、非法提供国家秘密、情报案件具体应用法律若干问题的解释》，为司法机关审理正确适用法律，审理好为境外窃取、刺探、收买、非法提供国家秘密、情报案件，提供了重要依据。

准确适用刑法关于本罪的处罚规定，应当注意把握本罪的一般情节、情节较轻、情节特别严重以及对国家和人民危害特别严重、情节特别恶劣的含义与范围。"情节一般"的情形，主要是指：为境外窃取、刺探、收买、非法提供机密级国家秘密的；为境外窃取、刺探、收买、非法提供三项以上秘密级国家秘密的；为境外窃取、刺探、收买、非法提供国家秘密或者情报，对国家安全和利益造成其他严重损害的。"情节较轻"的情形，是指为境外窃取、刺探、收买、非法提供秘密级国家秘密或者情报。"情节特别严重"的情形，主要是指为境外窃取、刺探、收买、非法提供国家秘密或者情报，具有下列情形之一：为境外窃取、刺探、收买、非法提供绝密级国家秘密的；为境外窃取、刺探、收买、非法提供三项以上机密级国家秘密的；为境外窃取、刺探、收买、非法提供国家秘密或者情报，对国家安全和利益造成其他特别严重损害的。至于"对国家和人民危害特别严重、情节特别恶劣"的情形，司法实践中，一般是指：为境外窃取、刺探、收买、非法提供了大量的绝密级、机密级的国家机密、情报；为境外窃取、刺探、收买、非法提供国家机密、情报，对国家安全和利益造成特别重大损害或者造成了恶劣的国际影响；行为人多次为境外窃取、刺探、收买、非法提供国家机密、情报，主观恶性极深，犯罪手段十分恶劣等。

第五节　资敌罪的理解适用

一、概念和构成要件

资敌罪，是战时供给敌人武器装备、军用物资资敌的行为。
本罪的构成特征如下：

（一）客体特征

本罪的侵犯的客体是我国的军事利益和国家安全。在很大程度上，军事安全决定和制约着整个国家的安全。特别是在战时状态下，武器装备、军用物资的质量和数量，直接影响军事力量的对比，是决定战争胜负的关键因素。战时供给敌人武器装备、军用物资，无疑会壮大敌人的力量，削弱我方的力量，具有严重的社会危害性，直接危害我国的军事利益乃至国家安全。

（二）客观特征

本罪的客观方面表现为在战时资敌的行为，即战时供给敌人武器装备、军用物资。

所谓"战时"，是相对于和平时期而言的，即是指国家宣布进入战争状态、部队受领作战任务或者遭敌突然袭击时，部队执行戒严任务或者处置突发性暴力事件时，以战时论。

本罪中所指的"敌人"，即战时状态下的敌对方，是指敌对营垒和敌人的武装力量整体，而非单个的敌人。正是向敌对营垒和敌人的武装力量提供武器装备或者军用物资，对我国的军事利益和国家安全具有极其严重的社会危害性，刑法才将这种行为规定为资敌罪。

"供给"，是指非法向敌人提供，包括出售、借用或者无偿提供，无论是公开提供还是秘密提供，是从国内提供还是国外提供等，是直接提供还是通过第三方提供，都不影响供给的成立。

"武器装备"，是指直接用于攻击或者杀伤敌人的武器和军事技术装备，包括各类武器、弹药、舰艇、飞机、导弹、军事设备等。"军用物资"，主要是指武器装备以外的其他军用物品，如医疗用品、军服、军被、油料、军需费用等。

（三）主体特征

关于本罪的主体，理论界存在一定的争议。一种观点认为，本罪的主体只能是中国公民，外国人和无国籍人不能成为本罪的主体。[①]另

[①] 赵秉志主编：《新刑法教程》，中国人民大学出版社 1997 年版，第 432 页；周道鸾、张军主编：《刑法罪名精释（上）》（第 4 版），人民法院出版社 2013 年版，第 68 页；李希慧主编：《刑法各论》，中国人民大学出版社 2007 年版，第 38 页。

一种观点则指出，除了中国公民外，外国人和无国籍人也可成为本罪的主体。①笔者同意第一种观点。因为资敌罪涉及战时资助敌对势力的问题，维护我国国家安全和利益并非外国人、无国籍人的当然义务，而且惩治在国外资敌的外国人、无国籍人也不太现实，因此，本罪的犯罪主体以中国公民为宜。当然，外国人、无国籍人不能成为资敌罪的主体，但可以成为我国公民实施资敌罪的帮助犯或者教唆犯。

（四）主观特征

本罪的主观方面是故意，但围绕故意的内容，理论界有不同看法。一种观点认为，资敌罪在主观方面的表现是故意，包括直接故意和间接故意。②另一种观点认为，资敌罪的主观方面表现为直接故意，而且具有危害中华人民共和国国家安全的目的。③笔者同意第一种意见。在多数情况下，行为人是明知自己实施的是资敌行为并且会发生危害我国国家安全的结果，仍然希望这种结果的发生，即直接故意。但也不排除行为人在明知自己实施的是资敌行为并且会发生危害我国国家安全的结果的情况下，为了追求其他目的如发战争横财等，而仍然实施向敌人提供军需物资等资敌行为，放任危害结果的发生。此时行为人对危害结果的发生是持放任态度，即危害结果发生他不反对，危害结果不发生他也不懊悔。易言之，资敌罪主观方面包括直接故意和间接故意。

二、司法认定

（一）罪与非罪的界限

关于资敌罪罪与非罪的界限，应从以下几个方面来把握：其一，本罪是以特定的犯罪对象、犯罪时间为构成要件的。如果行为人是在和平时期资敌或者在战时资助敌人的并非武器装备、军用物资，自然不构成本罪。其二，行为人主观上发生认识错误，误向敌人供给武器

① 肖扬主编：《中国新刑法学》，中国人民公安大学出版社1997年版，第317页。
② 赵秉志主编：《新刑法教程》，中国人民大学出版社1997年版，第432页。
③ 陈兴良主编：《罪名指南（上）》（第2版），中国人民大学出版社2007年版，第75页。

装备、军用物资，或者向冒充我方的敌人提供武器装备、军用物资的，在这种情况下，虽然行为人客观上供给了武器装备、军用物资，但其主观上没有故意，因而不构成本罪。其三，如果行为人虽然战时给敌人提供了帮助，但资敌的情节显著轻微，危害不大的，如只是提供了少量的油料、军备、军费等，不以犯罪论处。

（二）资敌罪与相关犯罪的界限

划清资敌罪与其他相关犯罪的界限，主要是要把握资敌罪与间谍罪、资助危害国家安全犯罪活动罪的界限。

1. 资敌罪与间谍罪的界限

在某种意义上讲，间谍行为也是一种实质的资敌行为，但资敌罪与间谍罪在构成要件上还是存在较大的差别，主要包括：其一，犯罪主体不同。资敌罪的主体限于中国公民，而间谍罪的主体可以是中国公民，也可以是外国人、无国籍人。其二，行为发生的时间不一致。资敌罪要求行为发生在战时，而间谍罪并无此限制。其三，行为方式不同。间谍罪是参加间谍组织或者接受间谍组织及其代理人的任务，或者为敌人指示轰击目标的行为，而资敌罪则是供给敌人武器装备、军用物资的资助行为。

2. 资敌罪与资助危害国家安全犯罪活动罪的界限

这两罪都有资助的行为，都是危害国家安全的犯罪活动。两罪的区别在于：其一，犯罪主体不同。资敌罪的主体限于中国公民，而资助危害国家安全犯罪活动罪的主体包括境内外机构、组织和个人。其二，资助的对象有所不同。资敌罪资助的对象是敌对营垒或者敌人的武装力量整体，而非作为个体的敌人；而资助危害国家安全犯罪活动罪资助的对象是犯特定危害国家安全犯罪的人，即资助犯背叛国家罪、分裂国家罪、煽动分裂国家罪、武装叛乱、暴乱罪、颠覆国家政权罪、煽动颠覆国家政权罪的人。其三，资助的对象不同。资敌罪资助的对象是武器装备、军用物资，资助危害国家安全犯罪活动罪资助的对象主要是金钱、普通物品等。其四，行为时间不同。资敌罪要求行为发生在战时，而资助危害国家安全犯罪活动罪在战时和平时都可发生。

（三）资敌罪的罪数形态问题

认定资敌罪的罪数问题，主要是要搞清楚以下两种情况的一罪与数罪问题：

第一，行为人参加间谍组织或者接受间谍组织及其代理人的任务，在战时向敌人提供武器装备或者军用物资的，其行为同犯触发间谍罪和资敌罪，此时属于原因行为与结果行为的牵连关系，应按照牵连犯的处理原则，以间谍罪定罪处罚。

第二，行为人在战时供给敌人武器装备或者军用物资，又同时资给敌人提供普通物品等其他形式资助的，这种情况下，行为人实际上是实施了两个行为，既有资敌行为，又有资助危害国家安全犯罪活动行为，应当以资敌罪与资助危害国家安全犯罪活动罪进行数罪并罚。

（四）资敌罪的停止形态问题

资敌罪是行为犯，只要法定的资敌行为完成如战时将军用物资、武器装备送达敌人，即告既遂。行为人在战时为资敌，而积极准备有关武器弹药或者军用物资，尚未着手运输上述物品，即被缉捕或者因意志以外的原因被迫终止的，属于资敌罪的预备行为，应以资敌罪的预备犯论处。行为人在战时为资敌，已经着手运输武器弹药或者军用物资，但尚在运输的过程中或者还未送至敌人，即被缉捕或者因意志以外的原因被迫停止的，属于资敌罪的未遂形态，应认定为资敌罪未遂。行为人在战时积极为敌人准备武器弹药、军用物资，或者已着手为敌人运输武器弹药、军用物资，但自动停止这些犯罪活动或者有效防止武器装备、军用物资送至敌人控制中结果发生的，属于犯罪中止，应以资敌罪的中止犯论处。

三、刑罚适用

根据刑法第 112 条、第 113 条的规定，战时供给敌人武器装备、军用物资资敌的，处 10 年以上有期徒刑或者无期徒刑；情节较轻的，处 3 年以上 10 年以下有期徒刑；对国家和人民危害特别严重、情节特别恶劣的，可以判处死刑。犯本罪的，可以并处没收财产。

在司法实践中，适用刑法关于资敌罪的有关规定时，应当注意以下问题：

第一，区分不同情节，正确适用法定刑。刑法第112条对资敌罪规定了两个档次的法定刑，对于基本的犯罪构成，即情节一般、情节严重的资敌罪，处10年以上有期徒刑或者无期徒刑；情节严重的，在上述量刑幅度内，适当从重量刑，可以视情节判处无期徒刑。情节较轻的，则处3年以上10年以下有期徒刑。对于资敌罪罪行极其严重的，可以适用死刑。如以胡萍资敌案为例，胡萍原任中国人民解放军空军副参谋长。1971年9月8日晚9时40分，林彪反革命集团主犯林立果、周宇驰找胡萍在北京西郊机场候机室密谈，给胡萍看了林彪9月8日下达的反革命武装政变手令："盼照立果、宇驰传达的命令办"，要胡萍准备两架飞机。随后，胡萍找7196部队副政委潘景寅等人作了安排，为林彪准备了三叉戟256号和伊尔十八703号两架飞机，并选派了机组人员。同年9月12日，林彪反革命集团谋害毛主席的阴谋破产后，策划南逃广州，另立中央政府。当天下午四点半，周宇驰又在北京西郊机场秘密据点，找胡萍密谋，再调6架飞机去广州，并要胡萍于13日7时30分和他乘伊尔十八先去山海关，尔后改乘三叉戟256号专机同林彪一起飞往广州。晚7时38分，胡萍按照周宇驰的旨意，秘密将为林彪准备的三叉戟256号专机调往山海关机场。为掩盖阴谋，将256号专机谎报为一般客机252号。晚9时许，胡萍在北京西郊机场候机室，先后找人对去广州的六架飞机做了具体安排，确定了三叉戟254号，伊尔十八902号，安十二231号，安二十四024号和云雀直升飞机两架，定了机组主要人员。并以"训练"为名向西郊场站航行调度室申请了假航线。晚10时许，时任周恩来总理责成吴法宪追查256号专机突然去山海关的行动，并指示"飞机要调回来"。胡萍一面谎报256号专机去山海关机场是"飞行训练"，并伪称"飞机发动机有故障"；一面给在山海关机场的三叉戟256号专机机长潘景寅打电话说："如果吴法宪问你这架飞机为什么不回来，你就说飞机发动机有故障"。同时，将周恩来追查飞机的情况密告周宇驰。以此对抗和欺骗周恩来。中国人民解放军军事法院于1982年3月1日以资敌罪判处胡萍有期徒刑 11 年。[①]本案中，在林彪反革命集团谋害毛主席的阴谋破产后，意图策划南逃广州、另立中央政府时，就可以说是处在战时状态，作为时任中国人民解放军空军司令部副参谋长的胡萍，明知林彪反革命集团有武装政变图谋，而且明知其提供军用飞机会发生林彪等人叛逃国外的危害结果，仍然欺上瞒下，积极提供军用飞机给林彪反革命集团，为林彪等人叛逃提供了条件，造成了严重后果，属于情节较为严重的资敌罪，军事法院以资敌罪判处其有期徒刑 11 年是适当的。

第二，准确把握"情节较轻"的情形。关于适用减轻构成条件的情节较轻，应从行为过程、行为方式、危害结果以及犯罪动机和目的等方面予以综合分析考察。具有下述情形之一的，一般可认为是情节较轻：行为人供给敌人的武器装备、军用物资较少，对军事利益和国家安全危害不大的；行为人供给敌人的是质量较差或者非重要的武器装备、军用物资，没有给我方造成重大损失的；行为人供给敌人的武器装备、军用物资，未被敌人接收的；行为人受到他人胁迫而被迫卖给或者无偿供给敌人武器装备、军用物资的；行为人出售或者无偿提供武器装备、军用物资给第三方，而放任第三方将该武器装备、军用物资供给敌人的等。

第二，严格掌握资敌罪死刑适用条件。犯资敌罪，只有对国家和人民危害特别严重、情节特别恶劣的，才可以判处死刑（包括死缓）。这里的关键是如何理解本罪中的"对国家和人民危害特别严重、情节特别恶劣"，我们认为，应从主客观两个方面来综合分析认定。概括来说，主要包括下述情形：供给敌人武器装备、军用物资数量巨大或者多次、长期供给，致使我方战斗严重失利的；供给敌人技术先进或者核心关键武器装备、军用物资，致使我方军事利益和国家安全严重受损的；行为人通过抢劫、抢夺等非法手段获得武器装备、军用物资，再供给敌人的；行为人主观恶性和人身危险性极大，具有强烈的危害国家安全目的等。

---

① 中国人民解放军军事法院（1982）刑字第 2 号《刑事判决书》。

第二章
危害公共安全罪

第一节　防治"失意者"个人极端暴力犯罪的思考

一、问题的提出

　　一段时间以来，在厦门、杭州、北京等地发生数起"失意者"为发泄不满而报复社会的个人极端暴力犯罪案件，如厦门6·7公交纵火案、杭州7·5公交纵火案、北京7·20首都机场爆炸案等。这类案件有着突发性强、犯罪人心理异常、犯罪后果严重、示范效应强等特征，其不仅严重侵害人民群众的生命财产安全，而且无形中增加社会恐慌情绪，冲击社会心理和公共安全底线，成为影响社会和谐稳定的重要因素。

　　这种以自杀性袭击的方式泄愤，以无辜群众为报复对象的个人极端暴力犯罪，社会危害性极大，是任何一个国家都决不能容忍的。实施个人极端暴力犯罪的"失意者"所挑战的，是法治社会共同的秩序和人类文明共同的底线。"失意者"的不幸遭遇也许值得同情，但不管有什么样的理由，在生活中纵有种种不如意抑或遭受莫大冤屈，也不能用暴力极端方式来发泄戾气，更不能因一己之私而残害无辜群众的生命。事实上，以暴力极端方式表达个人诉求、宣泄私愤，除了残害无辜、危害社会外，不可能从根本上解决问题。我国是社会主义法治国家，每个公民都应该成为法治国家的建设者和参与者，而不是破坏者。对个人极端暴力犯罪，不能有任何的同情和宽容，否则就是对人民群众的无情和对破坏法治社会的放纵。如果任其泛滥，可能就会祸及整个社会和我们每一个人。

二、"失意者"个人极端暴力犯罪的发生原因

这些"失意者"的暴戾之气从何而来？为何他们最终会走上报复社会的极端暴力犯罪的不归路？这正是需要我们认真反思的地方。应当说，此类案件发生的原因是十分复杂的，既有"失意者"群体利益诉求表达渠道狭窄、社会矛盾集聚化解不及时等宏观方面的原因，也有部分"失意者"个人性格心理存在缺陷等微观方面的原因。对于这些威胁、危害公共安全的"失意者"，我们应多方面地综合分析其犯罪原因，查明"仇恨脐带"生成的缘由，从而有针对性地采取措施，化解其暴戾之气，消除其报复社会的"祸患引线"，从而促进和谐社会建设。

三、"失意者"个人极端暴力犯罪的防治对策

"失意者"个人极端暴力犯罪的防治是一项系统工程，不可能一步到位和一蹴而就，需要标本兼治、综合施策。当前，推进"失意者"个人极端暴力犯罪的科学有效防治，关键是要从理论和实践上着力抓好以下四个方面：

第一，要把严惩个人极端暴力犯罪摆在重要位置。文明底线不容挑战，法律尊严不可亵渎。对践踏文明底线、漠视基本人权、手段残忍、危害极大的个人极端暴力犯罪行为决不能手软，必须坚决打击、严厉制裁。要深刻认识"失意者"个人极端暴力犯罪形势的严峻性和

复杂性，强化底线思维，坚持"零容忍"，以坚决的态度、果断的措施重拳出击，形成严打个人极端暴力犯罪的有力震慑和舆论氛围。只有这样，才能有效消解此类案件的负面示范效应，切实减少人民群众的生命财产损失，有力维护社会治安稳定。

第二，要畅通、拓宽"失意者"群体的利益诉求表达渠道。当前社会转型期矛盾复杂、多元，若利益诉求表达渠道不畅或者狭窄，"失意者"群体的声音沉没，其被压抑的情绪长期不能纾解，矛盾积累到一定程度，那么会很容易滋生某些极端情绪，引发个人极端暴力犯罪事件。因而应当健全完善"失意者"群体的利益诉求表达机制，进一步改进信访工作，维护"失意者"等特殊群体的表达权，主动倾听他们"沉没的声音"，引导他们理性、合法地表达诉求，并使之能够得到积极回应和妥善解决。这才是化解矛盾、协调利益的应有之义，也是构建和谐社会的关键所在。

第三，要未雨绸缪，适时开展"失意者"极端暴力犯罪隐患排查活动。可统筹考虑在重要节点前夕组织开展全方位、地毯式的"失意者"群体极端暴力犯罪隐患排查活动，切实消除容易引发矛盾纠纷和极端暴力犯罪的源头性问题，有效预防和化解安全隐患，最大限度地增加社会和谐因素，最大限度地减少不和谐因素。对信访重点问题、重点人和信访积案要重点排查，逐一梳理，深入分析研究，做到底数清楚、情况明晰、不留死角。对排查掌握的矛盾纠纷和隐患，要在源头治理、妥善处理上下功夫，防止矛盾积聚、激化，第一时间将发现的个人极端暴力犯罪苗头消灭在萌芽状态。

第四，要把切实改进干部工作作风的要求落实到基层一线。冀中星、陈水总这些"失意者"们并非天生就是犯罪人，他们身处社会底层，其之所以走上极端暴力犯罪道路，除了自身命运凄凉、不能正确看待挫折外，多多少少与其利益诉求长期得不到有效解决、维权无门，一些单位和部门工作方法简单粗暴、对待弱势群体疾苦漠不关心、推诿塞责有些关系。在不少案件中，"失意者"极端暴力事件的发生就是"小事拖大，大事拖炸"的结果。因此，要切实扫除干部作风之弊、行为之垢，把群众尤其是底层"失意者"群体最关心、最直接、最现实的利益问题解决好，在改进干部工作作风中扎扎实实推动和谐社会建设。

第二节 责任事故犯罪的概念和特征分析

一、问题的提出

近年来，责任事故的频发，给社会带来了极大的危害，其不仅直接导致大量人员伤亡及造成财产损失的严重后果，而且其后续效应及其对社会秩序的冲击力、对社会公共安全心理的负面辐射效应往往超过了事故本身，波及整个社会的法治秩序与生存基础。因此，在这种情况下，为了保证社会公共生产和生活的安全以及维护社会的稳定，许多国家都对导致事故发生的责任事故犯罪行为进行了明确的刑法规制。我国也不例外。应该说，责任事故犯罪在我国刑事立法中一直占据着重要地位。无论是 1979 年刑法，还是 1997 年刑法，均对责任事故犯罪进行了大量的规定。特别是 1997 年刑法，在全面吸收各单行刑法与附属刑法以及最高司法机关相应司法解释中有关责任事故犯罪的规定、并予以法典化的基础上，采取集中规定与分散规定相结合的立法模式，较为全面地确立了一个惩治责任事故犯罪的刑法体系。事实上，由于责任事故犯罪的严重社会危害性以及罪质的特殊性，其不仅在我国刑事立法中一直占据着重要地位，而且也是我国刑事司法实践中打击刑事犯罪工作的重点。时任最高人民法院院长肖扬在 2004 年召开的全国高级人民法院院长座谈会上曾表示，人民法院要充分发挥刑事审判职能，加大审判力度，依法惩处重大安全生产责任事故犯罪[1]及其背后的贪污、贿赂、渎职等国家工作人员的职务犯罪。重大安全生

---

① 最高人民法院曾下发过专门的规范性文件《最高人民法院关于加强对涉及重大公共安全事故等案件的审判力度全力维护社会稳定的通知》（法〔2004〕107 号）。

产责任事故犯罪等将成为今后一个时期各级人民法院依法惩罚刑事犯罪工作的重点。①由此可见，安全生产责任事故犯罪及其背后的职务犯罪已经成为新时期我国惩罚刑事犯罪工作的重点②以及反腐败斗争的焦点，对它的打击、惩罚和预防工作也相应成为今后以及相当长的一段时期内刑事司法实践中的首要任务之一。那么在新的历史条件下，如何才能更好地把握责任事故犯罪的发展规律与演变趋势，以便为决策机关在制定相应刑事政策时提供参考以及为改进责任事故犯罪领域的刑事立法与刑事司法提供必要的理论准备和支持呢？无疑是摆在刑事法学工作者面前一项十分迫切的任务。当然，无可否认，在目前我国学界，不少学者对责任事故犯罪这一犯罪类型做了诸多有益的探索和研究，也出现了一些颇有份量的研究成果，其中不少成果还不乏真知灼见。但也毋庸讳言，从总体上看，这些成果以对具体的责任事故犯罪研究居多，而关于责任事故犯罪这一犯罪类型整体性研究的成果相对显得单薄。尤其是对于责任事故犯罪这一类罪（罪群）的基础性理论问题如责任事故犯罪的概念、特征等的研究，则很匮乏。而廓清和准确把握责任事故犯罪的这些基础性理论问题，无疑会有助于将对责任事故犯罪的理论研究推向深入以及有效地防范和惩治责任事故犯罪。鉴于此，本节拟对责任事故犯罪这一犯罪类型的两个基础性理论问题即责任事故犯罪的概念与特征做一探索性的研究。

二、责任事故犯罪的概念

责任事故犯罪的概念是我们研究责任事故犯罪的逻辑起点，也是责任事故犯罪这一犯罪类型最为基础的理论问题，而对责任事故犯罪概念的正确界定又离不开对责任事故这一基础范畴之内涵与外延的准

---

① 田雨等：《重大安全生产事故犯罪成为法院惩处重点》，载 http://news.xinhuanet.com/legal/2006-06-30/content-476926.html.

② 长期以来，人民群众特别是有关部门的同志对重大责任事故犯罪给社会带来的危害性认识不清，这有意无意地影响到了司法机关依法办理这类案件，加上有些司法人员没有较强的责任感，在处理重大责任事故案件的责任者时往往持"暧昧"态度，处罚通常偏轻。

确厘定。一旦厘定了责任事故这一前提性基础范畴的内涵与外延，也就从根本上限定了对责任事故犯罪概念进行理论框定的界域范围。而从逻辑意义上而言，责任事故又属于事故的一种。故此，要明确责任事故犯罪的概念，归根结底，必须首先明确事故的概念。

（一）事故的概念

何谓"事故"？事故的内涵与外延怎样？目前学界尚未形成统一的认识，众说纷纭、莫衷一是。粗略概括，主要有以下几种观点：

1. 我们研究的事故，又称为可能导致事故的系统（事故系统）。一个事故系统由"人、机、物、境"四种要素构成。事故系统中，人、机、物、境之间的平衡，一个事故系统与周围的其他事故系统的平衡，是安全生产的基础。这种平衡关系的破坏，便是事故。[①]

2. 事故可以定义为：个人或集体在时间的进程中，在为了实现某一意图而采取行动的过程中，突然发生了与人的意志相反的情况，迫使这种行动暂时或永久地停止的事件。[②]

3. 事故是在生产过程中发生的，违背人们意愿的意外事件，一种失去控制的事件。[③]

4.《现代汉语词典》《辞海》等工具书一般将"事故"释义为"意外的损失或者灾祸（多指在生产或工作上发生的）""今用以称工程建设、生产活动与交通运输中发生的意外损失或者破坏。有的由于自然灾害或其他原因，为当前人力所不能全部预防；有的由于设计、管理、施工或操作时的过失所引起，后者称为责任事故。这些事故可造成物质上的损失或人身的伤害"。[④]

5. 事故可以表述为："人们在从事各种生产活动的过程中，由于人的故意或者过失行为，违反国家有关安全管理的法律法规或规章制度而发生的人员伤亡、物质损毁，并在一定程度上危及社会治安秩序

---

① 牛清义著：《事故学浅说》，群众出版社1987年版，第2-3页。

② 孙桂林主编：《劳动保护技术全书》，北京人民出版社1992年版，第9页。表述类似的概念也可见王章学著：《重大责任事故调查与定罪量刑》，群众出版社2002年版，第4页。

③ 陈宝智编著：《安全原理》，冶金工业出版社1995年版，第1页。

④《现代汉语词典》（第5版），商务印书馆2005年版，第1246页；《辞海》，上海辞书出版社1979年版，第57页。

的非正常事件。"①

应当说,上述关于"事故"概念的诸观点均在不同的侧面对"事故"的涵义与内容做了有益的探索,其中某些观点在一定程度上还揭示了"事故"的合理内核,有较大的合理性。而且,在不同的学科或者领域,从不同的研究角度,出于不同的研究目的,对"事故"内涵与外延的认识和理解便会存在差异,这也是正常的现象。

但是,首先应当明确的是,我们作为刑法学者研究"事故"的目的,主要是为了便于准确地打击司法实践中的事故犯罪行为,做到罪责刑相适应,即最终的目的是要正确解决事故犯罪分子的刑事责任问题,以更好地保护人民群众的生命财产安全。故此,我们研究"事故"的概念应当立足于"事故"的刑法意义,必须从刑法学的角度来分析"事故"的内涵与外延,这样才可能得出比较合乎理性的结论。

由此观之,第一种观点实际上是从事故学的角度,根据科学管理与工程技术学的一般原理来分析"事故(事故系统)"本身的"人、机、物、境"四要素之间以及事故系统之间的相互平衡关系,以更好地为进行事故预测、事故统计和事故防范而服务的。其所指涉的"事故"包括的范围很广,大到各种触目惊心的天灾人祸,小到机器设备的零部件出现故障,不管是自然原因还是人为原因引起,均属之。这种观点与我们在刑法意义上所讲"事故"的涵义相去甚远,参考价值不大。第二、三种观点所指涉的"事故",仔细分析,实际上均属于刑法中"意外事件"的范畴。由于不具备刑法中所应当具有的罪过(故意或过失),故而不能让相关人员承担刑事责任,所以这种"事故"也并非我们所要研究的对象。第四种观点对"事故"的定义实际上是根据事故发生的原因将"事故"分成了以下三类:一是自然原因导致的事故;二是人为破坏引起的事故;三是责任事故。其中,第一种事故大体上可划归意外事件的范畴,而后两种事故的内容则基本上涵括了刑法中出于行为人的故意或过失造成的事故,具有较大的合理性。最后一种观点对"事故"的定义虽然也明确了"事故"由人的故意或过失行为造成

---

① 郭太生主编:《事故对策学》,中国人民大学出版社 2002 年版,第 2 页。

（这是值得称道的），但又对事故的程度或造成的后果进行了限制，即限定在"仅危及社会治安秩序"这一层上。不难看出，这是带有公安机关特色的"事故"定义。尽管不无合理之处，但与我们在刑法意义上所要研究的"事故"的内容还是存在一定距离的，因为刑法意义上的"事故"并非一般的危及社会治安秩序的"事故"，而必须是由人的故意或过失行为造成的发生严重后果，具有严重社会危害性的"事故"。

综上所述，笔者认为，对"事故"的概念可以做如下界定：即行为人在从事生产、作业、运输或管理的活动中，违反国家有关安全生产或管理的法律法规或规章制度，出于主观上的故意或过失导致了具有严重社会危害性的危害结果。

（二）责任事故及责任事故犯罪的概念

根据上述笔者对"事故"概念的界定，依据事故的性质与发生原因，大致可以将刑法意义上的"事故"划分为以下两类：一是由人的故意行为造成的事故，即破坏事故；二是由人的过失行为导致的事故，即通常我们所言的责任事故。在目前我国刑事法律的框架下，对于故意制造事故，引起人员伤亡或财产损毁或造成其他严重后果的，如故意制造交通事故、故意引发山洪爆发、故意引起危险物品事故、故意导致传染病菌种毒种扩散等，一般是按行为人所实施的行为触犯的相应刑法条文来定罪科刑。如上海市公安局虹口分局在 2000 年曾查获一个由上海本地驾驶员组成的专以开"碰碰车"（即故意制造交通事故）为业的犯罪团伙。该团伙从 1999 年 7 月起，先后制造了上百起让他人负全责的交通事故，获利数十万元，其中团伙成员李某一人就制造了 50 余起"车祸"。此案于 2001 年 5 月 22 日由检察机关以诈骗罪移送起诉，2001 年 7 月 16 日，上海市虹口区人民法院分别对 8 名团伙成员以相同罪名做出有罪判决。[①]在本案中，人民法院对于李某等 8 名专以开"碰碰车"的团伙成员就是以诈骗罪定罪科刑的。笔者认为，法院的判决是完全正确的。当然，我国也有学者提出应在刑法中增设

---

① 《光明日报》，2000 年 8 月 8 日。

专门的"故意制造事故罪"的立法建议①，我们在此姑且不论其建议是否合理、可行，在现行法律框架下是否会遇到操作困局与实践困境，但就其提出的实践中故意制造事故的行为应当受到专门统一的刑法规制的这一思路确是很好，应当引起学界和立法者的重视。行为人故意制造的事故，由于其并非本书关注所在，故在此不作过多论述。而对于刑法意义上的"事故"的第二类——即责任事故，则是本节所要研究的重点。所谓责任事故，在笔者看来，就是指行为人在从事生产、作业、运输或管理的活动中，违反国家有关安全生产或管理的法律法规或规章制度，因主观上的过失而导致了具有严重社会危害性的危害结果。约而言之，就是由行为人的过失行为而导致的刑法意义上的"事故"（事故概念已如前述，此不复赘）。据此，我们对责任事故犯罪的概念也就不难界定了。所谓责任事故犯罪，即是指负有特定义务的人违反业务上的注意义务，因主观上的过失而导致了具有严重社会危害性的危害结果，触犯刑律，应当受到刑罚惩罚的行为。

笔者对"责任事故犯罪"概念的上述界定是否准确，还需要接受实践的检验。从上述概念出发，可以把责任事故犯罪分为两大类：标准形态的责任事故犯罪与非标准形态的责任事故犯罪。做这样的分类，一方面便于将所有的责任事故犯罪予以清晰的划分，适于分门别类做专题研究；另一方面也各有所侧重，繁简得当，与刑法对责任事故犯罪集中规定和分散规定相结合的逻辑体系遥相呼应。

第一类：标准形态的责任事故犯罪，即1997年刑法分则第二章专门集中规定的九种危害公共安全的过失型事故犯罪（刑法第131条—139条），包括重大飞行事故罪、铁路运营安全事故罪、交通肇事罪、重大责任事故罪、重大劳动安全事故罪、危险物品肇事罪、工程重大安全事故罪、教育设施重大安全事故罪、消防责任事故罪。

第二类：非标准形态的责任事故犯罪，即除刑法分则第二章之外的其他分则章节分散规定的责任事故犯罪，具体包括第六章第五节规定的采集、供应血液、制作、供应血液制品事故罪、医疗事故罪，第

---

① 汤啸天：《关于增设故意制造事故罪的建议》，载《中国刑事法杂志》2002年第1期。

六章第六节规定的重大环境污染事故罪，第十章规定的武器装备肇事罪。

三、责任事故犯罪的特征

责任事故犯罪的特征是责任事故犯罪这一犯罪类型本质的外在表现，也即反映责任事故犯罪不同于其他类罪（罪群）的基本属性与主要特点。研究责任事故犯罪的基础性理论问题必然要求对责任事故犯罪的特征进行深入分析。在笔者看来，责任事故犯罪主要有以下几个特征：

（一）责任事故犯罪的过失性

所谓责任事故犯罪的过失性，是指责任事故主要是由于行为人违反业务上的注意义务，所实施的过失行为导致。不论是重大飞行事故、铁路运营安全事故，抑或是交通肇事事故、工程重大安全事故等，概莫例外，均以行为人主观上具有过失为要件。如果行为人是出于故意而引起的事故，如故意制造交通事故、重大环境污染事故等，则属于破坏事故，而非责任事故；如果事故的发生完全是出于不能预见或者不可抗拒的原因所致，如自然灾害等，行为人主观上没有故意或过失的心态，则属于意外事件，并非刑法意义上"事故"的范畴。当然，相比人为制造的破坏事故，责任事故行为人的主观恶性一般较少，易于改造。这些行为人之所以应对重大事故的发生承担犯罪过失而不是故意的责任，在于他们本应当预见自己的行为可能发生危害社会的后果，但疏忽大意没有预见（违反结果预见义务），或者即使预见了但轻信能够避免（违反结果回避义务），以致最终发生了危害社会的严重后果。

（二）责任事故犯罪的复杂性

由于事故现象本身的错综复杂性和责任事故犯罪分子的狡猾性、犯罪手段的隐蔽性，加之长期以来人民群众对责任事故犯罪的严重社会危害性的认识不足，使得责任事故犯罪在整体上呈现出比较复杂的特点。从司法实践中看，当前责任事故犯罪的复杂性主要表现在：

1. 案情复杂、涉及面广

责任事故犯罪可以发生在生产、作业或管理的任何过程中。从这些事故所涉的行业或领域来看，有的发生在交通领域，有的发生在生产作业领域，有的发生在危险物品管理领域，有的则发生在公共卫生管理领域等；从责任事故的表现形式和种类来看，繁杂多样，常见的责任事故有瓦斯爆炸、放炮、透水、冒顶、坍塌、中毒窒息事故等等，加之责任事故犯罪案件有时涉及一些领导干部的腐败问题，有些责任人员甚至本身就是地方的党政领导或者其近亲属，保护层厚，关系网密，这就给责任事故原因的认定、技术鉴定以及进入诉讼程序以后的侦查、起诉、审理活动等带来许多难题。此外，有的责任人员打着改革开放的大旗，唯利是图，"要钱不要命"，甚至被某些企业事业单位、机关、团体当作"能人""开拓者""改革者"而加以重视，处理不当，容易激化矛盾，引发群体性事件。总而言之，应对责任事故负责的有关人员的成分是相当复杂的。在查处责任事故犯罪案件时，遇到的干扰一般很大，阻力也很多，求情打招呼批条子的有之，作伪证包庇串通串供的有之，对司法工作人员进行威胁利诱拉拢的有之，施加压力无端设置障碍横加阻挠的也有之，司法实践中的种种迹象表明，责任事故犯罪案件的查处远较其他案件的查处要困难得多，复杂得多。

2. 责任事故犯罪案件的因果关系复杂

责任事故案件的发生虽主要是由人的过失行为所导致，但也离不开条件及相关因素（尤其是激发因素）的作用。特别是责任事故的发生与一定时期内社会生产力以及技术条件本身的局限搀杂在一起的情况下，行为人的过失行为（尤其是多人均存在过失的情况下）与事故的严重后果之间通常又介入其他的因素，使得其因果关系呈现出错综复杂的情况。因此，在处理责任事故犯罪案件中，确定某人的行为是否为犯罪的原因，是主要原因还是次要原因，是直接原因还是间接原因，多人存在责任过失的情况下对事故危害结果各自的原因力大小，他们对自己的行为是否应负刑事责任，负多大的刑事责任等，有时是非常困难的。

3. 区分罪与非罪、此罪与彼罪的界限相当复杂

责任事故是一种复杂的社会现象。在责任事故犯罪案件中，行为人的过失，工作上的失误与差错，国家有关安全生产的法律法规和规章制度的不健全，安全监管的缺位，安全基础工作的薄弱等因素往往交织在一起。特别是事故发生后，相关责任人员往往制造假象，掩盖事故真相，推卸逃避责任，把某些责任事故与工作失误、缺乏经验发生的差错以及制度不完善而发生的问题搅在一起，混淆社会视听，势必使得难以分清楚合法与非法、违法与犯罪的界限。此外，由于我国关于责任事故犯罪的刑事立法存在一些不合理的地方，甚至如某些学者所言："诸法条（指责任事故犯罪的有关立法——引者注）之间的关系混乱，以致于形成不合理的竞合关系，并进而产生了适用解释上的困难；诸法条规制的范围不适当，以致于存在着法律的真空地带"[①]。正是因为有上述问题，责任事故犯罪诸法条之间在内容上存在某些不必要的重合和交叉，甚至存在规制的真空地带，使得在司法实践中对责任事故犯罪的定性在很多时候都会陷入无所适从的境地。这应该说也是责任事故犯罪案件复杂性的重要表现之一。

（三）责任事故犯罪的起伏性

无可否认，在全国范围内，通过各界人士的共同努力，我国安全生产状况整体上已呈现出总体稳定、趋向好转的发展态势，责任事故发生的总体趋势也是逐步减少的。这个总趋势是不可改变的，但需要经历一个较长的过程。这个过程不可能是笔直的，而是高一阵，低一阵，有起有伏的。诚如国家安全监督管理总局局长李毅中所言："安全生产形势总的估计是在稳定中开始略有好转，但并不是没有问题，是问题严重，全国形势仍然严峻，重大事故反弹势头尚未有效遏制，重特大事故时有发生。"[②]2003 年以前，事故起数与死亡总人数是上升的，2003 年开始略有下降，比 2002 年事故总起数下降 11%，死亡人

---

① 王俊平：《我国刑法中责任事故犯罪立法之检视》，载 http://www.studa.net/xingfa/061101/09443267-2.html。

② 《安全监督管理总局通报"五一"全国安全生产情况》，载 http://www.gov.cn/gzdt/2007-05-08/content-607736.html。

数下降 1.9%；2004 年比 2003 年事故总起数下降 15.7%，死亡人数下降 0.2%；[①] 但 2005 年全国重特大事故爆发又呈现出反弹势头，形势相当严峻，其中该年 2 月 14 日辽宁孙家湾矿难事故一次性就死亡两百多人，给人民群众的生命财产造成了重大损失，在国内外造成严重影响，辽宁省主管工业与安全生产的副省长刘国强为此还被停职检查。[②] 责任事故有起有伏的发展态势，相应地也使得责任事故犯罪呈现出鲜明的起伏性特征。责任事故频发的年份，往往就是责任事故犯罪率居高不下的年份；安全生产形势相对较好的年份，同时也就是责任事故犯罪率下降的年份。从总体上看，责任事故犯罪的发案率总的趋势也是逐步减少的。由此可见，当前责任事故犯罪的发展趋势确有它的特点——起伏性，其所留下的轨迹乃是一条清晰可辨的曲线。

（四）责任事故犯罪的严重性

相比于其他普通刑事案件，由责任事故犯罪行为引起的责任事故（尤其是重特大责任事故）给社会带来的危害，造成的负面影响，相对要严重得多。其不仅破坏社会正常的生产、生活、工作秩序，给人民群众的生命财产安全造成重大损害，影响社会的安定团结，而且会损害党和政府在人民群众中的威信以及在国际上的声望，对党的利益、政府的形象，都可能产生无法低估的恶劣影响。以 1979 年为例，在该年 9 月份，首先是温州电化厂十数家液氯钢瓶爆炸，致使 59 人死亡，住院治疗 79 人，门诊治疗 429 人，直接经济损失数额特别巨大，并且影响到温州市和温州地区一百多个企业的生产。同年 11 月，"渤海二号"钻井船翻沉，72 人遇难，直接经济损失 3200 万！年底，吉林石油液化气公司三台 $400m^3$ 液化气罐和数千只容量为 15 公斤的民用液化气钢瓶发生爆炸，使六万平方米的范围内一片火海，死亡 32 人，烧伤 54 人，经济损失 540 万！……[③]当年发生的这些重特大责任事故，

---

① 李毅中：《安全生产形势及对策》，载 http://www.lkjj.com/show.asp?id=1285/2005-06-24.

②《国务院研究煤矿安全 辽宁省副省长刘国强停职检查》，载 http://news.163.com/05/223/19/1DA4CQOU0001124L.html.

③ 牛清义著：《事故学浅说》，群众出版社 1987 年版，第 1 页。

事后查明大多是因为责任人员的严重过失或疏忽引起的[①]，其导致了巨大的经济损失、对人民的生命财产安全造成了严重危害，而且对当时我国政府在国内外的形象与威望造成了极其恶劣的负面影响，一度被境外敌对势力利用当作攻击我国政府的口实。责任事故犯罪造成的严重危害后果及其社会危害性，由此可以窥见一斑。

第三节　有效防治安全责任事故犯罪的思考

一、问题的提出

随着社会的快速发展，人类在享受物质文明和精神文明所带来的喜悦的同时，也面临着与日俱增的各种各样的危险。安全责任事故便是其中之一。特别是随着科技日新月异的高度发展，"在现代信息技术社会，重大事故的时有发生只不过是一个少见多怪的现象。一个意外事故的发生——如一架飞机坠毁，一座结构化的高楼坍塌，或者一种被社会大众广泛使用的药品中存在产品缺陷，导致成百上千人伤亡的严重后果，这是再正常不过的事情了"[②]。

一段时间以来，我国重大安全责任事故频频发生，从山西襄汾特大溃坝事故到三鹿毒奶粉事件，再到深圳龙岗特大火灾事故等，安全责任事故这一沉寂多时的话题再度成为社会广泛关注的焦点。重大安全责任事故的发生，给社会带来了极大的危害，其不仅直接导致大量人员伤亡和造成财产损失的严重后果，而且其后续效应及其对社会秩序的冲击力、对社会公共安全心理的负面辐射效应往往超过了事故本

---

① 如《关于石油部海洋石油勘探局渤海二号钻井船翻船事故的调查报告》认定"渤海二号"钻井船翻沉事故是一起严重违章指挥造成的重大责任事故；而温州电化厂液氯钢瓶爆炸事故则是由于电化厂液氯工段生产管理混乱所致，操作人员缺乏严格的技术训练与安全教育，在液氯充装前没有对钢瓶进行检查和清理，存在重大过失与严重疏忽。

② See H.W. Wilson, "Class certification in mass Accident cases under Rule23（b）（1）", Harvard Law Review, March,1983.

身，波及了社会的稳定与和谐社会的构建。

在新的历史条件下，如何才能更好地把握安全责任事故犯罪的演变规律与发展趋势，以便为决策机关在制定相应刑事政策时提供参考以及为改进安全责任事故犯罪领域的刑事立法和刑事司法提供必要的理论准备和支持？应当说，这是摆在刑事法学工作者面前一项十分迫切的任务。毋庸讳言，从总体上看，目前我国刑法学界对各种具体的安全责任事故犯罪的研究居多，而对安全责任事故犯罪这一罪群开展整体性的宏观研究的成果则相对较显单薄。鉴于此，本节拟首先对安全责任事故犯罪的现状和发展趋势做一宏观性的考略，然后着重就如何有效防治安全责任事故之对策提一管之见。

二、当前我国安全责任事故的现状及发展趋势

近年来，我国各地连续发生一些重特大危害公共安全的灾难性事故，特别是矿难事故、桥梁坍塌事故、烟花爆竹爆炸事故、火灾事故、危险化学品泄漏、爆炸事故，以及重特大道路交通事故等的频繁发生，给人民群众的生命财产安全造成了重大损失，严重影响了社会的稳定与和谐社会的构建。在 2003 年以前，全国各类安全生产事故的起数和死亡的总人数都是上升的，2003 年开始才略有下降，及至 2004 年全国各类事故死亡 13.67 万人，伤残 70 多万人，如果加上职业危害的话，一年就有近百万的家庭因为安全生产事故造成了不幸。如果 20 年累计，那就是 2000 万个家庭，牵动着社会的安定。[1]就 2005 年而言，全国发生各类安全生产事故 71.79 万起，死亡数为 12.71 万人，造成的直接经济损失为 890 亿元。较之于 2004 年，2005 年全国各类安全生产事故死亡总人数同比下降 10.3%。[2]2006 年，据安监总局的统计，我国各类安全生产事故死亡人数为 11.2 万人，平均每天死亡约为 300

---

[1] 李毅中：《安全生产形势及对策》，载 http://www.lkjj.com/show.asp?id=1285,2005-06-24.

[2] 陈玉明：《今年以来各类安全生产事故死亡人数同比下降 10.3%》，载 http://www.xinhuanet.com/news/show.asp?id=1589,2006-08-31.

人。[①]尽管经过各省、市、各单位、全社会的共同努力，安全生产形势总的趋势是在稳定中开始略有下降，但问题依然严重，形势相当严峻。事故多发势头并没有得到有效遏制。

以近年来各类安全生产事故中特别触动我们神经的矿难事故为例，从 2001—2004 年，我国发生一次死亡 10 人以上的重特大矿难事故 188 起，平均每 7.4 天就有一起。2004 年，死亡人数超过 30 人的特别重大事故共 14 起，其中矿难事故有 6 起，约占 42.8%。该年全国的矿难死亡人数是 6027 人，约占全世界矿难死亡总人数的 80%。继 2004 年"矿难年"后，2005 年我国重特大矿难次数及死亡人数比去年同期继续攀升，延续着"死亡之旅"，矿难事故再次呈现"井喷"态势，截至该年 12 月 11 日，国内一共发生 2939 起矿难事故，5491 名矿工命丧井下，死难人数比去年同期增加 206 人。[②]在这些灾难性事故数据的背后，有多少鲜活的生命被矿井无情的吞噬！又有多少血汗凝结成的财产在顷刻间灰飞烟灭、化为灰烬！安全责任事故，总是在老生常谈中细数着生命的流逝，真可谓"往事一幕幕，伤心一幕幕"，不堪回首。

痛定思痛，反观我国近年来频发的各种重特大安全生产事故，许多安全责任事故的发生虽与我国现阶段生产力发展水平不均衡、安全生产工作基础薄弱、规章制度不健全、体制不完善等不无关系，但大量的则是因为人们的思想麻痹或有意无意地违反了有关的规章制度与操作规程引起的。倘若我们不是辄止于表层，就会惊讶地发现，在这些触目惊心的重特大安全生产事故的背后，往往还存在着许多深层次的原因，如单纯追求经济利益、"要钱不要命"，一些领导干部和国家工作人员存在严重的不负责任、玩忽职守、滥用权力、徇私舞弊、失职渎职等违法犯罪行为。公务人员与私挖滥采、违法、违规生产的业

---

① 莫洪亮：《去年我国因生产事故死亡 11.2 万多人》，载 http://www.southcn.comt.com/news/china/zgkx/200703210854.html，2007-03-21.

② 相关数据来源：http://www.imagegarden.net/showthreads_572895_20_1.htmal；http://www.singtaonet.com/glogbal/china/t20060207_134432.html ；http://www.zjxzlt.869869.cn/index.php?type=3&flowid=32429.

主有着千丝万缕的利益关系或在幕后纵容、沆瀣一气，大搞权钱交易，以及为非法业主充当"保护伞""黑后台"。官商勾结、官煤一体竟成为行业内通行的潜规则。时任国家安全生产监督管理总局局长李毅中在河北举行的安全生产学习培训班上曾愤怒地指出，滥用权力与非法利益结盟是导致矿难等事故频发的症结之一。①仅以 2006 年为例，我国检察机关查处的重大安全生产责任事故涉及职务犯罪的就有 600 多人。②时任最高人民检察院副检察长王振川在全国检察机关查处重大安全责任事故涉及的职务犯罪电视电话会议上表示，近年来，重大安全生产责任事故的发生，与少数国家机关工作人员滥用职权、玩忽职守、徇私舞弊直接相关。官商勾结，性质恶劣，影响极坏。检察机关要不断提高发现犯罪、证实犯罪、打击犯罪的能力，不论涉及哪个部门，不论涉及谁，都要依法查办，绝不手软。③时任最高人民法院院长肖扬在全国高级人民法院院长座谈会上也表示，人民法院要充分发挥刑事审判职能，加大审判力度，依法惩处重大安全生产责任事故犯罪④及其背后的贪污、贿赂、渎职等国家工作人员的职务犯罪。重大安全生产责任事故犯罪等将成为今后一个时期各级人民法院依法惩罚刑事犯罪工作的重点。⑤由此可见，安全生产责任事故犯罪及其背后的职务犯罪已经成为新时期我国惩罚刑事犯罪工作的重点⑥，以及反腐败斗争的焦点，对它的打击、惩罚和预防工作也相应成为今后以及

---

① 王茜等：《中国矿难频发是人为的悲剧循环》，载最高人民检察院官方网站，http://www.chinacourt.org/public/detail.php?id=173302，2005-08-12。

② 裴智勇：《我国去年安全生产事故查出 600 多人职务犯罪》，载《人民日报》，2007 年 1 月 15 日。

③ 王振川：《严查安全事故背后的职务犯罪》，载人民网，http://politics.people.com.cn/GB/1027/5282331.html。

④ 最高人民法院曾下发过专门的规范性文件《最高人民法院关于加强对涉及重大公共安全事故等案件的审判力度全力维护社会稳定的通知》（法〔2004〕107 号）。

⑤ 田雨等：《重大安全生产责任事故犯罪成为法院惩处重点》，载新华网，http://news.xinhuanet.com/legal/2006-06-30/content-476926.html。

⑥ 长期以来，人民群众特别是有关部门的同志对重大责任事故犯罪给社会带来的危害性认识不清，这有意无意地影响到了司法机关依法办理这类案件，加上有些司法人员没有较强的责任感，在处理重大责任事故案件的责任者时往往持"暧昧"态度，处罚通常偏轻。

相当长的一段时期内刑事司法实践中的首要任务之一。

事实上，由于安全责任事故犯罪的严重社会危害性以及罪质的特殊性，其不仅是我国刑事司法实践中惩罚刑事犯罪工作的重点，而且在我国刑事立法中也一直占据着重要地位。无论是 1979 年刑法，还是 1997 年刑法，均对安全责任事故犯罪进行了大量的规定。特别是 1997 年刑法，在全面吸收各单行刑法与附属刑法以及最高司法机关相应司法解释中有关责任事故犯罪的规定、并予以法典化的基础上，采取集中规定与分散规定相结合的立法模式，较为全面地确立了一个惩治安全责任事故犯罪的刑法体系。其中，在第二章"危害公共安全罪"这一类罪中比较集中地规定了标准形态的安全责任事故犯罪，同时又在其他章节中对一些非标准形态的安全责任事故犯罪做了特别规定，进一步充实、完善了刑法中安全责任事故犯罪的规制体系，这对于打击司法实践中的安全责任事故犯罪行为，发挥了重要作用。但是，自 1997 年刑法通过以后，由于社会日新月异的变化以及形势的发展，《刑法》关于安全责任事故犯罪的规定也日益呈现出其内容的不完整性和对变化多端的犯罪现象缺乏及时应对能力的诸多缺陷，已与社会经济发展的现实情况不相适应，难以满足司法实践的需要。正是在这种社会背景下，2006 年 6 月 29 日全国人大通过的《刑法修正案件（六）》，顺应时代发展的需要，对《刑法》有关安全责任事故犯罪的规定做了重要修改。约而言之，一是修改了少数安全责任事故犯罪的构成要件，扩大了其适用范围，并提高了在特定犯罪情况下的量刑档次与刑罚幅度；二是将司法实践中新涌现出的举办重大群众性活动安全事故、瞒报、谎报安全事故等具有严重社会危害性的行为纳入了刑法规制的范围。可见，《刑法修正案（六）》对安全责任事故犯罪规定的修改，一方面加大了在刑事立法上打击某些安全责任事故犯罪的力度；另一方面又扩大了安全责任事故犯罪的刑事法网，使之更趋严密。应当说，立法上对安全责任事故犯罪做此重要修改基本上是符合实际情况的，一则满足了司法实践的需要，符合时代发展的要求；再则又体现出了当前刑事政策的重心与主旨，有利于防范和惩治频发的安全责任事故犯罪，弹压其高发态势，从而保障社会的和谐与稳定。

三、安全责任事故犯罪的防治对策

在我国大力贯彻以人为本、坚持科学发展的新形势下，防止安全生产责任事故的频发，切实扭转煤矿等行业重特大事故的多发势头，促进安全生产形势进一步好转，坚决同责任事故犯罪做斗争，无论是对于维护改革、发展、稳定的大局，抑或是为了保障社会主义现代化建设事业的顺利进行以及推动和谐社会的构建，都具有十分重要的意义。因为安全生产是经济社会发展的基础、前提和保障，科学发展首先要安全发展，和谐社会首先要关爱生命。时任中共中央总书记胡锦涛同志在中央政治局第 30 次集体学习时指出："人的生命是最宝贵的""要牢固树立'以人为本'的观念，关注安全、关爱生命，坚持不懈地把安全生产工作抓细抓实抓好""要把安全发展作为一个重要理念纳入我国社会主义现代化建设的总体战略"。时任国务院总理温家宝同志也曾强调："安全生产责任重于泰山，经济发展必须建立在安全生产的基础上，抓经济发展的政绩，抓安全生产也是政绩。加强安全生产工作，是维护人民群众根本利益的重要举措，是保障社会和谐稳定的主要环节。"可以说，两位中央领导同志的讲话立意深远、内涵丰富，高屋建瓴地指出了安全生产与安全发展对于我国社会主义现代化建设以及社会和谐稳定的重要意义。

在新的历史条件下，随着新情况、新问题的不断涌现，安全责任事故犯罪也呈现新的特点和发展趋势，如何才能更好地把握安全责任事故犯罪的发展规律与演变趋势，以有效地防范与惩治安全责任事故犯罪，从而尽力减少和避免安全责任事故的发生，保障人民群众的生命财产安全和维护社会的和谐稳定，的确是一项艰巨任务，可谓任重而道远。从法治建设的视角以观，笔者认为，当下应从以下几方面做出努力：

首先，应切实贯彻落实科学发展观，大力弘扬以人为本的理念，充分认识到做好安全生产和安全发展工作的重要性。科学发展观是坚持以人为本，全面、协调、可持续的发展观。切实贯彻落实科学发展观，要求坚持以人为本，充分尊重人的生命价值，保障人民群众的生命财产安全，不断满足人们的多方面需求和促进人们的全面发展。而要做到这一点，又必须充分认识到做好安全生产和安全发展工作的重要性，采取有力措施尽力防止和避免安全责任事故的发生，从而实现全社会的安全生产和安全发展。因为安全生产是经济社会发展的基础、前提和保障，科学发展首先要安全发展，和谐社会首先要关爱生命。

其次，应着力体现宽严相济的刑事政策，并注意运用好其从严的一面，严肃和严厉地惩处各种安全责任事故犯罪及其背后的职务犯罪。宽严相济的刑事政策是我国在构建和谐社会的背景下确立的当前及今后相当长的一个时期内应当坚持的基本刑事政策。治理安全责任事故犯罪也应当着力体现这一政策，在体现其从宽一面的同时，也应注意运用好其从严的一面。事实表明，在这些触目惊心的重大安全责任事故的背后，往往还存在着许多深层次的原因，如单纯追求经济利益、"要钱不要命"，一些领导干部和国家工作人员存在严重的不负责任、玩忽职守、滥用权力、徇私舞弊、失职渎职等违法犯罪行为。有的国家工作人员甚至与违法、违规生产作业的业主有着千丝万缕的利益关系或在幕后纵容、沆瀣一气，大搞权钱交易，以及为非法业主充当"保护伞""黑后台"。对于这些将人民群众生命财产安全置之度外、官商勾结、官员失职渎职导致的安全责任事故犯罪及其背后的职务犯罪，完全有必要进一步严密刑事法网，严格刑事责任，适当提高刑罚惩治的力度。在很大程度上，对安全责任事故犯罪的打击、惩罚和预防工作应成为当前以及今后相当长的一段时期内我国刑事司法实践中的首要任务之一。安全责任事故犯罪及其背后的职务犯罪应成为新时期我国惩罚刑事犯罪工作的重点以及反腐败斗争的焦点之一。

最后，应始终坚持惩防并举、综合治理的方针，治理安全责任事故犯罪应当打出"组合拳"。要有效地治理安全责任事故犯罪这一现代社会的"顽疾"，必须始终坚持"惩防并主、综合治理"的方针，不仅要严肃惩治安全责任事故犯罪以及潜藏在其背后的职务犯罪，做到早发现、早打击，同时也要注重防范安全责任事故犯罪的发生，更加注重制度建设，做到防微杜渐、警钟长鸣，建立防治安全责任事故发生的长效机制,规范和健全有关安全生产和重大事故责任制的规章制度,打出治理安全责任事故犯罪的"组合拳",实行综合治理,将打击与防范安全责任事故犯罪及其背后的职务犯罪推向"纵深",这样我们方能把重大安全责任事故的发生降低到最低程度。

第四节　大型群众性活动重大安全事故罪主体疑难问题探讨

　　大型群众性活动重大安全事故罪是 2007 年 6 月 29 日通过的《刑法修正案(六)》新增设的一个罪名。根据《刑法修正案(六)》第 3 条的规定,所谓大型群众性活动重大安全事故罪,是指举办大型群众性活动违反安全管理规定,因而发生重大伤亡事故或者造成其他严重后果的行为。该罪的设立对于打击司法实践中造成大型群众性活动重大安全事故的犯罪行为,具有重要的意义。但是自《刑法修正案(六)》通过以后,理论界对该罪的若干构成要件产生了较大的分歧,司法实务部门在适用该罪的过程中也遇到了不少困难,尤其是集中在该罪主体方面的问题。鉴于此,本节拟对该罪主体方面的几个疑难问题进行研究,以期将对该罪的理论研究推向深入,并希冀对司法实务有所裨益。

一、本罪的犯罪主体是否包括单位

　　关于本罪的犯罪主体是否包括单位,不论是理论界还是司法实务部门,均存在争议。一种意见认为,本罪的犯罪主体是仅限于自然人。如有学者指出:"本罪的主体为特殊主体,即因举办大型群众性活动而造成重大责任事故的直接负责的主管人员和其他直接责任人员。"[1]另

---

[1]　孟庆华、赵军:《举办大型群众性活动重大责任事故罪适用解读》,载《中国检察官》2006 年第 10 期。

有学者认为："本罪的主体是特殊主体，即大型群众性活动的举办者或承办单位直接负责的主管人员，以及对该活动的安全保卫工作负有直接责任的人员。"[①]还有学者直截了当地指出："犯罪主体是对举办大型群众性活动负有直接责任的主管人员和其他直接责任人员，一般参与者不能成为此种犯罪的主体。"[②]此外还有一些类似的表述，在此不一一赘述。另一种意见认为，本罪的犯罪主体既包括自然人，也不排除单位。如有司法实务部门的同志指出，由于国家机关可以成为大型群众性活动的组织者、举办者，所以此罪的犯罪主体可以是国家机关。也就是说，该罪的犯罪主体，既可以是个人，也不排除单位。[③]另有学者认为，大型群众性活动的承办者大多是法人或者其他组织，若在举办大型群众性活动的过程中发生重大伤亡事故的，单位当然可以成为本罪的主体。[④]

由上可知，关于本罪的主体，有争议的问题是单位能否成为本罪的主体。笔者同意上述第二种意见，赞同单位可以成为本罪的犯罪主体，但认为需要做充分的说明与论证。

首先，从法条规范的角度分析，根据《刑法修正案（六）》第 3 条的规定，本罪的罪状是"举办大型群众性活动违反安全管理规定，因而发生重大伤亡事故或者造成其他严重后果的"。从本罪的罪状可知，要构成大型群众性活动重大安全事故罪，首要的前提是必须举办了大型群众性活动。如果举办的不是群众性活动或者只是小型的群众性活动，那么即使发生伤亡事故或者造成其他严重后果，也不能以本罪论处。那何谓大型群众性活动呢？根据 2007 年 8 月 29 日国务院第 190 次常务会议通过的《大型群众性活动安全管理条例》（自 2007 年 10 月 1 日其施行）第 2 条的规定，所谓大型群众性活动，是指法人或

---

① 方淑梅：《试论大型群众性活动重大安全事故罪的构成要件及认定》，载《传承》2008 年第 3 期。

② 刘明祥：《刑法修正案（六）对安全事故犯罪的修改与补充》，载《人民检察》2006 年第 11 期（上）。

③ 段建国：《案例解析：大型群众性活动重大安全事故罪》，载中国律师网 http://www. chineselawyer.com.cn/pages/index.html，2008 年 5 月 16 日。

④ 昕麟：《大型群众性活动重大安全事故罪刍议》，载 http://hi.baidu.com/xinlinblog/blog。

者其他组织面向社会公众举办的每场次预计参加人数达到 1000 人以上的活动。由此可见，在一般情况下，大型群众性活动的举办者是法人或者其他组织。既然单位（法人或者其他组织）能成为大型群众性活动的举办者，那么在其举办大型群众性活动的过程中，如果违反安全管理规定，因而发生重大伤亡事故或者造成其他严重后果的，单位毋庸置疑应当成为本罪的犯罪主体，其承担相应的刑事责任，也是理所当然的。因为这样不仅有利于避免大型群众性活动的承办者单位只享受利益，不承担风险，最终威胁大型群众性活动安全的现象，而且也符合国家有关部门规定的"谁主办，谁负责"的原则，实现了风险与利益的共担，保证了权利与义务的统一，有利于保障大型群众性活动的安全顺利进行。

其次，从司法实践的情况来看，由于大型群众性活动是一项具有广泛性和复杂性的群众性社会活动，具体表现在参加活动的人员多、密度大、范围广和成分复杂，特别是近年来随着我国国民经济的快速发展，人民生活水平的逐步提高，各类群众性文化娱乐、体育等活动的日渐增多，举办大型群众性活动发生重大安全事故的隐患也与日俱增。因而从刑事政策以及有效预防此类犯罪发生的角度出发，笔者认为，不仅《刑法修正案（六）》增设大型群众性活动重大安全事故罪是十分必要的，而且规定单位可以成为本罪的犯罪主体同样也是适应社会发展需要之举，契合和体现了《刑法修正案（六）》的"严厉化"[1]价值取向。否则，如果举办或组织大型群众性活动的单位不能成为本罪的主体，在其违反有关安全管理规定，发生重大伤亡事故或者造成其他严重后果的情形下，就无法追究其刑事责任，这样势必有违公平正义的精神和原则。如发生在《刑法修正案（六）》出台前的北京密云灯会重大踩踏事故就是最好的例证。对于北京密云灯会重大踩踏事故，许多当时在事发现场的市民都将矛头指向灯会的组织者，认为组织不力，安全工作不周是此次事故的重要原因。[2]而事实上组织这次灯会

---

[1] 张利兆：《〈刑法修正案（六）〉的"严厉化"》，载《人民检察》2007 年第 21 期。
[2] 《述评：北京密云灯会惨剧究竟谁之过？》，载 http://www.enorth.com.cn，2004-02-08。

并负有直接责任的北京密云县密虹公园（其他组织）事后并没有受到任何刑事追究，受到刑事处罚的只是负责维护密虹公园内白河东岸和彩虹桥秩序，对于事故发生负有一定责任的原密云县城关派出所所长和政委，并且两人均是因玩忽职守罪获刑。①之所以出现这种尴尬现象，固然与当时我国刑法立法的不完善有关，但倘若是发生在《刑法修正案（六）》通过之后的今天，那么对于此次踩踏事故负有直接责任的组织者——密虹公园，就一定能够以大型群众性活动重大安全事故罪追究其刑事责任呢？看来是不无疑问的。笔者认为，欲解决这一问题，以真正贯彻罪责刑相适应的原则，那么就应当认为单位可以成为本罪的犯罪主体。

最后，能否因为《刑法修正案（六）》第 3 条有关大型群众性活动重大安全事故罪规定的受刑主体是"直接负责的主管人员和其他直接责任人员"，就认为单位不能成为本罪的犯罪主体呢？对此，笔者持否定态度。其实，单位可否成为本罪的犯罪主体，进一步分析，还涉及本罪是否（不纯正）单位犯罪②的问题。那又何谓单位犯罪呢？我国1997 年刑法典未做明确规定，而只是在刑法典第 30 条对单位犯罪做了一个一般性的规定，即"公司、企业、事业单位、机关、团体实施的危害社会的行为，法律规定为单位犯罪的，应当负刑事责任"。"这一条文既不符合定义的逻辑结构，也不具备定义的实质内容，与其说该条是立法者对单位犯罪所下的法律定义，勿宁说是立法者对惩治单位犯罪的原则宣言。"③正是由于我国刑法典未对单位犯罪的概念做出明确规定，因而对于刑法典分则中规定的个罪，哪些是单位犯罪，哪些是自然人犯罪，分歧较大，争议颇多。从 1997 年刑法典关于单位犯罪的相关规定看，应该说，既有显性的规定，也有隐性的规定。对于显性的规定，由于条文中含有"单位犯罪"的用语，因而一般均不难

---

① 《北京密云灯会踩踏事件两名责任人各判 3 年刑》，载腾讯网 http://news.qq.com/a/20041127/000075.htm。

② 不纯正单位犯罪是相对于纯正单位犯罪而言的，不纯正单位犯罪是指既可以由自然人主体也可由单位主体构成的单位犯罪，纯正单位犯罪是指只能由单位主体构成的犯罪。

③ 叶良方：《单位犯罪责任构造的反思与检讨》，载《现代法学》2008 年第 1 期。

判定其为单位犯罪。但比较难确定的关于单位犯罪的隐性的规定，即条文中不含"单位犯罪"的用语，但又有"单位""公司、企业""直接负责的主管人员或其他责任人员"等字眼，其规定的究竟是单位犯罪，还是自然人犯罪，则颇费思量。如规定本罪的《刑法修正案（六）》第3条也有"直接负责的主管人员和其他直接责任人员"的用语，但却未明示是否单位犯罪，即是如此。在笔者看来，《刑法修正案（六）》关于本罪的刑法规范中虽只规定处罚"直接负责的主管人员或其他责任人员"，但并不代表单位就不能成为本罪的犯罪主体。事实上，根据本罪的罪状以及构成特征，单位是完全能成为本罪的主体的，只不过是《刑法修正案（六）》第3条在处罚大型群众性活动重大安全事故罪的单位主体时，采取单罚制（具体为代罚制）①而已，即只处罚直接负责的主管人员和其他直接责任人员。

二、对"直接负责的主管人员和其他直接责任人员"范围的理解

对于本罪中受刑主体"直接负责的主管人员和其他直接责任人员"范围的理解问题，也是见仁见智，存在不少争议。有不少同志认为，本罪中的"直接负责的主管人员"，是指大型群众性活动的策划者、组织者、举办者；"其他直接责任人员"是指对大型群众性活动的安全举行、紧急预案负有具体落实、执行职责的人员。②在一般意义上，做这种解释似无不妥。但这里的"直接负责的主管人员和其他直接责任人员"是否包括对事故负有责任的雇主和法定代表人呢？从法条文义的表述来看，似乎难以得出这一结论。其实，在《刑法修正案（六）》草案通过之前，就有不少全国人大常委和人大代表对此一问题给予了广泛的关注，还有不少代表提出了质疑。如全国人大常委会对《刑法修正案（六）（草案）》审议时，郑功成委员说，这次草案（指《刑法

---

① 至于对本罪采取单罚制是否合理，则是立法论上要解决的问题，需另当别论。
② 黄太云：《<刑法修正案（六）>的理解与适用（上）》，载《人民检察》2006年第14期。

修正案（六）》草案，下同——引者注）将刑事处罚的对象限制为"直接负责的主管人员和其他直接责任人员"，这实际上是明确地规定了企业及相关法人代表和雇主可能免除刑事责任，如私营企业的雇主就可以让其雇佣的直接管理人承担刑事责任而自己则可以逃避责任。因为直接负责人通常理解为一个企业的副厂长、副经理等。如果刑法这样界定，最大的责任人就可能漏网，法治的价值与效果将大打折扣。因此，建议再斟酌，取消"直接负责的"几字，或者代之"雇主及直接责任人"。①万学文委员也说，修正案草案第 2、3 条都提到"对直接负责的主管人员和其他直接责任人员"，这两者不一样，第一个是针对安全生产问题，第二个是针对重大活动中的问题。另外在法律中出现"雇主"也不太适合，建议删除"直接负责的"，改为"主管人员和直接责任人员"。②另外全国人大代表姜鸿斌也提出，关于安全生产和在整个金融秩序表述中，每一条都有对直接负责的主管人员的处罚规定，这里缺少对事发单位的主要负责人的惩处。甚至对于单位犯罪，对主要负责人也没有表述。根据实践看，比方说我是一个煤窑的业主，是法定代表人，很容易委托一个总经理或者外聘主管人员接受法律的惩处，而主要负责人逃避了法律的惩处，真正命令或者决策危险作业的是单位的主要负责人，所以，我认为能不能在制定法律的过程中，充分考虑到现在国家的安全生产责任界定上，把单位的主要负责人纳入进去，使他们在法律规定的框架内进行依法生产经营。③针对上述诸多人大常委和人大代表在《刑法修正案（六）》的分组审议中提出的上述问题与质疑，全国人大常委会法工委刑法室主任郎胜在答记者问时就《刑法修正案（六）》关于安全责任事故犯罪中涉及的"直接负责的主管人员和其他直接责任人员"范围的立法原意进行了说明。他指出，在发生重大安全事故时，构成犯罪的，应该追究直接负责的主管人员和其他负责人员的责任，这里的"直接主管人员"和"其他责任人"包含了对事故负有责任的雇主和法定代表人。这样的表述是刑法的专

① 《发言摘登：刑法修正案（六）草案》，载中国人大网 http://www.npc.gov.cn，2006-6-30。
② 同上。
③ 同上。

门术语。①由此可见，从《刑法修正案（六）》的立法原意来看，"直接负责的主管人员和其他直接责任人员"应是包括"雇主或者单位主要负责人（法定代表人）"在内的。笔者认为，尽管"直接负责的主管人员和其他直接责任人员"是一个专门的刑法术语，但从文理解释的角度来分析，其具体范围似乎并不能涵容"雇主或者单位主要负责人（法定代表人）"在内。否则，如果做如此宽泛的理解与解释，不仅会导致对刑法规范解释的任意性，有违罪刑法定主义所要求的对刑法规范从严解释的原则，而且会严重脱逸社会相当性，与一般社会大众的通念、特定社会的普遍化的社会价值、文化观念等相左。"在刑法规范的自由区内，运用严重脱逸社会相当性理论来解释犯罪的构成要件要素，并未超越刑法规范，而是在刑法规范的形式理性中，贯彻和实现刑法的实质理性——刑法正义。"②故而对《刑法修正案（六）》第 3 条中有关"直接负责的主管人员和其他直接责任人员"内容的解释，也应当用社会相当性的思想来考量其合理性。

既然"直接负责的主管人员和其他直接责任人员"这一规范内容的立法原意与文义理解如前所述存在一定程度的偏差，那么如何进行补救呢？在笔者看来，在短期内，可由最高司法机关颁布相应的司法解释对本罪中的"直接负责的主管人员和其他直接责任人员"的范围做适当的扩大解释，将"雇主和主要负责人（法定代表人）"等包括在内，以便在司法实践中更好和更有效地追究这些身居幕后但实际上却操纵全局并对大型群众性活动重大安全事故负有重大责任的雇主和主要负责人的刑事责任。在这方面，其实不乏先例。如 2007 年 2 月 28 日"两高"联合颁布的《关于办理危害矿山生产安全刑事案件具体应用法律若干问题的解释》（以下简称《解释》）第 3 条专门针对矿山生产安全事故案件就刑法典第 135 条重大劳动安全事故罪中的"直接负责的主管人员和其他直接责任人员"之范围进行了适当的扩大解释。

① 《全国人大就刑法修正案草案等有关问题答记者问》，载中国政府网 http://www.gov.cn，2006-6-29。
② 于改之：《社会相当性理论的机能》，载《武汉大学学报（哲学社会科学版）》2007 年第 5 期。

《解释》第3条规定："刑法第135条规定的'直接负责的主管人员和其他直接责任人员',是指对矿山安全生产设施或者安全生产条件不符合国家规定负有直接责任的矿山生产经营单位负责人、管理人员、实际控制人、投资人以及对安全生产设施或者安全生产条件负有管理、维护职责的电工、瓦斯检查工等人员。"从上述《解释》第3条的规定,我们不难看出,其所指涉的"直接负责的主管人员和其他直接责任人员"的范围是包括"雇主和单位主要负责人"等主体在内的。立足长远,笔者认为,应对《刑法修正案(六)》的有关规定在适当的时候进行修改完善,这才是治本之策。尽管"直接负责的主管人员和其他直接责任人员"是一个专门的刑法术语,但并不代表其就不能因时而更改,况且"直接负责的主管人员和其他直接责任人员"是否专门的刑法术语与其范围的限定合理与否并不存在必然的联系。至于在立法上进行修改时如何对其表述,上述全国人大常委郑功成委员和万学文委员就提出了很好的建议,值得参考。不过从精益求精以及妥当性的角度考虑,笔者对此持保留意见,并认为,不宜将"直接负责的主管人员和其他直接责任人员"改为"雇主及直接责任人"或者"主管人员和其他直接责任人员",而应修改为"负责的主管人员和其他直接责任人员",这样表述才更加确切、精当。理由在于:首先,雇主不是一个专业的刑法术语,也无相应的刑法立法传统和习惯,不宜规定在刑法条文中;其次,雇主这一术语不具有普适性,不能涵括所有单位的主要负责人,假如某一大型群众性活动是由政府或事业单位组织和举办的,若称呼其主要负责人为雇主,会显得不伦不类。最后,应当指出的是,一个单位中存在不同层次和不同职能的主管人员,并不是任何主管人员都应成为本罪的受刑主体,而只有负有责任的主管人员,才应承担相应的刑事责任。故而用"主管人员"代替"直接负责的主管人员"似有点矫枉过正,而做"负责的主管人员和其他直接责任人员"的表述就可以避免这一问题。因为"负责的主管人员"在外延上不仅包括"直接负责的主管人员(如企业直接负责的副厂长)",也能涵容"主要负责人(如企业的厂长、法定代表人等)"在内,同时又可避免对主管人员范围的解释不加限制、宽泛无边的弊病。

三、本罪主体的其他疑难问题

　　大型群众性活动重大安全事故罪主体方面的疑难问题，除单位能否成为本罪的主体以及对"直接负责的主管人员和其他直接责任人员"的范围如何理解外，还有一个疑难问题值得研究。即单位前任直接负责的主管人员在举办大型群众性活动的过程中违反安全管理规定但重大伤亡事故或者其他严重后果却发生在其后任直接负责的主管人员任内的情形，该追究谁的刑事责任？在司法实践中可能会经常存在这样的情形，即某一单位的上一任直接负责的主管人员不重视安全保障设施的投入，违反安全管理规定，如举办庙会既没有按有关规定设置疏散人群的安全通道，也没有为应对突发事件的发生而事先制定大型群众性活动的安全监督方案和突发事件处置方案，从而给举办大型群众性活动发生重大伤亡事故留下了严重的隐患。但在前任直接负责的主管人员调离原单位后，新的直接负责的主管人员刚上任，就发生了重大伤亡事故或者造成了其他严重后果，而主要原因又是前任直接负责的主管人员对举办大型群众性活动的安全工作做得不扎实，单位没有制订相应的安全工作计划和突发事件处置方案。此时，对谁定罪，就成了问题。

　　首先，对前一任直接负责的主管人员应否追究刑事责任？笔者对此持否定态度。因为如果追究前一任直接负责的主管人员的刑事责任，势必会导致对本罪的受刑主体"直接负责的主管人员和其他直接责任人员"做任意的扩大解释，而这显然有违罪刑法定主义原则的精神，难免会危及刑法的人权保障机能。另外，如果前几任直接负责的主管人员都违反国家有关安全管理规定，那么在发生大型群众性活动重大安全事故的情形下，是否都需要追究刑事责任呢？应当说，尽管前一任直接负责的主管人员在其任内违反了安全管理规定，但大型群众性活动重大伤亡事故的发生却是在其离任之后，前一任直接负责的主管人员显然已经不符合本罪主体的特征，自不应追究其刑事责任。

　　其次，既然不应追究前任直接负责的主管人员之刑事责任，那么是否意味着应追究后任直接负责的主管人员的刑事责任呢？这一问题同样值得深入思考。虽然按照《刑法修正案（六）》第 3 条对大型群众性活动重大安全事故罪的规定，如果举办单位违反有关安全管理规定，造成重大伤亡事故或者其他严重后果的，对现任直接负责的主管人员是应追究其刑事责任的。可是，现任直接负责的主管人员刚上任伊始，此时不可能对单位的安全管理和组织情况有充分的了解并及时制订大型群众性活动的安全工作计划和处置方案，要其承担本罪的刑事责任，于情于理显然都不太合适。即使从刑法的谦抑性角度考虑，也不宜对其发动刑罚权。

那么是不是在这种情况下就不追究相关责任主体的刑事责任了呢？答案当然也是否定的。笔者认为，在这种单位直接负责的主管人员前后任过渡的特殊情形下，仍应当追究单位中"其他直接责任人员"犯本罪的刑事责任。当然，从长远来看，应对规定本罪的相关刑法规范进行修改完善，改变本罪目前单罚制（代罚制）的刑事责任承担模式，以便能够追究单位犯此罪的刑事责任，即立法中应规定对单位本身可以判处罚金。

第五节　危险物品肇事罪若干争议问题研究

根据修订后的刑法第 136 条的规定，危险物品肇事罪是指违反爆炸性、易燃性、放射性、毒害性、腐蚀性物品的管理规定，在生产、存储、运输、使用中发生重大事故，造成严重后果的行为。该罪的设立对于打击司法实践中的犯罪行为，具有重要的意义。但是，自刑法通过以后，理论界对该罪的若干构成要件产生了相当大的分歧，司法实务部门在适用该罪的过程中也遇到了不少困难。为此，本节拟对理论中争议较大的几个问题进行研究，以期将对该罪的理论研究推向深入，并对司法实务有所裨益。

一、危险物品肇事罪主体争议问题

危险物品肇事罪的主体，是指实施危害社会的危险物品肇事行为，依法构成犯罪并应当负刑事责任的人。按照通行的观点，主要是指从事生产、储存、运输、使用危险物品的职工，其他人违反危险物品管理规定，在生产、储存、运输、使用中发生重大事故的，也可成为本罪的主体。①关于本罪的犯罪主体，有待研究的主要有以下几个问题：

（一）本罪的主体是否为特殊主体

本罪的主体是否为特殊主体，对此学界有针锋相对的两种不同观点：一种观点认为是特殊主体。具体又有以下几种不同的概括，如认为"本罪的主体是特殊主体，即从事生产、保管、运输、使用上述危险物品的职工"②"本罪主体是特殊主体，即发生安全生产事故的生产经营单位中负责安全生产管理工作的直接责任人员和其他有关人员"③"笔者赞同特殊主体的观点，一般主体不符合危险物品肇事罪的特点"④。与此相反，另一种观点则认为本罪的主体为一般主体，这是大多数学者的看法，比较典型的表述有"危险物品肇事罪的犯罪主体是一般主体。但主要是指从事生产、储存、运输、使用危险物品的人"⑤"根据刑法的规定，其主要是指从事生产、储存、运输、使用危险物品的人（职工）。此外，从事生产、储存、运输、使用危险物品的职工以外的其他公民也可成为本罪的犯罪主体"。⑥此外，还有一些类似的表述，在此不再一一列举。笔者虽也赞同本罪犯罪主体是一般主体的观点，但认为需要做进一步的论证。具体我们可以从质疑否定论者所持的理由说起。如果其所持的理由不可靠或被证伪，那么否定本罪是一般主体的观点便不攻自破。否定论者（即特殊主体说）所

① 高铭暄、马克昌主编：《刑法学》，北京大学出版社、高等教育出版社2000年版，第380页。
② 赵长青主编：《新编刑法学》，西南师范大学出版社1997年版，第442页。
③ 曾琥主编：《中华人民共和国安全生产法释义与运用》，吉林人民出版社2002年版，第356页。
④ 孟庆华著：《重大责任事故犯罪的认定与处理》，人民法院出版社2003年版，第188页。
⑤ 赵秉志主编：《中国刑法案例与学理研究》（分则篇一），法律出版社2001年版，第261页。
⑥ 鲍遂献、雷东生主编：《危害公共安全罪》，中国人民公安大学出版社1999年版，第385页。

持的基本论据，大致是以下两个方面：第一，并非所有主体均可构成危险物品肇事罪。在我国刑法中，达到刑事责任年龄、具备刑事责任能力即可构成相应犯罪的主体是一般主体。事实上，行为人仅仅达到刑事责任年龄、具备刑事责任能力尚不能构成危险物品肇事罪，只有在从事危险物品的工作中发生重大事故、造成严重后果的，才能构成危险物品肇事罪；第二，危险物品肇事罪的主体属于特殊主体，其所具备的特定身份是由于从事危险物品的特殊工作产生的，这在刑法第136条规定的危险物品肇事罪罪状中就有这种特定性的体现："违反爆炸性、易燃性、放射性、毒害性、腐蚀性物品的管理规定，在生产、储存、运输、使用中"。欠缺此种特定性而发生的重大事故，行为人只能构成诸如过失致人死亡罪之类的普通过失犯罪，而不能构成危险物品肇事罪这样的业务过失犯罪。①

就第一点理由而言，笔者认为其不无疑义。虽然应当承认并非所有的主体在所有情况下均可构成危险物品肇事罪。如农妇某甲，一日在家做饭，误将砒霜当白糖加入菜肴中，造成全家多人中毒，其老母中毒较深，当场死亡。在此案中，农妇某甲的行为不构成危险物品肇事罪，尽管其已达到刑事责任年龄且具备刑事责任能力。但是值得特别强调的是，案中农妇某甲的行为之所以不构成危险物品肇事罪，并非因为她是一般主体的缘故，而是因为其行为不符合危险物品肇事罪客观方面的构成要件，即只有在"从事危险物品的生产、储存、运输、使用中（或者说是在从事危险物品的工作中）发生重大事故，造成严重后果的"，只是对危险物品肇事罪客观方面要件的描述，而并不能由此反推出危险物品肇事罪的主体必须是特殊主体。我们不妨看下述案例：被告人朱某某日将液化气残液倒入其住房前的脏水沟内，其邻居马某在房前点燃炉火准备做饭时，液化气残液突然起火，致马某烧伤经抢救无效死亡。人民法院审理认为朱某违反易燃性物品管理规定，乱倒液化气残液，引发重大事故，造成1人死亡的严重后果，其行为已构成危险物品肇事罪。肇事后，鉴于朱某认罪态度好，积极进行民

---

① 孟庆华著：《重大责任事故犯罪的认定与处理》，人民法院出版社2003年版，第188-189页。

事赔偿，有明显悔罪表现，遂判处 1 年徒刑。宣判后，被告人服判未上诉，检察机关未抗诉。①在本案中，被告人朱某尽管只是一般主体，且只是在日常生活中（未在危险物品的生产、作业活动中）违反危险物品管理的规定，发生重大事故，造成严重后果，但同样构成危险物品肇事罪。笔者认为该案审理法院的判决是完全正确的。这也在反面很大程度上说明了本罪的主体并非特殊主体，而恰恰是一般主体。

就第二点理由而言，也值得商榷。诚然，犯罪的特殊主体除要求具备一般主体所需的刑事责任年龄和刑事责任能力之外，还应当具有特定的身份（自然身份或法定身份）。刑法理论上也是以是否具备特定身份为标准，将犯罪主体分为一般主体与特殊主体。刑法规定不要求以特殊身份作为要件的主体，为一般主体；刑法规定以特殊身份作为要件的主体，为特殊主体。正确理解犯罪特殊主体的特殊身份的含义，应当特别注意这样两个问题：（1）特殊身份必须是在行为开始实施危害行为时就已经具有的特殊资格或已经形成的特殊地位或状态。行为人在实施行为后才形成的特殊地位，并不属于特殊身份；（2）作为犯罪主体要件的特殊身份仅仅是针对犯罪的实行犯而言的，至于教唆犯与帮助犯，并不受特殊身份的限制。②反观否定论者（特殊主体说）的观点，其认为"危险物品肇事罪的主体属于特殊主体所具备的特定身份是由于从事危险物品的特殊工作而产生的，并指出这在刑法第136条规定的危险物品肇事罪罪状中有这种特定性的体现"。这实际上是对犯罪特殊主体所要求的特定身份的不正确理解。特殊身份必须是在行为人开始实施危害行为时就已经应当具备，而非否定论者所指涉的在实施危害行为的过程中（如在生产、储存、运输、使用危险物品的过程中）或实施危害行为时才产生或具备，此其一。其二，即使如否定论者（特殊主体说）所言，危险物品肇事罪的主体是在从事危险物品的特殊工作中产生的（当然所具备的特殊身份不可能是自然身份，只能是法定身份），这是对"法定身份"的正确理解吗？既非基于法律

---

① 《人民法院报》，1999 年 7 月 14 日。

② 高铭暄、马克昌主编：《刑法学》，北京大学出版社、高等教育出版社 2000 年版，第 100 页。

所明确赋予而形成的身份，也不是因为从事某一特定的职业而产生的身份（如前所述，普通公民也可在特定情形下成为该罪的主体），其所形成的所谓"特殊身份"（法定身份）是构成犯罪特殊主体所必须具备的特殊身份吗？答案不言自明。

综上所述，应当认为危险物品肇事罪的犯罪主体是一般主体，而非特殊主体。

（二）单位能否成为本罪的主体

关于单位能否成为本罪的主体，绝大多数学者对此都持否定态度，认为危险物品肇事罪的主体主要是从事生产、储存、运输、使用危险物品的职工，其他自然人也可构成本罪。但也存在少数不同的意见，认为除了自然人主体外，企事业单位、机关、社团等单位也可构成危险物品肇事罪的主体。如有学者指出："根据《铁路法》的规定，企业事业单位、国家机关、社会团体携带危险品进站上车或者以非危险物品品名托运危险物品，导致重大事故的，上述单位也可成为违反危险物品肇事罪的主体。"[①]

笔者认为，危险物品肇事罪的主体主要是自然人，但单位同样可以成为本罪的主体。理由如下：

首先，承认单位可以成为本罪的主体有法可依。根据我国《刑法》第 30 条的规定："公司、企事业单位、机关、团体实施的危害社会的行为，法律规定为单位犯罪的，应当负刑事责任。"这是我国刑法对单位可以在多大范围内成为犯罪主体并承担刑事责任的规定。据此，并非所有的犯罪均可由单位构成，只有法律明文规定为单位犯罪的，单位才能成为该罪的犯罪主体并负相应的刑事责任。就危险物品肇事罪而言，尽管我国刑法第 136 条并无处罚单位主体的明文规定，在其罪状中也未直接明示单位能否构成本罪。乍一看，单位似乎不能成为本罪的主体，其实不然。实际上，在我国的许多附属刑法及相关法规中，均承认了单位可以构成危险物品肇事罪的主体。如《铁路法》第 60 条的规定："违反本法规定，携带危险品进站上车或者以非危险品品名

---

① 周振想主编：《中国刑法释论与罪案》（上），中国方正出版社 1997 年版，第 673 页。

托运危险品，导致发生重大事故的，依照刑法（指 1979 年刑法——引者注）第一百一十五条（即为现行刑法第 136 条——引者注）的规定追究刑事责任。企业事业单位、国家机关、社会团体犯本款罪的，处以罚金，对其主管人员和直接责任人员依法追究刑事责任。"由此可见，在单位违反《铁路法》的相关规定，携带危险品进站上车或者以非危险品名托运危险品，导致发生重大事故的，可以构成危险物品肇事罪，即单位可以成为本罪的主体。事实上，后来最高人民法院颁布的《最高人民法院关于执行〈中华人民共和国铁路法〉中刑事罚则若干问题的解释》（1993 年 10 月 11 日）对单位可以成为本罪的主体同样做了确认。再如《安全生产法》第 84 条的规定："生产经营单位，未经依法批准，擅自生产、经营、储存危险物品，造成严重后果，构成本罪的，依照刑法有关规定追究刑事责任"；第 85 条的规定："生产经营单位有下列行为之一：1. 生产、经营、储存、使用危险物品，未建立专门安全管理制度、未采取可靠的安全措施或者不接受有关主管部门依法实施的监督管理的；2. 对重大危险源未登记建档，或者未进行评估、监控，或者未制定应急预案的；3. 进行爆破、吊装等危险作业，未安排专门管理人员进行现场安全管理的；造成严重后果，构成犯罪的，依照《刑法》有关规定追究刑事责任"。从上述《安全生产法》刑事罚则的规定，我们不难看出，"造成严重后果，构成犯罪的，依照《刑法》有关规定追究刑事责任"中的"有关规定"应当主要是指《刑法》第 136 条关于危险物品肇事犯罪的规定，当无疑义。总而言之，我国的《铁路法》《安全生产法》等法律法规均明确承认了危险物品肇事罪可以由单位构成（否则不会设立刑事罚则），即单位可以成为危险物品肇事罪的主体，这是不争的事实。申言之，承认单位可以成为危险物品肇事罪的主体是符合《刑法》总则第 30 条关于单位犯罪并负刑事责任范围的明文规定和立法精神的，是有法律依据的。

其次，承认单位可以成为本罪的主体有利于更好地打击司法实践中单位危险物品肇事的犯罪行为，做到罪责刑相适应。在司法实践中，单位违反上述《铁路法》《安全生产法》的相关规定，导致危险物品肇事，造成严重后果的情况是客观实际存在的。许多未经依法批准，擅自生产、储存、经营危险物品的行为往往都是经单位集体研究决定或者是以单位名义组织实施的，在这些危险物品肇事的事故犯罪中，如果只处罚自然人，而不承认单位可以构成本罪，势必不能全面准确地体现出罪责刑相适应的原则和单位犯此类犯罪的严重社会危害性，对单位实施此类犯罪也无法起到有效的警戒作用，难以防止其以后重蹈覆辙，进而难以有效实现刑罚的目的。

最后，在此值得特别强调的是，我们承认危险物品肇事罪中的单位犯罪主体，其单位的性质不应有特别的限制，是否为公有制性质的企业，是否以从事危险物品的生产、储存、运输、使用活动为主业等则非所问，并不影响本罪的成立。因为在无法律明文限定的情况下，客观上不管是什么性质的企事业单位，也不管是否以从事危险物品工作为主业，只要其发生危险物品肇事事故，造成严重后果，那么在其行为的性质以及危害社会的严重程度上并无大的区别，以同一犯罪追究刑事责任也是合情合理的。当然，如果是个人专为进行危险物品肇事犯罪活动而设立的公司、企业等单位，或者公司、企业等单位设立后，专以实施危险物品肇事犯罪为主要活动的，则另当别论，不以单位犯罪论处，只追究单位直接责任人员以及相关主管人员犯危险物品肇事罪的刑事责任。

（三）对危险物品的作业活动进行指挥、管理的人员以及对保障上述活动安全的劳动安全设施负责维护、管理的人员能否成为本罪的主体

对于上述两类人员能否成为本罪的主体，我国有学者指出，他们（指上述两类人员——引者注）从事的指挥、管理活动以及从事的安全设施的管理、维护活动本身与危险物品的安全生产、储存、运输、使用活动密切相关，完全可以归属于广义上的危险物品生产、储存、运输、使用活动，对其作为或不作为行为造成严重危害结果的，应以危险物品肇事罪定罪处罚。[①]也就是说，该学者认可对危险物品的作业活动进行指挥、管理的人员以及对保障上述活动安全的劳动安全设施

---

① 刘志伟：《危险物品肇事罪若干疑难问题新探》，载《山东公安专科学校学报》2001年第4期，第23页。

负责维护、管理的人员能成为本罪的主体。笔者认为，上述学者的观点基本上是可以成立的，但论证欠充分。的确，不管是对危险物品的作业活动（生产、储存、运输、使用）进行指挥、管理，抑或是对其安全设施负责管理、维护，均与危险物品的生产、储存、运输、使用活动密切相关。但密切相关并不等于完全相同，否则，区分直接从事危险物品的生产、储存、运输、使用活动的人员与其外的对其活动进行指挥、管理的人员以及对其安全设施负责进行维护、管理的人员还有什么意义？试想：如果这样处理的话，能确切体现出他们各自行为的本质吗？与罪责刑相适应的原则一致吗？符合根据他们行为的特质及其在肇事事故中的作用、地位而实行区别对待的精神吗？答案不言自明。仔细分析，上述学者论证的理论逻辑在于：直接从事危险物品的生产、储存、运输、使用活动的人员可以成为危险物品肇事罪的主体，而上述两类人员的活动本身与危险物品的生产、储存、运输、使用活动密切相关，属于广义上的危险物品的生产、储存、运输、使用活动，故此，上述两类人员也可成为危险物品肇事罪的主体。应当说，其论证的理论逻辑基本上是合理的。但值得指出的是，不能简单地认为是广义上的生产、储存、运输、使用活动就得出从事上述活动的人员可以成为危险物品肇事罪的主体的结论。实际上，并不是因为上述两类人员的活动本身属于广义上的"危险物品的生产、储存、运输、使用活动"而决定其可以成为危险物品肇事罪的主体，而是因为在发生危险物品肇事事故，造成严重后果的情形下，上述两类人员与直接从事危险物品的生产、储存、运输、使用活动的人员在上述特定的情形下形成了一个紧密的责任共同体。①在他们知道或应当知道没有符

---

① 类似于"过失共同犯罪"的一个概念，但并不完全相同，"责任共同体"更为强调的是根据行为人实施的行为之间的特殊性及其与危害结果之间因果关系的复杂性而产生的责任连带，更类似于用民法上法人人格的组合理论进行的推定。至于是否承认过失共同犯罪，目前不论国内外，均存在很大的争议。在规范层面，最高人民法院前几年出台的《关于审理交通肇事刑事案件具体应用法律若干问题的解释》第八条第一款曾规定："交通肇事后，单位主管人员，机动车辆的所有人、承包人或者乘车人指使肇事者逃逸，致使被害人因得不到救助而死亡的，以交通肇事罪共犯论处"。该规定首开先河，在我国首次以规范性文件的形式正式承认了过失共同犯罪，具有重大的意义。

合规定的安全生产条件，或者未装备必要的安全设施或者所装备的安全设施不符合行业标准，以及在明知存在有可能发生严重后果的事故隐患的情况下，不让直接从事危险物品作业的工作人员停止该活动，甚至强令他们从事该种活动，继续进行瞎指挥、管理等，就实质而言，其作为与不作为本身就是属于违反危险物品管理规定的行为。本身就是发生在危险物品的生产、储存、运输、使用活动的过程中，而勿需扩张解释为"广义上的危险物品的生产、储存、运输、使用活动"去推定，这似无必要。

二、对"危险物品"的理解

危险物品肇事罪的犯罪对象是危险物品。在司法实践中，要正确认定危险物品肇事罪，首当其冲的是必须搞清楚危险物品的内涵与外延。对于什么是危险物品，学者间意见极为分歧，见仁见智。

（一）"危险物品"诸观点概览

学界对危险物品的理解，主要有以下几种代表性的观点：

1. "凡是有害于人体健康或在生产、运输、装卸、储存、保管过程中，容易引起燃烧、爆炸等的物品，称作危险物品。"[①]

2. "危险物品是指具有杀伤、爆炸、易燃、毒害、腐蚀、放射性等性质，在生产、储存、销售、运输、使用和销毁等过程中，容易造成人身伤亡和财产损毁或可能危害公共安全而需要特别防护或管制的物品。"[②]

3. "危险物品，是指易燃易爆物品、危险化学品、放射性物品等能够危及人身安全和财产安全的物品。"[③]

4. "危险物品，即由于其化学、物理或者毒性特性使其在生产、储存、装卸、运输过程中，容易导致火灾、爆炸或者中毒危险，可能引起人身伤亡、财产损害的物品。通常讲，危险物品主要包括危险化

---

① 孟庆华著：《重大责任事故犯罪的认定与处理》，人民法院出版社 2003 年版，第 180 页。
② 王新建等主编：《危险物品管理》，中国人民公安大学出版社 2002 年版，第 1-2 页。
③ 《中华人民共和国安全生产法》第 96 条。

学品、放射性物品。"①

5."刑法中所谓的危险物品就是以上所说的'化学危险品'。这些危险物品主要属于化工原料生产的以燃烧、爆炸为主要特性的爆炸品、压缩气体和液化气体、易燃液体、易燃固体、自燃物品和遇湿易燃物品、氧化剂和有机氧化物、毒害品和腐蚀品。"②

（二）"危险物品"诸观点评析

对上述诸说应当怎样评价呢？笔者认为，每一种观点都有合理之处，它们都在一定程度上正确揭示了"危险物品"概念的内涵与外延，因而都有值得肯定的地方，但又都有所不足。

第一种观点对"危险物品"的界定虽然比较简洁、概括，给人一目了然的感觉，但其缺陷也是相当明显的。其一，表述为"凡是有害于人体健康或在生产、运输、装卸、储存、保管过程中，容易引起燃烧、爆炸等的物品"，似乎给人一种只有"危及人身安全，容易引起燃烧、爆炸等的物品"才是危险物品，而"危及财产安全（如财产毁损），容易引起燃烧、爆炸的物品"不是危险物品一样，这样就不合理地限缩了危险物品的范围，对危险物品的界定并不具备完全的涵括性和周延性；其二，从语法上分析，表示因果关系的复句中的前一分句用连接词"或"来表达包含有不同内涵的两个词句"有害人体健康"与"在生产、运输、装卸、储存和保管过程中"，再与后一分句联结，这在语法逻辑结构上虽无大的问题，但在语意表达上容易产生歧义，似乎"凡是有害人体健康，容易引起燃烧、爆炸等的物品"与"凡是在生产、运输、装卸、储存、保管过程中，容易引起燃烧、爆炸等的物品"都是危险物品。如果理解为前者，则对危险物品的界定不具备完全的周延性与涵括性（已如前述）；如果理解为后者，则对危险物品的界定范围又过于宽泛，走到了另一极端，而且前者的意蕴完全能为后者所涵容，没有必要重复表述。

第二种观点对危险物品内涵的厘定基本上是正确的，注重了对危

---

① http://www.cnlawyer.cn/x/m/a/5519.html。

② 孟庆华著：《重大责任事故犯罪的认定与处理》，人民法院出版社 2003 年版，第 181 页。

险物品本身性质的揭示，应当说是有相当合理性的，但其不足之处也不难发现。实际上，该观点是公安机关基于其所从事行业的特殊要求与保障公共安全职能的特殊性通常所说的危险物品，故其在对危险物品的范围进行限定时，增加了"需要特别防护或管制"的限制。从公安机关作为一个特定行业以及维护社会治安的角度来考虑，上述观点对危险物品的理解确是无可厚非的，但并不具备普适性，无法准确反映我国刑法中危险物品的特定内涵。

第三种观点对危险物品的界定虽然同样也较为简明、概括，在整体表述上也并无大的不妥之处。危险物品确包括那些易燃易爆物品、危险化学品、放射性物品等，但采取列举式的定义方式，是否妥当，不无商榷的余地。除此之外，个别地方的表述还值得进一步斟酌和商榷。

第四种观点与第二种观点的表述较为近似，只是基于表述角度的不同而稍有差异，这种观点也注重了对危险物品本身性质的揭示，同时又避免了第二种观点的诸多缺陷。相对而言，是有较大合理性的，但从精益求精的角度讲，仍值得做进一步的完善。

第五种观点将对危险物品的定义置于在刑法的视阈内，这是特别值得称道的地方。因为我们正确界定危险物品的内涵与外延，目的是为了在司法实践中更好、更准确地打击危险物品肇事的犯罪行为。故此，归根结底，要落实到"刑法中的危险物品"上来，而前述四种观点恰恰忽视了这一点。当然，这种观点也有其缺陷，其将刑法中的危险物品直接等同于化学危险物品，似有以偏概全之嫌，无形中给人一种剑走偏锋的感觉。

由上可见，如何给危险物品下一个准确、科学的定义，的确值得认真研究。

（三）笔者对"危险物品"的理解

在笔者看来，危险物品的概念必须能够反映危险物品的实质与基本内核，即一方面要能够统摄危险物品的基本意蕴，具有概念上的自足性与自恰性；另一方面，又要能够将危险物品与其他有关概念区别开来，具有概念上的明确性与周延性。具体而言，要正确理解什么是危险物品或者说要科学界定危险物品的概念，必须遵循以下几个方面的基本要求：（1）应当明确危险物品定义的语境问题。也就是说，要把握好我们研究的视阈与角度。到底是从犯罪学意义上来界定危险物品，抑或还是从刑法意义上来界定危险物品，这是首先应当明确的问题。因为在犯罪学领域内危险物品不限于刑法规定的爆炸性、易燃性、放射性、毒害性、腐蚀性等五类特定危险物品，其他一切可能引起社会危害的物品，均可以是危险物品，如枪支、弹药、烟花、管制刀具、仿真枪、违禁药品等。在笔者看来，对危险物品的定义应当着眼于危险物品的刑法意义，应当在刑法学的语境下来界定危险物品，不能将刑法第 136 条规定之外的其他带有危险性的物品（如烟花、管制刀具、仿真枪等）包括在危险物品的范围之内，否则，只会使危险物品的外延过于宽泛，失却其作为一个特定刑法范畴所应具有的内涵，这是很不妥当的。（2）应当准确体现出危险物品之质的规定性。即危险物品是一种本身能够危及人身安全与财产安全或者公共安全的物品，不具有上述危险性的其他易燃、易爆等物品，如木炭等，无论如何也不能认为是刑法中的危险物品。（3）应当合理限定危险物品的外延。刑法中的危险物品不应只限于"危险化学品"，尽管"危险化学品"是危险物品中种类最大、使用范围最广、用量最大的一类危险物品，其他一切具有爆炸性、易燃性、放射性、毒害性、腐蚀性的物品均应属于刑法规定的危险物品。

据此，笔者认为，危险物品是指由于其化学、物理或者毒性特性，在生产、储存、运输、使用的过程中能够危及人身安全或财产安全的爆炸性、易燃性、放射性、毒害性、腐蚀性的物品。

具体而言：

爆炸性物品，是指受到火源、摩擦、撞击、震动等影响后，会在瞬间发生爆炸的物品。包括各类炸药、雷管、导火索、导爆索、起爆药、爆破剂、黑火药、烟火剂、民用信号弹等以及公安部认为需要管理的其他爆炸性物品。

易燃性物品，主要是化学易燃物品。如汽油、酒精、液化气、煤气、氢气，及其他易燃液体、易燃固体、自燃物品等。

放射性物品，是指通过原子核裂变时放出的射线发生伤害作用的物质。主要包括镭、钴、锂、销石酸镀以及含上述放射性成分的材料与制品等。

毒害性物品，是指只要小剂量进入人体后就能对人体的生理功能造成暂时或永久性损害，甚至死亡的物品。如砒霜、氰化钠、路易氏剂、乐果、敌百虫、敌敌畏、1059 等。

腐蚀性物品，是指对人体、物质等有强烈腐蚀性（强酸性或强碱性）作用的物品。如硫酸、硝酸、盐酸、苛性钠等。

三、本罪中"生产、储存、运输、使用"的含义

关于危险物品肇事罪中"生产、储存、运输、使用"的含义，按照通行的说法，所谓生产危险物品是指从事危险物品的生产，如制造雷管、炸药等；储存危险物品是指从事危险物品的保管放置工作；运输危险物品是指从事把危险物品由甲地运往乙地的运输搬运工作；使用危险物品是指将危险物品用于实际的生产与生活中，如使用敌敌畏杀虫等。[①]在笔者看来，上述说法基本上是正确的，解释上也并无大的问题，但从全面准确理解本罪中的"生产、储存、运输、使用"考虑，还应当进一步明确："生产、储存、运输、使用"危险物品中的"生产"不仅包括正式性的生产，也包括试验性的生产；其中的"运输"，不管是有偿运输或还是无偿运输，均不影响认定；其中的"储存"，是义务性储存抑或是经营性储存，是临时性储存抑或长期性的储存，也在所不问；其中的"使用"，同样如此，是经常性的使用抑或是偶然性的使用，均则非所问。无论行为人的行为方式属于上述哪一种具体的情形，无论是选择作为方式或还是不作为方式，只要其在上述活动中违反有关危险物品的管理规定，就不应影响对其行为性质的认定，而应当认为属于本罪中的"生产、储存、运输、使用"的范畴。

---

① 鲍遂献、雷东生主编：《危害公共安全罪》，中国人民公安大学出版社 1999 年版，第 383 页。

除此之外，对于本罪中"生产、储存、运输、使用"含义的理解，还有以下问题值得研究：

（一）"生产、储存、运输、使用"活动是否必须合法进行

"生产、储存、运输、使用"活动是否必须合法进行呢？对于该问题，我国刑法第 136 条未做规定，也没有相应的司法解释予以明确。对此，我国有学者认为："从有关危险物品管理的法律、法规规定适用的普遍性上看，无论何人，凡是从事危险物品的生产、储存、运输、使用活动，均应遵循这些规定，不管其从事该种活动本身是法律、法规允许进行的，还是法律、法规禁止的，都没有例外"[①]。笔者赞同这种观点。事实上，对危险物品的生产、储存、运输、使用活动不管是合法进行的，抑或还是非法进行的，在发生危险物品肇事事故造成严重后果的情况下，其对公共安全的危害性质以及对社会的危害程度并无大的区别，一律以危险物品肇事罪追究刑事责任也是可行的。需要注意的是，当行为人在非法从事某些危险物品的生产、储存、运输、使用活动，由于违反有关危险物品的管理规定，又发生重大事故，造成严重后果的，该如何解决其罪数问题呢？

如行为人在非法从事弹药、爆炸物品、核材料等的生产、储存、运输、使用活动的过程中，又发生重大事故，造成严重后果，该如何合理地量定刑事责任呢？是以非法制造、运输、邮寄、储存弹药、爆炸物罪、非法运输核材料罪，抑或是以危险物品肇事罪一罪论处，或者还是数罪并罚呢？对此，有学者认为，上述情况属于行为人基于两个不同的罪过而实施的两个性质不同的行为，应当将其视为数罪进行并罚。[②]笔者认为，在上述情况下，行为人实施的实际上只是一个行为，即从事危险物品的生产、储存、运输、使用活动，其后因其上述行为违反危险物品管理规定，导致发生重大事故，造成严重后果等则并非其行为的组成部分，实乃刑法对危险物品肇事罪客观方面构成要

---

① 刘志伟：《危险物品肇事罪若干疑难问题新探》，载《山东公安专科学校学报》2001 年第 4 期，第 23 页。

② 刘志伟：《危险物品肇事罪若干疑难问题新探》，载《山东公安专科学校学报》2001 年第 4 期，第 24 页。

件入罪的一种限定。因此，属于一个行为触犯数罪名的情形，且通过其实际的犯罪行为表现出来的具体构成内容可以见到上述二种犯罪的交叉重合关系，应当按法规竞合的法律适用原则来处理，而非实行数罪并罚。

（二）"生产、储存、运输、使用"活动是否包括对军用危险物品的"生产、储存、运输、使用"

在笔者看来，就刑法第 136 条的立法精神而言，本罪中的"生产、储存、运输、使用"活动，应当是同时包括民用危险物品的"生产、储存、运输、使用"活动和军用危险物品的"生产、储存、运输、使用"活动的。在生产、储存、运输、使用军用危险物品的过程中发生重大事故，造成严重后果的情形下，应当说其对公共安全的危害以及社会危害严重性的程度并不比同种情况下因民用危险物品肇事构成的犯罪轻，相反还要重，因为其可能不仅仅是破坏了国家对危险物品的管理制度，还可能危及了国家的军事利益。在这种情况下，笔者认为，应当按"举轻以明重"的原则进行合理解释。当然，在此还需要特别注意的是把握好本罪与武器装备肇事罪的界限。如军人在使用武器装备（如核子武器装备、中子武器装备、生化武器装备等）的过程中，违反了相关武器装备的使用规定，因而发生重大事故，致人重伤、死亡或者造成其他严重后果，严重危及国家军事利益的，应当按特别法优于普通法的法律适用原则，以武器装备肇事罪而非危险物品肇事罪论处。

（三）"生产、储存、运输、使用"是否仅限于在业务活动中的"生产、储存、运输、使用"

在司法实践中，尽管危险物品肇事事故主要发生在企事业单位的业务活动中，但是，一般公民在日常生活而非业务活动中生产、储存、运输、使用危险物品时，由于违反有关危险物品的管理规定，导致发生重大事故，造成严重后果的情形，也时有所见。那么其生产、储存、运输、使用危险物品的行为是否属于本罪中的"生产、储存、运输、使用"活动，对其能否以危险物品肇事罪论处呢？刑法第 136 条未做明确规定。笔者认为，从有利于更好地惩治司法实践中的危险物品肇事犯罪行为着眼，对于本罪中的"生产、储存、运输、使用"，不宜进行限制解释，即不管是在业务活动中，或还是在日常生活中，从事生产、储存、运输、使用活动，只要其违反有关危险物品管理规定，发生重大事故，造成严重后果的，均应以危险物品肇事罪论处，其生产、储存、运输、使用危险物品的活动均应归属于本罪中的"生产、储存、运输、使用"。

下面试举一则案例稍做说明：

被告人张卫中嫌租住的房子太小决定搬家，在搬家过程中，忘记将朋友刘某委托其保管的一个八宝粥罐子拿走（刘某曾告诉他瓶子里装的白色蜡丸是用于药狗的有毒危险物品）。在搬完东西后他只是把门给拉上但未上锁。第二天上午 10 时许，同住一个院子并在张卫中对面租住的租房户徐某带其幼女张某在院中席子上玩。玩了一会，徐某带着其女儿张某推门进了前一天刚搬走的张卫中空房内，这时她女儿发现地上有一八宝粥罐子，就拿起来摇玩，在摇玩的过程中，张某将罐子内的白色蜡丸摇出掉在了地上，然后捡起放入嘴里，并咬了一下，当时已经咬破，徐某赶紧上前把放入女儿张某嘴中的蜡丸抠出，这时只看见其女咔了一声想哭，哭了一声后眼睛上翻，呼吸急促，终因抢救无效死亡。据公安局刑事科学技术鉴定书的鉴定结论：此白色蜡封物内含有剧毒氰化纳成分。检察机关以危险物品肇事罪对被告人张卫中提起了公诉，后法院同样以危险物品肇事罪对其定罪并判了刑。[①]笔者认为，上述法院的判决是正确的。该案中被告人张卫中的行为，从实质上而言，就是一起典型的在日常生活中一般公民从事危险物品"使用"的活动（在本案中为"不作为"的行为方式），其违反了危险物品使用的相关管理规定，发生了责任事故，造成了 1 人死亡的严重后果，以危险物品肇事罪论处是恰如其分的（也符合法规竞合时特别法优先于普通法的法律适用原则）。

---

① 刘万青：《是危险物品肇事罪还是过失致人死亡罪？》，载《人民检察》2005 年第 1 期，第 99 页。

第六节　武器装备肇事罪若干争议问题研究

　　根据修订后的刑法第 436 条的规定，武器装备肇事罪是指违反武器装备使用规定，情节严重，因而发生责任事故，致人重伤、死亡或者造成其他严重后果的行为。该罪的设立对于打击司法实践中武器装备肇事的犯罪行为，具有重要的意义。但是，自刑法通过以后，理论界对该罪的若干构成要件产生了相当大的分歧，司法实务部门在适用该罪的过程中也遇到了不少困难。为此，本节拟对理论中争议较大的两个问题进行研究，以期将对该罪的理论研究推向深入，并对司法实务有所裨益。

一、武器装备肇事罪主体争议问题

　　1997 年刑法修订以前，军人武器装备肇事的犯罪行为主要由《暂行条例》予以刑法规制。从《暂行条例》第 2 条的规定可以看出，武器装备肇事罪的主体是现役军人和军内在编职工。由于 1997 年刑法第十章"军人违反职责罪"对原《暂行条例》的相应规定做了较大修改，包括对本类罪主体的范围进行了重新限定。据此，武器装备肇事罪主体的范围，也不能不相应地发生变化。当然，对于本罪主体的具体范围，学界还是存在不少争议的。较有代表性的主要有以下几种观点：1. 本罪主体是军人，多为武器装备的使用管理人员；2. 本罪主体是军人，主要是武器装备的使用人员，其他人员违反武器装备使用规定，也构成本罪的主体；3. 本罪的主体为特殊主体，即现役军人；4. 本罪的主体为军职人员。主要包括现役官兵、文职干部、具有军籍的学员、执行军事任务的预备役人员和军内在编职工。[①]笔者认为，上述观点都有一定的道理，因而具有相对的合理性，但大都不够确切。第1、2 种观点虽说没有什么错误，但表述比较笼统，未对军人的具体内

---

① 孟庆华著：《重大责任事故犯罪的认定与处理》，人民法院出版社 2003 年版，第 426 页。

涵做出说明。第 3 种观点将本罪的主体表述为"现役军人",人为将其他主体排斥在外,有违刑法第 450 条的规定,存在明显的缺陷。第 4 种观点相对于前面三种观点而言,具有较大的合理性,但也并非完美无缺。应当说,本罪的主体军人除包括现役官兵、文职干部、具有军籍的学员、执行军事任务的预备役人员和军内在编职工外,还应当包括其他执行军事任务的人员。因为由于军队用工制度的变化,"在编职工"这一概念已不适应司法实践中可能出现的各种情况,不利于维护国家的军事利益。而用"其他执行军事任务的人员"代替,比较符合实际情况。据此,笔者认为,本罪的主体是军人。具体而言,是指中国人民解放军以及武警部队的现役军官、文职干部、士兵、具有军籍的学员以及执行军事任务的预备役人员和其他人员。

关于本罪的主体,无论从刑法理论角度,还是从司法实践情况看,都有一些值得研究和探讨的问题。

(一)新战士能否成为本罪的主体

关于新战士能否成为本罪的主体,有一种观点认为,入伍不久的新战士,不应构成本罪的主体。[①]如新战士庚,在投掷手榴弹训练中,由于对手中武器性能不熟悉,又由于心情紧张,以致拔出保险销后,没有立即投掷,仍握在手中,其他同志惊呼要他快扔,他紧张地扔到了领近的堑壕中,结果把另一名战士炸死。庚的行为虽然违反了武器装备使用规定和操作规程,也造成了人员死亡的严重后果,但庚的肇事主要是因对武器性能不熟悉,情有可原,对庚不应追究刑事责任。[②]笔者认为,在本案中不追究新战士庚的刑事责任是正确的,因为其虽违反武器装备使用规定与操作规程,但情节并不严重,主要是因为对武器装备性能不熟悉,心情紧张所致,对其不追究刑事责任,确是情

---

① 张建田著:《军人违反职责罪》,群众出版社 1985 年版,第 55 页。
② 张纪孙著:《中华人民共和国惩治军人违反职责罪暂行条例讲话》,法律出版社 1983 年版,第 49-50 页。

有可原。^①但据此就认为新战士不能成为本罪的主体的主张则是有失偏颇的。一方面，有些新战士虽入伍不久，但对武器装备使用性能相当了解，结果发生肇事，情节严重的，应当按照刑法第 436 条的规定追究刑事责任。另一方面，我国刑法并未排斥新战士可以成为武器装备肇事罪的主体，而且何谓新老战士，并未有明确的划分标准，完全委之于军事司法机关判断，难免会造成执法的偏差。

（二）单位能否成为本罪的主体

刑法并没有规定单位可以构成本罪，甚至没有规定单位能否成为"军人违反职责罪"的主体。近年来，有学者撰文认为，单位可以成为军职犯罪的主体，并强调指出在司法实践中，军人违反职责罪中的某些犯罪由单位集体决定或者由单位负责人决定而实施的情况是完全有可能的。例如战时的违抗命令罪、投降罪、遗弃伤病军人罪，平时的擅自改变武器装备编配用途罪、非法出卖转让武器装备罪、遗弃武器装备罪都是适例。^②如何看待这个问题呢？笔者认为，在司法实践中，单位为了本集体的私利或者为了搞好军民关系或者出于其他目的，擅自改变武器装备编配用途或非法出卖、转让武器装备，或者集体违抗命令等情况是实际可能发生的，况且刑法对非法制造、买卖、运输、邮寄、储存枪支、弹药、爆炸物罪、非法出租、出借枪支罪、非法制造、买卖、运输、储存危险物质罪等犯罪，均规定了单位可以成为这些罪的犯罪主体。而"军人违反职责罪"一类罪中的擅自改变武器装备编配用途罪和非法出卖、转让武器装备罪等犯罪的情况与上述犯罪的行为方式及危害结果基本相同，理当明确单位可以成为这些犯罪的主体。这一问题的客观存在确已表明军职犯罪在立法上存在疏漏，只能通过立法完善的方式加以弥补。当然，笔者虽认同单位可以成为某些军职犯罪的主体，但并不代表笔者同样认为单位可以成为"武器装

---

① 原中国人民解放军总政治部副主任史进前在 1981 年 6 月 10 日第五届全国人大常委会 19 次会议上所做的关于《暂行条例》（草案）的说明中指出："对武器装备肇事行为，条例草案规定只追究那些严重违反武器装备使用规定，因而发生重大责任事故的人员，对一般责任事故或者入伍不久的战士由于没有熟练掌握武器性能而发生的事故，则不追究肇事者的刑事责任。"

② 聂立泽、苑民丽：《略论我国军职犯罪的立法得失》，载《河北法学》2001 年第 1 期。

备肇事罪"的犯罪主体。事实上，由于武器装备肇事罪犯罪行为方式的特殊性以及主观罪过的过失性，一般情况下，只能由自然人主体的军人才能构成。即使在司法实践中发生个别因单位的错误决定或单位领导瞎指挥的原因导致武器装备肇事的，仍可以武器装备肇事罪追究主管领导和直接责任人员的刑事责任，而不需要追究单位的刑事责任。

二、对"武器装备"的理解

武器装备是本罪的犯罪对象。那么何谓武器装备呢？按照通常的说法，一般是指用于杀伤敌人的武器和军事技术装备，如枪、炮、弹药、战车、飞机、舰艇、化学武器、核武器和通信、侦察、工程、防化等军事技术设备。[①]对此，学界争议不大。笔者不在做过多的论述。下面重点分析几个值得探讨和研究的问题。

（一）训练模拟器材能否认为是本罪的"武器装备"

通常部队对于一些重要的武器装备，如导弹、舰艇上各种水中兵器、化学武器等武器装备，为了既延长其使用寿命，又保证日常训练，往往配备各种训练模拟器材。那么当行为人在使用训练模拟器材的过程中，违反武器装备的使用规定，发生事故，致人重伤、死亡或造成其他严重后果的行为，是否构成武器装备肇事罪呢？这就涉及能否把训练模拟器材认定为武器装备的问题。有学者持肯定态度，认为在这种情况下，训练模拟器材应当以武器装备论。[②]笔者认为上述观点值得商榷，因为训练模拟器材终究只是武器装备本身的模拟，而非真实的武器装备，也不具备"武器装备"本身所具有的危险性以及杀伤力，将训练模拟器材以武器装备论，实难排除类推之嫌。刑法之所以设立武器装备肇事罪主要是考虑到了武器装备本身所具有的特殊危险性以及杀伤能力，一旦发生肇事，后果不堪设想，将会严重危害社会，危及国家和人民的利益。故此，不可能对其漠然视之，有依法予以制裁

---

① 高铭暄、马克昌著：《刑法学》，高等教育出版社、北京大学出版社2000年版，第688页。
② 黄林异、王小鸣著：《军人违反职责罪》，中国人民公安大学出版社2003年版，第135页。

的必要。而训练模拟器材，如仿真水雷、模拟飞机等，其危险性与杀伤能力，似乎难以与荷枪实弹的真实武器装备相提并论。退一步讲，即使在使用训练模拟器材的过程中因违反有关规章制度而发生重大事故，情节严重，致人重伤、死亡或者造成其他严重后果的情形，不以武器装备肇事罪论处，也不用担心会发生轻纵犯罪分子的结果，因为在这种情况下，仍可按刑法中的"过失重伤罪""过失致人死亡罪"等罪追究其刑事责任。

（二）部队列编的军用动物是否属于本罪的"武器装备"

部队列编的军用动物，如骑兵连的战马、武警中队的警犬、通信大队的军用信鸽、沙漠运输支队的军用骆驼等，在一定意义上也发挥着类似武器装备的作用，那么其能否认为是本罪中的武器装备呢？或者说得具体一点，在行为人执行任务时违反部队使用军用动物的有关规章制度，致使军用动物肇事，发生事故，能否认为其构成武器装备肇事罪呢？笔者认为，军用动物可以视为武器装备，只不过其是一种具有生命的特殊的武器装备。军用动物本身也在相当意义上发挥着武器装备的作用，有时甚至是发挥着其他武器装备不可比拟的重要作用。这是不难理解的，如骑兵连的战马，如果没有了战马，也就无所谓骑兵了。前段时间，曾一度风靡全国的电视连续剧《亮剑》中就有许多描述在抗日战争时期我军某部独立团骑兵连战士骑着风驰电掣的战马、骁勇杀敌，让日寇闻风丧胆的情节。军用动物作为"武器装备"所具有的危险性以及杀伤能力，由此可以窥见一斑。

（三）军用车辆等通用性交通工具在何种情况下属于本罪的"武器装备"

根据中国人民解放军总参谋部、总后勤部颁布的《部队武器装备管理规定（暂行）》，军用车辆属于"武器装备"的范围之内。那么是不是在任何情况下，军用车辆的驾驶人员在驾驶过程中，发生事故，致人伤亡或造成其他严重后果的，都应按武器装备肇事罪论处呢？易言之，军用车辆等通用性交通工具在何种情况下属于本罪"武器装备"的范畴？

试看下面的案例：

1998 年 5 月 17 日上午，某部炮兵连连长郭某带领本连执行训练任务，12 时许，训练结束后返回连队驻地时，郭某擅自驾驶配属该连保障训练的 230 型牵引车。当车行至银巴公路某段时，因车速较快，被告技术不熟练，采取措施不力，使车后牵引的 85 加农炮右翻 450 度，致车翻 360 度，将坐在车上的 18 名干部战士摔出车厢，造成 1 人死亡、3 人重伤、8 人轻伤的严重后果。某军事法院以"武器装备肇事罪"定罪处罚，判处其有期徒刑二年。被告的辩护人提出本案应定交通肇事罪的意见未予采纳。[①]笔者认为，本案法院的定性是正确的。因为上述案例所涉及的军用牵引车，是火炮的专用装备，即火炮随行机动作战不可缺少的有机组成部分，非一般意义上的通用性交通工具，应当属于武器装备，故应以"武器装备罪"论定郭某的罪责。但应当特别强调指出的是，在司法实践中，对类似案件也确有定交通肇事罪的。当然，归根结底，其原因主要是对部分军用交通工具的性质认识模糊、把握不准所致。在笔者看来，如果军用车辆等通用性交通工具的驾驶人员违反的并非武器装备的使用规定，而是有关交通运输安全法规及操作规程等而发生肇事事故的，自应按交通肇事罪、重大飞行事故罪等定罪处罚。这种情况下的军用车辆等交通运输工具自然不能认为是本罪的"犯罪对象"；如果行为人同时违反交通运输法规与武器装备的有关使用规定，发生肇事事故，致人重伤、死亡或者造成其他严重后果的情形，则应当按特别法优于一般法的法律适用原则，优先适用本章的规定，以本罪论处。这种情况下的军用车辆等通用性交通工具具有"武器装备"的性质。

---

① 黎海滨等著：《人民法院疑难判例评析》，吉林人民出版社 1999 年版，第 434 页。

第三章
破坏社会主义市场经济秩序罪

第一节　金融犯罪司法解释有关规定研讨

从近年来人民法院受理的金融犯罪案件的情况看，我国金融犯罪总的趋势是发案数量在逐年增加，涉案金额越来越大，金融机构工作人员作案和内外勾结共同作案的现象突出，金融犯罪的情况是比较严峻复杂的。金融犯罪扰乱金融管理秩序，危害国家信用制度，侵害公私财产权益，造成国家金融资产大量流失，有的地方还引发了局部性的金融风波和群体性事件，直接影响社会稳定，具有严重的社会危害性。我国刑法典对金融犯罪也进行了刑法规制。对于审判实践中遇到的金融犯罪新情况和新问题，为正确理解和适用《刑法》对金融犯罪的有关规定，更加准确有力地依法打击各种金融犯罪，进一步提高适用法律的水平，最高人民法院也颁布了《关于审理非法集资刑事案件具体应用法律若干问题的解释》等多个司法解释。但有关司法解释对审理金融犯罪案件具体应用法律的问题进行解释时，仍有一些值得探讨的问题。

一、关于假普通纪念币、贵金属纪念币犯罪数额的计算标准问题

《最高人民法院关于审理伪造货币等案件具体应用法律若干问题的解释（二）》第 4 条规定："以中国人民银行发行的普通纪念币和贵金属纪念币为对象的假币犯罪，依照刑法第一百七十条至第一百七十三条的规定定罪处罚。假普通纪念币犯罪的数额，以面额计算；假贵金属纪念币犯罪的数额，以贵金属纪念币的初始发售价格计算。"可见，上述司法解释分别规定了假普通纪念币和假贵金属纪念币的犯罪数额计算标准。笔者认为，规定假普通纪念币和假贵金属纪念币的犯罪数额计算标准是必要的。但是，贵重金属纪念币和普通纪念币本质上具有相通性，都具有一定的货币流通功能，而且还具有投资功能，其市场价格具有浮动性，类似于外币的汇率浮动。上述司法解释规定对假普通纪念币的犯罪数额以面额计算、对假贵重金属纪念币的犯罪数额以初始发售价格计算，都难以全面反映假纪念币犯罪的行为特征和社会危害性。因此，笔者建议对上述司法解释的相关规定进行修正，可考虑以案发时的市场价格作为假贵金属纪念币和假普通纪念币的数额计算标准。

二、关于使用诈骗方法非法集资并"将集资款用于违法犯罪活动的"认定为"以非法占有为目的"的问题

《关于审理非法集资刑事案件具体应用法律若干问题的解释》第 4 条第 2 款第 4 项规定，将使用骗取的资金进行违法犯罪活动的，作为认定行为人具有"以非法占有为目的"的重要情形之一。笔者认为，上述规定有所不妥。因为集资诈骗罪的主观方面是以非法占有为目的，是为了永久性地无偿占有他人财产，这也是该罪与非法吸收公众存款罪的最大区别。若行为人隐瞒事实真相，将集资所得用于犯罪活动，

但却固定进行红利分配，甚至还允许集资人抽回投资，此时难以认定行为人具有"非法占有目的"。从上下文的规定看，该款规定的其他情形都要求行为人具有"无法归还"或"拒不归还"等特征，而对"使用骗取的资金进行违反犯罪活动"并未做出类似要求。因此，无论是从罪名的构成要件角度，还是从解释的协调性角度，都应考虑将上述司法解释第4条第2款第4项删除或者做必要修改为宜。

三、关于广告主进行与非法集资有关的虚假广告活动应否认定为虚假广告罪的问题

《关于审理非法集资刑事案件具体应用法律若干问题的解释》第8条规定："广告经营者、广告发布者违反国家规定，利用广告为非法集资活动相关的商品或者服务作虚假宣传，具有下列情形之一的，依照刑法第二百二十二条的规定，以虚假广告罪定罪处罚：（1）违法所得数额在10万元以上的；（2）造成严重危害后果或者恶劣社会影响的；（3）二年内利用广告作虚假宣传，受过行政处罚二次以上的；（4）其他情节严重的情形。明知他人从事欺诈发行股票、债券，非法吸收公众存款，擅自发行股票、债券，集资诈骗或者组织、领导传销活动等集资犯罪活动，为其提供广告等宣传的，以相关犯罪的共犯论处。"可见，上述司法解释第8条规定广告经营者、广告发布者进行与非法集资有关的虚假广告活动的，以虚假广告罪定罪处罚。但《刑法》第222条"虚假广告罪"规定的犯罪主体除了上述主体外，还包括广告主。虚假广告罪的客体是国家对广告的管理制度和消费者的合法权利，而广告主以虚假广告方式进行集资诈骗，同样也会侵害到上述客体。因此，建议修正上述司法解释第8条增加广告主的规定。当然，若广告主的行为同时还涉及集资诈骗罪，可根据牵连犯理论，从一重罪处罚。

四、关于金融机构工作人员与外部人员勾结骗取本单位资金行为的定性问题

最高人民法院《关于审理金融犯罪案件具体应用法律若干问题的解释（征求意见稿）》第 14 条较为明确地规定了金融诈骗罪和贪污罪、职务侵占罪的区分与竞合问题，但该条第 2 款关于金融机构工作人员明知外部人员具有非法占有目的，仍利用职务便利为其提供帮助，但"未占有赃款的"，以"金融诈骗罪共犯论处"的规定，笔者认为值得商榷。银行或其他金融机构的国家工作人员与外部人员内外勾结行为的定性，主要涉及刑法的共犯和身份理论问题，即非身份者与身份犯共同犯罪时，应当如何处理的问题。有一种颇有影响力的观点认为，应分两种情况做出不同的处理：一是银行或其他金融机构的国家工作人员与外部人员勾结，以非法占有为目的，利用本人职务便利，骗取本单位资金共同占有的，对国家工作人员应以贪污罪定罪处罚，对外部人员，依照《刑法》第 382 条第 3 款的规定，以贪污罪共犯论处；二是对于前述国家工作人员明知外部人员有非法占有目的，仍利用职务便利，为其骗取本单位资金提供帮助，本人未占有赃款的，二者均以金融诈骗罪定罪处罚。对于这一观点，笔者也难以苟同。因为以国家工作人员是否实际占有赃款作为区分此罪与彼罪的标准，缺乏足够的法律和理论依据。应当说，不具有特定身份的人与具有特定身份的人共同实施身份犯罪时，不论作用大小，皆构成身份犯的共犯。这是因为，此类犯罪的完成，离不开身份犯的特定身份，身份犯通常起决定作用。所以，对于有身份者与无身份者共同实现犯罪的案件，应当按照有身份者行为的性质定罪。这既遵循了共同犯罪原理，充分承认主体身份对案件整体性质的影响，同时也避免了定罪上的不统一。2000年最高法《关于审理贪污、职务侵占案件如何认定共同犯罪几个问题的解释》对内外勾结、利用职务便利的共同犯罪按照贪污罪或职务侵占罪处理，正是这一原理的体现。金融机构工作人员若利用了职务便

利，为外部人员骗取本单位资金提供帮助的，即使本人未占有赃款，同样也侵害了职务行为的廉洁性，仍应以身份犯认定共同犯罪。因此上述《关于审理金融犯罪案件具体应用法律若干问题的解释（征求意见稿）》有关规定忽视特殊身份主体对其职务便利的利用，而将此种情况仅认定为金融诈骗罪，有悖共同犯罪的原理。此种情况下仍应按贪污罪的共同犯罪处理。

当然，金融诈骗罪是一个类罪名，其相关罪名的刑罚处罚要远重于职务侵占罪。因此，从避免司法漏洞及从便宜处罚的角度出发，对于涉及职务侵占的，可以依照处罚较重的规定以共犯论处。

第三节　生产、销售伪劣产品罪若干疑难问题研讨

一、问题的提出

所谓生产、销售伪劣产品罪，根据《刑法》第140条的规定，是指生产者、销售者在产品中掺杂、掺假，以假充真，以次充好或者以不合格产品冒充合格产品，销售金额达5万元以上的行为。可见，生产、销售伪劣产品的行为，主要有四种表现形式：一是在产品中掺杂、掺假，即在产品中掺入杂质或者异物，致使产品质量不符合国家法律、法规或者产品明示质量标准规定的质量要求，降低、失去应有使用性能的行为。二是以假充真，即指以不具有某种使用性能的产品冒充具有该种使用性能的产品的行为。三是以次充好，是指以低等级、低档次产品冒充高档次、高等级产品，或者以残次、废旧零配件组合、拼装后冒充正品或者新产品的行为。四是以不合格产品冒充合格产品，即以同种但不符合特定要求和标准的产品冒充符合该特定的要求和标准的同种产品。从理论上分析，对上述这四种生产、销售伪劣产品的行为，根据《刑法》第140条和有关司法解释的规定，即可非常清晰地适用和认定。但在司法实践中，生产、销售伪劣产品行为的犯罪情

刑法各论前沿问题探索

节、形式多种多样，加之有的案件中销售环节众多，原始销售者与次级销售者关系复杂有时甚至角色发生变化，致使在分析原始销售者的刑事责任以及原始销售者与次级销售者共犯的认定问题上，存在一定的争议，值得深入研究。如经《检察日报》等媒体报道的"内蒙古大学教师乔宏伟等生产、销售伪劣产品案"就具有典型性和代表性。

该案的大概案情是：孟宪瑞与北方研究所签订了允许孟宪瑞购买内单 305 玉米杂交种子在通辽地区"独家使用权"的有关协议，但孟宪瑞并未向北方研究所实际购进内单 305 玉米种子，而是一方面购置内单 305 的包装袋、包装桶、不干胶标签、纸质标签等物品，另一方面与乔宏伟联系购买吉祥 1 号玉米杂交种子。孟宪瑞与乔宏伟达成口头协议，由乔宏伟向孟宪瑞提供筛选后的吉祥 1 号玉米种子，并用孟宪瑞提供的内单 305 外包装进行包装后出售给孟宪瑞。乔宏伟利用刘国峰的通辽市科尔沁区红胜大街东段顶端的宏博种业大院和宋小林、胡金海的通辽开发区辽河镇金海杂粮收购站大院为孟宪瑞筛选、包装假冒内单 305 种子。刘国峰、宋小林分别雇用工人为乔宏伟进行筛选包装。截至 2013 年 3 月 13 日，乔宏伟为孟宪瑞筛选包装假冒内单 305 玉米种子成品共计 461696 斤。孟宪瑞利用辉琳农资销售处将假冒的内单 305 批发销售给通辽市各旗县的种子经销商。2014 年 2 月 27 日，一审内蒙古自治区通辽市中级人民法院认定孟宪瑞、乔宏伟等人在无种子生产经营许可证的情况下，以营利为目的，生产、销售实际种类、品种、产地与外包装标签标注内容不符的假种子，销售金额达 1119240 元，扰乱市场秩序，但未对农业生产造成损失，其行为构成生产、销售伪劣产品的共同犯罪，对孟宪瑞、乔宏伟等人分别以生产、销售伪劣产品罪，判处了相应刑罚。①内蒙古自治区高级人民法院二审审理后维持原判。

在该案中，乔宏伟是涉案种子的原始销售者，孟宪瑞是次级销售者。在乔宏伟向孟宪瑞销售吉祥 1 号玉米种子（系合格产品）的情况下，孟宪瑞购置内单 305 的包装袋、包装桶、不干胶标签、纸质标签

---

① 内蒙古自治区高级人民法院（2014）内刑二终字第 18 号《刑事裁定书》。

94

等物品，再将该吉祥 1 号玉米种子冒充内单 305 种子销售给下游经销商，虽然销售金额较大，扰乱市场秩序，但未造成农业生产损失。对上述相关当事人的行为如何定性以及是否构成共犯，确实值得研讨。

二、原始销售者销售合格产品给次级销售者，次级销售者又将其冒充同种其他产品出售的刑事责任问题

本案中乔宏伟作为原始销售者应否承担生产、销售伪劣产品罪的刑事责任，关键是看其是否实施了销售伪劣产品的行为。具体来说，主要有两个问题：一是乔宏伟销售给孟宪瑞（购买乔宏伟种子者以及再销售者）的种子是否伪劣产品；二是孟宪瑞将从乔宏伟处购买的吉祥 1 号玉米种子冒充内单 305 种子再销售给下游经销商或者农户的行为，乔宏伟是否有共同的犯罪故意或者行为。下文（第三部分）将专门研讨第二个问题，本部分先分析第一个问题。对此，笔者的观点是，乔宏伟销售涉案种子给孟宪瑞的行为，不构成生产、销售伪劣产品罪。主要理由是：

（一）乔宏伟没有生产、销售内单 305 的玉米种子，其只是向孟宪瑞销售吉祥 1 号玉米种子

本案一审判决、二审裁定认定的有关案件事实都只是表明：乔宏伟于 2012 年 11 月至 2013 年 3 月期间向孟宪瑞销售了吉祥 1 号玉米种子，至于"孟宪瑞与代表北方研究所的赵业真签订关于内单 305 玉米种子在通辽地区'独家使用权'的协议""孟宪瑞自行购置内单 305 的包装袋、包装桶、不干胶标签、纸质标签等物品""孟宪瑞利用辉琳农资销售处将完成封装的内单 305 玉米种子批发销售"等，与乔宏伟并无关系。如一审判决认定："孟宪瑞在签订协议后并未向北方研究所实际购进内单 305 玉米种子，而是自行购置内单 305 的包装袋、包装桶、不干胶标签、纸质标签等物品。2012 年 11 月份，孟宪瑞与乔宏伟联系，欲向乔宏伟购买吉祥 1 号玉米杂交种子。2012 年 11 月至 2013 年 2 月间，乔宏伟从新疆、甘肃等地通过火车运输方式，以边海为收

货人，先后共购进普通编织袋包装的散装玉米种子 15 车皮，共 932 吨，并告知孟宪瑞已进吉祥 1 号，经孟宪瑞取样检验后，孟祥瑞提出向乔宏伟购买，但需要乔宏伟进行筛选以保证质量。"终审裁定也认定："孟宪瑞在签订协议后也未向北方研究所实际购进内单 305 玉米种子，而是一方面购置内单 305 的包装袋、包装桶、不干胶标签、纸质标签等物品，另一方面与乔宏伟联系购买吉祥 1 号玉米杂交种子。2012 年 11 月至 2013 年 2 月间，乔宏伟从新疆、甘肃等地通过火车运输方式，以边海为收货人，先后共购进普通编织袋包装的散装玉米种子 15 车皮，共 932 吨。"由上可见，本案中内单 305 的包装袋、包装桶、不干胶标签、纸质标签等物品是孟宪瑞自行购置的，封装后的涉案种子（冒充内单 305 玉米种子）也是由孟宪瑞负责的辉琳农资销售处销售的。乔宏伟与孟宪瑞之间建立的只是买卖吉祥 1 号玉米种子而形成的民事法律关系。至于吉祥 1 号玉米种子由乔宏伟销售给孟宪瑞之后，孟宪瑞有没有取得内单 305 玉米种子在通辽的"独家使用权"或者销售资质，以及后续是否将吉祥 1 号玉米种子如实销售抑或将吉祥 1 号玉米种子冒充内单 305 玉米种子销售给下游经销商或农户，都与乔宏伟无实质性的关系或者必然联系，这也是两个不同的法律关系，不应将其混淆。在前一个法律关系中，乔宏伟是吉祥 1 号玉米种子的销售者，孟宪瑞是该种子的购买者，双方之间是买卖吉祥 1 号玉米种子的合同关系；在后一个法律关系中，孟宪瑞是涉案种子的销售者，而下游经销商或者农户则是涉案种子的购买者。易言之，乔宏伟不应对孟宪瑞后续将吉祥 1 号玉米种子冒充内单 305 玉米种子销售的行为负责，否则，就有违罪责自负的原则。这是很简单的道理，就好比甲向乙出售圆珠笔，乙也知道是圆珠笔，至于乙购得圆珠笔后是为牟利将其冒充钢笔再出售给第三人或者还是用来写字等，就不是甲应当负责的事了。从上述分析也可看出，终审裁定中所述的"……在无种子生产经营许可的情况下，以营利为目的，生产、销售实际种类、品种、产地与外包装标签标注内容不符的假种子"，实际上应是指孟宪瑞等人而非乔宏伟实施的行为。

（二）没有证据证明乔宏伟向孟宪瑞销售的吉祥 1 号玉米种子是伪劣产品

综观全案，没有证据表明乔宏伟向孟宪瑞销售的吉祥 1 号玉米种子系《刑法》第 140 条所指的"伪劣产品"。相反，在案证据足以证明涉案的吉祥 1 号玉米种子系具有种子使用性能的合格产品。如武威市农业科学研究院的证明表明"吉祥 1 号通过了审定，并获农业部授权保护"。通辽市农作物种子质量检验中心检验报告（NO：TZJ2013-008）证实，扣押的袋装种子样品发芽率为 92%，水分 12.7%，净度 99.8%；通辽市农作物种子质量检验中心检验报告（NO：TZJ2013-009）证实，扣押的桶装种子样品发芽率为 93%，水分 12.8%，净度 99.8%。这两份检验报告表明，扣押的涉案种子质量是合格的，符合种子质量的国家标准和行业标准。此外，在案的委托拍卖合同、拍卖成交确认书、拍卖交接单、通辽市宇东拍卖公司相关拍卖公告均一致证实，涉案的吉祥 1 号玉米种子被公安机关委托拍卖公司公开拍卖，并且绝大部分已成交。这一事实从反面有力地佐证扣押的吉祥 1 号玉米种子并非伪劣产品，其质量是完全合格的。否则，公安机关不应、也不会将涉案的"伪劣产品"委托拍卖公司向社会公开拍卖。

（三）即使吉祥 1 号玉米种子在通辽地区销售未经内蒙古农业行政主管部门实行省级审定，要承担的也是行政责任而非刑事责任

在本案中，涉案的吉祥 1 号玉米种子的确属于应当审定的农作物品种，其在内蒙古地区的经营、推广等应当经省级审定。但对于经营、推广应当审定而未经审定通过的种子的，我国《种子法》对其处罚已做了明文规定。即《种子法》第 64 条规定："违反本法规定，经营、推广应当审定而未经审定通过的种子的，由县级以上人民政府农业、林业行政主管部门责令停止种子的经营、推广，没收种子和违法所得，并处以 1 万元以上 5 万元以下罚款。"上述《种子法》第 64 条的规定，并没有"构成犯罪的，依法追究刑事责任"的内容，这明显区别于其他"生产、经营假、劣种子""未取得种子生产许可证生产种子""为境外制种的种子在国内销售"等情形（对于这些情形，《种子法》明确规定：构成犯罪的，依法追究刑事责任）。可见，即使吉祥 1 号玉米种子在通辽地区的销售未经省级审定，相关责任人员应承担的也只是行政责任，而与刑事责任无涉。

（四）本案没有严重的社会危害性，与欺骗消费者的生产、销售伪劣产品犯罪有着本质的不同，就是孟宪瑞等人实施的行为也不应以生产、销售伪劣产品罪论处

行为具有严重的社会危害性是犯罪最基本的特征。没有社会危害性，就没有犯罪；社会危害性没有达到严重的程度，也不构成犯罪。从本质上看，《刑法》第 140 条规定了生产、销售伪劣产品罪，其立法精神主要是针对这种欺骗消费者的生产、销售伪劣产品行为进行刑事规制，包括在产品中掺杂、掺假，以假充真，以次充好或者以不合格产品冒充合格产品等。就本案来说，涉案的吉祥 1 号玉米种子如前文所述并非伪劣产品，而是具有种子使用性能的质量合格的产品，通辽市公安机关将涉案种子委托给拍卖公司向社会公开拍卖，也佐证和表明了这一点。委托方提供的有关材料还显示，实际上，吉祥 1 号玉米种子在通辽地区种植也比较广泛，农户反响较好。这与司法实践中主要是欺骗消费者的生产、销售伪劣产品犯罪显然是不同的，也不应将两者相提并论。

应当说，对生产、销售伪劣种子的案件来说，衡量其社会危害程度的主要标准就是看其是否"使生产遭受较大损失"。"两高"《关于办理生产、销售伪劣商品刑事案件具体应用法律若干问题的解释》第 7 条更是把"一般以 2 万元为起点"作为衡量《刑法》第 147 条规定的"生产、销售伪劣农药、兽药、化肥、种子罪"中"使生产遭受较大损失"的认定标准。而具体到本案，无论是乔宏伟将吉祥 1 号玉米种子销售给孟宪瑞还是后续孟宪瑞将吉祥 1 号玉米种子冒充内单 305 玉米种子进行销售，都未对农业生产造成损失。这是终审裁定所明确认可的。可见，就是以孟宪瑞将吉祥 1 号玉米种子冒充内单 305 玉米种子销售来论，其也没有造成"使生产遭受较大损失"的危害结果，谈不上有严重的社会危害性，故而也不应当以生产、销售伪劣产品罪追究其刑事责任（当然，孟宪瑞的行为是否构成非法经营罪，需另当别论）。

三、原始销售者与次级销售者共犯的认定问题

关于孟宪瑞将从乔宏伟处购买的吉祥 1 号玉米种子冒充内单 305 种子再销售给下游经销商或者农户的行为，乔宏伟是否有共同的犯罪故意或者行为。本案二审裁定认定乔宏伟（原始销售者）与孟宪瑞（次级销售者）等人系生产、销售伪劣产品罪的共同犯罪。对此，笔者认为，上述裁判的认定是错误的。除了前文所述的孟宪瑞等人的行为因没有严重的社会危害性，使得缺乏构成生产、销售伪劣产品罪共同犯罪的客观基础之外。还在于：没有确实、充分的证据证明乔宏伟与孟宪瑞之间有共同的犯罪故意和实施了共同的犯罪行为。

从犯罪的主观方面来看，构成共同犯罪必须二人以上具有共同的犯罪故意。所谓共同的犯罪故意，是指各共同犯罪人认识他们的共同犯罪行为和行为会发生的危害结果，并希望或者放任这种结果发生的心理态度。就本案来说，乔宏伟在其讯问笔录中一直否认其与孟宪瑞有将吉祥 1 号玉米种子假冒内单 305 玉米种子进行销售的共同故意和行为；在一审庭审时，乔宏伟也当庭辩解不知道孟宪瑞要生产假冒的内单 305，自己只提供筛选，不负责包装。此外，内蒙古战友律师事务所律师孙世嘉 2014 年 9 月 17 日会见孟宪瑞所形成的《调查笔录》证明，孟宪瑞明确回答其与乔宏伟在涉案的种子经营中是买卖关系而不是合伙关系，"具体地说就是我买乔宏伟的种子，经过我包装处理之后再以通辽市辉琳种业的名义向外批发销售"。这说明孟宪瑞主观上也不认为其与乔宏伟是在共同实施生产、销售伪劣种子的行为（即将吉祥 1 号玉米种子假冒内单 305 玉米种子进行销售）。孟宪瑞的上述证言与乔宏伟的相关供述能够相互印证，非常清楚地表明乔宏伟、孟宪瑞之间并没有认识到自己是与对方互相配合共同实施犯罪，乔宏伟也没有认识到共同犯罪行为的性质，缺乏共同犯罪故意的认识因素，更遑论他们希望或者放任其共同犯罪行为发生危害结果。事实上，也没有证据证明乔宏伟与孟宪瑞事前有生产、销售伪劣种子（即用吉祥 1 号玉米种子假冒内单 305 玉米种子销售）的共谋。

四、乔宏伟也未与孟宪瑞等人实施生产、销售伪劣产品的共同犯罪行为

从犯罪的客观方面来看，构成共同犯罪必须二人以上具有共同的犯罪行为，即各行为人的行为都指向同一犯罪，互相联系，互相配合，形成一个统一的犯罪活动整体。而本案中乔宏伟实施的不仅不是犯罪行为，而且与孟宪瑞也不存在形成统一的犯罪活动整体问题。这可从以下两个方面分析：

（一）涉案种子分装的责任主体是孟宪瑞，应由孟宪瑞对分装后的种子质量负责

所谓种子分装，根据农业部产业政策与法规司 2003 年 6 月 18 日农政综函〔2003〕27 号《对种子法规咨询函的答复》，是指分装人购进他人生产或经营的种子后，以分装人自己的名义，用自己的包装袋、标签，将种子拆分为小包装，并对种子质量负责的行为。在本案中，分装人是孟宪瑞，孟宪瑞从乔宏伟处购进吉祥 1 号玉米种子后，以其自己的名义，也是用自己购置的内单 305 包装袋、标签，安排人手将种子拆分成小包装，然后通过辉琳种业农资处对外批发销售。因而按照农业部产业政策与法规司的上述答复函，应是由作为分装人的孟宪瑞对分装后的涉案种子的质量负责。孟宪瑞在律师于 2014 年 9 月 17 日对其所做的《调查笔录》中也回答道："包装不是我包装的，因我没有分装权，所以只能找有分装权的公司进行分装"，并进一步表示分装费"由我承担"、分装袋"由我提供"。孟宪瑞的上述陈述与其先前在诉讼过程中的有关供述以及乔宏伟、李洪江、边海、乔宏成、范大勇等人的供述能相互印证，并且有董建秋、姚鸿波等证人的证言和在案客观证据予以佐证，足以表明孟宪瑞就是种子分装负责人。如李洪江供述称："包装桶是孟宪瑞送到辽河镇加工点的，桶上的标签是拉到辉琳种业仓库后再贴上去的。"乔宏成供述称："种子是乔宏伟提供的吉祥 1 号，包装是李洪江提供的，我开白皮卡到辉琳种业取的。包装好

的内单 305 李洪江当天拉走。"范大勇也供述称:"这是给孟宪瑞加工和包装的。"证人董建秋证实:"不干胶贴、牛皮纸标签内容全是内单305……印有'蒙审玉 2007002,内单 305,生产日期 2012 年 12 月,宝清县绿源种子有限公司'字样的不干胶贴和牛皮纸标签是我公司制作的,是按孟宪瑞的要求排版的。"证人姚鸿波证实:"有一次内单 305缺桶装的,孟宪瑞让我、李洪江拿内单 305 不干胶标签往桶上贴,贴好之后就给经销商发运走了。"由上可见,孟宪瑞购进涉案的吉祥 1号玉米种子后,无论是种子分装的组织还是内单 305 包装袋、标签的购置,无论是分装费用的承担还是后续分装后将吉祥 1 号玉米种子冒充内单 305 玉米种子对外的销售,都是由孟宪瑞直接参与、协调或者实际控制的,孟宪瑞才是将吉祥 1 号玉米种子假冒内单 305 玉米种子进行销售的实际责任人。

(二)没有确实、充分的证据证明乔宏伟参与了种子分装

有关法院认定乔宏伟参与涉案种子分装尚缺乏足够的证据支持,难以排除合理怀疑。实际上,主要是因为涉案种子的两个分装场所恰是乔宏伟所销售涉案种子的存放场所,乔宏伟销售种子的行为与孟宪瑞组织分装种子的行为发生在同一时空环境下,乔宏伟与孟宪瑞结算种子货款的方式是按分装好后的成品种子数量和价款进行算账的,所以使得乔宏伟形式上似乎参与了分装,但实质上却并非如此。乔宏伟在供述中也称:"我让边海、乔宏成看给孟宪瑞出货的数量,并负责记包装好成品玉米种子的数量,我再与孟宪瑞算账,按包装好成品每斤3.35 元收钱。"也就是说,乔宏伟主要是让边海、乔宏成统计包装好后的成品玉米种子的数量,以便其后续好与孟宪瑞结算货款,至于孟宪瑞怎么分装以及分装后如何销售等并不是乔宏伟关心的问题,这也与乔宏伟销售种子给孟宪瑞的这一经营行为无实质关联。另外,退一步说,如果乔宏成、边海超出乔宏伟的授意即"看给孟宪瑞出货的数量,并负责记包装好成品玉米种子的数量",而实施了参与孟宪瑞负责的种子分装或者其他行为,那也应当是乔宏成、边海各负其责,而不能让乔宏伟为其"背黑锅",这也是罪责自负原则的题中之义。

第三节　非法吸收公众存款罪若干疑难问题研讨

一、问题的提出

2012 年 11 月，在全国民间非法集资案件多发的环境下，涉案金额 35.6 亿元、全国先后有 27 个省、市、自治区 4 万余名群众参与集资的"安徽亳州兴邦特大集资案"在最高法院不核准死刑后发回重审，至此获得大面积改判。由于本案案情复杂，涉案金额巨大，参与集资的群众众多，本案从案发开始到最后处理一直受到社会的广泛关注。

该案一审法院认定：1998 年 11 月 17 日，被告人吴尚澧、石峰等人设立亳州市兴邦科技开发有限公司（以下简称兴邦公司），吴尚澧任法定代表人，在各地建分公司及服务中心，经营蚂蚁、土元供种养殖、回收等业务，因技术、市场等原因，公司效益不好。后在未经批准情况下，兴邦公司以推广养殖为名，以高额返利为诱饵，非法集资。2002 年，兴邦公司开始销售农户仙人掌种片，并隐瞒仙人掌真实预期效益，以支付高额返还利润为诱饵，进行集资诈骗。后因非法集资被严厉打击，兴邦公司返款压力巨大，又以"全员营销""清欣片代理招商"等集资模式继续集资诈骗，先后在亳州、上海、深圳等地购建 20 多家公司，生产或委托加工少量但名目繁多的酒类、化妆品、保健品等，作为虚假宣传的道具。2008 年前后，兴邦公司预谋以海南房地产项目诱骗群众集资，缓解返款时间。兴邦公司通过海南项目转单高达 17.3 亿元，其中新集资款仅 1.87 亿元，大部分还被用于公司运转和返还一部分到期集资款，实际上此时尚未返还的集资款本金已超过 24 亿余元，吴尚澧等人根本没有资金开发所谓的海南项目，最终于 2008 年 12 月案发。经会计师事务所审计鉴定，全国先后有 27 个省、市、自治区 4 万余名群众参与兴邦公司集资，共计集资金额 371685.26 万元，造成集资款 244299.76 万元未能返还。

2008 年 12 月 16 日，吴尚澧因涉嫌犯非法吸收公众存款罪被刑事拘留，2009 年 1 月 21 日因涉嫌犯集资诈骗罪被逮捕，2011 年 3 月 15 日，安徽省亳州市人民法院做出一审判决，判决认定被告人吴尚澧犯集资诈骗罪，判处死刑，剥夺政治权利终身、并处没收个人全部财产。吴尚澧不服，提出上诉。安徽省高级人民法院 2011 年 6 月 28 日公开审理了本案，裁定驳回上诉，维持原判，并报请最高人民法院核准。2012 年 11 月 1 日，最高人民法院以"事实不清、证据不足、二审审判程序没有传全案被告人到庭进行审理严重违法"等为由，撤销一、二审判决，发回重审。

本案的定性在不同诉讼阶段颇有反复，侦查阶段认定吴尚澧的行为涉嫌非法吸收公众存款罪，起诉阶段、一审、二审阶段均是认定吴尚澧的行为构成集资诈骗罪。经最高人民法院复核未核准该案死刑判决并发回重审后，相关法院又以吴尚澧等人的行为构成非法吸收公众存款罪判处了相应刑罚。可见，该案在定性（到底是构成非法吸收公众存款罪还是集资诈骗罪）上存在较大分歧，这也涉及非法吸收公众存款罪与集资诈骗罪界限的把握问题。

另外，本案还涉及吴尚澧的行为到底是单位行为还是个人行为的问题。一审、二审判决均认定吴尚澧非法集资的行为并非兴邦公司的行为而是个人行为，辩护律师以及重审法院均认为吴尚澧等人涉案的非法集资的行为属于兴邦公司的单位行为。这就涉及非法集资案件中单位行为与个人行为的区分问题。

二、非法吸收公众存款罪与集资诈骗罪的界限及其把握

所谓集资诈骗罪，是指以非法占有为目的，使用诈骗方法进行非法集资，数额较大的行为。所谓非法吸收公众存款罪，是指违反国家金融管理法规，非法吸收公众存款或者变相吸收公众存款，扰乱金融秩序的行为。集资诈骗罪与非法吸收公众存款罪各有其犯罪特征和构成要件，从严格意义上来讲，容易区分，但由于两罪在客观上都有非法募集资金的性质，而且在实践中，许多非法吸收公众存款人因为各种客观原因不能归还存款，在主观上都是故意的，主体也都是一般主

体，因此，两罪极容易混淆。但是两罪之间还是存在本质区别的，主要表现在：一是犯罪目的不同。前者具有将非法吸收的资金占为己有的目的，事后不予归还；而后者的犯罪目的则是通过非法吸收存款进行盈利活动，具有非法牟利的目的，并无将非法吸收的集资款占为己有的目的。二是客观方面表现不同。前者是结果犯，表现为使用诈骗的方法，进行非法集资，数额较大的行为；后者则是行为犯，表现为行为人不具有吸收公众存款的主体资格而非法吸收公众存款，或者虽然具有吸收公众存款的主体资格，但却采取非法的方法吸收公众存款。三是侵犯的客体不完全相同。前者侵犯的复杂客体，即不仅侵犯了国家的金融秩序，而且侵犯了出资人的财产所有权；而后者侵犯的是单一客体，即国家的金融管理制度。

具体到前文提到的安徽兴邦特大集资案，结合上述两罪的界限标准，笔者认为，不应定性为集资诈骗罪，而是非法吸收公众存款罪。吴尚澧等人的行为属于非法吸收公众存款性质，不符合集资诈骗罪的构成要件。

第一，吴尚澧没有非法占有集资款的犯罪目的。判断行为人主观故意的内容和犯罪目的，不能单凭口供或犯罪行为与结果等某一方面的情况，而要根据主客观相统一的原则，考虑案件的起因和发展过程、资金流向等因素，以案件的全部事实为根据，综合地进行分析。如前所述，兴邦公司从民间吸收来的集资款主要用于了公司的经营活动及相关支出。《审计报告》中认定的吸收的集资款的总额与兴邦公司用于经营活动及相关支出的数额基本对得上，集资款并未被吴尚澧等人挥霍、滥用或者携款潜逃，或者用来进行违法犯罪活动。这在很大程度上表明涉案集资行为的目的是为了经营，而非吴尚澧等人将集资款非法占为己有。

第二，兴邦公司用吸收来的集资款投资的项目，从最初投资的仙人掌及系列产品、酒类到后来的化妆品、保健品、房地产等项目，虽然绝大多数项目亏空，只能以后面募集的资金支付前期的集资本息，导致亏空越来越大，以致公司资金链出现断裂，但这只是非法吸收公众存款所带来的后果，而不能反推出集资诈骗的性质，更不能据此得出吴尚澧具有非法占有集资款的目的。事实上,《全国法院审理金融犯罪案件工作座谈会纪要》(法〔2001〕8 号)也清楚地指出,"在处理具体案件时要注意以下两点:一是不能仅凭较大数额的非法集资款不能返还的结果,推定行为人具有非法占有的目的;二是行为人将大部分资金用于投资或生产经营活动,而将少量资金用于个人消费或挥霍的,不应仅以此便认定具有非法占有的目的"。此外,兴邦公司的资产也有明确的账目,其与客户签订的有关合同也都有账,并没有赖账不承认或者不还,或者有其他想非法占有集资款的明显意图。需要注意的是,行为人主观上没有非法占有的故意,只是因为客观原因不能归还存款的,不能客观归罪而认定为集资诈骗罪。

第三,在本案中,兴邦公司有关仙人掌系列产品、酒类到后来的化妆品、保健品、房地产等项目,都是真实存在的,并非虚构的事实。虽然兴邦公司在后期的项目中,为了吸收民间资金,而进行了一些夸大事实的宣传,存在一些欺骗性的因素,但这只是非法吸收公众罪中的"欺骗",而非集资诈骗罪中的"欺诈"。尽管非法吸收公众存款罪的构成不以欺骗方法为必要构成要件,但实践中,集资方为了非法吸收公众存款,很多情况下也会进行欺骗性的宣传或者夸大集资回报条件等。集资诈骗罪中的"欺骗"应当是虚构事实或者隐瞒真相,如采取虚构集资用途,以虚假的证明文件和高回报率为诱饵,骗取集资款。总而言之,在本案中,尽管集资方在后期的项目中有一定成分的欺骗,但主观上并没有非法占有集资款的目的,客观上也没有实施携带集资款逃跑、大肆挥霍致使集资款、进行违法犯罪活动或者具有其他欺诈行为,致使集资款无法返回的行为,故而不应认定为集资诈骗罪。

三、非法集资案件中单位行为与个人行为的区分问题

就安徽兴邦特大集资案而言,笔者认为,涉案的集资行为应属于兴邦公司的单位行为,而非吴尚澧等人的个人行为。从一审判决、二审裁定看,其否定吴尚澧等人的行为属于兴邦公司单位行为的理由主要有两点:一是认定兴邦公司成立后是以"实施违法犯罪为主要活动";

二是吴尚澧等人作为兴邦公司股东,其个人生活开支、各处房产以兴邦公司的非法集资款为主要来源。笔者认为上述裁判的认定并不妥当,主要理由是:

（一）兴邦公司系依法注册成立,公司对外行为均以单位名义进行

从该案裁判文书引用的证据材料看,兴邦公司是 1998 年 11 月 17 日经安徽省亳州市工商行政管理部门登记注册成立的,并取得了注册号为 3412811000117 的法人营业执照,吴尚澧为法定代表人,经营范围为:农业产业化技术咨询服务,农业种植、养殖、技术研究与开发,食用仙人掌系列产品制造、销售、中药茶种植、养殖,自营和代理国家许可的商品和技术进出口业务。兴邦公司的登记注册符合《公司登记管理条例》的有关规定,其设立完全是依法的。公诉机关出示的诸多有关兴邦公司设立、变更的工商登记材料,也表明兴邦公司设立、变更手续合法,年检材料齐备,是依法注册成立的企业法人。此外,兴邦公司成立后,在各地建立分公司及服务中心,经营蚂蚁、土元供种养殖及回收业务,与客户签订土元寄养合同、仙人掌联合种植合同以吸收客户资金等,均是以兴邦公司的名义进行的,体现的是兴邦公司单位的意志,而非吴尚澧等人的个人意志,兴邦公司也负有履行有关合同的义务。其实,一审判决也明确认可"兴邦公司经依法注册成立,公司对外行为均以单位为名进行"这一点。正是因为兴邦公司系依法注册成立,并且其对外行为均以单位名义进行,因而涉案的集资行为属于兴邦公司的单位行为也就具备了有关的形式要件和外在表征。这也是认定涉案的集资行为属于兴邦公司单位行为的重要前提和基础。

（二）兴邦公司成立后,主要从事经营活动,而非以实施犯罪为主要活动

首先,本案一二审裁判也认定,兴邦公司成立后,自 1998 年 11 月至 1999 年年底,从事蚂蚁、土元供种养殖回收等业务,但因养殖技术、市场销售等原因,公司经营效益不好。这在相当程度上说明兴邦公司成立后主要从事的是正常经营活动,而非以实施集资诈骗犯罪为主要活动。

其次，在经营蚂蚁、土元供种养殖回收效益不好，公司资金链断裂的情况下，公司按照安徽省的有关政策规定，积极利用民间资金转而投资仙人掌种植等项目并无不妥。至于后来生产出的仙人掌片除少量用于加工其他产品外，大部分被加工成干粉储藏在冷库中，只能用后期的集资款支付前期集资本息，导致亏空越来越大。这并不能说明集资行为的性质属于吴尚澧等个人实施的行为，不能以经营仙人掌种植等项目的成败来反推集资行为的性质。兴邦公司所经营项目的成败及能否获得收益是其应承担的市场风险，即使经营仙人掌种植等项目失败了，造成巨大亏空，致使集资款无法全部返还，也不能据此就简单地全盘否定兴邦公司成立 10 年来所从事的经营活动的性质，而认定其主要经营活动就是非法集资。两者之间并不存在直接的联系和必然的因果关系。

最后，从兴邦公司所吸收的民间资金的流向看，兴邦公司从民间吸收来的集资款主要用于经营活动及相关的支出。安徽宝申会计师事务所出具的《关于对亳州市兴邦科技开发有限公司涉嫌非法集资的审计报告》（以下简称《审计报告》）认定兴邦公司非法集资 35 亿余元，而集资款的流向主要包括：（1）支付集资本金、利息、店长业务提成、分公司、办事处管理费用 238925.24 万元。（2）购置资产 60318.62 万元（含实物资产类科目和预付款科目中购置资产部分）。（3）支付各项税金、费用 51058.41 万元。（4）经营性债权等其他支出 9160.40 万元。以上各项支出合计 359462.67 万元，与兴邦公司向民间吸收来的集资款数额基本对得上。从上述涉案集资款的支出流向不难发现，兴邦公司从民间吸收来的资金主要用于公司的生产经营活动及相关的支出，而并未被个人挥霍或者用于集资诈骗犯罪活动。这也从客观上有力佐证了兴邦公司成立后从事的主要是经营活动，而非以实施犯罪为主要活动。因而一审判决以最高人民法院法释〔1999〕14 号《关于审理单位犯罪具体应用法律有关问题的解释》第 2 条"公司、企业、事业单位设立后，以实施犯罪为主要活动的，不以单位犯罪论处"的规定，否认涉案集资行为属于兴邦公司单位行为的依据是不足的。

（三）涉案的北京、上海等地的各处房产属于兴邦公司所有，而非吴尚澧侵吞、挥霍集资款

综观全案，以吴尚澧名义在北京登记并由兴邦北京分公司支付房款（包括按揭贷款）购买的 5 套房产以及在上海以其名义登记并由兴邦上海分公司支付房款购买的 7 套房产，均属于兴邦公司的资产，不能认定为是吴尚澧个人侵吞、挥霍巨额集资款。因为商品房的购买（按揭贷款购房）只能以个人名义登记，而吴尚澧系兴邦公司的法定代表人，因而兴邦公司支付房款购买上述房产时使用了吴尚澧的名义登记。对于按揭贷款，也应当由兴邦公司支付，房产归兴邦公司使用。事实上，上述房产也是经由兴邦公司股东会同意购买的，兴邦公司的有关股东会决议可以有效证实这一点。这也充分说明了涉案的所购买的房产系兴邦公司所有，而非吴尚澧侵吞、挥霍兴邦公司的集资款。

此外，吴尚澧作为兴邦公司的法定代表人，兴邦公司付给其劳动报酬也是合法合理的。以吴尚澧从兴邦公司获得 400 多万元的报酬作为个人生活开支，就得出是吴尚澧等个人实施集资行为的结论，是失之武断的，没有充分的根据予以说明。就好像亳州市有关部门知道兴邦公司未经有权机关批准非法集资经营，而从该公司收取大量税收和费用，莫非亳州市有关部门的行为也具有了集资犯罪的性质？结论显然是不言自明的。

第四节　侵犯商业秘密罪中"商业秘密"的理解和认定

一、问题的提出

2011 年年中，国内曾有多家媒体报道上市公司湖南山河智能机械股份有限公司涉嫌侵犯沈阳北方交通重工集团的商业秘密一案。由于该案涉案企业均为国内相关行业领域知名的上市公司，且案件涉及辽宁、湖南、安徽三省，被告人多达 10 名（基本上都做无罪辩护），多次经中央以及地方有关政法机关协调督办，因而引起了社会以及相关行业领域的广泛关注。

关于该案的案情，沈阳经济技术开发区人民法院（2011）经开刑初字第324号刑事判决认定：被告人龚进系湖南山河智能机械股份有限公司董事兼任安徽山河矿业装备股份有限公司的总经理。安徽山河矿业装备股份有限公司系湖南山河智能机械股份有限公司控股子公司。湖南和昌机械制造有限公司与安徽山河矿业装备股份有限公司系紧密配套关系。为了让安徽山河矿业装备股份有限公司在短时间内研发出EBZ132悬臂式掘进机图纸，2010年11月29日成立湖南和昌机械制造有限公司沈阳分公司，被告人李其越担任负责人。2010年10月至2011年1月间，被告人龚进、李其越以高薪利诱方式组织、安排沈阳北方重型机械有限公司煤炭掘进机研究所李勇、田展等技术研发人员到湖南和昌机械制造有限公司沈阳分公司从事为安徽山河矿业装备股份有限公司研发设计掘进机图纸工作，被告人李勇、于洋、陆扬、田展、刘立岩、孙朝辉、李楠楠、陈峰违反沈阳北方重型机械有限公司有关保守商业秘密的要求，利用李勇、于洋、陆扬在沈阳北方重型机械有限公司盗窃的系列煤炭掘进机产品生产图纸，为安徽山河矿业装备股份有限公司设计出EBZ132悬臂式掘进机图纸，并用于生产、其产品已销售。沈阳北方重型机械有限公司的"EBZ132C悬臂式掘进机生产图纸"属于该公司的商业秘密，被告人龚进、李其越、李勇、于洋、陆扬、田展、刘立岩、孙朝辉、李楠楠、陈峰侵犯权利人商业秘密，给商业秘密权利人造成重大损失，其行为已构成侵犯商业秘密罪，且系共同犯罪。

关于涉案的掘进机的生产图纸能否认定为沈阳北方重型机械有限公司的商业秘密？第一被告人龚进的行为是否构成侵犯商业秘密罪等？控辩双方各执一词，相关司法机关对此的认识也不尽一致。上述两个争议焦点问题是联系在一起的，实质上涉及侵犯商业秘密罪中"商业秘密"如何理解和认定的问题。

二、商业秘密的正确理解

根据《刑法》第 219 条的规定，侵犯商业秘密罪是指侵犯商业秘密权利人的商业秘密，对其造成重大损失的行为。本罪的犯罪对象是商业秘密。该条第 3 款规定："本条所称商业秘密，是指不为公众所知悉，能为权利人带来经济利益，具有实用性并经权利人采取保密措施的技术信息和经营信息。"由上可见，商业秘密必须具有秘密性（即经过权利人采取保密措施，不为公众知悉）、实用性（即与生产、经营直接相关，能够在生产、经营中予以有效的运用）、经济性（能为权利人带来经济利益）和信息性（技术信息和经营信息）。其中，秘密性是成立商业秘密的最为核心的特征。不具有秘密性的信息，即使能给权利人带来经济利益并且具有实用性，也不能认定为是商业秘密。因此对于某些领域或者行业的公知知识、基本原理、公式、标准、定理、理论等，不能认为是商业秘密。另外，也不应把基本原理、功能相同或者符合行业标准、通用技术条件等当作认定同一性的主要依据。

就本案来说，笔者认为，支撑一审判决的主要证据——《司法鉴定意见》（如辽知鉴字〔2011〕第 0402 号、第 0403 号）对涉案掘进机生产图纸的鉴定是存在较大缺陷的，重要原因之一就是其错误理解了《刑法》第 219 条第 3 款对"商业秘密"内涵的阐述，错把涉案的悬臂式掘进机的基本原理、功能相同或者符合行业标准等作为认定同一性的主要依据，进而得出了涉案的掘进机生产图纸系刑法中的商业秘密的错误结论。如在案的《司法鉴定意见》（如辽知鉴字〔2011〕第 0402 号、第 0403 号）中多次提到"各部分部件却基本相同""实现的功能也基本相同""结构变化并未改变其功能""安徽山河'产品技术条件'与北方交通'企业标准'中的'试验项目要求'均符合行业标准"等，实际上讲的是涉案的悬臂式掘进机的基本原理、功能等相同，或者均符合行业标准、通用技术条件。这不能作为认定同一性的依据。就好比不同厂家生产的汽车，汽车运行和制动的原理、功能等也是基本相同的，或者有关试验项目要求都符合汽车行业标准等，但绝不能就据此认定为此一厂家生产的汽车侵犯了彼一厂家的商业秘密。本案的道理也是一样，安徽山河矿业装备股份有限公司生产的 EBZ132 悬臂式掘进机必须侵犯了沈阳北方重型机械有限公司关于 EBZ132 悬臂式掘进机的不为公众知悉的、独享的技术信息或经营信息，才构成侵犯该公司的商业秘密。对于悬臂式掘进机领域一些基本原理、功能、结构、试验项目要求等，这些要么是公知的内容、没有知识产权意义上的独享性，要么是通用的技术条件、行业标准之要求，鉴定意见将其作为认定同一性的主要依据，显然是不妥当的，缺乏足够的专业可信度和行业公正性、科学性。

三、商业秘密的鉴定

众所周知，如果行为人侵犯的不是商业秘密或者没有实施侵犯商业秘密的行为，都不构成侵犯商业秘密罪。具体到本案，涉案掘进机的生产图纸能不能认定为沈阳北方重型机械有限公司的商业秘密，依照法定程序进行相应的司法鉴定即可知晓。在本案，一审判决之所以认定"沈阳北方重型机械有限公司的'EBZ132C 悬臂式掘进机生产图纸'不为公众所知悉、能为权利人带来经济利益、具有实用性并经权利人采取合理的保密措施，属于沈阳北方重型机械有限公司的商业秘密"，其主要依据也主要是辽宁省司法鉴定所出具的相关《司法鉴定意见书》。不过，值得指出的是，作为本案重要定案根据的上述相关《司法鉴定意见书》存在重大瑕疵、缺陷明显，其鉴定结论的公正性和科学性值得质疑，法庭本不应采信的。

（一）应当指派、聘请有专门知识的人依法进行鉴定

本案涉及对 EBZ132 悬臂式掘进机生产图纸是否系商业秘密的鉴定，而悬臂式掘进机乃煤矿机械工程领域的重型机械装备，专业性和技术性都非常强，不具备煤矿机械工程或者掘进机等领域的专门知识，是无法对 EBZ132 悬臂式掘进机的性能、特点、原理、结构、尺寸和参数等进行科学、准确分析及鉴定的。《刑事诉讼法》第 144 条规定："为了查明案情，需要解决案件中某些专门性问题的时候，应当指派、

聘请有专门知识的人进行鉴定。"《最高人民法院关于适用<中华人民共和国刑事诉讼法>的解释》第 85 条也明确规定："鉴定意见具有下列情形之一的，不得作为定案的根据：……（二）鉴定人不具备法定资质，不具有相关专业技术或者职称，或者违反回避规定的……"而从本案有关《司法鉴定意见书》（如辽知鉴字〔2011〕第 0401 号、第 0402 号、第 0403 号）以及鉴定人的执业资格证件来看，参加鉴定的鉴定人包括梁某、刘某、邓某三位，除了梁某有高级工程师技术职称（执业资格为专利代理人）外，其他大部分鉴定人即刘某、邓某两人，其技术职称均系高级经济师（执业资格一栏为空白），缺乏悬臂式掘进机或者煤矿机械工程领域的专门知识，不具有相关专业技术或者职称，完全是外行人士，由这样缺乏专门知识和相关专业技术或职称的鉴定人进行的司法鉴定，其鉴定结论的科学性和准确性显然是无法保证的。正是因为大部分鉴定人没有煤矿机械工程或者悬臂式掘进机领域的专门知识，不具备相关专业技术和职称，缺乏鉴定的资格和条件。因而按照上述刑事诉讼法以及司法解释的规定，法庭不得将本案有关《司法鉴定意见书》作为定案的根据。

（二）鉴定方法应当正确、科学

在本案中，山河智能公司是否侵犯了沈阳北方重型机械有限公司的商业秘密，司法同一性鉴定的比对对象显然应是"沈阳北方重型机械有限公司的 EBZ132C 悬臂式掘进机生产图纸"与"安徽山河矿业装备股份有限公司生产的 EBZ132 悬臂式掘进机实际应用的生产图纸"两者之间。如果不是用"沈阳北方重型机械有限公司的 EBZ132C 悬臂式掘进机生产图纸"与"安徽山河矿业装备股份有限公司生产的 EBZ132 悬臂式掘进机实际应用的生产图纸"这套图纸进行比对确定是否具有同一性，那么认定安徽山河矿业装备股份有限公司生产的 EBZ132 悬臂式掘进机侵犯沈阳北方重型机械有限公司的商业秘密，就会失去客观基础；一审判决认定侵犯北方重型机械有限公司的商业秘密，也是基于安徽山河矿业装备股份有限公司已生产的这 3 台 EBZ132 悬臂式掘进机。而本案有关的《司法鉴定意见书》（辽知鉴字〔2011〕第 0402 号、第 0403 号）比对的对象，则是"沈阳北方重型机械有限公司的 EBZ132C 悬臂式掘进机生产图纸"与"于洋处扣押的电脑硬盘中存储的有关 EBZ132 悬臂式掘进机生产图纸"和"安徽山河矿业装备股份有限公司向安标国家矿用产品安全标志中心申报的 EBZ132 悬臂式掘进机生产图纸",并没有对安徽山河矿业装备股份有限公司生产并销售的有关 EBZ132 悬臂式掘进机进行勘验、调试,确定其实际使用的生产图纸。于洋电脑硬盘中存储的生产图纸或者安徽山河矿业装备股份有限公司向安标国家矿用产品安全标志中心申报的生产图纸,到底有多少元素、内容融入或者运用到了安徽山河矿业装备股份有限公司实际生产的 EBZ132 悬臂式掘进机之中,也没有证据证明。

不难理解,倘若安徽山河矿业装备股份有限公司生产并销售的有关 EBZ132 悬臂式掘进机实际所应用的图纸,并非或者基本不是"于洋处扣押的电脑硬盘中存储的有关 EBZ132 悬臂式掘进机生产图纸"或者"安徽山河矿业装备股份有限公司向安标国家矿用产品安全标志中心申报的 EBZ132 悬臂式掘进机生产图纸",那么,用"沈阳北方重型机械有限公司的 EBZ132C 悬臂式掘进机生产图纸"与"于洋处扣押的电脑硬盘中存储的有关 EBZ132 悬臂式掘进机生产图纸"和"安徽山河矿业装备股份有限公司向安标国家矿用产品安全标志中心申报的 EBZ132 悬臂式掘进机生产图纸"进行同一性比对,其鉴定又有何意义?即使鉴定具有同一性,也无法得出安徽山河矿业装备股份有限公司生产的有关 EBZ132 悬臂式掘进机侵犯了沈阳北方重型机械有限公司商业秘密的结论,因为两者之间不具有关联性。

事实上,本案并没有扎实的客观证据证明安徽山河矿业装备股份有限公司生产并销售的有关 EBZ132 悬臂式掘进机所实际应用的图纸,就是"于洋处扣押的电脑硬盘中存储的有关 EBZ132 悬臂式掘进机生产图纸"或者"安徽山河矿业装备股份有限公司向安标国家矿用产品安全标志中心申报的 EBZ132 悬臂式掘进机生产图纸";有关《司法鉴定意见》的鉴定结论也只是概括地提到"基本相同",并承认在"具体参数上有些差别""存在图纸数量的差别"等不同的现象,而不敢得出完全相同或者相同的肯定结论。总而言之,本案有关《司法鉴定意见》的鉴定过程和方法是存在明显缺陷的，同一性鉴定比对的对象错误，不符合相关专业的规范要求。

第五节　经济犯罪中死刑生命空间的多维思考

自从刑事古典学派鼻祖贝卡里亚在《论犯罪与刑罚》一书中提出废止死刑以来，死刑存废之争绵延不断，从立法到司法，从理论到实践，都能听到关于死刑存废的种种议论，而最后的表态不外乎是赞成存置死刑或者废除死刑。两者各执一端、分庭抗礼，展开了旷日持久的大论战，最后又趋向于相互妥协、折中调和，衍生出两者折中之合题——限制死刑。那么如何限制死刑呢？几乎绝大多数论者又不约而同将关注的目光移向了对非暴力性的破坏社会管理秩序犯罪、经济犯罪、职务犯罪等的削减与废除上，而其中经济犯罪中的死刑存废问题又首当其冲，成为最具争议的命题。本节探寻经济犯罪中死刑存置与废除各自的理论支点以及透视其维系的生命空间，旨在从哲理的高度，以一种反思的逻辑展开对经济犯罪中死刑的存置与废除各自的合理性与必要性的正当追问及理性思考。当然，这种追问与思考又是以一国的现实国情与法律实践为考察基点和价值依归的。下面，笔者试以一种较为立体的空间思维方式[①]，从现状、价值、文化、人性四个不同的层次与维度对这一问题做一思路性的、粗线条式的考察和反思。

[①] 应当承认，学界对经济犯罪中死刑存废问题的许多探讨不乏真知灼见，但也有一些意见往往自觉不自觉地陷入了一种线性思维定势，即单纯地从事实（经验）或价值（理性）层面进行思考，要么是忽视事实即脱离一国现实国情抽象地谈论经济犯罪中死刑之存废，难免陷入空谈；要么是过于拘泥事实而又陷入形而下的完全就事论事的唯经验主义，缺乏应有的反思性的理论品格，人为地割裂了理论与实践的辩证统一，这种思维方式亟待改变。事实上，在评价领域中，一种理性论证或判断，从其广义上看，是建立在下述基础上的："（1）详尽考虑所有同解决某个规范性问题有关的事实方面；（2）根据历史经验、心理学上的发现和社会学上的洞识去捍卫规范性解决方案中所固有的价值判断。"（见〔美〕博登海默著：《法理学：法律哲学与法律方法》，邓正来译，中国政法大学出版社 1999 年版，第 260 页。）

一、经济犯罪中死刑的现状空间

我国 1979 年刑法分则共有 15 个死刑条文，28 个死刑罪名，所有这些死刑罪名中，除贪污罪是与经济犯罪有关的职务犯罪挂有死刑外，对其他经济犯罪的惩罚并无死刑的规定。应该说 1979 年刑法分则关于死刑罪名的规定鲜明地反映了立法者"保留死刑，但要少杀慎杀"的一贯死刑政策，在死刑数量和罪名的分布上是较为适中的，体现了刑法的谦抑性原则。在这部刑法中，死刑在经济犯罪中几乎没有存置的现状空间。1979 年刑法颁布后不久，"我国旋即拉开了改革开放的序幕，经济、政治、文化各个领域逐渐发生重大变化，伴随而来的是各种严重危害社会治安的犯罪和严重破坏经济的犯罪日益猖獗，犯罪态势趋于恶化，在这种情势下，我国刑事政策随之做出了重大调整"[1]。死刑广泛地规定在单行刑法中，其适用面进一步扩大，特别是 1988 年全国人大常委会通过《关于惩治贪污贿赂罪的补充规定》和《关于惩治走私罪的补充规定》后，我国刑事立法对经济犯罪的惩罚奉行继续从严的方针，并且对经济犯罪广泛配置死刑，此时经济犯罪中死刑的现状空间处于一种游移的弥散状态和深沉的张力之中。及至 1997 年刑法修改颁布："1997 年刑法所规定的经济犯罪中涉及死刑的共有十多个罪刑条文，16 个具体罪名，但死刑都是作为与有期徒刑、无期徒刑或者与无期徒刑选择适用的法定刑之一而规定。"[2] 由此可见，在 1997 年刑法中，死刑在经济犯罪中的规定已经较为谨慎。经济犯罪中死刑的现状空间也经历了一个由广泛扩展再到适当限制的嬗变过程。

在对国内经济犯罪中死刑的现状空间进行回视的基础上，再让我们环视国外，发现很多国家的刑法对经济犯罪的惩罚一般放在罚金刑、没收财产刑及短期监禁刑上，很少适用死刑。"依照苏联颁布的《刑事

---

[1] 高铭暄主编：《刑法专论》（上编），高等教育出版社 2002 年版，第 535 页。

[2] 刘杰主编：《经济刑法概论》，中国人民公安大学出版社 2003 年版，第 35 页。请注意，引文所称的经济犯罪仅指 1997 年《刑法》第三章规定的破坏社会主义市场经济秩序罪。

立法纲要草案》的规定，在苏联经济犯罪一律不适用死刑，就是盗窃10万元以上也不能判处死刑。印度这个人口众多的国家，死刑适用仅限于国事罪、军职罪等7种犯罪……经济犯罪不适用死刑，社会一样安定。像斯里兰卡、日本、毛里求斯、美国经济犯罪和刑事犯罪适用死刑极少或几年不执行，社会一样安定。"①而且，在世界上保留有死刑的国家中有很大一部分仅是对谋杀罪、战争罪等几个特别严重的罪名适用死刑，如美国保留死刑的州，仅将死刑适用于谋杀罪中最严重的罪行——一级谋杀罪。②可见在国外，不少国家都是把死刑作为万恶不得已的以恶除恶的方法，对于经济犯罪，死刑一般是不予适用或极少适用的。也就是说，在国外死刑的现状空间基本上处于一种紧缩的状态。

　　毋庸讳言，在我国目前经济犯罪中保留适用死刑与我国社会特定的历史政治背景和制度环境有着千丝万缕的联系。在 1997 年 3 月 6日第八届全国人大五次会议上，全国人大常委会副委员长王汉斌在《关于<中华人民共和国刑法>（修订草案）的说明》中指出，考虑到目前社会治安的严峻形势，经济犯罪情况严重，还不具备减少死刑的条件。也许立法机关对于现实的这一无奈说明恰是我国为何在刑事立法中保留经济犯罪死刑的最好注脚。据公安部 2004 年发布的统计数字，"自2000 年以来，中国公安机关共侦破经济犯罪案件 28 万起，抓获经济犯罪嫌疑人 26 万余人，挽回经济损失 679 亿元"③。由此可以推断，改革开放以来经济犯罪分子被处以死刑的为数不少，而经济犯罪状况依然严重，社会各界主张保留经济犯罪死刑的呼声也相当高涨。死刑在经济犯罪中的存置尚有相当的民意基础和现实缘由。归根结底，经济犯罪中死刑的存废关系到中国的现实国情，关系到制度健全与否以及观念转变问题，一系列的制度缺失与观念滞后的问题，似乎让那些热衷于在经济犯罪中立即废止死刑的人未免感到困难重重。但与此同时，认为死刑并不是预防经济犯罪的灵丹妙药，要求废除经济犯罪死

---

① 李云龙、沈德咏：《死刑制度比较研究》，中国人民公安大学出版社 1992 年版，第 187 页。
② 马克昌主编：《刑罚通论》，武汉大学出版社 1999 年版，第 105 页。
③ 晏耀武：《废止经济犯死刑可行吗》，载《中国经济周报》2004 年第 34 期。

刑的声音也开始出现，且为越来越多的学者和民众接受。事实上，多年来的司法实践一次又一次地证明经济犯罪中广泛适用死刑并未取得理想的效果。相反，经济犯罪却日益猖獗，呈滋生蔓延之势。须知"经济犯罪是社会综合症，它的产生有犯罪人个人人格、心理上的原因，也有国家政策误导、经济管理混乱、社会监督机制缺乏与疲软等一系列政治、经济、社会因素"[①]，经济犯罪的利弊交织性及其原因的复杂性、罪质的特殊性使得死刑在经济犯罪中日益失去其存置的现状空间。

显然，仅从经济犯罪中死刑的生命空间现状之维的考察，我们无法对经济犯罪中死刑存置或废除的合理性与必要性以及其生命空间做出完整的解释。下面，顺着思维的逻辑，且让我们将探索的触角伸向死刑在经济犯罪中生命空间价值之维的考察。

二、经济犯罪中死刑的价值空间

价值作为一个关系范畴，是从人们对待满足他们需要的外界物的关系中产生的，也就是说价值只能从主客体的相互关系中去把握和认识。据此，经济犯罪中死刑生命空间价值之维的考察，也应立足于这一基本原理。其构项大致如下：首先，价值主体或评价主体具有多元性，不仅限于刑罚权主体国家（尽管国家是价值主体中最重要的组成部分），还应包括社会与个人。其次，价值客体或评价客体具有特定性，即经济犯罪中死刑存废各自在价值层面的合理性与正当性。最后，价值标准或评价视角具有多维性，目前西方法学界比较流行的观点是以秩序、公平和自由作为价值评价标准与视角，应该说采取这种价值分析理路有一定的合理性，但并非完美无瑕。在此笔者拟以秩序（形式

---

① 梁根林、张文：《对经济犯罪适用死刑的理性思考》，载《法学研究》1997 年第 1 期。

价值）与正义（实质价值）的价值分析理路①作为思维线索与分析框架来对经济犯罪中死刑的存置空间做一价值层面的剖析。

（一）秩序性价值考察

秩序是社会生活的连续性、一致性与确定性，是反映社会关系的一个范畴，实质上乃是人与人之间关系的制度化与规范化，具有有序性、稳定性、互动性和可预期性等基本特征。其中有序性是秩序最本质的表现，反映了社会行为规范普遍遵守和贯彻实施的状态。对社会失范行为与偏差行为的控制与矫正，其意在追求社会行为规范普遍遵守的一致性和有序性，犯罪行为作为一种极端的反社会的偏差或失范行为，对其之刑罚控制是达到社会生活有序状态的重要手段，这种状态说明了刑法普遍得到遵守，没有犯罪发生的事实或至少被限制在社会可以容忍的限度内。对经济犯罪的刑罚控制包括死刑控制实质上也是追求一种稳定的社会秩序，即通过剥夺犯罪人一定权益，甚至不惜剥夺其生命权益，希冀以此来控制经济犯罪。这种控制不外乎是通过下述两种方式来运作："一是消极性控制，即运用刑罚对犯罪进行制裁，或曰'报应型控制'；二是积极性控制，即通过刑罚、教育手段预防犯罪的发生，或曰'预防型控制'。"②通过这两种方式的刑罚控制包括动用死刑最大限度地预防经济犯罪的发生或者至少将其控制在社会所能容忍的限度内也许是可以达致的目标。就死刑控制而言，畏死的心理人人有之，生命对于每个人来说只有一次，中国有句俗话叫做"好死不如赖活"，就充分说明了"人是留恋生命的"这样一个朴素的道理。"生命比整个地球都珍贵。人类发现多得数不过来的星球，但是迄今为止，我们发现的存在生命的星球还只有地球。"③正是在这种意义上，经济犯罪中存置死刑就获得了在秩序价值层面的合理性，死刑的存置

① 博登海默认为："法律旨在创设一种正义的社会秩序（Just social order）""秩序这一术语用来描述法律制度与社会制度的形式结构""而正义所关注的却是法律规范和制度性安排的内容、它们对人类的影响以及它们在增进人类幸福与文明建设方面的价值"。（见[美]博登海默著：《法理学：法律哲学与法律方法》，邓正来译，中国政法大学出版社1999年版，第318、220、252页。）
② 赵秉志主编：《刑法基础理论探索》，法律出版社2002年版，第96页。
③ 曲新九著：《刑法的精神与范畴》（2003年修订版），中国政法大学出版社2003年版，第355页。

成为悬在经济犯罪分子头上一把利剑，使之认识到一时的利欲熏心可能导致其以丧失生命为代价，得不偿失，从而停止实施经济犯罪。但也许正是在这个意义上，经济犯罪中存置死刑对于秩序的维系具有合理性的同时，也具有不合理的一面。事实上，"经济犯罪人最有可能清醒的权衡犯罪之利与刑罚之苦的比重，但强大的侥幸心理将这种权衡冲抵得荡然无存"①。清末法律改革家沈家本在考证明太祖朱元璋动用严刑峻法包括大量适用残酷的死刑来遏制官吏贪赃等经济犯罪而收效甚微时不无感叹地指出："上之人不知本原之是务，而徒欲下之人不为，非也。于是重其刑诛谓可止奸而禁暴，究之奸能止乎？暴能禁乎？朝治而暮犯，暮治而晨亦如之……"②结论是"化民之道，固在政教，而不在刑威也？"③由此可见，正是在这种强大的侥幸和逃避刑罚的心理作用下，加之司法实践中司法腐败现象的滋生以及死刑标准的节节后退，死刑在经济犯罪中的威慑力微乎其微，并没有取得理想的效果，相反却陷入了一种"朝杀而幕犯，而暮治而晨亦如之"的恶性循环怪圈。死刑对经济犯罪的控制以及秩序的维护越来越显得力不从心，苍白无力。思考至此，我们可以隐约地发现经济犯罪中死刑的存置在秩序价值（形式价值）层面出现了一种合理性与不合理性并存的两律背反现象。这种合理性与不合理性并存的双重性构成了在形式价值层面主张经济犯罪中死刑存废的深层缘由。当然，对经济犯罪中死刑价值空间的考察仅停留在形式价值（秩序）层面是远远不够的，下面就让我们将关注的目光移向更深层次的实质价值（正义）层面的考察。

（二）正义性价值考察

经济犯罪中死刑生命空间在实质价值层面的考察即在经济犯罪中存置或废除死刑是否合乎正义性的问题。如果在经济犯罪中存置死刑既符合报应正义，又不违背功利正义的要求，那么死刑在经济犯罪中的存置就具有合正义性。反之，如果在经济犯罪中存置死刑不符合报应正义与功利正义的双重正义要求，那么死刑在经济犯罪中的废止则

---

① 贾宇：《死刑的理性思考与现实选择》，载《法学研究》1999年第2期。
② 马克昌主编：《刑罚通论》，武汉大学出版社1999年版，第92页。
③ 马克昌主编：《刑罚通论》，武汉大学出版社1999年版，第92页。

具有合正义性。因为，"报应和预防都体现了某种公正性，报应是个人的公正性，预防是社会的公正性，两者应该统一而不是相互排斥"①。报应正义与功利正义的双重正义要求，具体而言，就是要做到"刑从罪生与刑须制罪相结合"以及"刑当其罪与刑足制罪相结合"，体现报应与功利的内在的辩证统一性与联结性。在刑罚体系中，死刑只能分配于最严重的犯罪，就是说只有犯罪所侵害的权益等于或大于人的生命价值的犯罪适用死刑才具有合正义与罪刑相称性。具体到经济犯罪，一方面，我们不能简单地说经济犯罪所侵害的权益一定小于人的生命权益，因而论证在经济犯罪中存置死刑不符合报应正义的要求。毕竟，许多经济犯罪（如走私武器、弹药罪，生产、销售假药罪等）除破坏社会整体经济秩序外，还危及公共安全甚至国家安全。而公共安全和国家安全又与个人的生命息息相关，须臾不可分离。到底是杀一个人危害大，还是贪污救灾款的危害大？所以不能简单地将生命权同财产权的价值进行比量，不能因为财富有价、生命无价就不适用死刑，认为适用死刑违背报应正义。另一方面，对那些单纯以攫取经济利益为目标的经济犯罪如虚开增值税发票罪等，其侵害的权益明显小于人的生命权益时，如果对其适用死刑则实际上是贬低了人的生命价值。因此，在这种意义上，经济犯罪中废除死刑符合报应正义的要求。同理，基于功利正义的观念，应以死刑必要与否作为判断适用死刑公正或正义与否的标准。一方面，对于日益猖獗的经济犯罪特别是某些超过个人生命权益明显危及公共安全甚至国家安全的严重经济犯罪，如走私武器、弹药，生产销售有毒食品、假药等罪，就有必要在一定时期动用最严厉的刑罚方法——死刑进行控制与预防。因此，在此种情况下，对这些经济犯罪适用死刑则是功利正义的题中应有之义。另一方面，死刑在经济犯罪中的适用应当具有谦抑性，对某些相对较轻的单纯经济犯罪适用死刑既无必要，又并非不可避免。事实上，在司法实践中，对于这些经济犯罪不适用死刑而适用自由刑并处没收其财产或者并处罚金，使其倾家荡产，剥夺其再犯的经济条件，甚至使其身败名裂，

---

① 陈兴良著：《刑法哲学》（修订三版），中国政法大学出版社 2004 年版，第 5 页。

就足以打消其贪利心理，取得预期的理想效果。反之，如果一味强调适用死刑，难免会强化民众的重刑心理，甚至于形成"杀人者死，伤人者死，经济犯罪也会死，以致于万罪皆死"的错误观念。那么，在这种意义上，经济犯罪中废除死刑则符合功利正义的要求。

由以上分析可知，从相对的角度来讲，经济犯罪中死刑的存置与废除均具有合正义性（报应正义与功利正义）的一面。当然，由此并不能得出经济犯罪中死刑应当存置或立即废除的绝对意义上的结论。应该说，从报应与功利角度入手考察经济犯罪中死刑的正义性问题只是思考问题的一个侧面或一个视角。实际上，我们也可以从正义价值的构成要素或成分（如自由、平等、安全）的角度进行纵深层次的分解与剖析，或者从其他角度进行思考等。限于篇幅，在此不再赘述。

三、经济犯罪中死刑的文化空间

经济犯罪中无论是存置死刑的国家，或还是废除死刑的国家，固然都有其深刻的历史政治背景，但探本溯源，究其原因，则与一国特定的法律文化底蕴有着千丝万缕的联系。因为犯罪行为包括经济犯罪行为，从文化学的角度来看，实际上是犯罪者个体背离集体文化的一种反应，或者是社会变迁过程中文化冲突、失调的一种反应。着眼于法律文化的视角，我们能够更加清醒地管窥到经济犯罪中死刑存置空间的文化蕴含。

"作为文化现象的抽象，隐形的刑法文化却早已渗透于中华民族的记忆库存之中，融透于中华民族的血脉之内，顽强地发挥着作用、释放着能量。"[①]从中华法系的特点可以看出："中国传统刑法文化以整体模糊性思维为思维模式，以实施国家本位为基本价值取向，以远罪避罚为心态反应，以对儒化伦理的完美体现为指归，为了更好地贯彻儒化伦理，不重视刑法的形式合理性，偏执于刑法的实质合理性，由

---

① 赵秉志主编：《刑法基础理论探索》，法律出版社 2002 年版，第 296 页。

此形成刑法的伦理化与伦理的刑法化。"[1] 毋庸置疑，中国传统文化包括传统刑法文化对现实的刑法创制和运作都产生了潜移默化的深远影响，反映到我国实定刑法领域，其文化脉络依然清晰可辨。第一，重刑、泛刑、死刑文化异常发达。所谓"有君之道刑峻"[2]，"以杀去杀，虽杀可也"[3]，"刑，威令也，其法至于杀，而生人之道存焉"。[4] 正是在这种刑法文化的熏陶和浸染下，特别是自我国改革开放经济体制转轨以来，对经济犯罪的处罚一再加重，大面积提升刑罚幅度，广泛适用死刑。故为何我国在对待经济犯罪的处罚上与西方国家有明显的差异性，不能不说与文化的影响有着深厚的联系。第二，以家族国家为本位的宗法文化过度张扬。这种文化的过度膨胀窒息了以"自由、民主、人权"为内核的权利文化的生成，而"中国传统文化完全不承认个人的存在"[5]，不难想象，在这样一种文化背景下，个人的权利包括生命权利受到极端鄙视。在某种程度上也许并不过分地说，个人如同动物一样凭当权者一时的任性与专横就有可能受到任意宰杀。"中国古代文献记载的'大者陈诸原野，小者致之市朝'的杀人场面，以血淋淋的形象说明了古代社会死刑适用的广泛性，给人以'命如蝼蚁'的深刻形象。"[6] 应当说这种评价是恰如其分的。如果"个人的生命卑微"这一消极刑法文化的影响仍然存续，如果实定刑法过于拘泥传统刑法文化的这种品性，那么在国人一片高呼"该死"的喊杀声中处死经济犯罪分子也就是无可厚非了。毕竟，经济犯罪人是一定社会环境中的人，更准确地说是一定"文化场"中的人。

如果说由于传统刑法文化对我国实定刑法的影响，因而在经济犯罪中广泛适用死刑尚有一丝合理性与存置的文化空间的话，那么随着我国传统刑法文化的变迁，经济犯罪中存置死刑在文化层面尚有合理性的同时也就孕育了不合理性的基因，在一个践行法治的民主社会里，

① 赵秉志主编：《刑法基础理论探索》，法律出版社 2002 年版，第 295 页。

② 《伸蒙子·泽国纪·辩刑》。

③ 《商君书·画策》。

④ 《刑赦》。

⑤ 梁治平著：《寻求自然秩序中的和谐》，上海人民出版社 1991 年版，第 122 页。

⑥ 陈兴良：《刑法哲学》（修订三版），中国政法大学出版社 2004 年版，第 384 页。

重刑、泛刑、死刑文化鲜有支撑其存在的市场。随着"政治刑法"向"市民刑法"的转变，公民权利意识的增长，"个人生命卑微"的这样一种文化观念已成为历史，人的生命权价值受到前所未有的重视，生命权的神圣性、首重性、不可侵犯性得到高扬。这是一种文化的变迁，同时也是一种文化的进步。在这样一种文化氛围和观念意识里，任何随意剥夺公民个人生命权的行为将为"千夫所指"，即使是"合法杀人"的死刑其动用也是慎之又慎。在世界上大多数国家中，死刑已被立法者从经济犯罪中逐出门户，由"宠儿"变成了"弃儿"。根深蒂固的报应文化观念随时间的流逝也日益淡化，越来越多的有识之士认识到，经济犯罪本身并没有"杀人"，又何来"偿命"？

从文化的本质来说，文化并不存在高低贵贱之分，一国实定刑法乃至司法实践受到传统刑法文化的影响，这也是无可非议的。同时，文化又是流动的和可以批判的，我们应当取其精华，弃其糟粕，在扬弃的基础上加以改造吸收，使之适应新的制度环境。当然，对一种法律制度所做的文化意义上的分解与剖析并不是终极意义上的本原性诠释，对经济犯罪中死刑生命空间的考察与思索似有必要将理论的触角伸向具有终极意义上的人性问题。下面，就让我们继续沿着这一分析理路，从对经济犯罪中死刑生命空间文化之维的考察与思索转向更具本原意义上的人性之维的探索与思考。

四、经济犯罪中死刑的人性空间

人性，顾名思义，乃人之本性，也即人之为人的基本品性。其基本要求乃是："人类出于良知而在其行为中表现出来的善良与仁爱的态度和做法，即把任何人都作为人来对待"。[①] 古人云："法生于义，义生于众适；众适于人心，此治之要也。"[②] 又云："法非从天下，非从地出；发于人间，合乎人心而已。"[③] 这里的人心虽涵盖民心之意蕴，

[①] 陈兴良：《刑法哲学》（修订三版），中国政法大学出版社 2004 年版，第 10 页。

[②]《淮南子·主术训》。

[③]《慎子·逸文》。

但同时也包含着丰富的人性内涵。可以说对人性的关怀是终极意义上的人文关怀，人性不仅是我们观察问题、分析问题的思维原点，而且也是一切立法、司法、执法等法律活动的本原性基础。诚如英哲休谟所言："一切科学对于人性总是或多或少地有些联系，任何科学不论似乎与人性离得多远，它们总是会通过这样或那样的途径回到人性。"① 当然，"人性并不是一系列稳固确定、自相一致的特征，而是一些经常发生冲突的基本倾向"②。正是这一系列相异甚至完全相反的基本倾向之间的不断冲突、运动，才构织出一幅幅绚丽多彩的人性图景。经济犯罪中不论是主张存置死刑抑或是废除死刑，均有支撑其存在的人性基础。在此，笔者拟从两个不同的侧面入手来探寻经济犯罪中死刑生命空间的人性轨迹。

（一）"性善"与"性恶"的人性之争

在源远流长的中华文明中，人性论问题上占据支配地位的是"性善论"，正所谓"人皆可以为尧舜"（孟子语）。《三字经》中的"人之初，性本善"的经诵几近妇孺皆知，家喻户晓。以"性善论"为依据，可逻辑地推出经济犯罪人之所以走上犯罪的道路，乃是由于善良的本性暂时为迷雾所遮挡，对之施以教化，便可以驱散迷雾，使之驱恶向善，刑罚只不过是教化犯罪人的教具而已。在这种人性论思潮的影响下，主张恤刑慎杀、先教后刑、明刑弼教，对经济犯罪人重在教育、感化、挽救的一面，反对滥施苛刑。而死刑作为最严厉的以剥夺人的生命为内容的刑罚方法则是极不人道和违背人的本性是善良的这一基本原理的。正所谓"人死万事空"，适用死刑既失去了进行教化的前提，因而在经济犯罪中力主废除死刑。相反，立足于"人性恶"之预设，认为人的本性是恶的，即所谓"人之性恶，其善者，伪也"③，"好利恶害，夫人之所有也"④，西方出现的所谓"天生犯罪人论"和基督

---

① 〔英〕休谟著：《人性论》，关文云译，商务印书馆 1991 年版，第 6 页。
② 〔美〕博登海默著：《法理学：法律哲学与法律方法》，邓正来译，中国政法大学出版社 1999 年版，Ⅷ。
③ 《荀子·性恶》。
④ 《韩非子·难二》。

教的"原罪论"就明显带有这一人性思想的痕迹。在这种"人性恶"思想的支配下，主张动用严刑加以约束和管制，否则就无法预防和控制犯罪，社会秩序就无法维持，因此对经济犯罪人可以实施重刑威吓和遏制，即使动用死刑也在所不惜。因为死刑是剥夺犯罪能力最彻底的刑罚手段，可以一劳永逸地解决经济犯罪人再犯的问题，以除后顾之忧。同时，对其他具有初犯可能性的潜在经济犯罪人有强大的威慑作用，能够防止其重蹈覆辙。在这里，我们不难从"性善论"与"性恶论"的相互对垒中推断出经济犯罪中应当存置或废除死刑这两个针锋相对的不同结论。无疑，这两种关于人性的理论解说都有合理的一面，对我们探寻经济犯罪中死刑生命空间的人性轨迹不无裨益，但同时二者又都是异常片面的，两者谈论的都是抽象的人性论，并且局限于从伦理学的角度进行考察。实质上，根据马克思主义的人性论，人的本性无所谓善也无所谓恶，善恶均是在后天社会实践与生活环境中形成的。抽象的人性论否定人性的社会性，特别是否认人性的阶级性，宣扬超阶级的人性，在现实社会中是行不通的，也是不科学的。

（二）"理性"与"经验"的人性之争

如果说在中国关于经济犯罪中应否存置死刑的人性论之争主要限于从伦理学的角度进行考察的话，那么西方在此问题上则明显跳出了这一藩篱，带有更多的法哲学色彩。"理性"与"经验"的之争或曰"理性人"与"经验人"之争，反映到实定刑法领域则表征为"刑法人"与"犯罪人"[1]之争。

"刑法人"是刑事古典学派在理性与自由的宏大背景下，抹去具体脸孔加以抽象化、模糊化的抽象人，这种抽象人是具有完全意志自由，能够鉴别善恶、进行理性自决的社会一般人，立足于刑法的客观主义立场，倡导行为非决定论。具体到经济犯罪而言，他们从人性的理性预设"刑法人"出发，认为经济犯罪人本质上是自由的，能够基于意志自由选择自己的行为。恰是因为意志是自由的，能够理性自决，他

---

① 这里的"犯罪人"不同于一般意义上使用的犯罪人，而是"经验人"在刑法中的缩影，是与"刑法人"相对而言的。关于"刑法人"与"犯罪人"的有关论述，可参见周光权著：《刑法学的向度》，中国政法大学出版社 2004 年版，第 21 页、第 36-38 页。

们如果选择实施经济犯罪，那么因此而承担相应的刑罚制裁包括死刑制裁就是毋庸置疑的。因为在这种情形下，他们本应该弃恶从善，不去实施经济犯罪，却背道而驰以身试法，不惜"抛头颅"，那么对其进行非难就是合理的。因此，如果立足于理性的"刑法人"之人性预设，那么顺乎自然地死刑在经济犯罪中就具有存置的人性空间。但在另一方面，如果立足刑法的主观主义立场，倡导行为决定论，以经验的"犯罪人"为人性预设，那么则可能推出截然相反的结论。经验的"犯罪人"实施经济犯罪并非基于意志自由，而是由社会的和自然的各种因素决定的。与此相适应，对其之非难就不能全归责于经济犯罪人，而应寻找相应的社会根源与其他根源，由此自然不难得出结论即经济犯罪中死刑的存置不具有合理性。

的确，对经济犯罪中死刑生命空间人性之维的考察，其角度不是而且也不应是单一的。绝对的意志自由和绝对的行为决定论都是站不住脚的。相反，相对的意志自由与能动的行为决定论越来越为大多数学者所接受。人性应具有理性与经验性的双重属性，既具有理性的一面，又带有经验性的色彩，但人性并非完美无缺，我们应当相信："人性始终处于不断完善的过程中，人性之中包含着纯洁、和平、正直、文雅、智慧、慷慨、爱……一切美好的善的东西会日益增多并不断发展，与之相适应，犯罪之恶也会以更'文明'的形式出现，从罪犯的身上我们可以看到自己的影子"[①]。

五、结　语

通过对经济犯罪中死刑生命空间现状之维的解读，价值之维的剖析，文化之维的考察，以及人性之维的思索，经济犯罪中死刑的生命空间呈现出一幅纷繁复杂的图景。我们看到，作为诸刑之首的死刑，历时数千年，直至 21 世纪之初，它仍然在经济犯罪中有着一定的生命

[①] 曲新久著：《刑法的精神与范畴》（修订三版），中国政法大学出版社 2003 年版，第 605 页。

空间。同时，我们也不能不看到，如果把几千年的历史浓缩一下的话，死刑已不过是强弩之末。其实，本节对经济犯罪中死刑存废各自的合理性与必要性所做的正当追问以及对其生命空间所做的多角度的理性思考，其意义也许并不在于得出最终的结论，而仅仅在于提出问题或者提供一种思考该问题的方法、视角、进路或论证方式罢了！

　　或许，死刑作为一种刑杀工具在经济犯罪中的出现，本身便是一个不可饶恕的历史错误，或许真的是一个难以理性对待的问题。然而，经济犯罪中死刑生命空间现状之维的解读并不能当然地使我们确信我国经济犯罪中存置死刑比其他西方国家经济犯罪中没有存置或很少存置死刑会有更多或者更少的合理性，反之亦然。我们最多也只能达致下述初步性的并非结论意义上的共识话语，即一国经济犯罪中死刑的存置与否应与该国的现实国情及所依凭的本土资源适应，正如因水土各异而生的淮南之橘与淮北之枳一样都是很正常很自然的现象。价值之维的剖析虽着眼于形而上的分析，且让我们进一步认识到了死刑在经济犯罪中的存置在价值层面尚有一定的合理性，但是我们也应该看到其在价值层面具有合理性的同时，也孕育了不合理性的基因。其对秩序的维护以及对正义的追求均是有限的，甚至存在着与秩序维护以及正义追求相悖离的价值冲突现象。文化之维的考察，让我们在感叹传统刑法文化对实定刑法所产生的根深蒂固的影响的同时，也让我们对扬弃并改造传统刑法文化，构建新型的法治刑法文化不无忧虑。毕竟，重刑、泛刑、死刑以及宗法文化的发达与现代社会的法治刑法文化观念格格不入，发生着剧烈的碰撞与冲突。而文化的惯性对一国的经济犯罪中死刑的存废始终存在着幽灵般的或多或少的影响。人性之维的思索虽让我们得以站在一个比较高的思维层次来理性审视与反思这一复杂的问题，但无论是中国社会偏重伦理学角度的"性善"与"性恶"的人性之争，还是西方社会偏重法哲学角度的"理性"与"经验"的人性之争，都有难以克服的局限性。所有这些，无不令人深思。

　　总而言之，经济犯罪中死刑的存废问题，仍是一个没有理性对待但又必须理性对待的问题，对其之思考将是长期的，甚至是永无止境的。就其存置的生命空间而言，我们既要看到死刑在经济犯罪中的存置尚有一定的生命空间，但更不应忽视的是其生命空间的萎缩性与内部的不和谐性。相信只要我们对生命持有应有的姿态，并且理性对待经济犯罪中死刑的存废问题，那么我们对此所做出的努力与探索是会有意义的。毕竟，在人类历史上，刑罚发展的总趋势是从严酷走向轻缓，而一系列的国际公约又对死刑的适用又做了严格的限制。1989年，联合国又通过了《旨在废除死刑的公民权利与政治权利国际公约第二项任择议定书》，进一步提出了废除死刑的主张。我国已经签署了《公民权利与政治权利国际公约》（尚待权力机关批准），对死刑的限制乃至最终的废除，只不过是时间的迟早问题。

第四章

侵犯公民人身权利罪

第一节 驾车"别"摩托车司机致其被他车碾死的定性问题研讨

一、基本案情

2007 年 9 月 19 日，孙某驾驶轿车载着妻子徐某在某市青少年宫路由北往南行使至"陆加壹"门口欲停靠时，车轮将雨天（当时是雨雾天气）路面积水溅到叶某的脚上，叶某便用脚踢轿车车身，孙某下车与叶某发生争执，后两人被徐某劝开。孙某启动轿车欲离开时，叶某驾驶摩托车至孙某的轿车旁，边用手拍打轿车的左侧后车窗边骂孙某后驶离，孙某甚感气愤，便驾车加速追上，用左侧车头"别"叶某驾驶的摩托车右侧尾部，致摩托车倒向对向车道，部分车身被轿车碾压，叶某被撞飞至对向车道，被迎面驶来的一辆出租车碾压。事发后，孙某多次拨打"110"电话报警，并向公安局投案自首。后叶某经送医院抢救无效于当日死亡。

二、分歧意见

关于本案的定性，主要有两种意见：

第一种意见认为，孙某的行为构成故意杀人罪。孙某因琐事与他人发生纠纷，为泄愤竟在城市机动车道上加速驾驶汽车故意碰撞他人行使中的摩托车，致被害人死亡。其主观上明知自己驾车撞击摩托车的行为可能会造成他人伤亡的后果，但其仍不计后果地实施，放任被害人死亡结果的发生，其行为已构成故意杀人罪。

第二种意见认为，孙某的行为构成故意伤害罪。孙某为琐事与他人发生纠纷，恼怒之下故意驾车撞人，主观上具有伤害的故意，其行为已触犯刑法典第 234 条之规定，应当以故意伤害罪追究其刑事责任。

三、法理评析

笔者同意第二种意见，孙某驾车"别"叶某摩托车致其被他车碾死的行为，不应定故意杀人罪，而是构成故意伤害罪。理由如下：

首先，孙某是在受到激怒的情形下驾车"别"叶某摩托车的，不会产生杀人的故意。

从本案的起因来看，孙某是在与叶某发生争吵后欲驾车离开时，叶某驾驶摩托车至孙某的轿车旁，边用手拍打轿车左侧后车窗边责骂孙某的情形下，因孙某甚感气愤故而加速驾车"别"叶某摩托车的，其驾车"别"叶某摩托车的故意是在短时间内产生的，显系一时激愤以通过"别"叶某的摩托车来发泄怒火，目的是为了释放心中的愤怒情绪，而不可能具有非法剥夺他人生命的故意内容。而且孙某和叶某本互不相识，既非积怨很深，也不是素来有仇恨而引起，孙某只是因生活琐事而一时激怒遂驾驶轿车"别"叶某摩托车的，至于摩托车被"别"后叶某是否会伤亡，在当时的条件下，孙某并不知道，对于发生被害人死亡的后果，孙某主观上谈不上是出于希望或放任心理。其实施的这种行为具有突发性、即时性和偶然性，既不存在明显的犯罪动机和目的，也不可能有预谋和准备。显而易见，孙某的行为是泄愤"别"摩托车，而不是剥夺他人生命，不可能存在故意杀人的思想基础。

其次，对间接故意杀人中"放任"心理的分析和认定必须根据主客观相统一的原则，以案件的全部事实为根据，而不能凭主观推测。

持第一种意见的认为孙某系间接故意杀人，对于叶某被出租车碾死的结果具有放任心理。笔者认为，孙某对于叶某被出租车碾死的结果主观上是否具有"放任"的心理，应当结合全案的案情，以案件的全部事实为根据，按照主客观相统一的原则，综合地进行分析认定。不能因为发生被害人死亡的结果，就想当然地认定孙某对这种危害结果的发生具有放任心理。同时也不能仅凭单纯分析孙某在行为时是怎么想的或在行为时的心理，而不结合事前、事中和事后的客观情况，来分析认定其主观上是否具有放任心理。结合本案的情况来看，孙某在事故发生后，即在短时间内用其手机多次拨打 110 报警电话说明情况，使得 110 指挥中心能够迅速出警，并让 120 急救及时到达。这在很大程度上说明了孙某对于叶某死亡结果的发生既非积极追求，也不是漠不关心、持无所谓的"放任"心理。认定孙某具有间接故意杀人的"放任"心理，显然是忽视了上述事实，有违主客观相统一的原则。

再次，孙某的行为与叶某死亡结果的发生不具有刑法上的因果关系。

如果要使孙某对叶某死亡的结果负故意杀人的刑事责任，就必须确认他所实施的行为同这一结果之间存在着刑法上的因果关系。综观本案，虽然孙某实施了驾车"别"叶某摩托车的行为，但叶某死亡的结果却并非是由孙某的驾车"别"行为直接造成的，而是由对向开来的出租车碾压致死。要认定孙某是"放任"的间接故意杀人，那么首先应当有叶某死亡的结果，其次叶某死亡的结果还应当是由孙某自身的行为造成的，而且在孙某的行为与叶某死亡的结果之间必须具有合乎规律的引起与被引起的联系，即两者之间应当具有相同的质或者说具有质的同一性。而事实上在本案中被害人叶某死亡的结果，主要是由出租车造成的，即在这一事件的发展过程中，孙某的行为并不必然会导致叶某死亡的后续结果，在当时下雨天，无法预见到叶某倒地后可能被其他机动车辆撞击或碾压，而由出租车这一因素的中途介入，改变了原因果发展的趋势和方向，以致切断了原来的因果发展进程，由出租车司机引起了叶某死亡结果的发生。

最后，孙某的行为构成故意伤害罪。所谓故意伤害罪，是指故意非法损害他人身体健康的行为。从主观方面来说，孙某在当时受到激怒的情形下，其对叶某死亡的危害结果，主观上不具有故意的犯罪心态，充其量只是一种为泄愤而驾车"别"叶某摩托车让其摔倒或受伤的概括故意。从客观方面来看，发生了叶某伤亡的严重后果。应该说，完全符合了故意伤害罪的构成特征。但值得强调的是，叶某死亡的结果主要是由出租车造成的，如前所述，与孙某的行为并不具有刑法上的因果关系（即不负故意杀人的刑事责任）。至于叶某死亡的结果，孙某是否具有过失（即是否故意伤害罪的结果加重犯）等，则还必须考察作为介入因素的出租车的责任问题。如果出租车司机本身是违章（如当时雨雾天气的情况下，车速过快）驾驶，在注意到叶某摩托车逆向行使在其车道上，有足够的时间采取诸如减速、避让等制动措施，但因疏忽大意或轻信能够避免没有采取相应措施，导致发生叶某被碾压致死的严重后果时，则其应对叶某死亡的结果承担全部过错责任，孙某只承担故意伤害的刑事责任；如果出租车司机应承担部分的过错责任，此时存在责任的竞合，那么则相应地要减轻孙某所承担的刑事责任；只有在出租车司机完全不可避免会碾压死被害人、不负任何过错责任的情况下，孙某才应承担故意伤害（致人死亡）罪的刑事责任。

第二节　强制猥亵、侮辱罪①若干热点问题研讨

强制猥亵、侮辱罪是从 1979 年刑法第 160 条流氓罪中分解出来的一个新罪名。根据 1997 年修订后的《刑法》第 237 条第 1 款的规定，

---

① 2015 年 8 月 29 日通过的《刑法修正案（九）》对《刑法》第 237 条第 1 款进行了修改，将强制猥亵的对象由"妇女"扩大为"他人"，罪名相应由"强制猥亵妇女罪"调整为"强制猥亵罪"；但强制侮辱的对象仍为"妇女"，未做修改。

强制猥亵、侮辱妇女罪是指违背妇女意志，以暴力、胁迫或者其他方法强制猥亵、侮辱妇女的行为。该罪的设立对打击司法实践中强制猥亵、侮辱妇女的犯罪行为，具有重要的意义。但是，自《刑法》通过以后，学界对该罪的若干构成要件产生了相当大的分歧，司法实务部门在适用该罪的过程中也遇到了不少困难。即使是《刑法修正案（九）》将强制猥亵的对象由"妇女"扩大到"他人"，除了妇女之外，14 周岁以上的男性也可成为该罪的犯罪对象。但上述存在的问题并没有解决，仍然存在。为此，本节仍以 1997 年《刑法》第 237 条第 1 款规定的强制猥亵、侮辱妇女罪为主要分析对象，对其在司法适用中争议较大的两个问题进行研究。与此同时，对强制猥亵、侮辱罪立法的完善也将一并予以探讨。

一、关于本罪是否为倾向犯的问题

关于本罪是否为倾向犯的问题，实际上是指本罪的成立是否需要以特定的犯罪意欲或内心倾向（超故意的心理倾向）作为构成要件，即在强制猥亵、侮辱罪的犯罪成立要件中，除了行为与故意之外，是否还要求行为人实施行为时是基于追求性的刺激这种主观倾向。对此问题，不论是国外还是国内，均颇有争议。

站在法益侵害说基础上的结果无价值论一般否定主观的违法要素，自然得出的结论是否定倾向犯的概念，更遑论本罪是否为倾向犯的问题，其认为只要行为人具有侵害他人性自由的一定行为，并且行为人本人也具有该种认识，那么就应当说，不管行为人的内心倾向如何，都应当成立强制猥亵、侮辱罪。如日本学者町野朔教授指出："既然行为人实施了明显侵害被害人的性的羞耻心的行为，侵害了性的自由这种保护法益，只要行为人对这种行为存在故意就成立强制猥亵罪。除此之外，没有任何理由要求行为人具有特别的心理"。[①]日本学者曾根威彦教授则从反面说明了这一问题，认为"相反地，即使是出于猥

---

① 张明楷著：《刑法分则的解释原理》，中国人民大学出版社 2004 年版，第 194 页。

刑法各论前沿问题探索

亵动机而实施行为,在对方具有同意而没有侵害对方性自由的情况下,就应当不成立本罪(自己决定的自由)。"①这种否认猥亵犯罪是倾向犯以及否认倾向犯的观点目前在日本几近通说。我国学者张明楷教授对强制猥亵、侮辱罪是否属于倾向犯基本上也持否定态度。他站在客观主义法益侵害说的立场上,认为不要求行为人主观上出于刺激或满足性欲为目的,是因为没有这种倾向的行为也严重侵犯了妇女的性不可侵犯权,因此主张构成强制猥亵、侮辱罪不以刺激、满足性欲为必要。②

　　相反,立足于规范违反说基础上的行为无价值论则承认主观的违法要素与人的违法论,更为强调行为本身的无价值性、反伦理性与行为人内心的恶性,自然认可强制猥亵、侮辱罪是倾向犯。在这种学说看来,倾向犯之倾向乃是法对外部的行为所要求之有意义的意欲,并根据行为者有无此主观的倾向之表现,而决定行为的违法性之有无及强弱。例如,客观上是相同的脱光妇女衣服的行为,如果是出于诊断或治疗的目的,就不构成犯罪;如果是出于刺激或满足性欲,则可能构成犯罪。所以,倾向犯中的内心倾向,根据内心倾向的有无,法益侵害性显著低下的场合,可以解释为影响违法性。③这一见解在国外正成为有力的学说。如大塚仁教授指出:"本罪必须是作为行为人猥亵的主观倾向的发现而实施的(倾向犯),即必须是在刺激、兴奋、满足行为人性欲的意图下实施的。"④此外,如佐伯千仞等许多著名学者也持此说。就我国大多数学者的论述而言,基本上都认为构成强制猥亵、侮辱罪要求行为人主观上必须具有刺激、兴奋、满足性欲的意欲或内心倾向。

　　笔者虽也赞同强制猥亵、侮辱罪是倾向犯的观点,但认为需要做进一步的论证。具体我们可以从质疑否定论者所持的理由说起。如果其所持的理由不可靠或者被证伪,那么否定本罪是倾向犯的观点便不

① [日]曾根威彦著:《刑法学基础》,黎宏译,法律出版社2005年版,第102页。
② 张明楷著:《法益初论》,中国政法大学出版社2003年版,第399页。
③ 马克昌著:《比较刑法原理》,武汉大学出版社2002年版,第136页。
④ 张明楷著:《刑法学(教学参考书)》,法律出版社1999年版,第564页。

攻自破。否定论者所持的基本论据，大致是以下几个方面：①第一，要求行为人主观上出于刺激或者满足性欲的倾向，会导致不当扩大或缩小处罚范围；第二，要求行为人主观上出于刺激或满足性欲的倾向，会导致与《刑法》第 246 条的侮辱罪的不平衡，而且有违罪刑法定之嫌；第三，要求行为人主观上出于刺激或者满足性欲的倾向，是过于重视主观因素的表现；第四，要求行为人主观上出于刺激或者满足性欲的倾向，可能是出于对客观事实的归纳，刑法并没有将"出于刺激或者满足性欲的倾向"规定为主观要件。

就第一点理由而言，笔者认为其不无疑义。例如，客观上同样是捏摸妇女乳房，如果不考察行为人的主观倾向，就无法判断该行为是否违法，因为合法行为中同样也可能捏摸妇女乳房，如医生的治疗行为，只有是出于刺激或满足性欲，才是强制猥亵、侮辱妇女罪规定的构成要件行为。如果是出于治疗等正当目的，我们就不能认为其具有违法性。因此，论者认为要求主观上具有刺激或满足性欲的内心倾向就会不当扩大处罚范围是没有根据的，相反要求主观上有刺激或满足性欲的倾向却是合法限定了处罚的范围。此外，论者对要求行为人主观上具有刺激或满足性欲的内心倾向会导致不当缩小处罚范围的担心也是不必要的。一来，如果是上述正当合法行为，没有人会认为其是犯罪，将其排除犯罪圈，恰是实现刑法人权保障机能的需要，而非不当缩小处罚范围；二来，即使真像论者所言的，行为人完全出于报复、贬损名誉为目的（没有刺激、满足性欲的倾向）强拍妇女裸照的行为，在我国若不构成强制猥亵、侮辱妇女罪，就断言会不当缩小处罚范围，这种说法也是站不住脚的。其实，对此种行为仍可以按刑法中的侮辱罪来处理，非法限制人身自由的，还可以非法拘禁罪予以处罚。因此，不必担心会轻纵犯罪分子。

就第二点理由而言，也值得商榷。例如，行为人以报复、破坏名誉为目的当众剥光妇女衣服的行为，否定论者指出，在这种情况下，行为人即使没有刺激或满足性欲的主观倾向，仍然可以构成强制猥亵、

---

① 张明楷著：《法益初论》，中国政法大学出版社 2003 年版，第 402-405 页。

侮辱妇女罪。笔者认为，否定论者得出构成强制猥亵、侮辱妇女罪的结论是正确的，但据此就否定本罪是倾向犯的结论是错误的。出于报复、破坏名誉等目的强行剥光妇女的衣服的行为之所以构成强制猥亵、侮辱妇女罪，恰恰是因为具有刺激、满足性欲的主观倾向。因为出于报复、破坏名誉的目的，并不能否定刺激、满足性欲之主观倾向的存在。实际上两者之间并不矛盾，完全能够共存，这正如出于报复的目的盗窃并不能否定非法占有意图的存在一样。因此，对要求主观上有刺激、满足性欲的倾向会导致本罪与侮辱罪之间不平衡的担心是没有必要的，因为在这种情况下，本来就应该构成强制猥亵、侮辱罪，而非论者所指涉的侮辱罪。论者之所以认为会导致两罪之间的不平衡，是因为错觉的缘故，实际上是由于机械地认为刺激、满足性欲的内心倾向与报复、破坏名誉的目的不能并存的错误认识造成的。如果说认为承认本罪是倾向犯会导致两罪之间的不平衡，那么实际上这只是一种虚拟的表面的不平衡，是错误认识的结果。

就第三点理由而言，笔者也难以苟同，诚然我国 1997 年《刑法》体现了向客观主义倾斜的精神，要将客观要素置于比主观要素更为重要的地位。但是，即使向客观主义倾斜，也并非完全要以客观要素为基准。事实上，我国目前刑法理论在许多方面还是侧重于主观主义的。同时，向客观主义倾斜，也并不能因此而否认特别情况下，特定的犯罪仍需强调其主观的一面，甚至在某些犯罪中，在犯罪客观方面完全相同的情况下，仅因主观意态不同而论以不同的罪名。例如，同是重伤他人的行为，若有置人于死亡之意欲，则为故意杀人（未遂）罪；若有使人受重伤之意欲，则为故意伤害罪；若没有伤害之意欲，则可能是故失伤害或意外事件等。客观主义强调客观要素在定罪中的决定性作用，但其并不否定必要的主观要素的定罪意义。因此，以行为人之不同的犯罪意图或主观倾向而论以不同的犯罪，也是正常的现象，并非是过于重视主观要素的表现。

就第四点理由而言，也很难有说服力。的确刑法并没有规定构成强制猥亵、侮辱罪要求具有刺激或满足性欲的主观倾向或意欲，但并不能据此得出本罪不是倾向犯的结论。因为"意欲与行为相始终；也即化合于行为之内，而内在的决定行为之品质"。[1]"意欲既系化合于行为之内，在刑法分则或其他特别刑法所定之犯罪构成要件中，自不须特为标明，此与意图须特为标明者，不同"。[2]所以，论者以刑法并没有将"出于刺激或满足性欲"的倾向规定为构成要件要素而否定本罪是倾向犯的观点是苍白乏力的。司法实践中对行为人实施该罪具有刺激或满足性欲倾向的客观事实的归纳并非否定而恰恰是佐证了本罪是倾向犯。

最后，从我国的司法实践来看，司法实务部门在区分罪与非罪、本罪与他罪，尤其是本罪与《刑法》第 246 条侮辱罪的界限时，惯常的做法是看行为人主观上是否具有刺激或满足性欲的内心倾向。如果单纯出于报复、贬损名誉为目的而侮辱妇女，则以侮辱罪论处；如果是出于刺激或满足性欲而强制侮辱妇女，则构成本罪。可见，司法实践实际上已经承认了本罪是倾向犯。既然如此，如果再在理论上断然予以否定，不仅没有必要，而且还会徒增司法实践中区分罪与非罪、本罪与他罪的困难，这是得不偿失的。

总之，上述否定论者所持的理由并不能得出否定本罪是倾向犯的结论。相反，不论是从理论的角度而言，抑或还是出于对司法实践的考虑，承认本罪是倾向犯不仅是合理的，而且完全是必要的。

二、对本罪犯罪客体论争的反思

根据 1997 年《刑法》的规定，强制猥亵、侮辱的对象仅限于妇女。那么，在这种情况下，其犯罪客体是什么呢？刑法学界大致有两种不同的观点：一种观点是简单客体说，即认为本罪的客体是妇女的人身权利。具体又有几种不同的概括，如"本罪的客体是妇女的人身权利"[3]"妇女的身心健康权利"[4]"妇女的人格权利"[1]等。一种观点

---

[1] 郑健才著：《刑法总则（修订版）》，三民书局 1985 年版，第 167 页。
[2] 郑健才著：《刑法总则（修订版）》，三民书局 1985 年版，第 167 页。
[3] 高铭暄、马克昌主编：《刑法学》，北京大学出版社、高等教育出版社 2000 年版，第 480 页。
[4] 肖中华著：《侵犯公民人身权利罪》，中国人民公安大学出版社 1998 年版，第 197 页。

是复杂客体说，认为妇女的人身权利与社会管理秩序是本罪的客体。典型的表述如"一方面侵害了妇女的人身权利，另一方面侵害了社会管理秩序"[②]"妇女的人身权利、人格尊严和社会秩序"。[③]此外还有一些类似的表述，不再一一列举。笔者虽也赞同复杂客体说，但认为应当对本罪的客体做以下表述，即"妇女的性自由权利与健康的性习俗"。

首先，应该指出上述不管是简单客体说的论者，抑或还是复杂客体说的论者，对本罪客体的表述大都不够严谨、准确。即将某一类罪所侵害的同类客体简单地等同于某一种罪所侵害的直接客体。或者表述为"妇女的人身权利"，或者表述为"妇女的人身权利、人格尊严和社会秩序"等。实际上是以类罪的同类客体代替了强制猥亵、侮辱罪的直接客体，这是很不科学的，严格来说，这是错误的。为此，笔者认为，对本罪的客体应当表述为"妇女的性自由权利与健康的性习俗"更加确切、精当。其中，妇女的性自由权利是复杂客体中的主要客体，而健康的性习俗则是其次要客体，这是由本罪的罪质类属所决定的。

其次，简单客体说与复杂客体说争议的焦点在于应否将公共秩序（具体应是指健康的性习俗）纳入本罪的客体。简单客体说予以否定，其所持的两个重要理由是：（1）新《刑法》第237条第1款规定的强制猥亵、侮辱罪虽从旧刑法流氓罪中分解而来，但现已将该罪规定在侵犯公民人身权利、民主权利罪一章之中，这表明本罪的法益已经不是公共秩序，而是妇女的性的不可侵犯的权利。[④]（2）从强制猥亵、侮辱罪的实例来看，并非每一起强制猥亵、侮辱案都具有妨害社会管理秩序的特征，都扰乱了社会公共秩序。[⑤]仔细分析这两个理由，笔者认为其都不无商榷的余地。就第一个理由而言，论者从法益解释机

---

① 赵秉志主编：《中国刑法典的修改与适用》，中国民航出版社1997年版，第230页。
② 高西江主编：《中华人民共和国刑法的修订与适用》，中国方正出版社1997年版，第535页。
③ 高铭暄主编：《刑法学（新编本）》，北京大学出版社1998年版，第408页。
④ 张明楷著：《法益初论》，中国政法大学出版社2003年版，第227页。
⑤ 肖中华著：《侵犯公民人身权利罪》，中国人民公安大学出版社1998年版，第198页。

能的角度出发，根据法益变更的原理，认为在法益变更的情况下，刑法理论必须根据刑法规定重新确定所要保护法益的内容，进而主张本罪的客体只能是妇女的性的不可侵犯的权利。应该说这一见解是颇为深刻的，法益变更引起种罪罪质类属的改变，必然会影响到对该种罪的评价与构成要件的解释，这也是事实。但据此就断言，强制猥亵、侮辱罪罪质归属的改变必然排除该罪具有的原来类罪所具的属性，未免过于武断。立法者之所以将某种犯罪从原来所归属的类罪中分离出来而将其归属于其他类罪中，并不一定必然排除该罪具有的原来类罪所具有的属性。比如，1997 年《刑法》将许多诈骗犯罪从传统侵犯财产罪的诈骗罪中分解剥离出来而将其归入妨害金融秩序以及扰乱社会市场秩序的犯罪中，主要是考虑到此类诈骗犯罪手段的特殊性以及发生领域的特殊性，但并不是说这类诈骗犯罪就不侵犯公私财产所有权，而应该认为其犯罪客体是由原来的单一客体演化成了复杂客体。同理，就强制猥亵、侮辱罪而言，1997 年《刑法》之所以改变该罪的罪质类属而将其归入侵犯公民人身权利、民主权利罪一章之中，其目的是要强调本罪重点保护的法益是妇女的人身权利，但并不能排除该罪也具有侵害社会管理秩序的性质。再比如 1997 年《刑法》将诬告陷害罪归入侵犯公民人身权利、民主权利罪一章之中，但并不否认同时也具有妨害司法活动的性质。因此，仅仅因为立法对本罪罪质类属的改变而断然认为其犯罪只具有某一属性而不再具有另一性质的说法是很难站得住脚的。就第二个理由而言，有学者举例指出，行为人趁妇女熟睡之机抚摩其乳房的行为只是侵犯了妇女性的不可侵犯的权利，而与公共秩序无涉。[①]乍一看，颇有道理，其实不然。首先，从该罪的犯罪对象来看，由于行为人往往是出于流氓动机，为了寻找精神刺激，调戏取乐，其侵害的对象一般并非针对某一或某些特定的妇女，而是在实施犯罪行为时随意选择的对象，因而侵害的对象是不特定的妇女。在笔者看来，正是由于这种侵害对象的不特定性（而不管受害妇女是否处于熟睡之机）在很大程度上也就决定了行为对社会生活秩序的破

---

① 于志刚著：《热点犯罪法律疑难问题解析》，中国人民公安大学出版社 2001 年版，第 106 页。

坏性，而并非与公共秩序无涉。其次，强制猥亵、侮辱罪作为一种传统的自然犯罪，毋庸置疑，刑法对其的规范评价，必定离不开一定的伦理基础，本罪的规定在某种程度上正是基于善良的性风俗与良好的社会生活秩序的要求来确定合法与非法的界限，何况"猥亵""侮辱"作为规范的构成要件要素，涉及文化的价值判断，在伦理道德意义，本身上就是一种恶。此外，行为人趁妇女熟睡之机抚摩其乳房的行为与公然状态下对妇女实施的猥亵、侮辱行为，从实质上来看，并无两致（当然社会危害性程度稍有差异），两者均是采取妇女不能或者无力抗拒的手段，严重损害其人格尊严和身心健康的并且悖逆社会最基本的人伦道德规范与公共生活规则的应受社会谴责的行为。既然如此，我们又有何必要对在非公然状态下（比如趁妇女熟睡之机）强制猥亵、侮辱妇女的行为之破坏公共秩序（健康的性风俗）性质予以简单的否定。最后，笔者认为这里的关键还是对公共秩序破坏的理解，应当说对公共秩序破坏并不等同于公共秩序确已被破坏，也不以社会公共秩序真的出现紊乱和动荡为必要（如果真出现这种情况，那么可按情节严重来加重对行为人的刑罚），而应该认为，"对公共秩序的破坏，实质上是对公共生活规则的违犯"。[①]行为人趁妇女熟睡之机对其进行猥亵行为是典型的蔑视法律和道德的要求，将妇女视为玩物，视为满足自己变态性欲的工具，违反了最基本的人伦与公共生活规则，严重破坏了一定社会结构中人们必须共同遵守的生活规则所维持的公共生活有条不紊的状态，无疑是对善良性道德观念以及健康的性习俗的严重亵渎，怎么能说与公共秩序无涉呢？诚然，行为人在妇女熟睡的情形下抚摩其乳房的行为相对于公然状态下对妇女实施的强制性猥亵、侮辱行为而言，有其特殊性，但由此我们得出的结论不应是与公共秩序无涉，而应当认为在这种情形下，对公共秩序的破坏是通过一种不太明显或间接的方式进行的。此外，即使退一步讲，从强制猥亵、侮辱罪作为一个犯罪的整体角度而言，将该罪的客体理解为包括对公共秩

---

① 张智辉：《论我国刑法中的流氓罪》，载赵秉志主编：《全国刑法硕士论文荟萃（1981—1988）》，中国人民公安大学出版社 1989 年版，第 762 页。

序的破坏应该说是一种比较妥当的见解。因此，笔者认为简单客体说的第二个理由也是难以成立的。

最后，从国外的立法情况来看，对于强制猥亵罪，传统的立场一般是将其规定在妨害风化犯罪之中（尽管现今立法有将其规定在侵害人身权利犯罪之中的趋向），但通常认为其是"风俗犯"，正如学者指出："惟是刑法所以处罚猥亵行为者，因其是以诱发淫行、引人堕落、破坏善良风俗"。[①]这一不同于其他犯罪的直接客体特征，正是区别该罪与其他犯罪的重要标志，因此，我们没有理由不认为该罪的侵害客体也应包括社会健康的性风俗。

三、完善强制猥亵、侮辱罪立法的建言

总体而言，我国《刑法》第 237 条对强制猥亵、侮辱罪与猥亵儿童罪的立法规定是比较科学的。虽然《刑法修正案（九）》修改了强制猥亵、侮辱妇女罪、猥亵儿童罪，扩大了适用范围，同时加大对情节恶劣情形的惩处力度，但仍然存在美中不足、不尽人意的地方，有待进一步修改完善。

（一）应增设强制猥亵、侮辱罪的结果加重犯条款

《刑法》第 237 条对强制猥亵、侮辱罪的结果加重情形未做规定，目前也没有相应司法解释予以明确，刑法学界鲜有人论及。在司法实践中，对强制猥亵、侮辱妇女致使被害人重伤、死亡或者造成其他严重后果的情形，是按强制猥亵、侮辱罪从重处罚，还是依照故意伤害、故意杀人罪来处理，抑或还是数罪并罚，目前司法部门把握的口径不一，适用比较混乱。笔者认为，解决目前这种司法困境的最好办法是在《刑法》第 237 条第 2 款之后增设该罪的结果加重犯条款作为第 3 款（原先第 3 款作为第 4 款），明确规定其具体的处罚原则和规则，以更好地指导司法实务部门对该罪的适用。这样规定的理由是：其一，

① 周冶平：《猥亵之规范评价》，载蔡墩铭主编：《刑法分则论文选辑（上）》，五南图书出版公司 1984 年版，第 345 页。

可以统一司法口径，便利司法操作，避免司法实践中因各地法院标准把握不一而导致罪刑失衡现象的发生，以确保刑法规范得到统一的适用。其二，也是与强奸罪、拐卖妇女罪等设置有结果加重犯的同类种罪之间保持逻辑平衡与结构协调的要求。强奸罪、拐卖妇女罪和强制猥亵、侮辱罪其侵害的共同法益均是妇女的人身权利，三种罪的罪质与侵害的客体具有一定的相通性，增设强制猥亵、侮辱罪的结果加重犯条款乃是与强奸罪、拐卖妇女罪等设置有结果加重犯的同类种罪之间保持逻辑平衡与结构协调的要求，实属合情合理。如《刑法》第236条第（五）项规定有强奸罪的结果加重犯条款，即"致使被害人重伤、死亡或者造成其他严重后果的"；第240条第（七）项也明确规定有拐卖妇女、儿童罪的结果加重犯情形，即"造成被拐卖的妇女、儿童或者其亲属重伤、死亡或者其他严重后果的"，依照刑法规定上述两种结果加重犯情形都应按相应条文的上一档次的法定刑定罪处罚。其三，这也是世界上大多数国家刑事立法中对强制猥亵侮辱犯罪采取的通行立法模式。例如日本刑法典第181条、韩国刑法典第301条、泰国刑法典第280条、西德刑法典第178条等均针对普通的强制猥亵罪设置了结果加重犯条款。我国刑法第237条增设强制猥亵、侮辱妇女罪的结果加重犯条款，乃是对世界刑事立法潮流的顺应。

（二）应增加"侮辱儿童"的规定

具体而言，即将《刑法》第237条第3款"猥亵儿童的，依照前两项的规定从重处罚"，补充修改为"猥亵、侮辱儿童的，依照前两款的规定从重处罚"。相应将罪名由"猥亵儿童罪"变更为"猥亵、侮辱儿童罪"。之所以做这样的修改，主要是基于以下考虑：该条第1款强制猥亵、侮辱妇女罪的犯罪对象是妇女，即一般是指14周岁以上的女子。因此，若发生强制猥亵、侮辱妇女的行为，按该款来处理，不会有什么问题。倘若行为人猥亵的是未满14周岁的儿童，那么可以按照该条第3款认定为猥亵儿童罪，但是如果行为人强制侮辱的是14周岁以下的幼女或儿童，就发生定性上的困难，无法对其进行刑法规制。既不可按照强制猥亵、侮辱妇女罪来处理，因为该罪的对象是14周岁以上的女子；也不能按照猥亵儿童罪来处理，因为刑法只是规定猥亵儿童而并没有规定侮辱儿童也构成犯罪。当然更不可能按照《刑法》第 246 条的侮辱罪来处理,因为侮辱罪一般要以贬低他人人格、败坏他人名誉等为目的,而且必须公然实施,如果行为人出于刺激或满足性欲的意图而在非公然状态下强制侮辱幼女或儿童,那么处理就会非常棘手。应当说,这是我国立法上的一个疏漏。其实,只要稍作修改,在立法中增加"侮辱儿童"的规定,上述问题就可以迎刃而解了。

(三)建议将强制侮辱妇女罪的犯罪对象"妇女"也修改为"他人",相应将罪名确定为"强制猥亵、侮辱罪"才名副其实

《刑法修正案(九)》对强制猥亵、侮辱妇女罪法条的修改,只是将强制猥亵的对象扩大到了"他人",但强制侮辱的对象仍是"妇女",那么 14 周岁以上的男性不受侮辱的权利就未受到刑法的保护,这不能不说是一个缺憾。因此,有必要进一步完善《刑法》第 237 条第 1 款的规定,通过对立法做微小的修改最大限度地满足实践的需求,将长期以来游离于刑法之外的已满 14 周岁的未成年男子不受强制侮辱的权利纳入刑法的保护范围。长期以来,在我们的传统观念中,认为男子有着不同于女子的特殊生理和心理特征,因此,一般不会成为性侵犯的对象。诚然,就强奸罪而言,这种说法是有道理的。因为妇女不可能单独实施奸淫行为而成为强奸罪的直接正犯,男子也很少成为受害人。但是就强制侮辱行为而言,情况则有较大的不同,女子也可实施,男子也完全可能成为被猥亵、侮辱的对象。那么在这种情况下,立法再排除对男子尤其是 14 周岁以上的未成年男子不受强制侮辱的权利的保护,则实非明智之举。尤其是在实践中,对男子特别是 14 周岁以上的未成年男子的性侵犯不仅在国内,而且在世界范围内都呈愈演愈烈之势,受害人尤其是未成年的受害人往往身心倍受折磨,心灵受到极大创伤,甚至出现性心理偏差,给其一生带来痛苦。而这当中却只有未满 14 周岁的男童不受猥亵、侮辱的权利才受到刑法的保护,其他受到强制侮辱的则不构成犯罪,这显然是远远不够的。即使从国外立法来看,很少有国家对强制侮辱犯罪的对象进行限制,一般既包括女性,也不排除男性。笔者认为,这种立法经验是值得我们思考和借鉴的。

总之，笔者认为，进一步完善我国《刑法》第237条关于强制猥亵、侮辱罪与猥亵儿童罪的立法势在必行。立法者应当认清形势，顺应世界刑事立法潮流，对我国司法实践中的内在需求做出建设性的回应，适当修改完善《刑法》第237条的立法，以使《刑法》规定得更加科学化、完善化。

第三节　拐卖妇女罪相关疑难问题研讨

近年来，一些涉外婚姻中介机构和个人拐骗、拐卖外籍妇女到我国的案件时有发生，有的甚至强迫被拐外籍妇女卖淫或者从事诈骗等非法活动，伴生一系列的社会问题，也影响社会和谐稳定。而目前在办理拐卖、拐骗妇女犯罪的司法实践中，对于非法跨国婚姻中介以及引发的相关拐卖外籍妇女、婚姻诈骗问题，在法律适用方面存在较大争议，直接影响了司法实践中相关案件的定性和处理，确实值得深入研究。鉴于此，本节拟对这一司法实务中亟待研究解决的问题进行探讨。

一、拐卖妇女是否以违背妇女意志为必要要件

关于拐卖妇女是否以违背妇女意志为必要要件，如女方虽自愿结婚，但中间人明显具有将女方作为商品出卖获利目的的，可否认定为拐卖妇女罪？笔者认为，拐卖妇女不应以违背妇女意志为必要要件，女方虽自愿结婚，但中间人明显具有将女方作为商品出卖获利目的的，可以定性为拐卖妇女。因为即使女方自愿结婚，但中间人明显具有将女方作为商品出卖获利目的的，也侵犯了妇女人身权利中的人身不受买卖的权利。这也是我国刑法中拐卖妇女罪的犯罪客体。而且将这种行为认定为拐卖妇女，有助于打击司法实践中一些黑婚姻中介通过买卖妇女牟取暴利的行为，减少拐卖、拐骗妇女犯罪的发生，从而更好地保障妇女权益。当然，对于实践中女方自愿结婚或者自愿被卖的情

况，在量刑时可对拐卖人从轻处罚。

二、"女方自愿结婚，中间人有将女方作为商品出卖获利目的"的情形与"居间介绍婚姻、收取感谢费"的情形如何区分

　　在笔者看来，"女方自愿结婚，中间人有将女方作为商品出卖获利目的"的情形与"居间介绍，收取感谢费"是两种性质完全不同的行为，"居间介绍，收取感谢费"是合法行为，尤其在当前中国农村地区非常普遍。区分上述两种情形，应着重从中间人与男女方之间的关系（如是否熟人、亲友等）、所获钱财是事前设置条件（索取）还是男方主动给予、所获钱财数额是否在合理的范围内、居间介绍方式是否正常和公开、中间人是否以此为业、中间人收取钱财的时间是否具有即时性等方面综合判断。

三、对非法开办涉外婚姻中介业务并牟取暴利的行为如何定性

　　众所周知，我国相关法律规范禁止开办涉外婚姻中介业务。那么，对非法从事该业务牟取暴利的中介和个人，是否有必要予以刑事处罚？如有必要，该如何定性？是否可以非法经营罪或组织偷越国边境罪论处？笔者认为，我国禁止开办涉外婚姻中介业务，对于非法从事该业务牟取暴利的中介和个人，确实应予以严厉打击，但要不要上升到动用刑罚的程度，不可一概而论。对于一般仅为了赚取中介费，非法从事涉外婚姻中介业务或者成立涉外婚姻中介机构的，给予治安行政处罚即可。但对于涉及拐卖、拐骗或婚姻诈骗以牟取暴利的，应予以刑事制裁；另外，对于非法从事该业务，若情节严重或者造成严重后果的，也可考虑纳入刑事规制的范围。但不赞同以组织偷越国（边）境罪论处，组织他人偷越国（边）境主要是侵犯国家对国（边）境的正常管理秩序，与非法从事涉外婚姻中介牟取暴利的行为相去甚远，而且被介绍来中国结婚的女方很多情况下都是合法入境而非偷越国

（边）境，只是结婚后非法滞留中国。当然，如果行为人出于牟取暴利的目的，非法介绍外国女子来中国结婚或者组织中国男子团购外国新娘等，同时实施了非法组织他人出入国（边）境行为的，当然可以组织他人偷越国（边）境定罪处罚。至于以非法经营罪论处，也是值得商榷的，非法经营罪主要是涉及侵犯国家的市场交易管理秩序，而非法从事涉外婚姻中介业务牟取暴利，除了有一定的非法经营活动性质，但更多的涉及人身问题，有相当的特殊性，与一般的经营活动是不同的。而且最高人民法院近年来坚决贯彻罪刑法定原则，对非法经营罪也是从严掌握的。对于非法从事涉外婚姻中介业务牟取暴利，如果涉及拐卖、拐骗的，可直接以拐卖妇女罪论处；涉及诈骗男方钱财，数额较大的，可以诈骗罪论处。

第四节　诽谤罪中"严重危害社会秩序和国家利益"的研讨

近年来，有关"彭水诗案""稷山匿名信案""志丹短信案""拘传记者案"等案件的报道陆续见于报端，引起了社会的广泛关注。从刑法学的视角以观，这些案件具有较强的代表性和典型意义，都涉及如何确定"严重危害社会秩序和国家利益"的范围，即如何理解适用《刑法》第246条第2款的但书规定。对上述但书规定的理解不同，不仅决定了案件是自诉还是公诉，而且还涉及言论自由权与名誉权保护的平衡、官员权力的制约与公民权利的有效保障以及理性公共空间的构建等诸多深层次的问题。因而廓清《刑法》第246条第2款但书规定的内涵，准确厘定"严重危害社会秩序和国家利益"的外延与适用范围，以消除司法实践中适用该款但书规定的困惑，应该说是非常必要的。

我国《刑法》第246条第1款规定了"侮辱罪"和"诽谤罪"，即指以暴力或者其他方法公然侮辱他人或者捏造事实诽谤他人，情节严重的行为。该条第 2 款则明文规定:"前款罪,告诉的才处理,但是严重危害社会秩序和国家利益的除外。"也就是说,侮辱罪、诽谤罪以自诉为原则,进入公诉程序的案件属于"严重危害社会秩序和国家利益"的例外情形。何谓本条但书规定的"严重危害社会秩序和国家利益"?通说的见解认为,主要是指侮辱、诽谤行为造成被害人精神失常或者自杀的;侮辱、诽谤党和国家领导人、外国元首、外交代表,严重损害国家形象或者造成恶劣国际影响的等。①在司法实践中,如果发生上述侮辱、诽谤的情形,以"严重危害社会秩序和国家利益"论处,由检察机关依法提起公诉,一般不会引起太大争议。但问题是"严重危害社会秩序和国家利益"的表述比较抽象,此处的严重程度与侮辱、诽谤行为入罪的情节严重如何界分?是否必须同时严重危害社会秩序和严重危害国家利益?如果行为人诽谤的是地方党政领导,适用《刑法》第 246 条第 2 款但书规定是否妥当?能否从犯罪的手段、方法、内容和主观目的等角度来合理限定"严重危害社会秩序和国家利益"的外延等?这些问题并不明确。理论界与实务界对此争议也颇大,见仁见智。基于侮辱罪与诽谤罪的罪质基本相似,侵犯的客体相同,上述"彭水诗案"等引发社会广泛关注的典型案件涉及的也都是诽谤罪,故而本节拟以诽谤罪为例,着重谈谈对"严重危害社会秩序和国家利益"的理解问题。

一、"严重危害社会秩序和国家利益"的"严重程度"如何理解

根据《刑法》第 246 条的规定,所谓诽谤罪,是指故意捏造并散布某种事实,损坏他人人格,破坏他人名誉,情节严重的行为。构成该罪,客观上要求捏造并散布某种事实诋毁他人,并且达到情节严重的程度。何谓诽谤行为情节严重,由于法律和司法解释没有明确规定,理论上和司法实践中一般认为,包括:动机卑鄙;内容恶毒;手段恶

---

① 胡康生、李福成主编:《中华人民共和国〈刑法〉释义》,法律出版社 1997 年版,第 350-351 页。

劣；后果严重的；造成恶劣社会影响的等。①构成诽谤罪，告诉的才处理，但是严重危害社会秩序和国家利益的除外。也就是说，一般情况下的诽谤罪，是自诉罪。要追究行为人犯诽谤罪的刑事责任，被害人必须向司法机关控告，告诉的才处理。但如果属于严重危害社会秩序和国家利益的情形，则应当由检察机关提起公诉。易言之，要适用《刑法》第 246 条第 2 款的但书规定，诽谤行为就不仅必须情节严重，而且应当达到严重危害社会秩序和国家利益的程度。"严重危害社会秩序和国家利益"属于广义的情节严重的范畴，立法者正是考虑到严重危害社会秩序和国家利益的诽谤罪不同于一般情况下的诽谤罪，具有相当大的社会危害性，故而才在《刑法》第 246 条第 2 款专设但书条款，将这种严重的诽谤犯罪行为做特别的例外规定，以公诉罪论处。基于此，我们在解释和适用诽谤罪的刑法条文时，也应当充分考虑在该条款（《刑法》第 246 条第 2 款）设立但书的立法原意和精神旨趣，从而对诽谤罪的构成要件进行合理的实质解释，将不符合严重危害社会秩序和国家利益的诽谤行为排除在公诉罪之外。诚然，诽谤行为如果严重危害社会秩序和国家利益，其构成诽谤罪自不待言，但反过来却并不如此，即使诽谤行为达到了入罪的情节严重标准，倘若其没有严重危害社会秩序和国家利益或者危害社会秩序和国家利益未达到严重程度，那也不能按公诉罪进行刑事追究。在司法实践中不同程度地存在的那种混淆作为诽谤罪构成要件的情节严重与作为公诉罪追究条件的"严重危害社会秩序和国家利益"，随意扩大诽谤罪公诉范围的做法，是应当坚决摒弃的。事实上，严重危害社会秩序和国家利益的诽谤案件在司法实践中只是极少数，而通常情况下的诽谤行为虽属于情节严重从而构成诽谤罪，但却不应该适用《刑法》第 246 条第 2 款的但书规定。至于哪些属于达到入罪情节严重标准的诽谤案，哪些属于应当提起公诉的诽谤案，则应当结合诽谤案件的全部案情，按照主客观相统一的原则，从对象、手段、后果、目的等方面着眼，从严把握，综合地进行分析认定。

---

① 张明楷著：《刑法学》（第三版），法律出版社 2003 年版，第 688 页。

二、"严重危害社会秩序和国家利益"两者是否需同时具备

在刑法学界，有论者认为，《刑法》第 246 条第 2 款的但书规定是"严重危害社会秩序和国家利益"，用"和"而不是"或"来连接社会秩序和国家利益的表述，这明显表明诽谤罪由自诉转公诉，必须同时"严重危害社会秩序"和"严重危害国家利益"。[①]我们认为，这种观点是似是而非的。诚然，从文理解释的角度看，当《刑法》分则条文在两个要素之间使用"或"一词时，它所表明的是一种选择关系，若使用"并且"一词时，则无论如何不能将其解释为选择关系，否则就违背了基本的文法关系和语词解释规则。但应当注意的是，《刑法》分则条文在两个要素之间使用"和"字时，并不一定表明同时具备的关系[②]，而是需要从实质上进行考察，综合做出判断。如《刑法》第 251 条规定："国家机关工作人员非法剥夺公民的宗教信仰自由和侵犯少数民族风俗习惯，情节严重的，处两年以下有期徒刑或者拘役。"该条中的"和"字表示的就是一种选择关系而非并列关系。因为从实质上考察，不论国家机关工作人员是非法剥夺公民的宗教信仰自由抑或是侵犯少数民族风俗习惯，只有具备其中之一种情形，如果情节严重，那么其行为对法益的侵犯性都达到了值得科处刑罚的程度。因而对该条款中的"和"字应解释为选择关系。其实，《刑法》分则中类似于这样的现象并不少见。[③]由此可见，仅凭《刑法》条文中出现连接词"和"字就主观推断其规定的两个要素之间是并列关系，是不正确的。实际上乃是因为忽视对《刑法》条文进行实质解释以及未考虑《刑法》的适用效果所致。正如有学者精辟地指出："不注重刑法文字是不合适的，但不顾及刑法理念、刑法体系与刑法适用效果的'文字法学'也是不

---

① 滕彪：《关于青岛维权人士于建利涉嫌诽谤罪一案的辩护意见》，载 http://www.koumingguo.com/html/fazhishiping/20081116/261.html

② 张明楷著：《刑法分则的解释原理》，中国人民大学出版社 2004 年版，第 305 页。

③ 如《刑法》第 256 条（破坏选举罪）中的三个"和"字表示的也是选择关系，而非同时具备的关系。即是如此。

可取的。"①

三、诽谤地方党政领导是否属于"严重危害社会秩序和国家利益"

关于诽谤地方党政领导是否属于"严重危害社会秩序和国家利益"的情形，可否适用《刑法》第246条第2款的但书规定，目前刑法学界存在争议，主要有两种意见：一种意见认为，按照《刑法》第246条的规定，侮辱罪、诽谤罪以自诉为原则，进入公诉程序的案件是例外情形，因此，《刑法》第246条第2款规定的"严重危害社会秩序和国家利益"应当做严格理解，一般是指因侮辱、诽谤行为引起了被害人精神失常甚至自杀身亡等后果，而不能告诉的情形；或者侮辱、诽谤党和国家领导人、外国元首、外交代表，严重损害国家形象或者造成恶劣国际影响的情形。另一种意见则认为，某些诽谤地方党政领导的案件，由于诽谤行为严重损害当地党委、政府的形象，引发群体性事件，或者影响了招商引资工作的进行，危害社会秩序或者经济发展。这种情形下可以由公诉权力介入。②如前文所述，近年来在社会上引起广泛关注的"彭水诗案""稷山匿名信案""志丹短信案""拘传记者案"等案件，实际上也是涉及对"严重危害社会秩序和国家利益"范围的确定。具体而言，则是涉及诽谤地方党政领导可否适用《刑法》第246条第2款但书规定的问题。在我们看来，《刑法》第246条第2款规定的"严重危害社会秩序和国家利益"的范围应当做严格解释，对于诽谤地方党政领导的案件，除非发生由于侮辱、诽谤行为致使该地方党政领导精神失常或者自杀等严重后果，否则就不宜认定为"严重危害社会秩序和国家利益"，而对一般的诽谤犯罪行为动用公诉权力进行刑事追究。主要理由如下：

---

① 张明楷著：《刑法分则的解释原理》，中国人民大学出版社2004年版，第305页。
② 最高人民检察院《关于征求如何适用刑法第246条第二款"但书"规定的意见的函》（高检研函字〔2008〕8号）。

第一，从诽谤罪的犯罪客体来看，诽谤罪属于侵犯公民人格尊严与名誉权的行为，因而被列入《刑法》分则"侵犯公民人身权利、民主权利罪"一章。也就是说，从刑法规定诽谤罪所要保护的法益角度着眼，诽谤行为主要侵犯的是公民的人格尊严与名誉权，而与严重危害社会秩序和国家利益并无必然的联系。国家利益是以国家为利益主体的利益，包括国家安全、领土完整、国家发展等内容。如果要认定诽谤行为严重危害国家利益，通常诽谤的对象必须是特殊主体，如党和国家领导人、外国元首、外交使节等特定对象。故而对地方党政领导的诽谤，不宜纳入"严重危害国家利益"考量的范围。那是不是说某些诽谤地方党政领导的案件，"因严重损害当地党委、政府的形象，引发群体性事件，或者影响了招商引资工作的进行，危害社会秩序或者经济发展"，从而可以认定为是"严重危害社会秩序"并进而以公诉程序进行刑事追究呢？我们认为，也不能得出这种结论。因为不管诽谤的内容是涉及地方党政领导的公务活动或还是有关其个人的道德评价，诽谤行为侵犯的均是地方党政领导的人格尊严与名誉权，而与损害地方党委、政府的形象以及危害当地社会秩序与经济发展等并无必然的联系。诚然，任何犯罪行为都从不同角度危害了社会秩序，诽谤罪也不例外。但值得注意的是，《刑法》第246条第2款但书规定的"严重危害社会秩序"并非一般犯罪意义上所指的危害社会秩序，而是严重危害社会秩序，即诽谤行为对社会秩序的破坏达到了相当严重的程度，必须由公诉权力介入。而针对有关地方党政领导个人的诽谤，很难想象会达到"严重危害社会秩序"的程度。事实上，在司法实践中，对地方党政领导的诽谤引发的所谓"严重损害当地党委、政府的形象，引发群体性事件，或者影响招商引资工作的进行，危害当地社会秩序和经济发展"的后果，只是极个别的案件。在这些个别案件中，之所以发生这种严重后果，并非是因为诽谤行为使地方党政领导的人格尊严与名誉权受到了侵犯所致，而往往是行为人在诽谤地方党政领导的同时对当地的党委、政府也一并进行了诽谤。如同时捏造虚假事实污蔑地方党委政府"贪腐无能，导致民不聊生""官僚衙门，劳民伤财，是人民的寄生虫""水很深，整个班子都烂了"等。不可否认，这种诽

151

谤行为若严重损害了当地党委、政府的形象，引发群体性事件，或者影响了招商引资工作的进行，危害社会秩序或者经济发展等，其社会危害性当然是比较严重的，并且不亚于对公民个人的诽谤。因为良好的形象与名誉是党委政府取得权威的一个重要手段，是影响其履行职权的极其重要的因素。但是在我国目前刑事法律的框架下，这种诽谤党委和政府的行为却无法纳入刑法规制的范围，不能进行刑事追究。因为我国《刑法》规定的诽谤罪的对象仅限于作为自然人的公民，而不能包括政党和机关等法人在内。如果随意扩大诽谤罪的对象范围，势必有违罪刑法定主义原则的基本精神。

综上，对于诽谤地方党政领导的案件，除非发生被害人精神失常或者自杀等严重后果，否则也不宜适用《刑法》第246条第2款的但书规定。

第二，从地方党政领导主体的特殊性来看，地方党政领导是履行公共事务管理职能（行使公权力）的国家公职人员，这类人员相比于普通人拥有特殊的地位、职权和影响力，掌握较多的公共资源，在社会上拥有较大的"话语权"，理应满足公众的知情权与对其的社会监督。即使这些特殊主体的人格尊严与名誉权受到侵犯，其不但可以较一般人容易凭借其公共官员的特殊影响力与掌握的公共资源进行及时的辩解和反驳，而且也可以向法院提出刑事自诉，要求追究侵害人犯诽谤罪的刑事责任。如果对于诽谤地方党政领导的案件，动辄动用公诉权力进行介入，很容易给人留下一种"官尊民卑"的法律面前不是人人平等的不好印象。此外，如果诽谤地方党政领导也可以适用《刑法》第246条第2款的但书规定，由于上述"但书"规定得比较原则和笼统，很容易给公权力的滥用留下隐患。如一度在社会上引起广泛关注的"彭水诗案"，就是比较典型的一例。在该案中，因当事人秦某编发短信"诽谤"县主要领导，被公安局以涉嫌诽谤罪刑事拘留，检察机关以"秦某捏造了一首引起群众公愤、严重破坏社会秩序和县领导名誉的词"将其批准逮捕。事后查明，该案就是一起地方党政领导非法干预司法、政法部门不依法办案的司法案件。[①]事实上，在实践中，地方党委和政府在处理国企改制、征地拆迁、群众上访等问题时，不少滥用公权力者经常借可能"严重危害社会秩序和国家利益"之名，轻易动用司法力量平息民众意见，致使民意诉求和沟通渠道堵塞、激化社会矛盾的现象并非少见。

　　第三，从人格尊严及名誉权与言论自由权的平衡保护来看，法律对任何权利的保护都不是绝对的，言论自由权如此，人格尊严及名誉权亦复如此。所以对于人格尊严及名誉权的法律保护尤其是其刑法保护本身应有相应的限制。诽谤罪的基本行为方式是表达言论，对诽谤行为进行刑法规制势必会与宪法规定的作为公民基本权利的言论自由存在密切的关联。在很大意义上，人格尊严及名誉权与言论自由权之间存在着相当程度的紧张关系，强调对其中一种权利的保护必然会对另外一种权利形成一定程度的限制。因言论自由承载着民主法治社会诸多的重要价值，因而为保障言论自由权的实现而对保护人格尊严与名誉权法律的适用给予一定的限制是很必要的，即对名誉权的保护要有所让步，合理平衡对言论自由权与人格尊严及名誉权的保护，从而确定如何对诽谤罪的适用范围进行限制以及限制到何种程度。放眼国外，对公共官员的名誉权与公众的言论自由权进行平衡保护，也是通行做法。例如，美国联邦最高法院在 1964 年的 Sullivan 诉《纽约时报》一案中，即确认了著名的"实际恶意"规则，对公共官员名誉权的保护做出了实质性的限制。在该案的判词中，如果被诽谤者涉及的事项属于公共议题，在其本身又具有公共官员身份时，则原告必须证明被告具有实际恶意才能获得损害赔偿。[②]所谓实际恶意，是指被告明知不实或全然不顾是否不实。在实践中，这种实际恶意实际上很难证明，所以针对公共官员的有关公共议题的批评中即使有不实言论，也很难受到刑事追究。美国联邦最高法院在后来的 Garrisons 诉路易斯安那州案[③]中，将实际恶意的规则扩展到适用于刑事诽谤案，从而使诽谤罪

---

① 《彭水诗案续：领导非法干预司法 县委书记被免职》，载《南方都市报》2007 年 1 月 24 日。
② 《志丹短信案，警惕随意解释诽谤罪》，载《新京报》2007 年 11 月 22 日。
③ 李国民：《以诽谤罪追究记者必须慎之又慎》，载《检察日报》2008 年 1 月 8 日。

的成立受到了相当之限制。再如，在德国，刑法中除规定了诽谤罪外，还规定了相应的违法性阻却的事由，即"有关科学、艺术、商业上的批评，或与此相类似的为履行或保护权益或使用其正当权益所发表的言论，以及对部下的训诫和责备，官员职务上的告发或判断或诸如此类的情况，只以发表言论的形式或根据当时的情况，已构成侮辱罪的，始受处罚"①。由上不难发现，对于诽谤案件，在国外不论是通过确立"实际恶意"规则或还是选择规定违法性阻却事由来限制诽谤罪的适用，其初衷都是为了更好地平衡对公共官员的名誉权与公众的言论自由权之保护，从而有效地实现立法的目的。具体到我国而言，我们认为，在立法论上，可以通过对诽谤罪设立更为严格的犯罪构成要件或者规定特殊的免责事由来实现；在解释论上，则可以通过对诽谤罪的刑法条文及其构成要件做比较严格的解释，从而限制诽谤罪的成立以达致这一目的。质言之，基于人格尊严及名誉权与言论自由权平衡保护的立场，对于《刑法》第 246 条第 2 款但书的范围，应当做严格解释，将诽谤地方党政领导的情形排除在外。

四、确定"严重危害社会秩序和国家利益"的应然视角

前文提到通说对"严重危害社会秩序和国家利益"范围的确定，不难发现，不论是侮辱、诽谤行为造成被害人精神失常或者自杀，还是侮辱、诽谤党和国家领导人、外国元首、外交代表，严重损害国家形象或者造成恶劣国际影响等，都仅局限于从后果或对象的角度来解释"严重危害社会秩序和国家利益"的外延与适用范围。实际上，从近年来实践中涌现出的关于诽谤罪的新情况、新问题来看，除上述"严重危害社会秩序和国家利益"的主要情形外，还有不少虽然客观后果并不是特别严重或者对象也不特殊，但由于诽谤手段的特殊性和行为人的主观恶性，使得诽谤行为的社会危害性比较严重，也符合"严重

---

① 唐煜枫：《论诽谤罪成立之宪法限制》，载《甘肃政法学院学报》2006 年第 3 期。

危害社会秩序和国家利益"的情形。如比较典型的互联网诽谤[①]，由于传播媒介的特殊性，互联网作为信息时代新兴的一种媒体，其影响之大、传播之快、互动性之强、受众主动性和参与程度之高，远非传统媒体所能够比拟，不少互联网诽谤给当事人造成了恶劣的负面影响，严重危害互联网的安全与管理秩序，其社会危害性也达到了"严重危害社会秩序和国家利益"的程度。而按照通说的见解，这些情形似乎并没有解释在内。应当说，"严重危害社会秩序和国家利益"是一个综合性的标准。刑法之所以做如此规定，其本意并不是为了强调后果或对象等某一方面的具体内容，而是意味着，诽谤犯罪行为任何一个方面的情节严重，如果达到了"严重危害社会秩序和国家利益"的程度，那就应当由公诉权力进行介入。事实上，社会危害性及其程度，也不只是由行为客观上所造成的危害结果或危害的对象来说明的，还包括行为手段、方法、行为人的主观要件和主体要件等。易言之，"严重危害社会秩序和国家利益"中的社会秩序和国家利益，不是特指危害结果或特定对象，对其的理解不能局限于从后果、对象的角度进行解释，而应当适当扩展到从诽谤的手段、方法、内容和主观目的等角度来进行合理考量。具体而言，除通说所列举的两种主要情形外，在认定某种诽谤犯罪行为是否属于"严重危害社会秩序和国家利益"的情形时，我们认为，可以着重考虑以下因素：（1）诽谤所捏造的事实本身性质的严重程度。如捏造的事实是否属于特别严重的污蔑他人反党、反社会主义、丧权辱国等情形。（2）实施诽谤的动机和目的的恶劣程度。如诽谤他人的目的是否属于十分恶劣的意图嫁祸于人、栽赃陷害、危害公共安全和国家安全等情形。（3）诽谤手段、方法的危害性程度。如捏造的虚假事实是否属于通过影响大、范围广、互动性强的知名网络论坛进行广泛散布等。如果诽谤案件属于上述情形，则应再结合全案的案情、危害后果和情节等，进行整体分析，综合判断是否达到了"严重危害社会秩序和国家利益"的程度，从而做出准确科学的认定。

[①] 如 2008 年 9 月陕西汉中就发生一起利用互联网捏造事实诽谤他人，严重危害社会秩序的案件。杨建平：《陕西汉中破获首起互联网诽谤案　5 涉案人员归案》，载《陕西日报》2008 年 9 月 12 日。

第五节 组织儿童乞讨罪和组织未成年人进行违反治安管理活动罪法律适用疑难问题研讨

组织儿童乞讨罪和组织未成年人进行违反治安管理活动罪分别系《刑法修正案（六）》第 17 条、《刑法修正案（七）》第 8 条新增设的罪名。不过从司法实践的情况看，涉嫌上述两罪进入刑事诉讼程序的案件都非常有限。其中，很重要的原因之一，就是对于上述两罪构成要件的理解存在很大争议，直接影响案件的定性和法律适用。考虑到上述两罪的犯罪对象都涉及儿童等未成年人，进入司法程序处理的案件数量都很有限，并且两罪都规定在《刑法》第 262 条下面，具有一定的关联性，而且在构成要件的理解和适用等方面都存在较大的争议，故放在此节一并予以探讨。

一、组织儿童乞讨罪法律适用疑难问题

（一）如何理解组织儿童乞讨罪中的"组织"

关于组织儿童乞讨罪中的"组织"如何理解的问题，实际上涉及组织对象的多少问题。如是否必须三人以上才能认定为"组织"？是否可解释为包括"组织一人多次进行某种活动"？笔者认为，对于组织残疾人、儿童乞讨罪中的"组织"，其对象不是必须三人以上才能认定为组织。这里的关键是要区分动词意义上的组织与名词意义上的组织。我们平时讲的"某某组织"或者"黑社会性质组织"等中的"组织"是名词意义上的组织，一般是指三人以上结成的比较稳定的组织单元或者集体。而组织儿童乞讨罪中的"组织"是动词意义上的组织，强调的是指导、发起、策划、安排等组织性的行为方式，对组织的对象人数没有强制性要求。所以，将该罪中的"组织"解释为包括"组织一人多次进行某种活动"是可以的。

（二）如何理解组织儿童乞讨罪中"暴力、胁迫"的程度

虽然《刑法》第 262 条之一限定组织儿童乞讨罪为采取"暴力、胁迫"手段组织实施，但在司法实践中，乞讨儿童年龄偏小，无法正确表达意志，很难证明存在暴力、胁迫。此外，利用家庭贫穷境遇，与儿童的监护人签订"合同"租借儿童乞讨，以及大量存在的父母携带、指使儿童乞讨的情况。若拘泥于《刑法》相关条文的字面含义，确实难以追究刑事责任。笔者认为，考虑到实践中儿童身心脆弱、易受伤害甚或无法正确表达意志的情况，对"暴力""胁迫"手段确实不宜做过高要求。对儿童实施打耳光、踢打、言语恐吓等轻微暴力，或者采取冻饿、凌辱、有病不予治疗等方式，迫使儿童乞讨的，可以组织儿童乞讨罪定罪处罚。也就是说，暴力、胁迫手段不需以压制儿童反抗为必要，只要足以让儿童产生恐惧心理即可。当然，从长远来看，除了规定"暴力""胁迫"的方式外，在立法上宜可考虑增加"其他方法"的兜底条款。总之，认定是否构成组织儿童乞讨罪中的"暴力""胁迫"，应当充分考虑儿童身心脆弱、易受伤害的特点，标准不宜要求过高。对儿童实施抽耳光、踢打、言语恐吓等轻微暴力，或者采取冻饿、凌辱、精神折磨、有病不给治疗、限制人身自由、药物麻醉等方式，迫使儿童乞讨，符合《刑法》第 262 条之一规定的，应以组织儿童乞讨罪定罪处罚。

（三）利用不满六周岁的儿童多次乞讨的应否视为以胁迫手段组织儿童乞讨

笔者认为，"利用不满六周岁的儿童多次乞讨的"不一定要"视为以胁迫手段组织儿童乞讨"。因为胁迫就是胁迫，暴力就是暴力，可以区分清楚。而且"利用不满六周岁的儿童多次乞讨"，具体的手段或者情形是多种多样的，有的是胁迫，有的是暴力，还有的可能是采用诱骗等手段，都将其视为"以胁迫手段组织儿童乞讨"不妥，有违《刑法》第 262 条之一的规定。另外，考虑到不满六周岁的儿童尚属于婴、幼儿阶段，身心脆弱、意志受限和更易受伤害，故建议将六周岁设定为"情节严重"情形的一个界限。不论行为人与不满六周岁的儿童是否存在监护关系，一年内曾因组织儿童乞讨受过行政处罚，又组织儿童多次乞讨的，建议以组织儿童乞讨罪定罪处罚；情节显著轻微危害不大尚不构成犯罪的，可予以行政处罚。

（四）组织儿童乞讨罪的罪数认定问题

关于组织儿童乞讨罪的罪数认定，需要注意的主要是以下两点：一是父母或者监护人组织儿童乞讨，同时构成组织儿童乞讨罪、虐待罪的，属法条竞合情形，应从一重罪处罚，即按组织儿童乞讨罪处罚即可；而不需以组织儿童乞讨罪从重处罚。二是为组织儿童乞讨，故意致儿童残疾、畸形，符合刑法第234条规定的，应以故意伤害罪从重处罚；其组织儿童乞讨行为另构成组织儿童乞讨罪的，依照数罪并罚的规定处罚。

二、组织未成年人进行违反治安管理活动罪法律适用疑难问题

（一）组织未成年人进行违反治安管理活动罪的罪数认定问题

在组织者的行为已符合盗窃、诈骗、抢夺等罪的入罪条件时，组织未成年人违反治安管理活动罪是否还有同时适用的必要？笔者认为，设立组织未成年人进行违反治安管理活动罪的立法意图，应该是为了打击那些操控未成年人实施违法活动、腐蚀未成年人身心健康的行为，不能因为被组织者实施的行为从总体上判断已符合盗窃等犯罪入罪标准，而对组织者即仅仅以相应盗窃罪的间接正犯论处，而不再追究其组织未成年人实施违法活动这一犯罪的罪责。因此，组织多名未成年人或者组织未成年人多次进行盗窃、诈骗、抢夺、敲诈勒索、故意伤害、故意毁坏财物、寻衅滋事、聚众斗殴等违反治安管理活动，符合《刑法》第262条之二规定的，对组织者应以组织未成年人进行违反治安管理活动罪定罪处罚。对于被组织的未成年人实施的部分行为或者部分被组织者实施的行为符合盗窃、诈骗、抢夺等犯罪的，对组织者除了追究盗窃、诈骗等犯罪的罪责外，也应追究其组织未成年人实施违法活动罪的罪责。这体现了对操控未成年人实施违法犯罪活动行为的严厉惩治，符合立法的意图，有利于保护未成年人身心健康。当然，组织未成年人进行违反治安管理活动，如果被组织者尚不构成

盗窃、诈骗等犯罪的，对组织者应以组织未成年人进行违反治安管理活动罪论处（间接正犯）。如果被组织者的行为全部构成盗窃、诈骗等犯罪的，对组织者应以相应犯罪的共犯论处。

（二）组织未成年人进行违反治安管理活动罪中"情节严重"的认定问题

根据《刑法》第 262 条之二的规定，组织儿童乞讨情节严重的，应当处 3 年以上 7 年以下有期徒刑并处罚金。那么，何谓这里的"情节严重"？笔者认为，对于组织未成年人进行违反治安管理活动罪的"情节严重"情形，应当科学、合理界定。可考虑将"对未成年人实施暴力、胁迫、限制人身自由或者其他人身、精神控制行为的""组织未成年人进行违反治安管理活动三次以上的""二年内曾因此受过行政处罚或者曾因此受过二次以上行政处罚的"以及实施其他严重妨害未成年人身心健康行为的，纳入"情节严重"的情形。当然，对于曾因组织未成年人进行违反治安管理活动受过刑事处罚，不建议作为"情节严重"的情形。因为这一情形实际上涉及累犯和犯罪前科问题。如属于累犯，当然应当从重处罚，这是法定从严情节；如果不属于累犯，也是曾有前科，也属于酌定从严情节，量刑时可适当从重处罚。这是一个普遍性的量刑情节，不需要单独规定作为"情节严重"的一种情形。如果有其他情节严重情形，同时以前还因组织未成年人进行治安管理活动受过刑事处罚，可在情节加重犯对应的法定刑档次内适当从重处罚。

第五章

侵犯财产罪

第一节　利用 ATM 机故障恶意取款行为的法理思考

一、问题的提出

利用 ATM 机故障恶意取款的行为该如何定性？是否构成犯罪？如果构成犯罪，该定何罪？如何从罪责刑相适应的角度衡量这种行为的刑事责任？等等。这些问题都需要从刑法学的角度进行分析。利用 ATM 机故障恶意取款，最典型、最具有代表性的案例是前几年引发社会广泛关注的许霆案。因而本节主要结合许霆案对利用 ATM 机故障恶意取款行为进行法理分析。

毋庸置疑，许霆案由一个普通刑事个案上升成为引起社会广泛关注和公共空间热议的公共事件，其本身的意义显然已超越了个案本身，它是在我国民主法治进程中，我国当代刑事法治深度演绎的一个鲜活的范本。许霆案尽管经一审、一审重审、二审终审和最高人民法院核准已尘埃落定，但其所展示的复杂场域及其对于法治的意义，均引人深思、发人深省。自此而论，研究许霆案的相关法理问题，就不仅具有重要的理论价值，而且更富深远的实际意义。

许霆案的基本案情是：2006 年 4 月 21 日晚 21 时许，许霆到广州市天河区黄埔大道西平云路 163 号的广州市商业银行自动柜员机（ATM）取款，同行的郭安山（已判刑）在附近等候。许霆持自己不具备透支功能、余额为 176.97 元的银行卡准备取款 100 元。当晚 21 时 56 分，许霆在自动柜员机上无意中输入取款 1000 元的指令，柜员机随即出钞 1000 元。许霆经查询，发现其银行卡中仍有 170 余元，他意识到银行自动柜员机出现异常，能够超出账户余额取款且不能如实扣账。许霆于是在 21 时 57 分至 22 时 19 分、23 时 13 分至 19 分、次日零时 26 分至 1 时 06 分三个时间段内，持银行卡在该自动柜员机指令取款 170 次，共计取款 174000 元。许霆告知郭安山该台自动柜员机出现异常后，郭安山也采用同样手段取款 19000 元。同月 24 日下午，许霆携款逃匿。2007 年 5 月 22 日，许霆在陕西省宝鸡市被抓获归案。赃款也已被其挥霍一空。

广州市人民检察院于 2007 年 10 月 15 日以穗检公二诉（2007）176 号起诉书指控被告人许霆以非法占有为目的，盗窃金融机构，数额特别巨大，其行为已构成盗窃罪，向广州市中级人民法院提起公诉。2007 年 11 月 20 日，广州市中级人民法院做出（2007）穗中法刑二初字第 196 号第一审刑事判决，认定许霆盗窃金融机构，数额特别巨大，遂判处其无期徒刑，剥夺政治权利终身，并处没收个人全部财产，追缴被告人许霆的违法所得 175000 元返还广州市商业银行。[①]判决宣告后，许霆不服，以其是善意取款，不构成犯罪；取款机有故障，银行有过失；与同案人相比处罚太重，量刑不公等为由，提出上诉。广东省高级人民法院于 2008 年 1 月 9 日做出（2008）粤高法刑一终字第 5 号刑事裁定，以原审判决认定被告人许霆犯盗窃罪事实不清，证据不足为由，裁定撤销原判，发回重审。[②]

重审审判时，广州市人民检察院再次指控：2006 年 4 月 21 日，

---

① 《广东省广州市中级人民法院刑事判决书》，（2007）穗中法刑二初字第 196 号。
② 《广东省高级人民法院刑事裁定书》，（2008）粤高法刑一终字第 5 号。

被告人许霆伙同郭安山（另案处理）窜至广州市天河区黄埔大道西平云路的广州市商业银行 ATM 提款机，利用银行系统升级出错之机，多次从该提款机取款。至 4 月 22 日许霆共提取现金人民币 175000 元。之后，携款潜逃。据此认为被告人许霆以非法占有为目的，盗窃金融机构，数额特别巨大，其行为已触犯《中华人民共和国刑法》第 264 条第 1 项之规定，构成盗窃罪，提请广州市中级人民法院依法判处。广州市中级人民法院于 2008 年 3 月 31 日做出（2008）穗中法刑二重字第 2 号重审判决，仍认定许霆盗窃金融机构，数额特别巨大，但鉴于许霆是在发现银行自动柜员机出现异常后产生犯意，采用持卡窃取金融机构经营资金的手段，其行为与有预谋或者采取破坏手段盗窃金融机构的犯罪有所不同；从案发具有一定偶然性看，许霆犯罪的主观恶性尚不是很大。根据本案具体的犯罪事实、犯罪情节和对于社会的危害程度，对许霆可在法定刑以下判处刑罚。遂依据刑法的有关规定，改判许霆为有期徒刑 5 年，并处罚金 2 万元，追缴被告人许霆的犯罪所得 173826 元，返还受害单位。[①]

重审判决宣告后，许霆仍不服，以自己的行为只是民事关系上的过失，而不是刑事犯罪，重审判决定性错误，二审应做出无罪的判决为由，再次提出上诉。广东省高级人民法院于 2008 年 5 月 22 日做出终审判决，判决认定许霆以非法占有为目的，利用银行自动柜员机出现的故障，恶意取款，秘密窃取金融机构的经营资金，数额特别巨大，其行为触犯了刑法第 264 条第 1 项的规定，许霆的行为已经构成盗窃罪，且属盗窃金融机构，数额特别巨大，许霆没有法定减轻处罚情节，如仅适用刑法分则关于盗窃罪的规定，应当判处无期徒刑以上刑罚。但是，许霆的犯罪手段、犯罪情节具有特殊性：第一，许霆并无犯罪预谋，只是因为偶然发现了柜员机的异常情况才临时产生盗窃犯意；第二，许霆的行为虽然构成了盗窃罪，但其采取的犯罪手段在形式上合乎柜员机取款的要求，与采取破坏柜员机或进入金融机构营业场所内部盗窃等手段相比，其社会危害性要小；第三，许霆的犯罪极具偶

---

① 《广东省广州市中级人民法院刑事判决书》，（2008）穗中法刑二重字第 2 号。

然性,是在柜员机出现故障这样极为罕见和特殊的情形下诱发的犯罪,类似情况难以复制和模仿,对许霆以适度的刑罚就能够达到刑罚的预防目的,没有必要对其判处无期徒刑以上刑罚。考虑到上述特殊情况,许霆具有可以减轻处罚的酌定情节,如果对许霆在法定量刑幅度内判处最低刑罚仍属过重,有违刑法总则中所规定的罪责刑相适应的基本原则。故依照刑法总则第 63 条第 2 款的规定,鉴于本案有可以在法定刑以下量刑的特殊情况,尽管许霆至今未退赃,但仍然可以在法定刑以下判处刑罚。故原判对其在法定刑以下判处有期徒刑 5 年适当,遂依法裁定驳回上诉,维持原判。①最高人民法院于 2008 年 8 月 20 日做出了核准广东省高级人民法院关于许霆案件终审判决的刑事裁定。至此,许霆案在万众瞩目下终于可以算是尘埃落定了。

应当说,许霆案自媒体甫一披露报道,就一石激起千层浪,在社会上引起了广泛的关注。从理论到实践、从官员学者到社会大众,均围绕许霆是否构成犯罪、是构成盗窃罪还是其他犯罪,是否盗窃金融机构以及量刑轻重等问题展开了激烈的争论。这一争论并没有因日前广东省高级人民法院做出维持广州市中级人民法院一审重审以许霆犯盗窃罪由无期徒刑改判为 5 年有期徒刑的终审判决而结束,而是在新的高度和层次上得以继续展开。对于社会大众来说,关注更多的可能是许霆的命运,或者说是一个人的命运;而对于我们的法治和法律、法学工作者来说,则更应关注的是许霆重审改判背后的这种个案刑罚裁量是否具有正当性和合理性,因而可以说是攸关一种制度的命运。本案控、辩、审三方对许霆利用 ATM 机故障而恶意取款 17 万余元的事实的认定基本没有异议,有争议的主要集中在对许霆行为的定罪和量刑问题。从刑事法治建设的视角以观,许霆案无疑具有很强的代表性和标本意义,其带给我们的启示也是多方面的。现就该案涉及的几个主要法律问题,略抒己见。

---

① 《许霆盗窃上诉一案终审判决:驳回上诉 维持原判》,载广东省高级人民法院网站 http://www.gdcourts.gov.cn/ttxw/t20080522_17342.htm,2008 年 5 月 22 日。

二、罪与非罪之争

（一）主张许霆的行为无罪的诸种观点

许霆的行为是否构成犯罪，是许霆案定性的首要问题。有不少人认为许霆的行为无罪。至于为什么无罪，理由各不相同，概括起来看，大致有以下几种观点：

其一，不当得利说。无罪说中持该观点的人不在少数。该说认为许霆的行为完全符合不当得利的构成要件，应纳入民法的调整范围。许霆获得的超额款项是银行溢付的结果，并非许霆盗窃所得。溢付是交付方基于疏忽的一种额外给付，这种给付也是收受方未曾预料到的。因此，对许霆行为应该定性为不当得利，不构成犯罪，只需返还非法所得就行了。①

其二，无效交易说。该说认为，许霆的行为只是一个民法意义上的"无效交易"行为，他从 ATM 机中取出的 17.5 万元是"无效交易"的后果，刑法保护的对象是财产本身，而不是"无效交易"的后果，因此许霆的行为不应在刑法调整范围内。②

其三，银行过错说。该说认为，银行对 ATM 机失灵有过错，就像警察诱人犯罪那样诱使许霆犯罪，此事责任在银行一方。更有专家认为，因为银行服务不完善，勾起了被告人犯罪，银行反倒应该向被告人道歉，甚至应当提起附带民事诉讼。③

其四，没有实施合法行为的可能性说。该说认为，在许霆所处的情境（当 ATM 机吐出 1000 元而只在账户上扣除 1 元钱）下，别说是许霆，就是任何人都会不断地取钱拿走；许霆又不是圣人，在此诱惑

---

① 杨兴培：《"许霆案"的技术分析及其法理思考》，载《法学》2008 年第 3 期；《广东省副省长：类似许霆案的新型案件应慎重审判》，载中华网 http://news.china.com/zh_cn/domestic/945/20080124/14634557.html。

② 《许霆辩护人坚持为其作无罪辩护》，载新华网 http://news.xinhuanet.com/newscenter/2008-02/23/content_7651211.htm 2008 年 2 月 23 日。

③ 《许霆案三焦点引争论　专家指银行滥用公众权力》，载新华网 http://news.xinhuanet.com/legal/2007-12/24/content_7303762.htm。

下没有实施合法行为的可能性，因此他的行为不构成犯罪。[①]

其五，许霆行为难以模仿说。此说认为，许霆遇到的情况是一个概率非常小的事件，其行为缺乏可模仿性，把此案列为刑事案件处理缺乏现实意义，应当认定许霆无罪。[②]

其六，刑法谦抑说。该说中比较有代表性的观点认为，对许霆案应该考虑到刑法定罪量刑时通用的谦抑原则，即一个案子如果能用民法解决，就不要再动用刑法来解决。以现代刑法观念观察许霆的行为，显然不属于其他法律调整不了的行为。许霆愿意退还提取的款项，就说明此行为用民事法律完全可以调整。[③]

其七，刑罚目的说。该说认为，不对许霆的行为以犯罪论处，类似的行为并不会再次发生，不单是许霆不会再次实施此种行为，就是社会上一般的人也不会再实施此种行为，因为这种行为的实施需要特殊的条件，而这种特殊的条件不可能再次出现，而且也无法人为的创造。一句话，不对许霆治罪也可达到特殊预防和一般预防的刑罚目的，何必治罪呢？[④]

其八，罪刑法定说。持该说的学者认为，若对许霆以盗窃定罪，实际上是类推定罪。因为许霆的行为有以下三个特点：其一，许霆是用真实的信用卡，用合法的手段从 ATM 机里取款的；其二，在许霆使用合法手段的前提下，是 ATM 机自动将现金送出来的；其三，许霆在提取现金时把自己的个人信息全部留给了银行，等于告诉了银行"17 万是我许霆取走了"。这三个特点使得许霆的行为与传统的盗窃行为有了质的区别。既与盗窃有质的区别，那就不是盗窃。把不是盗窃的行为类推成盗窃行为，然后适用盗窃罪的刑法条文定罪，显然违反

---

① 苏沉：《我们应否需要水浒语境下的正义》，载《人民法院报》2008 年 1 月 17 日第 5 版。

② 《许霆涉嫌盗窃案开庭重审 控辩双方立场未变》，载新华网 http://news.xinhuanet.com/newscenter/2008-02/22/content_7650835.htm。

③ 《许霆案三焦点引争论 专家指银行滥用公众权力》，载新华网 http://news.xinhuanet.com/legal/2007-12/24/content_7303762.htm。

④ 侯国云、么惠君：《许霆取款行为不应以犯罪论处》，载《法制日报》2008 年 1 月 20 日第 14 版。

了罪刑法定原则。因而主张对许霆不应治罪。①

（二）对许霆无罪说诸种观点的商榷

笔者认为，上述无罪说的诸种主张均有值得商榷之处，具体我们可以从质疑无罪论者所持的理由说起。如果其所持的理由不可靠或者被证伪，那么主张许霆不构成犯罪的观点便不攻自破。

1. 关于"不当得利说"

第一种观点认为许霆的行为属于民法上的不当得利，那么事实是否如此呢？所谓不当得利，是指没有法律或合同上的根据取得了利益，致使他人受到损失的事实。不当得利作为一种法律事实，与民事法律行为、无因管理及侵权行为等同为债的发生根据。我国《民法通则》第 92 条明确规定："没有合法根据，取得不当利益，造成他人损失的，应当将取得的不当利益返还受损失的人。"尽管发生不当得利的原因有事件，也有行为，但不当得利本质上属于事件，与人的意志无关，其不以得利人有行为能力或识别能力为前提，不是由受益人的意志决定而取得的。②因而其不同于与人的意志有关的民事法律行为、无因管理及侵权行为等债的发生根据。反观许霆的行为，第一次取款 1000 元，其账户实际扣款仅 1 元，是在 ATM 机出现故障的情况下无意中提取的，其获得的 999 元超额款项，显然与许霆的意志无关，也不存在合法根据，其受益与银行受损具有明显的因果关系，认定属于民法上的不当得利，并无不妥。甚至在许霆第二次取款时，若他是出于要确认 ATM 机是否真的出了故障而再试一次，就仍可认定这是民法上的不当得利。但在其已经明确认识到 ATM 机出了故障，且在自己账户余额不足的情况下，仍反复操作取款 170 余次，获利 17 万余元，则不应也不能认为是不当得利。此时，许霆的主观心态已发生了转化，由意外受益的心理改变为非法占有的意图，此时其行为的不当得利性质也随之发生了质变，由意外被动的获得转变成为主动侵犯银行财产权益，已然是一种故意侵权行为了。而侵权行为达到严重程度即可构

---

① 侯国云、么惠君：《许霆取款行为不应以犯罪论处》，载《法制日报》2008 年 1 月 20 日第 14 版。

② 魏振瀛主编：《民法学》，北京大学出版社、高等教育出版社 2000 年版，第 573 页。

成犯罪。显而易见，许霆第一次至少是第二次取款后实施的其余170余次恶意取款行为，并非基于认识错误而产生，不符合民法上不当得利作为一种与行为人意志无关的事件的本质属性，一如行为人以非法占有为目的而恶意实施抢劫、诈骗等侵权行为，虽也不当获得了利益，但并不认为是民法上的不当得利一样。因此，如果不区分清楚许霆实施第一次取款行为获得的意外受益与其后利用ATM机故障连续多次实施的侵犯银行财产的恶意取款行为的界限，而全都认定为是不当得利，就难免会落入以偏概全的窠臼。

2. 关于"无效交易说"

第二种观点认为许霆的行为是民法意义上的"无效交易"行为，其从ATM机中取出的17.5万元是"无效交易"的后果，刑法不应予以保护。我们认为，这种观点不无疑义之处。许霆与ATM机的交易尽管是无效的，但并不能由此否认这种恶意取款行为的犯罪性，也不能否认取款行为本身是一种正常的交易行为。诚如有学者所言，在刑法中，行为之正常与异常的区分是相对的，尤其要看行为是受何种主观意图所支配。尽管许霆是以自己的银行卡在取款似乎是正常的交易行为，但许霆明知ATM机发生故障而利用这一故障进行恶意取款，这已经不是一种交易行为而是一种犯罪行为。[1]其实，如果我们不是辄止于表层，而是再进一步分析，就会发现，许霆在意识到ATM机发生故障而利用这一故障恶意取款的行为其在民法上的无效性并不能代替甚或否定其在刑法上的犯罪性，这两者在行为性质上的并存并不矛盾。正如行为人的重婚行为导致在民法上婚姻无效的结果，但并不因此而免除重婚者的刑事责任。再比如，行为人以非法占有为目的而故意实施诈骗钱财的行为，尽管受害人也按照自身意思进行了交付，但由于其违反了受害人意思表示真实的实质有效要件，在民法上是无效的，但并不能据此就否定行为人实施诈骗行为的犯罪性。如果行为人虚构事实或隐瞒真相，骗取财物，数额较大的，以诈骗罪论处当无疑义。在许霆案中同样也是如此。许霆在意识到ATM机发生故障而

---

① 陈兴良：《许霆案的法理分析》，载《人民法院报》2008年4月1日第5版。

利用这一故障恶意取款的行为，虽也是一个民法意义上的"无效交易"行为，其从 ATM 机中取出的 17.5 万元确也是"无效交易"的后果，但得出的结论并非是许霆的行为不应在刑法调整范围内，而只能是许霆的行为不仅不应受到民法的保护，而且也不应受到刑法的保护，相反在本案中应受到刑法的惩罚。

3. 关于"银行过错说"

第三种观点以银行有过错从而否定许霆行为的犯罪性，也是有失偏颇的。对于许霆恶意取款而言，ATM 机故障确是一个诱因，银行在管理上也确存在一定的过错。①广州市人民检察院经过对银行系统为什么没有及时发现许霆连续两个晚上作案一百多次进行调查后，认为许霆案中"银行有失误，但达不到渎职犯罪的程度"②。但需要说明的是，银行管理上的过错并不能阻却许霆行为的刑事违法性，并不是许霆实施恶意取款行为的必然原因，不应成为论证许霆行为无罪的理由。并且民法上的过错相抵规则也不能适用于刑法，许霆的罪过与银行的一般过失在性质上存在质的区别。一言以蔽之，许霆行为构成犯罪与否，关键是看其行为是否具有严重的社会危害性，是否符合刑法规定的某一犯罪的构成要件，而不是看银行（受害人）有无过错。银行有无过错或过错大小虽可在一定程度上反映出许霆主观恶性和人身危险性的大小，在许霆构成犯罪的情况下，当然会影响到其刑事责任的承担和对其量刑的轻重，但不应影响对其行为性质的认定。此外，认为银行像警察诱人犯罪那样诱使许霆犯罪，责任在银行一方的观点，也不符合事实。所谓警察诱人实施犯罪从而行为人免责的观点是英美刑法中的行为人阻却刑事责任承担的一种合法辩护理由，即所谓的警察圈套合法辩护。英美刑法中确立警察圈套的合法辩护理由，主要是对司法官员可能滥用侦查权的一种限制。揭露犯罪，同犯罪做斗争，

---

① 中央电视台《经济半小时》在节目《"惹不起"的取款机后续》中评论，银行案发 50 多个小时后才发现，显得滞后，应该反躬自省。载新华网 http://news.xinhuanet.com/legal/2008-02/22/content_7644649.htm。

②《检察机关谈"许霆案"：银行有失误　但够不上渎职》，载《法制日报》2008 年 02 月 21 日。

是司法官员的义务，但是他们没有挑起（诱使）犯罪的权利。[1]而在许霆案中，上述论者显然忽视了这样一个事实，银行不仅没有主动故意提供犯罪机会，更没有以积极行为去诱使被告人实施犯罪，ATM机出现故障恰恰是出乎银行意料之外的，至多只能算是过失，不可能是故意设置圈套诱人犯罪。而故意设置圈套诱使被告人实施犯罪又正是构成警察圈套合法辩护的不可或缺的客观要件。此外，银行既非警察也不属于其他司法人员，两者完全不具备规范评价上的可比性。因而以银行像警察诱人犯罪那样诱使许霆犯罪，责任在银行一方而主张许霆无罪的观点，实际上是一种很不恰当的牵强类比。至于有专家得出因为银行服务不完善，勾起了被告人犯罪，银行反倒应该向被告道歉，甚至应当提起附带民事诉讼的结论，更是让人匪夷所思。难道房门未锁被偷的受害人还需向盗窃犯致歉，盗窃犯就可以无罪？这岂不荒唐之至！

4. 关于"不可能实施合法行为说"

第四种观点虽然其分析视角可谓新颖别致，也不无启发意义。但问题的关键是许霆在当时的情境下是否真的没有实施合法行为的可能性？看来是颇为值得质疑的。在ATM机吐出1000元而只在账户上扣款1元时，对于一般人而言，也许是一种较大的诱惑，但是否达到了"没有实施合法行为的可能性"的境地呢？则大有质疑之处。[2]许霆取款时用的是真实的信用卡，输入的是本人的账户资料，而且银行又有监控录像，许霆恶意取款时完全可以意识到其行为可能会被银行发现，其取款后的惶恐以及事后的潜逃也都充分佐证了这一点。一般稍具守法意识的普通人在这种情况下通常会做的选择是放弃犯意而选择守法，而许霆则在贪欲的刺激下，排除可能会被银行发现的心理负担，

---

[1] 储槐植：《美国刑法》（第三版），北京大学出版社2005年版，第95页。

[2] 我国学者刘宪权教授指出，在许霆所处的情境下，我讲你第一次拿，拿了以后，你可能挡不住。但在知道机器已经出了问题之后，你反复复拿，不存在挡不住诱惑的问题。如果即使存在这种诱惑，我们都挡不住的话，那么我们的社会的道德的水准已经降到什么程度？因为后面是一种恶意的，你怎么可能挡不住恶意呢。这一点应该还是要从期待可能性理论角度去拨乱反正，你不要绝对用期待可能性理论，如果用不到，然后再讲诱惑本身的问题（刘宪权等：《ATM机取款案的法律思索》，见华东政法大学"韬奋论坛——热点三人行"第1讲）。

一而再、再而三地 170 余次恶意取款，说明其具有较强的主观恶性，而非没有实施合法行为的可能性。诚如有学者精辟地指出："在极度诱惑下白拿别人钱财，如果这就'没有实施合法行为的可能性'，那么贪官们极为隐蔽地收取巨额贿款后，可否以诱惑力太大因而'没有实施合法行为的可能性'为由，来进行自我辩护？"[①]其次，尚需注意的是，不能为了证明许霆行为无罪而就不区分情况地简单套用大陆法系刑法中的"期待可能性理论"和英美刑法中的"可得宽恕辩护"。所谓期待可能性，用法谚表达即"法律不强人所难"，作为一种责任阻却事由，是指根据具体情况，有可能期待行为人不实施违法行为而实施合法行为。如果不能期待行为人实施其他适法行为，就不能对行为人的行为进行责任非难，因而不存在刑法上的责任。而就许霆案而言，如前所述，在当时的情境下，许霆尽管面临大的诱惑，但完全可以期待其放弃犯意而选择实施合法行为，然而许霆终究在可以期待实施合法行为的情境下基于其自由意志的支配而选择了连续多次恶意取款，其行为难道没有可谴责性吗？况且，期待可能性理论作为大陆法系刑法中的一种刑事免责理论，不一定完全适合于我国的情况，在我国刑事司法实践中也未得到明确的承认。以这种理论作为诠释许霆无罪的根据，在当前我国刑法的语境下，显然缺乏说服力。至于英美刑法中的"可得宽恕辩护"，其作为合法辩护的一类，一般包括未成年、错误、精神病、被迫行为等，可得宽恕行为在客观上有害于社会，只是由于行为人主观上的原因才得到宽恕，这种权利通常只针对特殊的个人，在可得宽恕的情况下行为人一般不认识自己行为的性质。仔细分析许霆的行为及其主观心态，其并非不认识自己行为的性质，相反是在意识到 ATM 机出现故障而故意利用这一故障连续多次恶意取款，对于其取款行为会侵犯银行的财产权显然是持一种明知的态度。因而以英美刑法中的"可得宽恕辩护"来佐证许霆行为的无罪性，也是苍白乏力的。

---

① 苏沉：《我们应否需要水浒语境下的正义》，载《人民法院报》2008 年 1 月 17 日第 5 版。

5. 关于"行为难以模仿说"

第五种认为许霆行为缺乏可模仿性因而应当认定许霆无罪的观点，也没有说服力。首先，ATM 机出现故障概率极少是不是如论者所认为的那样小，尚可讨论。①毕竟像 ATM 机出现故障，吐出假钱、少吐钱或吞卡等现象的发生也并非罕见。其次，即使如该论者所言，许霆遇到的情况是一个概率非常小的事件，其行为缺乏可模仿性，但这是否成为许霆行为不构成犯罪的正当根据？我们认为，在这里有必要区分刑法立法论与刑法解释论的界限。某行为发生的概率非常少，行为缺乏模仿性，对其进行刑事处罚缺乏实际意义等，涉及的是犯罪化与非犯罪化的界限与根据问题，属于刑法立法论要研究的范畴，而非刑法解释论上所要解决的问题。在刑法解释论上，只要刑法对某一行为进行了规制，即使该行为发生的概率较少，很难被模仿或复制，也应当按照行为符合的具体犯罪构成进行认定，从而正确适用与解释刑法规范。例如，在刑法分则中规定的少数犯罪，如拒不救援友邻部队罪等在司法实践中很少发生，其罪刑条文也很少适用，几近虚置化，

---

① 事实上，在许霆案的前后，都有类似的案件在我们身边频频发生。请看：案例一：2001年 3 月 2 日，云南。何鹏到 ATM 机取款时发现自己卡内居然多出百万巨款。他在不同的 ATM 机上共取出人民币 42.97 万元。2002 年 7 月，曲靖市中院判处何鹏无期徒刑。如今已服刑 7 年。案例二：2007 年 1 月 28 日，宁波。来自湖南的农民工唐风军，在发现取款机漏洞后，和弟弟唐风光一起跑了 10 多家银行，取走 50 多万元现金。2008 年 3 月 26 日，宁波市检察院以盗窃罪向宁波中院起诉唐氏兄弟，该案将于 4 月 15 日下午在宁波市中院开庭审理。案例三：2008 年 3 月 29日，南京。26 岁的南京男青年曹某从自动取款机上取走他人银行卡里的 18000 元钱。同年 4 月 1日晚上，曹母连夜把钱送到派出所。4 月 2 日上午，经过亲人劝说，曹某来到派出所，银行卡主人赵先生夫妇也拿回了这笔钱。4 月 2 日晚上，曹某已被栖霞公安分局刑事拘留，等待警方的进一步调查处理。案例四：2008 年 2 月 26 日，佛山。董某到柜员机取款，发现内有银行卡仍在业务系统中，于是分七次提走 17000 元。近两个小时后，取了钱的董某担心成为第二个许霆，主动报警。3 月 27 日下午，佛山市公安局南海分局正式对外透露这起事故的最新处理情况：由于银行方面不对董某追究相关责任，民警在对其做出教育后释放处理。案例五：2008 年 3 月 25 日，南宁。南宁的申先生在银行 ATM 自助取款时意外地发现，想取张 50 元的人民币，机器竟然吐出100 元来。试过好几次，都是如此。申先生想起前些日子报道的"许霆恶意取款被判刑"的案件，立刻拨打了银行电话。于是银行工作人员赶到现场封锁了这台取款机。案例六：2008 年 3 月 31日，成都。成都一大学生小吴偶然发现银行 ATM 机旁的"95588 专线电话"竟然可以免费打电话。拨打了 10 个电话后，小吴担心被银行追偿，主动向银行反映这一故障情况，并愿意补缴话费。银行并没有收取小吴的话费补偿金，也表示不会追究小吴的责任……（《许霆案的五大典型意义》，载《青年周末》2008 年 4 月 10 日）。

但这是立法合理与否即刑法立法论所要解决的问题，而与刑法解释论无涉。而法官在司法实践中作为刑事法律的实践者，是要运用刑事法律规范解决现实的犯罪问题，因而所要运用的正是刑法解释论，而非刑法立法论。对于许霆构成犯罪与否而言，法官所应发挥的作用也是如此。因此，即使许霆遇到的情况是一个概率非常少的事件，其行为缺乏可模仿性，但这也并不成为其行为不构成犯罪的正当性根据。最后，如果某一行为发生概率很小，很难被模仿，就认为对其进行刑事处罚缺乏现实意义，不应构成犯罪，那会不会在客观上变相激励犯罪创新和助长犯罪侥幸呢？

6. 关于"刑法谦抑说"

第六种观点以刑法的谦抑性为理论根据，认为许霆案可以用民事法律来调整，就不应动用刑法来解决。对此，我们不敢苟同。第一，如前所述，许霆第一次取款后意识到 ATM 机故障而利用故障继续恶意取款，在行为性质上已不再属于民法上的不当得利，已演变成了一种恶意侵犯银行财产权的犯罪行为。对于其先前意外的不当获利，可用民事法律来调整自是不言自明之理。但对于许霆其后实施的侵犯银行财产权益的恶意取款行为，已具有严重的社会危害性，显然不能用民事法律来调整，而是必须用刑事法律来处理和解决的犯罪问题了。第二，谦抑性原则虽然对刑事立法和刑事司法起均具有重要的指导作用，但并不意味着对于任何构成犯罪的具体个案，首先都应考虑是否可以采用民事处理方法。①正如张明楷教授所言："倘若将谦抑性当作

---

① 当然，也有学者对此持不同的意见。如有学者指出，刑法具有二次规范性，因此在刑法意义上的犯罪行为，就其本身的行为属性而言，具有二次性的违法特征，即违反了刑法赖以存在的前置性法律（如民法等），进而才违反了刑法的规范性内容（杨兴培：《"许霆案"的技术分析及其法理思考》，载《法学》2008 年第 3 期）。另有学者认为，对于许霆案，首先应该从这个案件为什么不能构成犯罪这个角度入手，即我们首先应该从刑法角度来分析。如果这种行为不符合刑法中的相关规定，不符合我们有关犯罪的犯罪构成，这时才可以考虑民事的侵权是否符合。也即只有在不符合刑法的相关规定，那最后才可以按照民事侵权行为来解决，只有这个角度才有说服力（刘宪权等：《ATM 机取款案的法律思索》，见华东政法大学"韬奋论坛——热点三人行"第 1 讲）。我们虽然也认为，能够使用道德救赎就没有必要使用法律救治，能够使用一般法律救治就没有必要使用刑法严惩，但并不意味着赞同对于任何构成犯罪的具体个案均应按照"先民后刑"的顺序来处理。

处理个案的具体方法，那么，对于任何案件都必须先采取民事诉讼程序，只有当民事判决不能得到被害人或国民的认可时，才采取刑事诉讼程序；刑法上的一切犯罪都成为告诉才处理的自诉罪，公诉罪被废除。这是难以想象的。"①况且刑事责任和民事责任属于两类性质不同的法律责任，是完全可以发生聚合的（责任的同时承担）。

7. 关于"刑罚目的说"

第七种观点从刑罚目的的角度来分析许霆行为的可罚性，具有一定的合理性。所谓刑罚的目的，传统刑法理论一般认为是预防犯罪，包括特殊预防和一般预防。那么对许霆不予治罪能否就如上述论者所认为的那样也可达到特殊预防与一般预防的目的呢？在我们看来，着眼于刑罚特殊预防和一般预防的目的，考虑到许霆案的特殊性（许霆尚有一定的可宽恕性)，得出的结论只能是对许霆的惩罚应当慎重和适度，而并非不以犯罪论处，不给予任何刑事处罚。正是如此，我们认为，对于许霆判处无期徒刑等重刑实无必要，不符合刑罚的经济性原则，也难以有效地达到刑罚的目的，无法实现刑罚功利与公正的共融。当然，对于许霆并非不应治罪，而只是应按照功利性与公正性有机统一的要求在无期徒刑之下选择一个适格的刑种刑度进行处罚即可，这样才能最大限度地实现刑罚的目的。否则，如果对许霆不予治罪，不仅难以唤起和强化其自身的规范意识，相反会助长其不劳而获、冒险投机、进行犯罪创新的侥幸心理，在出现相同条件的情况下，势必难以防止他重蹈覆辙。更为严重的是，对于一般知晓情况的普通民众而言，如对许霆不予治罪则难以起到有效的警示和鉴戒作用，也不能实现有效的一般预防。例如，对于为民除害的"大义灭亲"，虽然发生概率不高，也很难被复制或模仿，但"灭亲"的行为人并没有因为其"大义"或群众的同情而不予治罪。相反司法实践中惯常的做法是在治罪的基础上给予行为人较轻的刑事处罚，以实现法治与人情的共融，从而达到法律效果与社会效果的统一。其实，对于许霆案的治罪与否及其处罚轻重，又何尝不是同样的道理。

---

① 张明楷：《许霆案的定罪与量刑》，载《人民法院报》2008年4月1日第5版。

8. 关于"罪刑法定说"

第八种观点认为对许霆的行为以盗窃定罪，就是类推，就是违反了罪刑法定原则，因而主张不应对许霆治罪，这显然也失之武断。虽然许霆的行为相比于普通盗窃，确有一定的特殊性（他是在意识到 ATM 机发生故障而给自己造成可乘之机的情况下，基于一时贪念发作，利用 ATM 机故障实施的盗窃），但这是否就可以成为其不构成犯罪的理由？回答是否定的。上述论者所列举的认为许霆行为与盗窃行为有质的区别的三个特点，实际上是对盗窃罪构成要件的不正确理解（下文将做详细分析，在此暂不论），如果说有质的区别，那也只是一种表面的、虚拟的质的区别。类推定罪固然违反罪刑法定原则，自不应当允许；但对于许霆案而言，关键的问题是并不存在所谓的类推，并非没有可适用的刑法条文，又谈何违反罪刑法定原则？因而以违反罪刑法定原则来论证许霆行为不应治罪的观点，显然也是站不住脚的。

可见，上述否定许霆构成犯罪的诸种观点并不能使我们确信许霆真的无罪，而只能得出相反的结论。

9. 关于国外类似案件的参酌

此外，还有一些人拿国外类似"许霆案"的一些案例进行类比，在我们看来，也并不见得完全妥当。实际上，类似的案例在国外也时有发生，据英国《每日邮报》的报道，英国苏格兰皇家银行一部 ATM 机发生故障——取 10 英镑吐出的却是 20 英镑。于是数百人排队"占银行便宜"，直到 ATM 机里面的钱被取光。现场的气氛非常热闹，所有人都沉浸在狂欢宴会似的气氛中。[1]虽然在上述案例中，案情同许霆案大同小异，均是利用 ATM 机故障恶意取款，但英国的司法当局并未介入，银行也只是力图追回了事。那如何看待这种现象呢？在我国有学者以中外案例情况不同不具可比性，疾呼许霆案之中外对比并不都恰当。[2]我们虽也认为许霆案之中外对比并不见得都恰当，但并非因为它们的情况不同而不具可比性，其实国外类似于许霆恶意取款

---

① 《聚焦许霆恶意取款案》，载北大法意数据库 http://www.lawyee.net/News/Legal_Hot_Display.asp?RID=1146

② 刘宪权：《许霆案：中外对比并不都恰当》，载《法制日报》2008 年 4 月 6 日。

案的案例还是不少的，上述案例便是一例。原因在于：每个国家各有不同的实际情况及其法治本土资源，其法律制度、法治状况、民众法治意识、文化观念和道德水准等不见得完全相同甚或相去甚远，正如在一些国家通奸是一种严重的犯罪，而在另外很多国家和我国都只不过是一种道德上应受谴责的行为而已。或者相反，在我国是严重的罪行，而国外却可能是民众普遍接受的合法行为或非罪行为一样。因而不能简单地用英国的类似情况来生搬硬套发生在我国的许霆案，不能因为外国司法当局不追究此类案件行为人的刑事责任，就认为许霆也不应以犯罪论处。否则在法律移植和法律借鉴的过程中就不会存在那么多"南橘北枳"的"抗原排异"现象了。事实上，在国外也存在类似于许霆案但被判罪的案例。如 2002 年 8 月发生在英国考文垂的一次事件，英国一家银行（考文垂建筑金融合作社）的电脑发生故障，导致其 ATM 机"狂吐"五天，不管人们输入什么密码，是否正确，取款机都会乖乖地吐出要求金额的钞票。期间有人甚至往返 20 次取了成千上万英镑，银行总共被取走了 100 多万英镑。朱伯特一家人取走了 13.441 万英镑。47 岁的朱伯特和他 20 岁的女儿被判 15 个月监禁，他20 岁的儿子被判 12 个月监禁，他 45 岁的妻子因为身体原因获得延期审判。[1]那为什么不用这个案例来说明许霆行为构成犯罪呢？由此观之，用国外类似案例的处理情况来说明许霆行为不是犯罪的做法，并非妥当。

其实，许霆之所以构成犯罪，根本的原因乃在于：从实质上看，其行为具有严重的社会危害性，达到了犯罪的程度。一是，许霆有相当程度的主观恶性（尽管相比于有预谋、有准备的破坏型盗窃之主观恶性相对较小）。许霆在意识到 ATM 机出现故障后，在贪欲的刺激下，仍一而再、再而三地操作 170 余次，累计取款 17 万余元。在取款后，又携款潜逃一年多，足以证明其有较大的主观恶性。正如刘宪权教授所言："通俗一点讲，假如你委托我保管一份财物，我后来拒不归还、

---

① 张东锋、周皓：《网友晒案例：英国版恶意取款 13 万英镑被判 1 年》，载网易 http://news.163.com/07/1221/05/407B0JQ400011229.html#。

拒不交出，都有可能构成犯罪，那么像许霆拿的钱，没人委托他保管，他主动地采取积极的恶意取款行为，你还认为这种行为不构成犯罪？因为恶性不一样，法律把这种恶性很小的，有可能构成犯罪的行为都规定在条文里面，而许霆这种恶性明显超过它了，如不构成犯罪，从立法上是说不过去的。"①其实，按照立法中的举轻以明重原则，也不难推断出这一结论。即当刑法规定有对轻行为予以处罚时，那么可以当然地推出对重行为也会处罚。二是，许霆行为造成的客观危害严重。许霆恶意取款达17万余元，数额不可谓不巨大，而且事后都被其挥霍一空，严重侵犯了银行的合法财产权益和资金安全。从法律上衡量，许霆恶意取款的行为完全齐备了刑法规定的盗窃罪的全部构成要件（下文将做详细分析）。

三、盗窃罪与侵占罪、诈骗罪、信用卡诈骗罪之争

既然许霆的行为构成犯罪，那么接下来要分析的问题是，许霆的行为是构成盗窃罪还是其他犯罪？尽管多数有罪说论者赞同对许霆定盗窃罪，但也有一些学者认为许霆行为构成侵占罪②或诈骗罪③或信用卡诈骗罪④。我们认为，从我国当前的刑法立法和相关理论来分析，许霆行为应当构成盗窃罪。

（一）关于许霆的行为构成盗窃罪的分析

所谓盗窃罪，是指以非法占有为目的，秘密窃取公私财物，数额较大，或者多次盗窃公私财物的行为。许霆行为符合盗窃罪的基本特征：

1. 关于主观方面

从主观方面来说，许霆具有非法占有的目的。非法占有的目的作

① 刘宪权：《许霆案：中外对比并不都恰当》，载《法制日报》2008年4月6日。
② 李飞：《评许霆案最新动态：盗窃罪？》，载法制网 http://www.legaldaily.com.cn/2007fxy/2008-03/12/content_813896.htm。
③ 谢望原：《无情的法律与理性的解释》，载《法制日报》2008年1月28日第14版。
④ 刘明祥：《在ATM机上恶意取款行为不应定盗窃罪》，载《检察日报》2008年1月8日；夏祖珠：《许霆案构成信用卡诈骗罪》，载 http://www.chinalawedu.com/huangye/viewarticle.asp?id=2996.

为一种主观的超过要素，是构成盗窃罪必不可少的构成要素（在大陆法系国家，也有少数学者持不要说的主张）。在盗窃案件中，认定行为人是否具有非法占有的目的，需要特别注意的有以下两点：一是必须是行为人实施盗窃行为时就具有非法占有的目的，而不是在行为实施完成后才产生这一目的。也即要求"责任与行为同存"，这是责任主义原则的题中应有之义。二是不能将盗窃罪中非法占有目的中的"占有"与民法上的占有混同。在民法上，所有权包括占有、使用、收益、处分四项权能，占有是使用、收益、处分的前提，其只是所有权权能的一部分。而刑法中盗窃罪之非法占有目的之"占有"是指利用财物和排除他人权利的意思。同时，也不能将非法占有目的中的"占有"理解为单纯事实上的支配或者控制，否则难免会把一般的盗用行为当成盗窃罪的构成要件行为，这势必会不适当地扩大盗窃罪的处罚范围。

反观许霆案，那么其是否具有非法占有的目的呢？我们认为，在判断许霆实施取款行为的主观心态时，应结合全案的案情，按照主客观相统一的原则，综合进行分析和认定，不能因为许霆取出了超额款项并且已经对其进行了事实上的支配或者控制，而不分清楚情况就主观推测其都具有非法占有的目的。同时，也不能仅凭单纯主观分析许霆在行为时是怎么想的，而不结合事前、事中、事后的客观情况，来认定其是否具有非法占有的目的。许霆第一次欲取款100元时ATM机吐出1000元，账户上只扣款1元，对于超出的999元，应该说是出乎其意料的，因其事先并不知道ATM机出了故障，许霆只是被动而意外地获得ATM机吐出的超额款项，故他不存在非法占有的目的的思想基础，他所得的超额款项属于民法上的不当得利。从最有利于被告人之合理性上考虑，如前所述，我们也许还可以再宽容地认为许霆在意识到ATM机存在故障进而第二次取款时是出于"再次试试"的心理，并不具有明确的非法占有的目的。如果许霆就此作罢，相信该案最终可能会通过非刑事途径解决，也不会在社会上被炒得沸沸扬扬，引起轩然大波。然而，许霆在其已经完全意识到ATM机出了故障，且在取款时自己账户余额不足无权再次取款的情况下，仍一而再、再而三地反复操作170余次，累计取款达17万余元，其主观恶性暴露无

177

遗。在外观上许霆行为也许很容易让人产生他是在取"自己的钱"的错觉，但在实际上其后来多次取出的钱款都是侵犯银行财产所有权的，他自己对这一点也是完全明知的。如前所述，此时，许霆的主观心态已发生了转化，由意外受益的心理转变为非法占有的意图，由被动地获得超额款项转变成为积极主动地侵犯银行的财产。通过反复操作恶意取款，许霆非法占有银行财产的主观意图已经明显地征表出来。事后，许霆完全有条件及时将取出的钱款交给银行或所在单位，或向公安机关报警，但他却在内心的"害怕和惶恐"下，选择了"沉默"，直至几天后连工资都不要了而携款潜逃（他对钱款具有明显利用和占有的意思）。这也再一次充分佐证了许霆在意识到 ATM 机出了故障而利用这一故障连续多次实施取款行为时具有非法占有的目的。自此不难发现，许霆在庭审中提出的"替银行保管财产，没有想占有这笔钱"的辩解，显然难以自圆其说，违背常情、常理，缺乏事实根据和有力的证据支持，未得到法院的认可也是必然的结论。至于银行有关负责人员卢某所反映的"案发后约一个月，一自称是许霆的人打电话给其商量如何处理此事，并说因为钱被人偷了，没有这么多钱还，只还一半左右行不行，其当时说希望全部还清，对方说肯定还不清了，最多只有一半左右，其就跟对方说希望他早日到公安机关自首，把事情处理好，之后对方就将电话挂了"[①]的事实，并不能成为否定许霆具有非法占有的目的之理由。因为当其以该目的将窃款行为实施完成以后，就已经构成犯罪既遂，并不影响对其行为犯罪性质的认定。许霆案发一个月后要求向银行还款的行为是一种典型的事后行为，并不影响其行为的犯罪性质，充其量只能作为一个酌定的量刑情节在刑罚裁量时予以考虑。此外，还有人提出，许霆第一次取款不是秘密窃取，而其后多次取款的客观行为是一样的，只是加入了主观因素，改变了形态怎么就成了盗窃罪呢？[②]"如果许霆发现第一次取钱后卡上记载未做及时扣除，而其所取钱款的数额又是较大的，许霆即使出于恶意再去

---

① 《广东省广州市中级人民法院刑事判决书》，（2008）穗中法刑二重字第 2 号。

② 万静：《恶意取款案成热点　专家激辩许霆是否有罪》，载《法制日报》2008 年 2 月 3 日第 8 版。

其他 ATM 上取钱，甚至多次，而其他 ATM 却做真实的记载和扣除。此时许霆的心理活动内容无非是要多占有数额较大的钱款，这时我们应该认定哪一笔钱款属于非法的呢？从民法层面分析，显然只能认定取得第一笔钱款属于不当得利行为。第二次行为由于在客观上是合法的，不管许霆内心如何思想，都无论如何不能进入到刑法的评价领域。"①对此，我国著名刑法学家王作富教授做了非常精辟的分析，他指出任何犯罪都是客观要件与主观要件的统一。许霆第一次取款时无非法占有的目的，多取的款属于善意取得，而第二次及以后具有了非法占有的目的，其行为性质当然发生了变化。②应该说，在某些犯罪中，在客观方面完全相同的情况下，仅因主观方面不同而使犯罪性质发生相应的变化，也是正常的现象。例如，同是重伤他人的行为，若有置人于死亡之意欲，则为故意杀人（未遂）罪；若有使人受重伤之意欲，则为故意伤害罪；若没有伤害之意欲，则可能是故失伤害或意外事件等。

2. 关于客观方面

从客观方面来看，许霆实施了秘密窃取银行钱款的行为，且数额特别巨大。具体而言，主要包括以下几个方面：

其一，许霆的行为符合盗窃罪中"秘密"窃取的特征。

所谓秘密窃取，我国刑法理论一般认为，是指行为人采取自认为不使他人发觉的方法占有他人财物。只要行为人主观上是意图秘密窃取，即使客观上已被他人发觉或者注意，也不影响盗窃性质的认定。那么许霆实施的行为是否属于秘密窃取呢？有不少人认为，许霆使用的是本人真实的银行卡到有监控录像的 ATM 机上取款，事后银行根据其账号可以追查到他的名字、住址和身份证号码，这等于他在取款时告诉银行说："钱是我许霆取走的"。这完全是公开获取，而不是秘

---

① 杨兴培：《"许霆案"的技术分析及其法理思考》，载《法学》2008 年第 3 期。
② 王作富：《许霆构成盗窃罪》，载《人民法院报》2008 年 4 月 2 日第 6 版。

密窃取了。①许多学者根据我国通行的刑法理论对此进行了有力的批驳，较有代表性的如陈兴良教授认为，盗窃罪的秘密具有相对性，是指行为时财产所有人或占有人不知晓，即使财产所有人或占有人事后知晓也应当认为符合盗窃罪的秘密特征。根据这一解释，即使许霆使用本人实名的银行卡取款，事后银行能够追查到许霆，只要许霆在取款当时银行不知晓，就应当认为是秘密窃取。②张明楷教授认为，即使认为盗窃必须"秘密窃取"，也只是意味着行为人采取自认为被害人当时不会发现的方法窃取，而不影响许霆的行为成立盗窃罪。③我们认为上述论者的批驳基本上是合理的，需要进一步明确的是，对盗窃罪中"秘密性"含义的理解，至少应当包括以下三个方面的内容：（1）秘密具有主观性。即是指行为人自认为没有被财物的所有人、占有人或保管者发觉，即使他们事后能够知晓也在所不问。其次，"掩耳盗铃"式的窃取财物（行为人自认为财物的所有人、占有人或保管人等不知晓，而实际上在其实施窃取财物时被当场发觉）也不影响"秘密性"的成立，不能否认盗窃的性质。（2）秘密具有相对性。即秘密是相对于财物的所有人、占有人或保管者而言的，而非普适针对上述人员之外的其他人。如小偷在公共汽车上趁事主不注意扒窃其钱包，即使其扒窃行为被其他乘客发现，也不能否认其窃取钱包的秘密性。（3）秘密具有恒定性。即秘密性必须贯穿行为人整个行为之始终。如果在窃取财物的过程中，行为人改变了主观上"秘密"窃取的意图，转而采用暴力、胁迫、欺骗等手段取得财物，那么其犯罪性质就发生了转化，"秘密性"也荡然无存，此时则不应以盗窃罪论处。以此来分析许霆案，不难得出结论，许霆的行为符合盗窃罪中窃取财物的"秘密性"特征。虽然许霆是利用真实的信用卡和输入自己的账户资料取款，银行也能够根据账户信息追查到许霆的真实身份（身份的公开），可事实是许霆

---

① 万静：《恶意取款案成热点　专家激辩许霆是否有罪》，载《法制日报》2008年2月3日第8版；侯国云、么惠君：《许霆取款行为不应以犯罪论处》，载《法制日报》2008年1月20日第14版；《许霆银行ATM机恶意取款案续：要求法院对其轻判》，载新华网 http://news.xinhuanet.com/legal/2008-02/23/content_7651347.htm。

② 陈兴良：《许霆案的法理分析》，载《人民法院报》2008年4月1日第5版。

③ 张明楷：《许霆案的定罪与量刑》，载《人民法院报》2008年4月1日第5版。

实施恶意取款行为时银行并不知晓情况，其身份的公开并不能否定其行为的秘密性，不能将盗窃罪中要求的行为的秘密性等同于身份的秘密性，混淆两者的区别。退一步讲，即使银行当时知晓情况，但只要许霆行为时自认为银行并不知晓，也已足够。而许霆所做的"银行应该不知道""机器知道，人不知道"等供述，也进一步印证了其实施恶意取款行为时，自认为银行不能及时发现和不知晓情况。

其二，许霆实施了"窃取"银行钱款的行为。

盗窃罪客观方面的一个重要行为特征是"窃取"。所谓窃取，一般是指违反财物所有人或占有人的意思，以隐蔽手段（即盗窃罪中的"秘密性"）排除他人对财物的支配关系，将目的物转移给自己或者第三者占有（建立自己的非法支配关系）。在大陆法系国家刑法理论中，现在一般认为，窃取并不一定要求是秘密取走，只要行为人没有使用暴力、胁迫手段而取走财物，就可以认为是窃取。有的国家刑法（如德国、日本）没有规定抢夺罪，于是将公然夺取财物的行为，也认定为窃取（某些情况下的抢夺可能认定为抢劫）。有学者解释说，行为人在着手夺取的瞬间，实际上是秘密的，所以可以认定为窃取。[①]而在英美法系国家中，各自规定的盗窃罪的含义相差甚远，如加拿大刑法规定的盗窃不仅包括典型的秘密窃取财物构成的盗窃，还包括了以欺诈手段取得或改装任何有生物或无生物、看管人盗窃（实际是侵占）被没收物等内容。而按照英国《1968 年盗窃罪法》和我国香港地区《盗窃罪条例》的规定，窃取一般是指"不诚实地将他人的财产据为己要"。就美国而言，大多数州关于偷盗罪中的客观行为是意指"实施了非法获取并拿走他人财产的行为"。可见，国外同我国对盗窃罪中客观行为的理解存在不少差异，相对而言，国外对窃取规定的范围比较宽泛，甚至还包括抢夺、诈骗、侵占等手段取得财物。当然，国外对"窃取"含义的理解不一定符合我国的实际情况，在我国公然夺取、诈骗、侵占取得财物等有相应的罪刑条文予以规制，并不构成盗窃罪。同时窃取肯定必须是秘密进行的。但需要强调的是，盗窃罪中"窃取"的手

[①] 张明楷著：《外国刑法纲要》，清华大学出版社 1999 年版，第 596 页。

段与方法没有特别的限制，只要是转移了财物的占有，侵犯了他人财产所有权，对其方式就不应做特别的限定。诚如张明楷教授所言："就转移占有的取得型财产罪而言，只要不是符合其他财产罪特征的行为，就可能评价为盗窃行为。"[①]在许霆案中，虽然许霆取得钱款的行为相对于一般盗窃确有一定的特殊性，他不是通过窃入银行或者采取破坏性手段砸坏 ATM 机或篡改其程序从中取款，而是在认识到 ATM 机出现故障后利用这一故障反复操作以恶意取款，并且没有隐藏自己的真实身份，输入 ATM 机的是自己真实的账户资料和信用卡，钱款是 ATM 机"自动"吐出来的，似乎是在接受"错给"，怎么能说许霆的行为属于盗窃罪中的"窃取"呢？在我们看来，许霆的行为方式虽相对于一般的盗窃手段和犯罪方法有较为明显的不同，但这只是形式上的差异，并无本质上的区别。作为一个具有正常理智的人，许霆应当知道其取款数额在存款限额以内，依据金融机构有关信用卡业务的相关规则和常识，客户用无透支功能的信用卡支取超过存款限额的钱款，显然是违背银行意志的。因而从许霆行为的整体性质来看，其完全符合盗窃罪中窃取的本质特征，应认为属于违背银行意志、侵犯其财产所有权和资金安全的一种特殊形式的"窃取"。

其三，许霆窃取的钱款数额特别巨大。

盗窃罪客观方面的要件之一，是行为所盗窃的财物达到了"数额较大"的标准。根据 1997 年 11 月 4 日最高人民法院《关于审理盗窃案件具体应用法律若干问题的解释》（自 1998 年 3 月 17 日起施行）第 3 条的规定，个人盗窃公私财物价值人民币 500 元至 2000 元以上的，为"数额较大"；个人盗窃公私财物价值人民币 5000 元至 2 万元以上的，为"数额巨大"；个人盗窃公私财物价值人民币 3 元至 10 万元以上的，为"数额特别巨大"。各省、自治区、直辖市高级人民法院可根据本地区经济发展状况，并考虑社会治安状况，在前款规定的数额幅度内，分别确定本地区执行的"数额较大""数额巨大""数额特别巨大"的标准。此外，1998 年 3 月 26 日最高人民法院、最高人民检察

---

① 张明楷：《许霆案的定罪与量刑》，载《人民法院报》2008 年 4 月 1 日第 5 版。

院、公安部《关于盗窃罪数额认定标准问题的规定》在结合当时经济发展水平和社会治安状况的基础上，对盗窃罪数额的认定标准也做了同样的规定。据此，就许霆案而言，许霆利用 ATM 机故障恶意取款17 万余元，无疑达到了"数额特别巨大"的标准，完全充足了盗窃罪在客观方面的此一要件。

（二）关于许霆的行为不构成其他犯罪的分析

许霆之所以是构成盗窃罪而不是其他犯罪，乃是因为其行为完全符合盗窃罪的构成要件，相反只是行为的某些方面或行状与侵占罪、诈骗罪和信用卡诈骗罪的若干构成要件相符或相似，但实际上并不构成侵占罪、诈骗罪和信用卡诈骗罪。为了更好地说明这一点，在此有必要对其为什么不构成侵占罪、诈骗罪和信用卡诈骗罪做进一步的分析。

1. 许霆的行为不构成侵占罪

所谓侵占罪，是指以非法占有的目的，将代为保管的他人财物，或者合法持有的他人遗忘物、埋藏物非法据为己有，数额较大，拒不退还的行为。分析侵占罪客观方面的要件，侵占行为的突出特点是"变合法所有为非法持有"，即行为人业已合法持有他人财物，这是构成侵占罪的前提条件。根据刑法典第 270 条的规定，作为侵占罪行为前提的"合法持有他人财物"包括以下两种情形：一是以合法方式代为保管他人财物，这是一种典型意义上的侵占；二是合法占有他人的遗忘物或者埋藏物，即对于"脱离占有物的侵占"。那么许霆的行为是否符合上述侵占的构成特征呢？广州市中级人民法院有关负责人在就许霆案一审重审后的定罪量刑问题接受新闻媒体采访时指出，被告人许霆所非法占有的是银行放在自动柜员机内用于经营的资金，该资金既不是他人的遗忘物、埋藏物，也不是银行委托许霆代为保管的财物，故许霆的行为不符合侵占罪的犯罪构成要件。[①]我们对此也持否定态度，并认为许霆的行为之所以不构成侵占罪，根本的原因在于其不符合侵

---

① 何靖、杨晓梅：《广州市中级人民法院有关负责人详解许霆盗窃案定罪量刑》，载《人民法院报》2008 年 4 月 1 日第 4 版。

占罪客观方面的构成要件，即不具备"合法持有他人财物"这一成立侵占罪的前提条件。许霆利用 ATM 机故障恶意取出的 17 万余元，显然不是"合法持有"，不是以合法方式取得对银行资金的占有权，而是违背银行意志的，是一种侵犯银行财产所有权的"非法持有"。当然，这里的"持有"，并不仅等于"握有"或"携带"，而是指对财物的事实上的控制或支配的状态，许霆恶意取款几天后又携款潜逃，更是对银行财物的非法处分和利用。所以，综观许霆案，许霆对银行资金不存在"合法持有"这一前提，不符合"变合法所有为非法持有"这一侵占罪成立的客观方面的构成要件，因而其行为不应构成侵占罪。

2. 许霆的行为不构成诈骗罪

许霆的行为不构成侵占罪已如前述，那么其行为是否符合诈骗罪的构成要件呢？答案同样是否定的。诈骗罪的客观方面，表现为用虚构事实或者隐瞒真相的欺骗方法，骗取公私财物，数额较大的行为。诈骗行为的最突出特点，就是行为人设法使被害人在认识上产生错觉，以致"自觉地"将自己所有或持有的财物交付给行为人或者放弃自己的所有权等。其行为构造是：行为人的欺诈行为——受害人产生认识错误——受害人基于认识错误处分财产——行为人获得财产或使第三者获得财产——受害人遭受财产上的损害。在许霆案中，许霆恶意取得的钱款并不是银行基于认识错误而处分财产的结果，许霆的行为也不是使银行产生处分财产的认识错误的欺骗行为。从全案的案情来看，许霆在认识到 ATM 机出现故障而利用这一故障恶意取款时，银行当时并不知晓情况，只是在事后通过技术手段（如对 ATM 清机、进行系统恢复并同主系统记载的数据比对、调取记账流水清单等）才知道这个情况，从而谈不上基于认识错误而处分财产。而作为银行对外提供客户自助金融服务的电子商务终端的 ATM 机（机器），只是因为程序升级出现了技术故障，本身是不能被骗的。正如有学者指出，机器是不能被骗的，即机器不可能成为诈骗罪与金融诈骗罪中的受骗者，认定许霆行为构成诈骗罪与金融诈骗罪，反而有违罪刑法定之嫌。[①]主

---

① 张明楷：《许霆案的定罪与量刑》，载《人民法院报》2008 年 4 月 1 日第 5 版。

张许霆的行为构成诈骗罪的学者认为，法律以及法律学说应当承认机器人具有一定的人类"性格"，否则，我们的法律或法律学说将不能适应同犯罪做斗争的需要。①我们认为这种观点是值得商榷的。首先，ATM 机是机器，而不是机器人，其本身也不具有意志，它只是银行用以传达和表达其意志的工具，在功能上类似于一台内置有程序或指令序列的电脑，总不至于因为电脑也可在一定程度上执行人类的某种功能就认为其具有一定的人类"性格"，就可以成为诈骗罪的受骗者吧。由此可见，该学者实际上是犯了一个"偷换概念"的逻辑错误。随着科学技术的迅猛发展，机器人在设计之时可能被赋予了一定的人类思维或认识的某种能力，具有了"人"的诸多特征，但机器人终究只是机器人，而不是人，是否承认机器人具有一定的人类"性格"与法律以及法律学说能否适应同犯罪做斗争的需要，并无必然联系。

3. 许霆的行为不构成信用卡诈骗罪

关于极少数人主张的许霆行为构成信用卡诈骗罪的观点，主要涉及对信用卡诈骗罪中"恶意透支"的理解问题。根据刑法典第 196 条的规定，恶意透支是指持卡人以非法占有为目的，超过规定限额或者规定期限透支，并且经发卡银行催收后仍不归还的行为。首先应当明确的是，恶意透支是相对于善意透支而言的，两者的区别在于：后者是先用后还，在法定期限内还本付息；而前者则是以非法占有为目的，根本就不想归还透支的资金。不管是恶意透支还是善意透支，其前提均是持卡人使用的必须是能够透支的信用卡。而在许霆案中，许霆使用的实际上是一种只能在存款限额内进行消费使用的银行借记卡，显然不具备透支功能，根本谈不上是什么透支。至于有学者指出："由于 ATM 机出故障，许霆所用借记卡能够在自己卡中仅存 170 余元的情况下取出 17 万余元现金，表明其借记卡已具备了透支的功能（即在卡中无存款记录的情况下先支取钱款）。如果他是以非法占有为目的，经发卡银行催收后仍不归还，那就是恶意透支。"②"对许霆案之类的案件

---

① 谢望原：《无情的法律与理性的解释》，载《法制日报》2008 年 1 月 28 日第 14 版。
② 刘明祥：《在 ATM 机上恶意取款行为不应定盗窃罪》，载《检察日报》2008 年 1 月 8 日。

不定盗窃罪，而按非法透支处理，还可以避免出现不合常理的处罚现象。"[①]我们认为这种观点是值得商榷的。一则因为许霆在自己卡中仅存170余元的情况下取出17万余元现金的这一客观事实并不足以佐证其使用的借记卡就具有透支功能。如果 ATM 机没有出现故障，还能说许霆所用的借记卡具有透支功能吗？相信该论者也不会承认。果真如此，那岂不借记卡是否具有透支功能就完全取决于偶然事件的发生（ATM 机出现故障）？这显然是不合理的。其实，我国刑法典第 196 条关于信用卡诈骗罪规定中的"恶意透支"情形的"透支"是有着特定含义的。"这里规定的'透支'是指在银行设立账户的客户在账户上已无资金或资金不足的情况下，经过银行批准，允许客户以超过其账上资金的额度支用款项的行为。"[②]许霆的所谓"透支"不仅未经银行批准，相反完全是违背银行意志的。同时，也不存在所谓的"经发卡行催收后仍不归还"的问题，因为在信用卡诈骗罪中，"经发卡行催收后仍不归还"是恶意透支型信用卡诈骗罪的客观构成要件，行为人在规定限额或期限内透支时并不构成犯罪，而只是在其"经发卡行催收后仍不归还"时，才充分表明和征显其具有非法占有他人资金的意图或目的，才构成犯罪。而在许霆案中，银行要求许霆退还多取的超额钱款时，许霆的行为就已然构成了刑事犯罪，"经发卡行催收后仍不归还"只不过是银行事后意图从被告人处挽回损失无结果罢了。以"避免出现不合常理的处罚现象"为由主张对许霆不定盗窃罪而按信用卡诈骗罪中非法透支情形处理的观点，也是十分牵强的。处罚是否合乎常理，是立法本身的设计合理与否以及司法者能否切实做到罪责刑相适应的问题，不会也不应影响对行为人的犯罪行为性质的认定。况且根据许霆行为的性质以盗窃罪论处是否必定就会导致不合理的处罚现象，也还是一个有待探讨的问题。[③]此外，许霆的行为不应构成信用卡诈骗罪，我们还可从信用卡诈骗罪的客体来分析。信用卡诈骗罪的

---

① 刘明祥：《在 ATM 机上恶意取款行为不应定盗窃罪》，载《检察日报》2008 年 1 月 8 日。

② 胡康生、郎胜主编：《中华人民共和国刑法释义》（第 2 版），法律出版社 2004 年版，第 275 页。

③ 关于许霆案的处罚轻重（量刑）问题，下文将会做详细分析，暂容此不论。

客体是复杂客体，即国家对信用卡的管理制度和他人的财产所有权。而在许霆案中行为人使用的是真实的信用卡（无信贷功能）从 ATM 机上恶意取款，信用卡只是其恶意取款的工具，并没有导致银行的资金不能正常周转和违反银行关于信用卡透支的管理规定，不存在破坏国家对信用卡管理制度的问题，因而其侵犯的只是银行的财产所有权，而非国家对信用卡的管理制度。综上所述，许霆的行为不应认定为信用卡诈骗罪。

四、普通盗窃与盗窃金融机构之争

许霆不论是在一审中被判处无期徒刑或还是一审重审后被改判为 5 年有期徒刑，法院都认定其是盗窃金融机构，从而适用盗窃罪中加重情形的法定刑。那么许霆的行为是否真的属于盗窃金融机构呢？这一问题引起了较大争议，即使在刑法学界分歧也相当明显。有不少人认为许霆的行为属于盗窃金融机构。其中较有代表性的观点，如有学者认为，"刑法第二百六十四条规定的'盗窃金融机构'是'盗窃金融机构资金'的缩略语，因为金融机构本身是不能成为盗窃罪的对象的。对此，1998 年 3 月 10 日最高人民法院《关于审理盗窃案件具体应用法律若干问题的解释》第 8 条的规定，即刑法第二百六十四条规定的'盗窃金融机构'，是指盗窃金融机构的经营资金、有价证券和客户的资金等，如储户的存款、债券、其他款物，企业的结算资金、股票，不包括盗窃金融机构的办公用品、交通工具等财物的行为。因此，只要承认自动取款机中的款项是金融机构的经营资金，就难以否认许霆的行为属于盗窃金融机构"[1]。还有学者认为，"许霆并没有盗窃 ATM 机，而是盗窃了 ATM 机中的现金，ATM 机中的现金是银行的经营资金，银行属于金融机构，故许霆盗窃了金融机构的经营资金"[2]。另有学者指出，"第一，取款机是工具，但是，银行将它设立在公共场所

---

① 陈兴良：《许霆案的法理分析》，载《人民法院报》2008 年 4 月 1 日第 5 版。
② 张明楷：《许霆案的定罪与量刑》，载《人民法院报》2008 年 4 月 1 日第 5 版。

的一定空间，就成为银行的一处服务网点，实为金融机构的一个组成部分，其与有人服务的金融机构可执行的服务基本性质一样。第二，刑法规定的'盗窃金融机构'着重在于金融机构的资金，在国家经济建设中具有不同于一般单位或个人的资金的重要功能及意义，所以，需要给予特殊的保护。既然取款机内的资金属于银行所有，就没有理由把盗窃取款机内的资金排除在盗窃金融机构之外"[1]。此外，还有相当一部分人认为，ATM 机是金融机构的延伸，故而许霆的行为属于盗窃金融机构。[2]仔细分析上述认为许霆行为属于盗窃金融机构的几种有代表性的观点，不难发现，其论证的根据和理论逻辑大都是依据最高人民法院《关于审理盗窃案件具体应用法律若干问题的解释》第8 条的规定，即认为"盗窃金融机构"是"盗窃金融机构财物"的省略表述，而 ATM 机中的资金又是银行（金融机构）的经营资金，故许霆盗窃 ATM 机中的资金属于盗窃金融机构。但问题是，ATM 机中的钱款属于银行所有是否就是许霆的行为构成盗窃金融机构的充分理由？看来是不无疑问的。问题在于许霆的行为能否认定为盗窃金融机构并不仅仅取决于这一钱款是否属于银行所有，犯罪行为的性质也并不必然是由犯罪对象的法律属性所决定。当然，与此同时，不论是理论界还是实务部门，也出现了主张许霆行为不应认定为盗窃金融机构的声音。如有人认为，"至于说 ATM 机是不是金融机构，我想，正确的回答只能是否定的。因为，能称为'机构'者，是包括组织、人员在内的。金融机构，不但包括坚固的房舍、严密的保安，更包括金融系统的组织、领导、员工。请问，没有组织，没有人员，能叫机构吗？ATM 机顶多也只能算是金融机构的一种工具而已，说它是金融机构的延伸，实在荒唐"[3]。另有人指出，"在银行人工柜台上办理取款业务时营业员多支付了客户钱款或者客户取款后营业员在客户存折上少登记了能够推定客户盗窃金融机构吗？当然不能吧！同理，许霆的行为

---

① 王作富：《许霆构成盗窃罪》，载《人民法院报》2008 年 4 月 2 日第 6 版。

② 《ATM 机引发的牢狱之灾》，载 http://view.news.qq.com/zt/2007/atm。

③ 万静：《恶意取款案成热点 专家激辩许霆是否有罪》，载《法制日报》2008 年 2 月 3 日第 8 版。

不应被推定为盗窃金融而被课加本来不应当由其承担的额外加重的刑事责任"①。等等。

虽然我们也赞同许霆的行为不宜认定为盗窃金融机构而应属普通盗窃，但认为还需要做进一步的论证。

第一，从立法原意来看，我国 1979 年刑法典对盗窃罪并没有规定死刑，为严惩盗窃等严重破坏经济的犯罪，1982 年 3 月 8 日全国人大常委会通过的《关于严惩严重破坏经济的罪犯的决定》将盗窃罪的法定最高刑提升为死刑。由此而造成司法实践中对盗窃罪大量适用死刑的状况。在 1997 年刑法典修改过程中，刑法理论界曾提出立法建议，认为对盗窃罪不应设置死刑。在 1997 年 3 月 6 日八届全国人大五次会议分组审议《中华人民共和国刑法（修订草案）》时，有代表提出，刑法典修订草案第 263 条规定的盗窃罪的最高刑为死刑，刑罚偏重。②时任全国人大常委会副委员长的王汉斌同志在关于《中华人民共和国刑法（修订草案）》的说明（1996 年 12 月 24 日）中谈到死刑问题时也指出，"有些同志认为现行法律规定的死刑多了，主张减少。这是值得重视的。但是，考虑到目前社会治安的形势严峻，经济犯罪的情况严重，还不具备减少死刑的条件。这次修订，对现行法律规定的死刑，原则上不减少也不增加"③。经过最后的审议和讨论，国家立法机关在综合各方面的情况并充分权衡的基础上，"考虑到盗窃犯罪属于财产犯罪，一般情况下这类犯罪除造成损失外尚不会发生人身或者其他方面的严重损害。另一方面鉴于原有的刑事法律已对盗窃罪规定了死刑，且实践中也确有罪大恶极需要判处死刑的情况。从罪刑相当的原则出发，这次修订刑法保留了盗窃罪的死刑，但对可判处死刑的情形做了严格的限制，明确规定：盗窃金融机构，数额特别巨大的；盗窃珍贵

① 李道军：《对许霆案的深层解读》，载《法制日报》2008 年 1 月 20 日第 14 版。
② 高铭暄、赵秉志编：《新中国刑法立法文献资料总览》，中国人民公安大学出版社 1998 年版，第 2230 页。
③ 高铭暄、赵秉志编：《新中国刑法立法文献资料总览》，中国人民公安大学出版社 1998 年版，第 1543-1544 页。

文物，情节严重的，处无期徒刑或者死刑"[①]。由此可见，1997 年刑法典在盗窃罪死刑存废问题上采取保留死刑并严格限制的方式，即对盗窃罪仍规定适用死刑，但适用死刑的范围与以前相比大幅度缩小，仅限于盗窃金融机构、数额特别巨大的，盗窃珍贵文物，情节严重的，才适用死刑。也就是说，1997 年刑法典第 264 条之所以规定"盗窃金融机构，数额特别巨大的"作为可以适用死刑的加重情形之一，其立法原意主要是为了严格限制死刑的适用，当然也是在考虑到我国实际情况的基础上，综合权衡利弊后慎重决定的。从限制死刑适用的这一立法原意出发，我们认为，应当对作为盗窃罪中加重情形的"盗窃金融机构"做出合理、严格的限制解释，而不应将 ATM 机解释成金融机构，也不宜把盗窃 ATM 机中的资金解释成为"盗窃金融机构"。故而对许霆的行为不宜认定为"盗窃金融机构"。否则，如果将许霆利用 ATM 机故障而恶意取款的行为解释成盗窃罪中加重情形的"盗窃金融机构"，那么按照刑法典第 264 条第 2 款的规定，对其适用的最低刑罚应是无期徒刑，这样势必会在整体上扩大死刑在盗窃罪中的适用范围，与新刑法典在盗窃罪上严格限制适用死刑的立法原意无疑是南辕北辙的。至于有学者指出："不能为了对被告人从宽处罚就对'金融机构'的含义做所谓的限制解释，而将 ATM 排除在'金融机构'之外。这既不符合前述司法解释（指最高人民法院《关于审理盗窃案件具体应用法律若干问题的解释》第 8 条——引者注）的精神，也超越了限制解释的界限。"[②]在我们看来，该学者之所以会得出上述结论，实际上是对刑法典第 264 条第 2 款之立法原意的忽视。刻意追求对被告人从宽处罚而对"金融机构"的含义做出限制解释固然会超越限制解释的界限，但依据立法原意而对"盗窃金融机构"做出合理、严格的限制解释则不仅是必要而且也是合理的。

第二，从立法精神来看，1997 年刑法典之所以选择规定"盗窃金融机构，数额特别巨大的"适用加重情形的法定刑（无期徒刑或死刑），

---

① 胡康生、李福成主编：《中华人民共和国刑法释义》，法律出版社 1997 年版，第 376 页。

② 付立庆：《"利用 ATM 故障恶意取款案"法律性质辨析》，载《法学》2008 年第 2 期。

除严格限制适用死刑的立法原意外，还因为立法者当时认为金融机构本身的特殊性及其资金在国家经济建设中有着不同于一般单位和个人的资金的重要功能与意义，因而需要予以特殊的保护，而且通常是指破门而入盗窃金融机构的资金或者通过篡改金融机构的系统程序或破坏其设备等进入金融机构内部（包括物理空间和虚拟空间）进行盗窃的情形，因为只有这些有预谋或者破坏性的进入金融机构内部盗窃金融机构资金的行为，才有着特别严重的社会危害性，犯罪性质和情节才比较恶劣，故而也才需要运用较高的刑罚甚至不惜动用死刑进行抗制，以体现罪责刑相适应的要求。在本案中，对于行为人利用 ATM 机故障恶意取款的行为，法律或司法解释里都没有做具体规定。正如时任广东省高级人民法院院长的吕伯涛大法官就许霆案接受记者采访时所言："许霆的行为算不算盗窃金融机构？大家可以讨论。因为过去盗窃银行机构就是撬开银行的门，进去盗窃，但现在是柜员机，在法律里或在司法解释里都没有具体规定。作为银行来说，要是说柜员机不算银行机构的话，那银行肯定不干。但是这个柜员机和传统意义上的金融机构有没有区别呢？肯定有区别。"[1]区别何在呢？有人指出："传统意义上的金融机构是指银行、保险公司、信托公司等，它们有严格的保安系统，要突破层层关卡才能进入银行行窃，正因如此，刑法才对这些机构进行重点保护，但本案并非这种情况，被告人并没有为实施盗窃而突破层层保安。即便有人说柜员机是银行的设施，可视为银行这个金融机构的延伸和组成部分，但它也必须是在银行的控制下才行，现在它出错了，银行不能控制它了，还能将其定性为金融机构吗？"[2]应当说，许霆既未采用破坏性或技术性的手段进入到银行内部或通过篡改程序等窃入其系统，也没有撬开或砸破 ATM 机来获取款项等，他是按 ATM 机上的正常程序来操作的，取款行为本身与一般客户的取款操作并无两致。同时，许霆行为只是在 ATM 机出现故

---

① 夏令等：《广东省高院院长称许霆案难界定为盗窃金融机构》，载《信息时报》2008 年 1 月 18 日。

② 法如水：《许霆案的思索》，载 http://blog.qingdaonews.com/z/16401/archives/2008/180413.html。

障的情形下才发生的，ATM 机发生故障是他实施恶意取款行为的必要条件。不论是从许霆行为的犯罪性质及情节的严重程度来看，还是从他的主观恶性与人身危险性的大小着眼，均不宜将许霆的行为认定为"盗窃金融机构"而适用盗窃罪加重情形的法定刑档次。

第三，从 ATM 机的法律性质来看，有人说"ATM 机是金融机构的延伸"，这在原则上似乎没有什么错误，但在我们看来，需要强调的是不能把金融机构的延伸简单等同于金融机构本身。如果金融机构把资金放在其 ATM 机里，ATM 机就成了金融机构，盗窃 ATM 机上的资金就成了"盗窃金融机构"，那么，金融机构把资金放在其各种交通工具里，是否各种交通工具也都成了金融机构？盗窃这类交通工具上的资金是否也属于"盗窃金融机构"呢？若如此，显然不合理。再比如，假设许霆不是利用 ATM 机故障，而是利用银行柜台营业员的疏漏反复多次恶意取款，那么其是否也属于"盗窃金融机构"呢？答案当然也是否定的。所以，不能因为 ATM 机中的资金属于银行（金融机构）的经营资金，就简单地认定许霆利用 ATM 机故障而恶意将其取走的行为属于"盗窃金融机构"。其实，ATM 机只是银行对外提供客户自助金融服务的电子商务终端，在法律地位上相当于一个电子营业员，它和一个作为自然人的银行营业员在经营业务上并没有本质的区别。正如杨兴培教授所言："从本案的发生过程来看，许霆的银行卡当属于借记卡，许霆前往 ATM 取钱相当于其本人前往银行柜台上取钱，两者虽有形式上的不同，但在法律属性的本质上则完全一样。"①既然利用银行柜台营业员的疏漏反复多次恶意取款不能认为是"盗窃金融机构"，那么利用 ATM 机故障而恶意取款不应认为属于"盗窃金融机构"，自是不言自明。

第四，从有利被告的原则来看，对许霆的行为也不宜解释为"盗窃金融机构"。应该说，在我国当前的刑事法治话语中，有利被告已不是一个陌生的字眼。其肇始于"有疑问便有利于被告（in dubio pre reo）"的西方古老法谚。实体意义上的有利被告，作为罪刑法定和刑法明确

---

① 杨兴培：《"许霆案"的技术分析及其法理思考》，载《法学》2008 年第 3 期。

性原则的一条派生和补足原则，指的是当刑法适用上遇有暂时"解释不清"的疑难时，应该做出有利于被告人的选择。[①]有利被告作为规制刑事司法的一条原则，具有深厚的理论基础，其符合人权保障的现代刑事法治精神。具体到许霆案，当其行为是不是盗窃金融机构的问题还存在模糊之处或者暂时"解释不清"而存疑时，"有利被告"应当是法院适用刑法时做出的唯一必然选择。也就是说，法院应按照有利被告的原则对许霆利用这 ATM 机故障恶意取款的行为进行合理的限制解释，即不应做出把许霆盗窃 ATM 机中资金的行为解释成为"盗窃金融机构"这一不利被告的解释。因为法律的模糊或漏洞应当由立法者自己来承担不利后果，而不能转嫁给国民。如果允许对法律不明确的地方或遇到"解释不清"的疑难时，可以做出不利于被告的解释，无异于让司法者代行了立法者的权力，国民势必失去对自己行为之法律后果的预测可能性，而生活在惶恐不安之中，无疑会导致行为机能的萎缩。总而言之，我们认为，按照有利被告的原则对许霆行为做出合理的限制解释，不认定其行为为"盗窃金融机构"，应当是比较妥当的结论。

第五，从社会相当性理论来看，对许霆的行为也不宜认定为盗窃金融机构。社会相当性理论的本义，是指对于某些在通常情形下本属违法的法益侵害或危险行为，只要该行为符合历史地形成的国民共同的秩序而与社会生活相当，就应否定该行为违法性的理论。[②]该理论在立法论、解释论、违法性评价、责任判断和法定刑配置等方面都具有相当重要的机能。就解释论机能而言，"严重脱逸社会相当性理论，体现了刑法的谦抑思想，既是对国家刑罚权的限制，同时也是对个人自由的张扬。在刑法规范的自由区内，运用严重脱逸社会相当性理论来解释犯罪的构成要件要素，并未超越刑法规范，而是在刑法规范的形式理性中，贯彻和实现刑法的实质理性——刑法正义"[③]。应当说，

---

① 邱兴隆：《有利被告论探究——以实体刑法为视角》，载《中国法学》2004 年第 6 期。

② 于改之：《社会相当性理论的体系地位及其在我国的适用》，载《比较法研究》2007 年第 5 期。

③ 于改之：《社会相当性理论的机能》，载《武汉大学学报（哲学社会科学版）》2007 年第 5 期。

作为犯罪构成要件解释原理的社会相当性理论具有极大的包容性，能够综合考虑司法实践中需要衡量的各种因素，从而保持司法适用的理性和解释的强大生命力。在许霆案中，对于 ATM 机是否为金融机构，许霆的行为是否属于"盗窃金融机构"，同样也需要用社会相当性的思想来考量，因为对其的判断与解释同特定社会的普遍化的社会价值、文化观念或伦理道德息息相关。此时，特定社会普遍化的社会价值、文化观念或伦理道德，实际上就是社会相当性的一种置换。从社会相当性的角度考虑，应该说在普通大众的法治观念里，许霆行为应受非难谴责的程度比较低，对其的规范评价不会很严厉。其实，"许霆一案如此引人关注，说明大家心里有一个恐惧，每个人都有可能面临像许霆一样的诱惑，而很多人对自己能否经受住诱惑其实没有信心。"①因为按照历史地形成的国民的共同秩序和社会伦理价值观念，许霆利用 ATM 机故障而恶意取款 17 万余元的行为以付出其终生自由乃至要牺牲生命为代价（如果将其认定为盗窃罪中加重情形的"盗窃金融机构"），在社会大多数人看来，这是苛酷和难以接受的，严重偏离了社会大众对正义的期盼和长期以来涵化的伦理情感。难怪乎不少市民在许霆案一审后发出"把 ATM 机视为金融机构太过严苛，那岂不满大街都是金融机构了！"的感慨。②故而从社会相当性的思想着眼，不应将 ATM 机解释成金融机构，许霆行为也不宜认定为"盗窃金融机构"。做这样的解释与认定是符合常理的，也是与社会生活相当的。不难理解，刑法规范只有符合历史地形成的国民共同的秩序而与社会生活相当并倾注对人性的同情，方能获得其永恒的生命空间与生存张力，唯其如此，作为其他一切法律之制裁力量的刑法，始能涵化为社会的"生活法"而为人民自愿加以遵守，社会大众也才会树立对它的忠诚和信仰。

---

① 《许霆：一念之差的代价》，载《法律与生活》2008 年第 1 期。

② 黄琼：《ATM 机出故障　男子 171 次恶意取款被判无期》，载金羊网 http://www.ycwb.com/2007-12/20/content_1728302.htm，2007 年 12 月 17 日。

五、罪责刑相适应的衡量：关于许霆案的量刑问题

　　许霆案的量刑问题同样是社会各界广泛关注的焦点。自 2007 年 11 月 20 日广州市中级人民法院一审做出判处许霆无期徒刑的判决伊始，许霆案在社会上便引起了轩然大波，反响强烈，尤其是网络舆论铺天盖地，"九成以上的网友认为法院对许霆量刑过重"[①]。网络民意对法院判决的"积怨"，推动着许霆案像滚雪球一样越滚越大。原因很简单，老百姓们认为，这年头，为什么同是贪污受贿成百上千万的贪官大多也只是最高判处无期徒刑，而作为打工仔的许霆只不过是利用 ATM 机故障恶意取款 17 万余元，竟然也被判处无期徒刑，差距如此悬殊，公平正义何在？有网友愤懑不满地表示："贪官贪污 1 亿与许霆取款 17 万同判无期的内在原因是：贪官是官，许霆是老百姓。"甚至还有人直陈中国法律的"弊端"，不无讽刺地指出："中国的法律是橡皮筋式的，因人身份地位不同，松紧度很大"[②]。尽管网友们的上述指责有点儿言过其实，带有很多的非理性色彩，但却也道出了民众朴素的法律情感，直指中国刑法规范上的软肋。当然许霆案引起如此空前的关注也与本案当事者之一的银行不无关系，此案中银行也有过错，却没有承担任何责任，银行与储户地位在现实生活中的不平等，广大公民感同身受，难免"于心有戚戚焉"。在"民意"和舆论的强大压力下，案件终于出现了转机。2008 年 1 月 9 日，广东省高级人民法院做出了撤销原判的裁定，将许霆案发回广州市中级人民法院重新审理。一切似乎变得玄妙和充满戏剧性。及至 2008 年 3 月 31 日，处在舆论风口浪尖的广州市中级人民法院在众人瞩目下做出了一审重审判决，仍以盗窃金融机构的犯罪定罪却改判许霆 5 年有期徒刑。对于许霆案的重审改判，在法学界和社会公众中再一次引发了热议。据新浪网所

[①]《九成网友认为量刑过重》，载《牛城晚报》2007 年 12 月 25 日第 A8 版。

[②] 余亚莲、黄琼：《从无期到 5 年　谁是许霆案幕后推手？》，载金羊网 http://www.ycwb.com/xkb/2008-04/01/content_1847270.htm ，2008 年 4 月 1 日。

做的"你是否接受许霆案的重审结果？"的网上民意调查①显示，有82.59%的人认为，对许霆案的重审结果不能接受，许霆应判无罪或更轻的刑罚。有16.56%的人表示，能够接受，改判为5年算是宽大了。仅有0.84%的人表示不关心，无所谓。②而南都网所做的许霆重审被判"五年重不重？判得冤不冤？"的网上民意调查③则显示，有41.2%的网民认为太重，而53%的网民则认为太轻，认为合适的仅只有5.8%。④这与一审判决时超过九成网民认为量刑太重形成鲜明对比。重审结果既出，坊间议论虽未见得同声同气，但较之于此前对无期徒刑判决的口诛笔伐，毕竟舆情得以纾解，民心有所宽慰。

在我们看来，对许霆案的量刑确有许多值得反思的地方，如重审改判为5年有期徒刑是否合适？有无正当性根据？酌定量刑情节⑤是否缺位？等等。一审和重审认定的事实与证据完全相同，即许霆是盗窃金融机构，数额特别巨大，没有法定减轻处罚情节。那为何对许霆由无期徒刑改判为5年有期徒刑？该案重审在判决理由部分明确指出，许霆盗窃金融机构，数额特别巨大，依法本应适用"无期徒刑或者死刑，并处没收财产"的刑罚。但鉴于许霆是在发现银行自动柜员机出现异常后产生犯意，采用持卡窃取金融机构经营资金的手段，其行为与有预谋或者采取破坏手段盗窃金融机构的犯罪有所不同；从案发具有一定偶然性看，许霆犯罪的主观恶性尚不是很大。根据本案具体的犯罪事实、犯罪情节和对于社会的危害程度，对许霆可在法定刑以下判处刑罚。⑥广州市中级人民法院有关负责人在重审判决宣判后召开的新闻发布会上也提到，重审判决之所以对许霆在法定刑以下量刑，主要基于两点考虑：一是许霆的盗窃犯意和取款行为与有预谋、

---

① 截至2008年5月22日，共有10559人参与投票。
② 新浪网 http://survey.news.sina.com.cn。
③ 截至2008年5月22日，共有4008人参与投票。
④ 南都网 http://epaper.nddaily.com/A/html/2008-04/01/content_428622.htm。
⑤ 例如，如前所述，在许霆案中银行是存在过错的。虽然银行过错及其大小并不足以否定许霆行为的犯罪性，但在量刑时予以适当考虑则是合理的。而广州市中级人民法院有关负责人就许霆案为何改判为5年有期徒刑的量刑根据在新闻发布会上进行说明时并未提及此一情节。
⑥《广东省广州市中级人民法院刑事判决书》，(2008)穗中法刑二重字第2号。

有准备的盗窃犯罪相比，主观恶性相对较小；二是许霆利用自动柜员机出现异常窃取款项，与采取破坏性手段盗取钱财相比，犯罪情节相对较轻。根据本案具体的犯罪事实、犯罪情节和对于社会的危害程度，如果依据法定量刑幅度，即使就低判处许霆无期徒刑，仍然不符合罪责刑相适应的原则。考虑到许霆案的特殊情况，依照我国刑法典第63条第2款关于"犯罪分子虽然不具有刑法规定的减轻处罚情节，但是根据案件的特殊情况，经最高人民法院核准，也可以在法定刑以下判处刑罚"的规定，决定对被告人许霆在法定刑以下量刑，判处有期徒刑5年。①我们认为，如果许霆案按照普通盗窃罪判罚，本次判决的程序无可厚非，但是改判为5年有期徒刑的量刑显然过轻，依法判处10年左右的有期徒刑也许更为适当。许霆的行为不宜认定为盗窃金融机构，前文已做了详细论述，在此不复赘。事实上，一审和重审均认定了许霆恶意取款17万余元，数额特别巨大，即使认为其不属于盗窃金融机构（即按普通盗窃处理），按照刑法典第264条的规定，判处的刑罚也应当是10年以上有期徒刑或无期徒刑，而非不满10年有期徒刑。如果认为许霆行为还符合盗窃金融机构这一加重情形的话，则更应如此。众所周知，我国刑法典第264条对盗窃罪中"盗窃金融机构，数额特别巨大的"情形配置的刑罚是"无期徒刑或者死刑"。即使按照刑法典第63条第2款特殊减轻的规定②在法定刑以下判处刑罚，也不宜判处不满10年有期徒刑。因为同等情况下，普通盗窃罪都应判处

---

① 马远琼：《许霆案重审：为何由无期改判五年》，载《检察日报》2008年4月1日第4版。
② 值得说明的是，许霆案是否属于适用现行刑法典第63条第2款特殊减轻制度之"特殊情况"，也值得探讨。我国1979年刑法典第59条第2款对特殊减轻处罚制度的规定是"犯罪分子虽然不具有本法规定的减轻处罚情节，如果根据案件的具体情况，判处法定刑的最低刑还是过重的，经人民法院审判委员会决定，也可以在法定刑以下判处刑罚"。刑法修改时对这一规定做了重大修改：一是从批准的程序上进行了更为严格的限制，将"经审判委员会决定"修改为"经最高人民法院核准"；二是将"根据案件的具体情况"改为"根据案件的特殊情况"。而案件的特殊情况，主要是指案件的特殊性，如涉及政治、外交等情况（胡康生、李福成主编：《中华人民共和国刑法释义》，法律出版社1997年版，第71页）。由此可见，从立法初衷来看，现行刑法第63条第2款规定的"特殊情况"，主要是指案件涉及政治、外交、国防、宗教、民族、统战等方面的特殊需要而在法定刑以下判处刑罚的情况。在实际执行中，由于对判处法定最低刑还是过重的情况界限不明确，随意性较大，存在不少问题。

10 年以上有期徒刑，更何况盗窃金融机构这一加重情形的盗窃罪？如果判处 10 年以下的有期徒刑，势必会导致这样一个严重的后果：数额特别巨大的普通盗窃，都应判处 10 年以上有期徒刑或无期徒刑；而数额特别巨大的加重情形的盗窃金融机构因为特殊减轻处罚的规定反而只判处几年有期徒刑。这合理吗？这符合罪刑均衡的要求吗？答案显然是不言而喻的。对于许霆案，同样的事实与证据，同一案件，同一法院，一审与重审的结果，由无期徒刑到 5 年有期徒刑，缘何会有如此巨大悬殊？法官在适用刑法典第 63 条第 2 款特别减轻处罚的规定而行使自由裁量权时难道不应有合理的限度吗？无怪乎在重审结果出炉后，不少民众发出"从无期徒刑改为有期徒刑五年，前后两次判决如此大差距，实在没有想到！"[①]的感叹。事实上，"无期徒刑与 5 年有期徒刑之间的落差几乎就是垂直落地动作，旁观者想不惊叹也不可得。"[②]甚至还有不少人质疑："如果按盗窃罪量刑，被判无期可以说有依据，判 5 年依据是什么？这样一审无期二审 5 年的做法，真是莫名其妙，难道舆论可以左右法律，许霆案固然有特殊之处，但法院这种随意处置，哪是什么法治社会？"[③]在我们看来，法院前后两次判决量刑如此之悬殊，法官运用现有刑法制度灵活纠偏时没有把握好合理的度，直接由无期徒刑大幅度地改判为 5 年有期徒刑，是对刑法适用性合理限度的忽视，因而是极不严肃的。同样的事实与证据，许霆案却如此大幅度地改判，到底是媒体的胜利还是法院的悲哀抑或是法律的尴尬！如此一来，势必会加剧民众对法律和司法的不信任，也将对"法制统一"原则造成严重冲击。如果裁量刑罚，并非依据法律和具体案情以及司法规律，而仅仅受舆论关注度的大小左右，那么不论许霆案的改判是否实现了实质正义，都难称是司法甚至是法律的胜利，这对于法治社会的建设显然是无益的。其实，如果许霆案第一审就按

---

① 《许霆以盗窃罪被判 5 年　追缴赃款罚 2 万》，载新华网　http://news.xinhuanet.com/legal/2008-03/31/content_7892288.htm，2008 年 03 月 31 日。

② 五岳散人：《许霆的轻判：媒体与司法的双输》，载《南方都市报》2008 年 4 月 2 日。

③ 李朝涛、张立璞：《许霆轻判庭上惊叹一片 法院称属特案特判》，载红网 http://china.rednet.cn/c/2008/04/01/1474604_5.htm.

照普通盗窃罪来审理,法院判处许霆 10 年以上有期徒刑或者根据该案的特殊情况判处其数额特别巨大情形下的盗窃罪之最低刑 10 年有期徒刑，也许就不会在社会上引起如此大的轩然大波，许霆当然也就不会如此"幸运"了！

　　透过许霆案前后两次判决量刑轻重迥异表象的背后，我们还能够深深地管窥和体悟到，许霆案本身的意义在很大程度上已超越了个案量刑的轻重问题，而涉及了形式正义与实质正义的合理平衡、法律效果与社会效果的有机统一、罪刑均衡的理性建构等诸多深层次的问题。下面，且让我们顺着思维的逻辑，围绕许霆案，对这些问题做些理论上的思考。

（一）形式正义与实质正义的合理平衡

　　正义涵括形式正义与实质正义两个部分。一个判决只有既体现实质正义的要求又不违背形式正义时才能说是真正正义的判决。许霆案前后两次审理的曲折过程及其反差极大的判决结果，充分显示了罪刑法定原则所要求的严格规则主义（形式正义）与一般社会公众对实质正义的心理期盼之间存在较大差距。一审判处许霆无期徒刑的判决结果既出，社会上质疑声此起彼伏。因为法官严格适用法律所产生的效果严重偏离了公众的正义感，踏翻了公众心目中的正义天平，判决结果缺乏具体的妥当性，因而难以被公众的法律情感所容纳和接受。如果许霆的行为被认定是盗窃金融机构，那么一审判处其无期徒刑至少从形式上看是符合法律规定的，符合罪刑法定主义的要求，但因为其过于强调了形式法治的意义，在维护刑法确定性的同时，牺牲了其具体的妥当性，走到了一个极端，因而使得在一审判决中形式正义与实质正义发生了尖锐的冲突。法律是原则的，为了实现形式正义，往往可能要损害个案公平。但一个合法的判决，未必就是一个正义的判决。许霆案的一审判决，也许实现了形式正义，但却不见得合乎情理，甚至有悖于实质正义的要求。此时为了避免严格适用法律的过度僵化和苛刻带来的严重背离公众对实质正义的祈求，那就需要法官运用自己的智慧，权衡其中的利弊，做出一个既符合法律又彰显情理的判决。也就是说，此时需要软化和缓解法律的刚性。尽管"我们并不倾向于赞成我们的法官以在某一特殊案件情形下适用某一法规会导致严重的非正义现象为理由而拒绝适用该法规"①，但是应在尽可能的情况下利用（法律）制度内的资源进行补救或灵活纠偏。毕竟，法官不是法律的"自动售货机"。②许霆案重审的判决结果所依据和适用的是刑法典第 63 条第 2 款规定的特殊减轻处罚制度，便可看作是对此做出的努力。其实，刑法典第 63 条第 2 款正是严格的法律规则和程序为补救个案实质正义所留下的一道暗门。"立法者设置这道暗门的意义在于：它赋予机械的法律规则以血肉，使得法官在面对纷繁芜杂的案件时，可以运用良知与社会经验来应对特殊情况，使个案正义也能以看得见的方式实现。但是在多一事不如少一事的衙门式思维中，这扇暗门已经尘封许久，锈迹斑斑。"③同时，也应当指出的是，尽管法院在重审判决中为寻求形式正义与实质正义之平衡的勇气和努力可嘉，但毋庸讳言其并未能在规则和制度的约束下求得平衡之美，达到合理的平衡。形式正义与实质正义不仅需要平衡，更为重要的是要达到合理的平衡。许霆案重审改判为 5 年有期徒刑，显属矫枉过正，量刑过于偏轻，在

---

① 〔美〕E. 博登海默著：《法理学：法律哲学与法律方法》，邓正来译，中国政法大学出版社 1999 年版，第 461 页。

② 也有学者直陈我国刑事司法中还存在法官"机械适用法律"的问题。其指出，长期以来，由于法官素质普遍不高，司法决策采取行政审批的制度模式，法官在裁判中的个性受到压抑。当年孟德斯鸠所形容的"自动售货机"式的法官形象，就是今天中国法官的鲜明写照。无论是在法庭审理过程还是裁判结果中，法官们似乎不得不充当法律条文的"奴隶"。遇有法律没有明文规定的情形，法官们一般是不敢"越雷池半步"。不仅如此，目前的司法管理方式也明显限制了法官们的创造性（陈瑞华：《许霆案的法治标本意义》，载《南方周末》2008 年 1 月 17 日 A4 版）。

③ 楚望台：《许霆案改判，开启个案正义的暗门》，载《新快报》2008 年 04 月 01 日。

寻求与实质正义平衡的同时，又过度压抑了形式正义[①]，这不能不说是该案重审判决的一大缺憾。

（二）法律效果与社会效果的有机统一

许霆案一波三折从无期徒刑到 5 年有期徒刑，本是司法对民意的善意回应，希望能够突破法律困惑，获取法律效果与社会效果俱佳的判决。[②]但从社会反响来看，效果似乎不佳，民众仍是褒贬不一。我们在这里姑且不论许霆案重审判决的量刑在事实上是否很好地实现了法律效果与社会效果的有机统一，但就法院对此做出的积极努力而言，却是应给予高度肯定的。相比于一审判处无期徒刑的畸重量刑，重审改判为 5 年有期徒刑在很大程度上似乎更为符合民众心目中对正义的期盼。应该说，只有实现了法律效果与社会效果有机统一的判决才会获得民众内心的服从，经得起历史检验和社会评判。相对于变动不居和飞速发展的社会，法律本身的普遍性和稳定性势必会造成法律和法律适用的矛盾。因而在法律价值与社会发生冲突时，如果只追求判决的法律效果，机械司法，就会得出不符合社会发展的裁判结果。正如有学者所言："法律的执行不仅仅是法律关系的论证，更重要的是法律

[①] 诚如有学者所言，许霆案的重审改判在一个更深远的领域导致了人们对司法本身的不信任，损害了法律的可预期性。这种可预期性的失去，即使最后的结果是正义的，也不过是一件度身订做的衬衫——这个世界上有些人因为有钱或者有其他东西，总是会按照自己的体型而度身订做一些东西，价格总是相当昂贵——没有了可预期性的法律，就是这种度身订做的正义，别人是消费不起的。因为这个代价实在是太高昂了（五岳散人：《许霆的轻判，媒体与司法的双输》，载网易 http://news.163.com/08/0402/10/48H2MUKU00012GG5.html）。当然，关于如何具体实现形式正义与实质正义的合理平衡，有学者提出的"刑法适应性之限度问题"，笔者认为其颇具启发意义，可供参考。该论者认为，"确立一种有限的适应性观念，可以防止司法者在追求刑法之适应性的过程中的两种偏颇倾向——或者仅依赖于刑法的形式要件解决问题，或者为了具体妥当性而忽视法律安定性的要求。前一种倾向将有害于实质正义的实现，后一种倾向则可能对罪刑法定原则构成威胁。而在有限的适应性观念下，实质正义只能在刑法的形式要件得到基本满足的前提下来考虑，只有在有利于被告人的情况下，才可以为了实质正义而突破刑法的形式要求。所以，在刑法的制度实践中，被实现的正义必然是有限的正义，这是由刑法的谦抑性、补充性、最后手段性所决定的，也是刑法重视人权保障功能的特性使然"（周少华：《变动社会中刑法之适应性问题研究》，北京师范大学刑事法律科学研究院博士学位论文（2008 年 4 月），第 251 页）。

[②] 广州市中级人民法院有关负责人在就许霆为何由无期改判为 5 年进行解释时指出，法院充分考虑法律效果与社会效果的统一，根据本案具体的法律事实、犯罪情节和对于社会的危害程度，对许霆予以从宽处罚（马远琼：《许霆案重审：为何由无期改判为 5 年》，载《检察日报》2008 年 4 月 1 日第 4 版）。

关系的发现或者说诠释，'罪刑法定'固然是刑法的基本原则，但具体到审判实践中，法律效果接受社会效果的参照和修正也是必不可少的。"①需注意的是，虽然我们认为判决的法律效果应当受到社会效果的修正或者检验，但并不是说要求"民意审判"或者"舆情决断"。尽管在许霆案中，"民意"与"舆情"对于许霆由无期徒刑改判为 5 年有期徒刑可谓功不可没，成为名副其实的幕后推手。那怎样理性地看待这种现象呢？

长期以来，我们似乎已经习惯了"以人民的名义""民众拥护和支持"或"舆论导向"来证明某一项政策的合法性。许多司法机关审理案件时往往被"民愤"——包括"官愤"乃至"舆论之愤"等所左右。所谓"民意不可违"和"媒体是无冕之王"即充分彰显了其中之意蕴。应当说，在现代法治社会，顺乎民意和舆论监督是再熟悉不过的字眼了。"民意"和"舆情"的适度、合理介入，对于一个社会的健康发展是十分必要的，也是民众表达意见与诉求以及实现社会正义的一种有效的助推力量。②而且在通常情况下，"民意"与"舆情"来自外部，"有助于打破在审理案件的法院周围、束缚着法院的复杂的利益格局。面对强大的舆论压力，已经伸出的权力之手，可能不得不硬生生地缩回；在法院门口徘徊的金钱的价值也可能大幅贬值。在舆论压力下，缺乏司法职业伦理的法官不得不强打精神；具有正义抱负的法官，则可以相对大胆地秉持良心，做出正义而合理的判决"③。但需要强调的是，"民意"和"舆情"需要适当考虑，但绝不能盲从。毕竟，"民

---

① 张俊鹏：《许霆案改判是社会效果对法律效果的修正》，载大众网 http://dzrb.dzwww.com/dzzb/dzzb-dzgd/200804/t20080403_3370543.htm，2008-04-03。

② 就许霆案而言，舆论与媒体虽然在这次事件里导致了一个比较合理的结果，但大众的关注度始终是有限的，不会有那么多同样的事件进入公众关注的领域。就如同曾经被收容遣送制度吞噬的那么多人之后，才有了一个孙志刚案，才能最终废除了那个制度一样，走到公众领域的事件之前或者之后，都还会有更多的牺牲者。因为导致他们倒霉的原因依然还在，而媒体与舆论的关注，从来都是一个小概率事件。尽管如此，只要还有类似的事件，舆论与媒体依然可以发挥自己的力量。长此以往，总是能通过形成的压力让社会有所进步与改变（五岳散人：《许霆的轻判：媒体与司法的双输》，载《南方都市报》2008 年 4 月 2 日）。

③《南都社论：许霆案发回重审，舆论作用有多大?》，载《南方都市报》2008 年 1 月 18 日第 A2 版。

意"特别是"舆情"不代表正义的化身，对法治正义的寻找，不一定要到人数最多声音最大的角落，网民的看法可能更多的是激情多于理性，民众的常识有时也可能不合乎法治原则，甚至某些专家的"高见"也可能言不及的。"民意"与"舆情"在一定情势下往往容易受到外界因素的影响，产生波动，出现不稳定的倾向，带有很强的情绪性和随意性，具有流动性的特点，特别是"由于民意在特定事件中'移情表达'往往使得民意在表达时，为了宣泄的畅快与释放的满足而不自觉得脱离客观，忽视理性；尤其是在现代互联网条件下，普通民众都能获得较为自由的言论平台，民众在这一平台上进行交流时，往往更容易掺入情绪、交织愤懑，再加之有着盲从与偏信的推动，欠缺理性的言论与推断更易引起广场效应，导致矫枉过正，使民意的效能走向负面。"①而法律则是一个理性的、专业性很强的领域，法律的理性判断与社会公众的感性认识未必吻合。因此，法官在决定某一特定案件的定性与量刑（许霆案即是如此）时不能也不应被所谓的"民意"或"舆论之意"左右。其实，国家不仅仅需要聆听民众和舆论的声音，更负有引导"民意"与"舆情"循着理性方向发展之职责。事实也证明，"民意"与"舆情"是完全可以引导并能够向理性方向发展的。②

（三）罪刑均衡的理性建构

这里所要谈的罪刑均衡不是指刑法中的罪刑均衡原则，而是指按照这一原则来衡量与许霆案有关的几个涉及罪刑均衡的问题。一是前文已简略提及的官员贪污受贿犯罪（如贪污罪的主要手段之一表现为对公共财物的"窃取"）与盗窃罪之间的处罚协调问题，也即涉及罪刑的横向均衡问题；二是十年前由司法解释确定的盗窃罪入罪的数额标准在今天是否还适应社会的发展，应否与时俱进？这主要涉及罪刑的纵向均衡问题。不管是罪刑的横向均衡还是罪刑的纵向均衡，均应当

---

① 莫晓宇：《民意的刑事政策分析——一种双向考量后的扬弃》，载《甘肃政法学院学报》2007 年第 3 期。

② 如以死刑问题为例，很多国家的历史经验表明，在废止死刑的过程中，大多数民众及"舆情"起初是不赞成废止的。但是实践也证明，在废止死刑后一段时间，大多数民众及"舆情"又不赞成恢复死刑。这说明"民意"和"舆情"是可以引导、进步的。

引起立法者的重视。恩格斯曾指出："在现代国家中，法必须是不因内在矛盾而推翻自己内部和谐一致的表现。"①在刑法中，这种内部和谐一致的重要标志就是要做到罪刑均衡——不仅孤立地看每个具体犯罪与其相应的法定刑相适应，而且联系地看各个犯罪之间的刑罚协调统一。②对于许霆案而言，人们热议，可能不仅仅只是表达对许霆的同情，更多的恐怕是发泄对现实中所存在的罪刑失衡的不满和愤懑。③

在社会上，经常有人拿贪污受贿的腐败贪官的判刑与许霆案做对比，认为许霆窃取钱款的数额与许多贪官贪污受贿的数额比起来算不了什么，而贪官们和许霆判得都差不多甚至比其更轻，难免给人留下"刑不上大夫"的印象，莫非真的"窃钩者诛，窃国者侯"！④应该说，这确实是一个问题。从立法及司法解释的规定来看，盗窃罪的立案标准是 500 元，盗窃 3 万元至 10 万元以上即属"数额特别巨大"，应当判处 10 年以上有期徒刑或无期徒刑。而相对而言，贪污、贿赂罪的起刑点为 5000 元，与盗窃罪立案标准刚好相差 10 倍，至于判处 10 年以上有期徒刑或者无期徒刑，则必须要个人贪污、受贿数额达 10 万元以上，与盗窃罪也差距不少。正如有学者所指出："表面上看来，刑法对于私有财产的保护力度似乎还要超过对于公共财产的保护。但是，这事实上导致了同样都是'窃取'他人财物的行为，国家工作人员窃取国家财物成立犯罪的条件更高、而普通百姓成立犯罪的条件更低，实际上是体现了是否具有公职身份在入罪条件上的不对等，实际上体现了国家工作人员和社会底层人员之间在成立犯罪上的不公平，而这样的不公平，实质上违反了刑法面前人人平等原则。"⑤加之在司法实践

---

① 《马克思恩格斯选集》（第 4 卷），人民出版社 1995 年版，第 484 页。

② 陈兴良著：《刑法哲学》（修订三版），中国政法大学出版社 2004 年版，第 555 页。

③ 黎宏：《许霆案背后当反思罪刑均衡》，载《检察日报》2008 年 2 月 14 日第 1 版。

④ 有学者辛辣地指出，从纵向深远的历史进程来看，中国社会固有的宽官严民的宗法专制所传承的思想意识在今天依然时有回光返照，以至法律在实际执行过程中，司法操作总是存在着一定的弹性。而就刑法的量刑弹性而言，法律有时是一根能紧能松的橡皮筋，也有一些难以言说的事实现象在不经意地被佐证（杨兴培：《"许霆案"的技术分析及其法理思考》，载《法学》2008 年第 3 期）。

⑤ 付立庆：《许霆案背后的几点反思》，载《法制日报》2008 年 1 月 20 日第 14 版。

中，贪污受贿成百上千万的腐败贪官被判有期徒刑，而盗窃十多万的普通盗窃犯被判无期徒刑的现象屡见不鲜（许霆案就是比较典型的例子），因而使得这两罪之间的罪刑失衡问题更加明显。那又如何进行补救呢？我们认为，可以采取以下两种办法：一是提升盗窃罪的起刑数额，抬高盗窃入罪的门槛，将其与贪污、受贿罪的立案数额标准拉平，以切实做到刑法对公私财产的平等保护，官民一视同仁，一准于法。二是从长远来看，应当废止盗窃罪和贪污受贿犯罪的死刑。毕竟，盗窃罪和贪污受贿犯罪均属于非暴力犯罪，废止其死刑乃大势所趋，是符合刑事立法潮流的。而且废止它们的死刑，有利于从根本上消解盗窃罪与贪污、受贿、抢夺等犯罪之间的罪刑失衡所带来的深沉张力。如我国著名刑法学家高铭暄教授谈到盗窃罪死刑废止问题时精辟地指出：第一，从古今中外的法律规定看，对盗窃罪一般都没有规定死刑。第二，盗窃罪判死刑与其他犯罪的处刑不平衡。如与抢夺罪相比，抢夺罪性质比盗窃罪严重，却没有死刑；与贪污罪相比，国家工作人员利用职务或者工作上的便利进行盗窃，不算盗窃算贪污，起刑点比盗窃罪高出好几倍，而最高刑却一样。定罪量刑很不平衡。可考虑，删去盗窃罪的死刑。第三，盗窃罪是秘密窃取他人财物，并不危及人的生命、健康。从这类犯罪的社会危害性看也没有必要判死刑。[1]当然，需要指出的是，虽然我们主张盗窃罪和贪污受贿犯罪从长远来讲均应当废止其死刑，但认为应当分清轻重缓急。对于盗窃罪，因为其是侵犯个人法益的侵犯财产型非暴力犯罪，废止其死刑，较易为公众所接受而不至于引起较大的负面社会影响。故而在立法上可以及时地废止其死刑规定；而对于贪污罪、受贿罪等贪利型职务犯罪，由于中国历来有"从严治吏"的传统，而在目前腐败现象还比较严重的情况下，短时间内即废止其死刑，会与国家基本的政治形势和刑事政策不相吻合。因而废止贪污罪、受贿罪的死刑规定应当保持相当的理性并采用科学合理的方法与步骤。可以考虑目前先在立法与司法上提高其适用

---

① 高铭暄、赵秉志编：《新中国刑法立法文献资料总览》，中国人民公安大学出版社 1998 年版，第 2141-2142 页。

死刑的条件，再逐步过渡到废止其死刑。

至于许霆案涉及的纵向罪刑均衡问题，很多人都提到了根据现时的经济条件和人民生活水平，根据各地的实际，修改相关司法解释中的盗窃罪数额标准。如广东省有政协委员在省政协会议上提案，建议将盗窃罪中"数额特别巨大"的"3 万元至 10 万元以上"的标准修改提高至 20 万元以上，以符合广东地区的经济发展情况。①在我们看来，根据社会发展水平和经济条件对十余年前司法解释确定的盗窃罪数额标准进行重新确定，从罪刑均衡的角度考虑确是无可厚非的。只是"法律总是具有一定程度的粗糙和不足，因为它必须在基于过去的同时着眼未来，否则就不能预见未来可能发生的全部情况。现代社会变化之疾之大，刑法即使经常修改也赶不上它的速度"②。按照中国目前经济发展的水平和 GDP 增长的速度，恐怕最高人民法院需每两三年确定一次量刑参照数额，方能保证司法解释确定的数额标准更新的及时性和合理性。因而从根本上而言，更需要反思的是对盗窃罪确立合理的入罪标准，尽管犯罪数额是衡量犯罪客观危害的重要判断标准，但决不可以"唯数额论"③，同时必须兼顾考虑其他情节方面的因素。

最后，立足于罪刑均衡理性建构的视角，笔者还认为，从长远来看，立法上不宜对盗窃金融机构与普通盗窃做区别保护。理由是：

其一，如果行为人盗窃金融机构，达到数额较大或数额巨大的标准，由于刑法典第 264 条并未做特别的规定，因此在这种情况下的盗窃金融机构是按普通盗窃来处理的，即判处的刑罚分别是"三年以下有期徒刑、拘役或管制"和"三年以上十年以下有期徒刑"。但如果行

---

① 《广东律协副会长建议提高量刑标准》，载《信息时报》2008 年 01 月 18 日。

② 〔意〕恩里科·菲利：《犯罪社会学》，郭建安译，中国人民公安大学出版社 1990 年版，第 125 页。

③ 有学者指出，许霆案在处理时僵化固守司法解释的数字指南，甘充"拜数字教"的司法信徒，导演了一场"算数司法"。许霆案提醒我们，在我们现在的司法运行中，有一种算数化思维在作怪。这种司法思维，只管片面地对涉案钱物进行计数，却不问案情的总体情势及其轻重缓急如何。当然，这份责任也许不全是法院的，我们的立法者也有份，在我们现有的立法（特别是刑事法）里面，这样的机械算数规定，并不乏见，甚或可以说比比皆是。但是，即使如此，对于这样的立法缺陷，高素质的法官，也应该懂得如何去运用司法方法加以修正和弥补（龙卫球：《告别算数司法，请从许霆案开始！》，载《法学院》2008 年 5 月 8 日第 28 版）。

为人盗窃金融机构且达到数额特别巨大的标准，那就应当适用刑法典第 264 条第 2 款关于"盗窃金融机构，数额特别巨大的"规定，其判处的刑罚一下子就跃到了"无期徒刑或者死刑"，同样是盗窃金融机构，仅因是"数额巨大"还是"数额特别巨大"之分，就会有生死之别，没有任何缓冲的空间，无疑是严重的罪刑结构性失衡，这应该说是我国刑法典第 264 条关于盗窃罪立法的一个比较明显的缺憾。倘若行为人盗窃金融机构，数额刚好达到 3 万元的临界标准，那到底是判处其 3 年以上 10 年以下有期徒刑呢，还是判处无期徒刑或者死刑？不得而知。而这两者之间的悬殊又是如此之大，存在天壤之别，稍有不慎，就会造成非常严重的后果。而倘若立法上不对盗窃金融机构与普通盗窃做区别保护，盗窃金融机构数额特别巨大的，按一般的盗窃罪之相应情形处理，就不会出现这样严重的罪刑失衡问题。果真如此，考虑到许霆案的特殊情况，一审法院判决也就不会判处许霆无期徒刑了。

其二，从宪法和物权法关于"公私财产平等保护"的立场出发，刑法也不宜对"金融机构"给予"特殊关照"而"厚此薄彼"。在 2004 年 3 月十届全国人大二次会议通过的宪法修正案中，明确将"公民的合法的私有财产不受侵犯"的内容写入了宪法。2007 年 3 月 16 日十届全国人大五次会议上高票通过的物权法也鲜明体现了"公私财产平等保护"的核心价值理念。该法第 3 条第 3 款规定："国家实行社会主义市场经济，保障一切市场主体的平等法律地位和发展权利。"第 4 条规定："国家、集体、私人的物权和其他权利人的物权受法律保护，任何单位和个人不得侵犯。"毋庸置疑，作为涉及公民生杀予夺大权的宪法实施法，刑法应当体现宪法关于"公私财产平等保护"的这一立法精神，并且应当考虑同攸关民生的物权法之相关规定保持协调一致。当然，这也是维护国家法制统一和保持法律体系内部协调统一的必然要求。"我们必须把银行等金融机构从等同于国家财产守卫者的神圣位置上请下来，回归到商业机构这一合理、合法的位置上来。如此才能与其他社会个体处于平等的地位，从而实现法律面前人人（包括法人等拟制人）平等的法治原则。在刑法中，盗窃金融机构的应当处以重刑的规定也应当随着我国法治进程的加速，及时做出修改，以便让不同所有者的财产在法律上真正享受同等被保护的'荣誉和尊严'。"①其实，"从保护法益和剥夺法益的对等性角度考虑，也从严格限制死刑乃至最终废除死刑的论断出发，消除刑法第 264 条中关于两类特殊情况下加重处罚乃至最高可以判处死刑的规定应该是一个符合潮流的选择"②。

其三，在现实生活中，像银行等金融机构大都建立了相当严密的技术防范机制和安全报警监控系统。如《商业银行法》第 12 条明确要求"有符合要求的营业场所、安全防范措施和与业务有关的其他设施"作为银行设立的条件之一。其实，早在 20 世纪九十年代初期公安部就出台了《银行营业场所风险等级和防护级别的规定》（GA 38—1992）的行业标准，对银行营业场所风险和防护级别等做了详细规定。因而盗窃金融机构一般很难得逞，除非是抢劫金融机构。故刑法上对其予以特殊保护，实无必要。

六、结 语

许霆案随着最高人民法院于 2008 年 8 月 20 日做出核准的刑事裁定而落下帷幕。行将离开公众视线的许霆案，尽管已尘埃落定，但其留给我们的思考却是沉重而久远的。应当说，许霆案所涉及的法律问题非常广泛，本节只是择其要者就与该案本身密切相关的几个主要法律问题进行了思考和探讨。与之相关的其他法律问题③，我们留待以后做进一步的研究。

应当说，几乎一直处在公众视线与舆论漩涡焦点之中的许霆案，确有许多值得我们细细回味的地方。情理与法律的碰撞、权力与民情的互动、时代与人心的纠结得以在许霆案这一个案中鲜活展现。诚然，

---

① 杨兴培：《"许霆案"的技术分析及其法理思考》，载《法学》2008 年第 3 期。
② 付立庆：《许霆案背后的几点反思》，载《法制日报》2008 年 1 月 20 日第 14 版。
③ 如该案涉及的上级法院法官意见对下级法院判案的潜在影响、司法独立与舆论监督的关系、判决书的说理是否充分、严格遵守法律与自由裁量权的行使及其界限、量刑程序的公开性与透明性、被告人家属相关行为的责任问题等，均值得研讨。

对于许霆案这一个案，断言媒体与司法的双输[①]，未必见得很有道理。但期冀司法实践中达致媒体与司法的双赢，却确应是我们法治的追求，也是公众内心的期盼。因为正是在这种司法实践中，我们的法治观念才得以不断地变革和进步，进而在更深远意义上推动中国法治的发展和完善。当然，现代法治文明理念的确立以及法治的进步和发展，并非可以一蹴而就，而是需要我们不断地去关注、去维护、去历练乃至去引导，从而内生于一个国度、一个社会。因此，在这种意义上，笔者祈望许霆案能成为我国当代民主法治进程中的一块法治的试金石。因为"依托于许霆个案的这场法理讨论和情怀涌动，就是一场有益的法治文明和公民社会的发育、训练与养成。更进一步说，只有这些价值和文明得以确立，才有可能从根本上珍视人性，敬畏法律，公正裁决一个公民的罪与罚、生与死、自由与放逐"[②]。

第二节　利用快钱交易平台漏洞恶意透支信用卡资金行为的定性问题研讨

一、问题的提出

目前，在一些地方，恶意透支型信用卡犯罪收案较多，增长幅度较大，但此类案件的增多，往往既有持卡人自身的问题，同时也有发卡银行管理等方面的问题。正因为如此，无论从刑罚目的或者刑法谦抑的角度，还是从刑事政策的角度，对这类案件的处理都应特别审慎，

---

① 有学者指出，舆论看上去是干涉了司法的独立性，取得了一个能够交代得过去的结果，其实却是一种双输的格局。舆论与媒体输在——改变了结果，但没有改变导致原来那个能够判许霆无期徒刑的原因；司法输在了没有坚持使用现有的、已经生效的法律，而任意改变了法律，"特案特办"正好为司法不独立做了一个注解（五岳散人：《许霆的轻判：媒体与司法的双输》，载《南方都市报》2008 年 4 月 2 日）。

② 刘敏：《许霆案的时代意义》，载《长江商报》2008 年 4 月 1 日。

务必严格遵守罪刑法定原则，不能混淆罪与非罪的界限。如被公安部经济犯罪侦查局、银安委评为 2013 年度"十大精品案例"的李虎盗窃案，就涉及利用快钱（公司）[①]交易平台漏洞恶意透支大量资金行为的定性问题。对于这种行为的定性，该案控、辩、审三方意见分歧很大，控方以信用卡诈骗罪起诉，辩方作无罪辩护，审判方则以盗窃罪定案。孰是孰非，目前尚无定论。应当说，这类案件是司法实践中出现的新型案件，对其定性问题，理论界研究较少，司法实务中对此认识不一也属正常。为有助于此类案件的司法适用，深化对此类案件定性问题的理论研究，本节拟结合李虎盗窃案，对利用快钱交易平台漏洞恶意透支信用卡巨额资金行为的定性问题进行分析。

李虎盗窃案的基本案情是：2012 年 11 月 26 日，被告人李虎以购买汽车为由向中国农业银行股份有限公司（以下简称"农业银行"）赣州城南支行申请开办金穗乐分卡（特种信用卡），留存手机号码为 13437976666。李虎因没有实际购车，农业银行直到 2013 年 4 月 28 日仍持有卡号为 6228360058712051 的金穗乐分卡（以下简称"2051"卡）。李虎通过留存手机号码联系农业银行信用卡中心客服，获取金穗乐分卡的卡号，并成功激活。2013 年 3 月 3 日 7 时许，李虎注册为快钱用户，并于随后利用快钱交易平台明确禁止的方式，即利用信用卡（金穗乐分卡）对信用卡进行还款成功。2013 年 3 月 15 日，李虎发现"2051 卡"超出额度后还可以向其他信用卡成功还款，但快钱交易平台规定最多向 10 张信用卡进行还款，且每张卡最多还款人民币 5 万元，为规避该规定，李虎使用自己以及别人的身份信息，在中国银行股份有限公司的手机银行注册了 600 余个虚拟信用卡账户，利用快钱交易平台存在的漏洞，以逐步蚕食的方式秘密转移农业银行资金 6038 万余元至上述账户以及李虎持有的建设银行、工商银行、交通银行、农业银行、中国银行的银行卡上。另有人民币 890 万元在转移到中国银行的银行卡上之前被快钱公司拦截并冻结。李虎将套取的资金用于银行

---

① 快钱公司（快钱）是国内领先的独立第三方支付企业，旨在为各类企业及个人提供安全、便捷和保密的综合电子支付服务。

存款，购买车子、房子，偿还债务，个人消费等。案发后，快钱公司赔付农业银行人民币 60386465 元，快钱公司从公安机关领取涉案款物人民币 44780801.53 元。[①]

二、关于是否构成信用卡诈骗罪的问题

所谓信用卡诈骗罪，根据《刑法》第 196 条的规定，是指以非法占有为目的，利用信用卡进行诈骗活动，骗取他人数额较大财物的行为。构成本罪，客观方面表现为行为人利用信用卡进行诈骗活动，且骗取财物的数额较大。对于行为人利用信用卡进行诈骗活动，《刑法》第 196 条规定了四种行为形式：一是使用伪造的信用卡，或者使用以虚假的身份证明骗领的信用卡；二是使用作废的信用卡；三是冒用他人信用卡；四是恶意透支。具体到本案，主要涉及是否刑法意义上的"恶意透支"问题。该案公诉机关指控"被告人李虎利用系统漏洞，进行信用卡诈骗活动，恶意透支人民币 6038 万余元，其中 5148 万余元既遂，890 万元未遂，数额特别巨大"。[②]也就是认定李虎的行为属于《刑法》第 196 条规定的"恶意透支"。对此，笔者认为，公诉机关的上述认定并不正确，不符合《刑法》和相关司法解释的规定。《刑法》第 196 条第 2 款对"恶意透支"的含义进行了解释，明确指出"前款所称恶意透支，是指持卡人以非法占有为目的，超过规定限额或者规定期限透支，并且经发卡银行催收后仍不归还的行为"。2010 年 5 月 7 日最高人民检察院、公安部《关于公安机关管辖的刑事案件立案追诉标准的规定（二）》第 54 条第 2 款，以及 2009 年 12 月 3 日最高人民法院、最高人民检察院《关于办理妨害信用卡管理刑事案件具体应用法律若干问题的解释》第 6 条第 1 款，均明确规定"持卡人以非法占有为目的，超过规定限额或者规定期限透支，并且经发卡银行两次催收后超过 3 个月仍不归还的"，才应认定为是《刑法》196 条规定的"恶

[①] 江西省赣州市中级人民法院（2014）赣中刑二初字第 4 号《刑事判决书》。
[②] 江西省赣州市人民检察院赣市检刑诉（2013）80 号《起诉书》。

意透支"。

本案中，李虎的行为是否构成信用卡诈骗罪，则要看其是否《刑法》196 条第 2 款有关"恶意透支"的规定。但从有关案情和证据材料来看，暂且不论李虎主观上是否具有非法占有的目的，就是在李虎超过规定限额透支的情况下，没有在案证据能证实李虎所持的涉案信用卡的发卡行——赣州市农业银行在李虎信用卡超过规定限额或者规定期限后甚至直到目前，曾向李虎进行过催收，更不用说经两次催收后超过 3 个月仍不归还了。另有在案的支付宝系统中李虎"2051"农行信用卡还款账单查询（对账单），显示其当期应还款总额为 4391987.78 元，到期还款日期为 2013 年 4 月 17 日。也就是说，在李虎因涉嫌非法拘禁罪于 2013 年 1 月 22 日被公安机关刑事拘留以及同年 4 月 13 日被执行逮捕时，其都尚未超过规定还款期限，而且此一对账单也只是发卡行的提示性通知，而非《刑法》第 196 条第 2 款所规定的正式意义上的"发卡银行催收"。事实上，在 2013 年 4 月 17 日李虎信用卡到期还款日时，李虎早已被公安机关采取刑事强制措施，客观上也无法直接归还信用卡透支款。而且从李虎涉嫌信用卡诈骗罪案发原因来看，也是李虎因涉嫌非法拘禁罪被公安机关采取刑事强制措施后主动交代的，而非发卡银行或者快钱公司催收后仍不归还再报案引起案发。快钱公司向公安机关报案的时间是 2013 年 4 月 17 日，而在此之前李虎在供述中就向公安机关如实坦白了其涉案信用卡透支的有关事实。

综上可见，李虎利用信用卡对涉案款项的透支，虽属于超过规定限额（26 万元）的透支，但不具备"经发卡银行两次催收后超过 3 个月仍不归还"这一要件，即发卡银行并没有在李虎超过规定限额或者规定期限透支后进行两次催收，进而也就不存在经发卡银行催收后"超过 3 个月仍不归还"的情况。故李虎对涉案信用卡的透支并非《刑法》第 196 条第 2 款所规定的"恶意透支"，公诉机关对李虎犯信用卡诈骗罪的指控是不能成立的。按照罪刑法定的原则，李虎的行为不应当认定为信用卡诈骗罪。

三、关于是否构成盗窃罪的问题

所谓盗窃罪，根据《刑法》第 264 条的规定，是指以非法占有为目的，秘密窃取公私财物，数额较大，或者多次盗窃、入户盗窃、携带凶器盗窃、扒窃公私财物的行为。本罪的主观方面是直接故意，即明知是他人或者单位所有或持有的财物，以非法占有为目的，实施窃取财物的行为。如果不具有非法占有他人财物的目的，或者没有以秘密窃取的方法，将公私财物转移到自己的控制之下进行非法占有，那么都不构成盗窃罪。具体到本案，一审判决认定"被告人李虎以非法占有为目的，窃取他人财物共计人民币 60386465 元"。[①] 对此，笔者认为，虽然本案涉案款项数额特别巨大，但李虎的行为并不完全符合盗窃罪构成要件中秘密窃取的客观行为特征。

首先，李虎的行为不完全符合"秘密"窃取的特征。其一，李虎是用真实的身份信息、手机号等申请和激活涉案的"2051 卡"的，其在快钱上注册并且将"2051 卡"上的资金转移到有关银行卡上，用的也都是真实身份信息，身份是公开的，银行、快钱公司完全可根据账户信息和转账记录等追查到李虎。对于银行和快钱公司而言，李虎的注册、转账等信息都是有记录的，也是可以掌控的。其二，在案的《金穗信用卡电子对账单》和快钱公司自动发送给李虎的多封邮件，表明李虎通过"2051 卡"透支的每笔涉案款项，涉案银行和快钱公司都是知情的，并且公开确认了每笔交易行为。如快钱公司系统于 2013 年 4 月 7 日中午 11：11 发给李虎的《个人账单处理邮件通知》的邮件内容就显示："亲爱的中国银行信用卡还款用户：您于 2013 年 04 月 02 日通过快钱账单中心系统向尾号为 9711 的信用卡还款 50000 元，已还款成功。欲查询还款明细，请登录您的快钱账户。"除此之外，其他李虎通过"2051 卡"转给其相关信用卡的每笔涉案款项，快钱公司系统也

---

① 江西省赣州市中级人民法院（2014）赣中刑二初字第 4 号《刑事判决书》。

都给李虎发送了题为《个人账单处理邮件通知》的确认邮件。又如涉案银行也通过电子邮件的形式向李虎发送了多份《金穗信用卡电子对账单》，《金穗信用卡电子对账单》上记录和确认了涉案的"2051 卡"上详细的交易信息和应还款额、还款日期等事项。其三，李虎也自认为银行发现其透支涉案款项没有问题。前面已述，李虎在 2013 年 7 月 11 日的有关供述笔录中就曾明确提到"而且我认为他们发现了也没有问题"。李虎之所以有这种想法，是基于其认为信用卡都是有还款期限的，只要其在规定的还款期限内将款项还上就没事的心理。事实上，涉案银行的《业务提示》也规定，允许信用卡透支 2 个月，且每月收取 5%的超限费。这也进一步表明李虎并不属于采取自认为不被财物所有人或者占有人发觉的方法转移涉案款项。

其次，李虎的行为也不完全符合盗窃罪中"窃取"的特征。所谓窃取，一般是指违反财物所有人或者占有人的意思，因隐蔽手段排除他人对财物的支配关系，将财物转移给自己或者第三者占有。在本案中，李虎的行为方式非常特殊，他既没有通过侵入涉案银行或者快钱公司，或者采取技术手段篡改快钱公司系统程序从而透支涉案款项，也没有通过输入虚假的账户信息等恶意取款，其输入的都是真实身份信息和账户资料，只是利用了快钱公司交易平台的漏洞，通过正常的转款操作方式获得了对涉案款项的支配权，与一般"窃取"的行为特征相去甚远。这相当于是快钱公司的"系统"出现了问题而默许操作，快钱公司本身就应当承担重要责任和相关经营风险，而不应一味地把责任往转款人身上推诿。

最后，李虎没有占有涉案银行人民币 60386465 元的合法根据并不意味着就是盗窃。一审判决还认定"在本案中，李虎在没有占有农业银行人民币 60386465 元的合法根据的情况下……该行为符合盗窃罪犯罪构成要件"。对此，笔者认为，李虎没有占有涉案款项的合法根据，与其行为是否属于盗窃无必然的联系和直接因果关系。对有关款项没有占有的合法根据，也可能是民事上的不当得利或者其他法律性质的行为，而不一定与盗窃有关。

214

总之，而对于本案这样连刑法意义上的"恶意透支"都算不上的透支，应更多依靠民事纠纷解决机制处理，动用刑罚应当特别慎重。而对于本案这样连刑法意义上的"恶意透支"都算不上的透支，轻率地以信用卡诈骗罪或者盗窃罪进行刑事追究，并不见得妥当。

第三节 抢夺被行政扣押的本人机动车之定性问题研讨

一、问题的提出

近年来，抢夺被公安交通管理部门依法行政扣押的本人机动车案件时有发生，这类案件在刑法上应该做何种评价，目前司法实践中分歧很大，有的主张定抢夺罪，有的主张定抢劫罪，有的主张定非法处置扣押的财产罪，还有的主张定妨害公务罪等。由于此类案件情况较为复杂，且涉及对有关刑法中公共财产内涵的理解、对物权性质的判定和行政执法权的保护等问题，因而处理起来比较棘手。正是由于认识上的分歧，司法实践中对此类案件的司法处理也不尽一致，严重影响了司法适用标准的统一、严肃，亟待进行深入研究。

下面笔者结合一则典型案例——刘某妨害公务案，对此类型案件的定性和刑法评价问题进行分析。刘某妨害公务案的基本案情如下：2009 年 2 月 13 日 9 时许，刘某驾驶轿车非法营运载客行至北京市海淀区滨河路时被北京市交通执法总队第二执法大队稽查人员查获，稽查人员将该车扣押，并移交给北京东外停车管理有限公司驾驶员董某。其后，刘某在海淀区宝盛里小区东侧路口红绿灯处发现董某驾驶其被扣的车辆途径此处，遂上前将车拦住，并打开车门，强行将董某拽下车，后将该车开回家中。上述车辆经鉴定价值人民币 24300 元。

二、被公安交通管理部门依法行政扣押的本人机动车是否属于《刑法》第91条所指的"公共财产"

《刑法》第91条规定："本法所称公共财产，是指下列财产：（1）国有财产；（2）劳动群众集体所有的财产；（3）用于扶贫和其他公益事业的社会捐助或者专项基金的财产。在国家机关、国有公司、企业、集体企业和人民团体管理、使用或者运输中的私人财产，以公共财产论。"上述典型案件中，就涉及能否将被公安交通管理部门依法行政扣押的本人机动车以公共财产论的问题。司法实践中一种有力的观点认为，涉案机动车系刘某本人的私人财产，虽然该车因从事非法运营或者发生交通事故而被公安交通管理部门暂扣，但这种暂扣行为只是对刘某给予行政处罚的一种保障措施，并不能改变财产的所有权性质。公民的私人财产所有权不受侵犯，这是一项宪法原则，国家机关管理、使用公民的个人财产，必须履行相应的法律手续后，相关财产才能以公共财产论，才能得到更有效的保护，这也是立法的本意，而公安交通管理部门对刘某机动车的暂扣行为，只是一种临时性的、限制性的惩罚措施，与管理、使用不是一个概念，不能当作在国家机关、国有公司、企业、集体企业和人民团体管理、使用或者运输中的私人财产，故涉案机动车不能以公共财产论。对此，笔者认为，上述观点值得商榷。《刑法》第91条第2款规定把相关特定状态下的私人财产拟制为公共财产，体现了刑法对国家机关管理中的私人财产的合法占有权的保护。这种占有权既不容许第三人非法侵犯，也不允许财物所有权人侵犯。在公安交通管理部门已对刘某的机动车依法行政扣押后，该机动车就已成为在国家机关管理的财产，依法应以"公共财产论"。因为在这种特殊情形下，对本人机动车的盗抢行为同样侵犯了刑法保护的财产法益，不能以私人对财物的所有权否认国家对该财产的合法占有权。在本人机动车被依法行政扣押的情况下，涉案机动车完全可以成为盗抢的行为对象的。刘某以抢夺、盗窃的方法将国家机关管理下的本人机动车开走，直接侵犯了国家机关对公共财物的占有权，应当追究其刑事责任。这里需要注意的是，被公安交通管理部门依法行政扣押的本人机动车，能以"公共财产论"，并不意味着"以公共财产论"实际上要改变车辆的权属，其意在强调公安机关对该车辆的保管责任。

三、对此类案件该定何罪的分析

《刑法》第 277 条第 1 款规定："以暴力、威胁方法阻碍国家机关工作人员依法执行职务的，处 3 年以下有期徒刑、拘役、管制或者罚金。"具体到刘某妨害公务案，笔者认为：第一，刘某的行为完全符合妨害公务罪的主客观构成要件，应以妨害公务罪论处。具体来说，刘某出于对国家机关工作人员依法查扣车辆的不满，为避免受到行政处罚，而采取暴力手段公然抗拒国家机关工作人员的执法行为，具有严重的社会危害性。虽然驾驶涉案车辆的董某受国家机关的委托实施扣押并移送违法车辆的行为，应视为北京市交通执法总队公务行为的延续，其性质仍属于从事公务活动，可以成为妨害公务罪的侵害对象。故刘某的行为应以妨害公务罪定罪处罚。第二，虽然被公安交通管理部门依法行政扣押的本人机动车可以成为盗抢行为的对象，但是综观全案来看，刘某的行为不符合抢夺罪或者抢劫罪的构成要件，不构成抢夺罪或者抢劫罪。根据《刑法》有关规定，构成抢夺罪或者抢劫罪，均要求行为人主观上具有非法占有财物的目的。但就刘某妨害公务案来说，刘某在整个过程中的行为，其主观上始终认为涉案车辆系其个人财产，并未产生非法占有他人财物的犯意，而且其也未采取趁他人不备公然夺取财务的行为。故根据主客观相一致的原则，对刘某的行为不能以抢夺罪或者抢劫罪论处。第三，对刘某的行为也不应定非法处置扣押的财产罪。《刑法》第 314 条规定："隐藏、转移、变卖、故意毁损已被司法机关查封、扣押、冻结的财产，情节严重的，处三年以下有期徒刑、拘役或者罚金。"该条文是《刑法》第六章第二节"妨害司法罪"中的规定。非法处置扣押的财产罪的犯罪对象是指司法机关在诉讼过程中，为保证诉讼的正常进行扣押的财产。而本案中，公交管理部门开具交通管理行政强制措施凭证，暂扣原审被告人的车辆，系行政执法行为。因此，以刘某"扰乱了司法机关正常的管理秩序，其行为侵害的客体应为司法秩序"，并以此认定其行为构成非法处置扣押的财产罪的观点，显然是混淆了公安机关行政执法职能与刑事司法职能的界线，从而导致适用法律错误。

第四节　诈骗罪客观方面若干疑难问题研讨

根据《刑法》第266条的规定，诈骗罪是指以非法占有为目的，用虚构事实或者隐瞒真相的方法，骗取公私财物，数额较大的行为。本罪的主观方面是直接故意，且以非法占有为目的；客观方面表现为用虚构事实或者隐瞒真相的欺骗方法，骗取公私财物，数额较大的行为。诈骗行为突出的特点，就是行为人设法使被害人产生错误认识，进而"自觉地"将财物交付给行为人，行为人或者第三人获得财物，被害人遭受财产损失。从诈骗罪司法实践的情况看，司法机关在民事欺诈与诈骗行为界限的把握、带有一定欺骗性的手段方法与诈骗罪实行行为（虚构事实或者隐瞒真相）界限的把握上，存在一定的争议和分歧，值得进行深入研究。

一、民事欺诈行为与诈骗行为界限的把握问题

如司法实践中有一种比较常见的情形，就是行为人在签订、履行合同的过程中夸大自己的履约能力，或者不告知合同标的物之内在瑕疵，不声明自己履行合同能力之缺陷等，进而与受害人签订、履行合同，受害人支付相关钱款后，事后又发觉上当受骗报案。那么，对于这种情况下行为人的行为该如何评价？笔者认为，从签订和履行合同过程中有无诈骗行为的角度考察，行为人在签订和履行合同过程中如果没有诈骗行为，当然不能认定是诈骗犯罪。但即使有欺诈性行为也不一定就是诈骗罪的实行行为。一般说来，在签订和履行合同的过程中，即使行为人在某些事实上存在欺骗性的成分，也不能不区分情况，

一概而论。在这种情况下，我们应当辨清其欺骗性因素在整个案件中所起的作用及其对受害人财产损失的原因力。应当划清以非法占有为目的的虚构事实或隐瞒真相与民事欺诈行为的界限。如行为人只是夸大、虚构了部分事实，但并未严重影响合同的履行或者并未影响合同的整体履行，或者合同未能完全履行，但行为人愿意承担违约责任的，这均足以说明行为人无非法占有他人财物的目的，故不能以相关诈骗犯罪追究刑事责任，而只能按照民事欺诈论处。

另外，应当指出的是，在民事诈欺中，当事人采取欺骗方法，目的不外乎是使相对人做出有利于自己的法律行为（即发生、变更和消灭一定的民事法律关系），然后通过双方履行这个法律行为谋取一定的"非法利益"，其实质是谋利。基于此，民事诈欺之"虚构事实"通常表现为行为人夸大自己的履约能力，夸大合同标的数量、质量等；"隐瞒真象"则多表现为不告知合同标的物之内在瑕疵，不声明自己履行合同能力之缺陷等。因此行为人若只在个别合同事项上用欺诈性手段或不履行告知义务致使合同违反公平交易原则，为自己谋取高于合同义务之利益。最终的目的并不是为了骗取合同对方的财物，而是为了达成协议或交易，通过履行合同获取高于合同义务之利益。不能认定为具有非法占有他人财物的目的，按诈骗犯罪论处。从法律关系的性质上说，这应属于签订、履行煤矿转让合同过程中当事人之间因权利义务承担的公平与否而产生的民事纠纷，应当通过《民法通则》《合同法》等民事法律进行调整和规范，与刑法中的合同诈骗犯罪相去甚远。总之，不应混淆罪与非罪的界限，把民事欺诈行为作为诈骗犯罪处理。

二、行为手段上有一定欺骗性是否构成诈骗罪的充分条件

揆诸司法实践，不少案件中因行为人的手段方法上带有一定的欺骗性因素，最后被人民法院当作了认定行为人构成诈骗罪的重要依据。这就涉及行为手段上有一定欺骗性是否构成诈骗罪的充分条件的问题。下面笔者结合一则典型案例进行分析。该案的基本案情如下：

2005 年开始，被告人王龙正与何关伦等人陆续借款给黄向荣供黄

在澳门赌博以赚取利息。至 2006 年 9、10 月，王龙正累计有人民币 1000 余万元借款因黄向荣赌博亏损而无法收回。为使黄向荣在赌场上翻身从而能收回借款，王龙正利用方志奇需要用港币在湖南株洲注册外资公司之机，以帮方志奇兑换港币为名叫方志奇汇款。2006 年 10 月，方志奇按王龙正的要求，分两次将共计 700 万元汇到王龙正指定的账号。王龙正将该 700 万元通过地下钱庄汇给黄向荣用于在澳门赌博、洗码，并按月收取利息。王龙正为收回借款，同时获取巨额利润，欲与黄向荣各出资 4000 万元在澳门新葡京澳博公司下面投资开设赌厅。同年 11 月 30 日至 12 月 3 日，王龙正到澳门同黄向荣一起与澳门方商谈开设赌厅之事。同年 12 月 18 日，王龙正又以帮方志奇换港币为名，叫方志奇将 1900 万元打入其提供的账号，并通过地下钱庄汇给黄向荣用于在澳门赌博、洗码或将来赌厅办成作入股资金。上述 2600 万元至今无法追回。①

在上述案件中，终审裁定认定王龙正对方志奇虚构了帮助方换港币的事实、向方志奇隐瞒资金提供给黄向荣在澳门赌博、洗码或投资赌厅之用的事实，并诱使方志奇不要报案，据此认为王龙正使用了虚构事实、隐瞒真相的手段方法。在此姑且不论证明王龙正采用了虚构事实、隐瞒真相的手段方法的证据是否确实、充分，退一步说，即使王龙正在手段方法上或者要求方志奇汇款的理由上存在一定欺骗性的成分，我们也应当进行审慎、综合的分析，辨清其欺骗性因素在整个案件中所起的作用和对方志奇财产损失的原因力，区别对待，而不能不区分情况一概而论。尤其是应当划清以非法占有为目的的虚构事实、隐瞒真相与一般的没有非法占有目的的欺骗性行为的界限。就本案来说，即使王龙正要求方志奇汇款的手段方法上具有一定的欺骗性，但其对整个案件的定性不发生决定性的影响，对于方志奇财产的损失也没有直接的原因力，方志奇涉案款项的损失主要是因为黄向荣在澳门赌博输了，以致无法归还，而不是其他别的原因。总而言之，王龙正要求方志奇汇款的手段方法上具有一定的欺骗性与是否诈骗方志奇涉

---

① 浙江省高级人民法院（2012）浙刑二终字第 63 号《刑事裁定书》。

案款项之间是没有直接的因果关系和必然联系的。也就是说，行为手段上有一定欺骗性并非构成诈骗罪的充分条件。

最后，还值得一提的是，虽然涉案的 2600 万元客观上无法追回，但并不能以此结果来反推行为的性质。诈骗罪的认定应当结合全案的案情，以案件的全部事实为根据，按照主客观相统一的原则，进行综合分析认定，从而做出正确的司法判断。不能因为方志奇遭受了 2600 万元的财产损失，就想当然地认定王龙正具有诈骗罪中非法占有对方财物的目的，其行为就构成诈骗罪。任何脱离主客观相统一的原则来分析认定王龙正行为性质的做法，都会陷入认识上的误区。在司法实践中，由于某些客观方面的原因，行为人长期拖欠款项不还或者隐瞒真相而获得款物，到期不能偿还的，只要没有非法占有的目的，确实打算偿还的，仍属借贷纠纷，不构成诈骗罪。本案也属于这种情形，正是因为黄向荣在澳门赌博输了，致使涉案的 2600 万元客观上无法归还方志奇，而非王龙正或者黄向荣主观上不想偿还，想非法占有该笔款项，故而不应轻率地定性为诈骗罪。

第五节　职务侵占罪主体若干疑难问题研讨

根据我国《刑法》第 271 条第 1 款的规定，职务侵占罪是指公司、企业或者其他单位的人员，以非法占有为目的，利用职务上的便利，采取侵吞、窃取、骗取以及其他手段，将本单位财物非法占为己有，数额较大的行为。可见，构成职务侵占罪，其犯罪主体必须是特殊主体，即公司、企业或者其他单位的人员。从理论上说，职务侵占罪的主体范围比较清晰，但在司法实践对于某些特殊主体，诸如公司的委托代理人、公司工程项目部实际控制人等，能否认定为公司、企业或者其他单位的人员，就存在较大争议。鉴于此，本节拟结合相关典型案例，就上述职务侵占罪主体方面的疑难问题进行探讨。

一、公司的委托代理人能否成为职务侵占罪的主体

下面我们先来看一则典型案例——余静职务侵占案。该案的基本案情如下：2002 年 12 月，南京鲁星公司发给余静法人委托书，余静以南京鲁星公司委托代理人名义与浙江英特药业等六家公司签订合同、洽谈业务。余静利用担任南京鲁星公司浙江办事处业务经理的职务便利，以浙江英特药业等六家公司的名义要求南京鲁星公司给予客户返利，经公司领导批准后，并按照销售数量将 3%的返利款汇入被告人余静的账户，由余静负责将该款项交付上述六家公司。至 2007 年 10 月，余静在取得返利款共计人民币 1191873 元后并未交付给上述六家公司，而是占为己有。[①]

应当说，余静是否具备职务侵占罪的犯罪主体资格，不仅涉及委托代理人能否归属于"公司、企业或者其他单位的人员"的范围这一重大的法律问题，而且也事关罪刑法定原则的贯彻和刑法人权保障机能的维护。笔者认为，由余静与南京鲁星公司之间存在委托代理关系这一事实，并不能据此就得出余静系南京鲁星公司职工的结论。

首先，民法上委托代理的主要意义在于扩大民事主体的活动范围以及弥补某些民事主体行为能力的不足，而双方之间存在民法上的委托代理关系与是否为本单位职工之间并不存在必然的联系和因果关系。如果依据双方之间是否存在委托代理关系（法人授权委托书）就认定身份的归属，那么职务侵占罪中犯罪主体的范围就会宽泛无边，"公司、企业或者其他单位的人员"的外延也会失去客观界限。如基于法人授权委托书代理公司从事一定诉讼活动的律师，其与公司之间也存在委托代理关系，那能否据此就认定其属于该公司本单位的人员呢？显然不能。可见，以余静与南京鲁星公司之间存在委托代理关系、余静在委托代理权限范围内代表南京鲁星公司与其他单位签订经济合同及办理其他经济事务，就认定其属于南京鲁星公司本单位的人员，

---

① 江苏溧水县人民法院（2008）溧刑初字第 106 号《刑事判决书》。

从而认为余静具备职务侵占罪的犯罪主体资格，这种结论是有失武断的，而且也难以令人信服。因为这不仅不适当地扩大了职务侵占罪犯罪主体的范围以及刑罚的打击面，而且也违背了《刑法》第271条第1款的立法本意。

其次，在界定公司、企业或者其他单位的人员的范围时，必须以是否依法签订劳动合同、确立劳动关系为标准，来判断是否是公司、企业或者其他单位的人员。因为公司（企业）与从业人员签订了劳动合同，就意味着双方确立了劳动关系，明确了双方的权利和义务关系，这些从业人员应是公司（企业）职工，当无疑义。在本案中，余静是否系南京鲁星公司本单位的人员，不仅要通过其公司员工名册查证核实，而且也要看南京鲁星公司与余静是否确立有劳动关系。而根据在案证据材料所能证实的事实，余静与南京鲁星公司之间不仅未签订任何的劳动合同、没有享受相应的养老保险和医疗保险，而且也未确立《合同法》上所指的事实劳动关系。退一步讲，即使余静未按照法人授权委托书的规定进行代理或滥用代理权，其应承担的也只是民法和合同法上的民事责任，而与刑事责任无涉。

再次，没有相关法律和司法解释将"委托代理人"规定或解释为职务侵占罪犯罪主体中"公司、企业或其他单位的人员"。委托代理人是否属于职务侵占罪的犯罪主体范围，还涉及"公司、企业或者其他单位的人员"外延的解释问题。按照刑法理论的通说，该罪的主体一般是指以下三种人：一是股份有限公司、有限责任公司的董事、监事，这些董事、监事必须不具有国家工作人员身份，他们是公司的实际领导者，具有一定的职权，当然可以成为本罪的主体；二是上述公司的其他人员，是指除公司董事、监事之外的经理、部门负责人和其他一般职员和工人。这些经理、部门负责人以及职员也必须不具有国家工作人员身份，他们或有特定的职权，或因从事一定的工作，可以利用职权或工作之便侵占公司的财物而成为本罪的主体；三是上述公司以外企业或者其他单位的人员，如集体性质企业、私营企业、外商独资企业的职工，国有企业、公司、中外合资、中外合作企业等中不具有国家工作人员身份的职工等。应当说，除非有相关法律或有权解释对职务侵占罪中犯罪主体的范围做过明确规定，否则不宜对"公司、企业或其他单位的人员"的外延做不利于被告人的扩张解释，这也是罪刑法定原则的基本精神和题中应有之义。事实上，目前也没有相关的法律和司法解释将"委托代理人"规定或解释为职务侵占罪中"公司、企业或其他单位的人员"。

最后，还应当特别指出的是，虽然职务侵占罪与《刑法》第 382 条规定的贪污罪在客观方面有相似之处，贪污罪的犯罪主体也包括受国家机关、国有公司、企业、事业单位、人民团体等委托管理、经营国有财产的人员，但不能因此而进行简单的机械类比，认为职务侵占罪的犯罪主体也包括受公司、企业或其他单位委托管理、经营本单位财产的人员。因为贪污罪与职务侵占罪在侵害的客体、主体方面有着根本的区别，而且贪污罪的犯罪主体包括上述受委托管理、经营国有财产的人员是《刑法》第 382 条第 2 款明文规定的。

综上所述，除非有法律法规或司法解释对此做出过明确规定，否则不应对"公司、企业或其他单位的人员"的外延做不利于被告人的扩张解释，并将"委托代理人"包括在内。这也是司法机关坚持严格依法办案，实事求是地、公正地、妥当地处理本案及案件当事人，切实维护当事人的合法权益，体现我国刑事法治的公平、正义、理性、和谐精神的客观要求。事实上，目前也很少见到最高人民法院、有关省高级人民法院在有关刑事或者民事案件的审判中仅依据委托代理关系而将"委托代理人"认定为公司员工的判例。

二、公司工程项目部实际控制人能否成为职务侵占罪的主体

对于公司工程项目部实际控制人能否成为职务侵占罪的主体的问题，笔者同样结合一则典型案例进行分析。该案的基本案情如下：被告人聂真利用其与广东源天工程公司签订的"合作武汉张公堤工程的《合作协议》"为条件，对武汉张公堤工程项目的管理形成了实际控制权，利用其掌握该工程实际管理权的条件，指使他人将该合作实体项

目部工程资金转出后，非法占为己有，数额巨大。[①]

笔者认为，在本案中，被告人聂真与源天公司并不存在隶属关系，而是因投标建设张公堤工程而成立的临时性的合作关系，聂真既不属于源天公司的工作人员，也未在张公堤项目部担任实际的职务，难以将其认定为公司、企业或者其他单位的人员，其不具备职务侵占罪的犯罪主体资格。虽然在案证据显示，源天公司下发的相关文件曾任命聂真担任项目部总经济师，但这只是形式上的，并不具有实际意义，是为应付工程发包方的查账等而下发的文件。如该案证人李明在《讯问笔录》中多次指出："聂真任不任职务都不重要，在项目部任命职务只是为了按业主的要求做到机构齐全，在项目部任职只是应付业主的需要""当时好像下过一个文件说任命聂真为总经济师，是源天下的文，不过在项目部任命职务只是形式上的，真正能做主不在有没有文件"；证人邓文根在《讯问笔录》也提到"任命聂真为总经济师是为应付查账"等，故而在认定聂真的主体身份时，不能只看形式，而要着重从实质上进行分析，不能仅据此而认定聂真属于公司、企业或者其他单位的人员。此外，应当注意的是，一审法院认定聂真是张公堤项目部管理的实际控制人，那能否据此认定聂真具备职务侵占罪的犯罪主体资格呢？这不无疑义之处。在刑法理论上，这涉及工程项目部实际控制人是否属于公司、企业或者其他单位人员的问题，对此法律上没有明文规定，也未见有相关的司法解释予以明确。从罪刑法定主义的精神和有利被告的原则出发，在理解《刑法》第 271 条第 2 款规定的职务侵占罪的犯罪主体范围时，应当从严把握并做出合理的限制解释，将工程项目部实际控制人排除在职务侵占罪的犯罪主体范围之外为宜。

[①] 河南省中牟县人民法院（2009）牟刑初字第 99 号《刑事判决书》。

第六章

妨害社会管理秩序罪

第一节 危害计算机信息系统安全犯罪相关司法解释规定探讨

2011 年 9 月 1 日，为依法惩治危害计算机信息系统安全的犯罪活动，最高人民检察院、最高人民法院联合颁布了《关于办理危害计算机信息系统安全刑事案件应用法律若干问题的解释》（以下简称《解释》）。总体而言，该《解释》体现了宽严相济基本刑事政策的精神，内容具体而详实，充分反映了社会发展的客观需要，在增强刑法相关规定的可操作性、明确适用范围、量化情节及后果的衡量标准等方面做出了值得称道的努力，对于司法机关正确适用刑法相关规定，依法惩治危害计算机信息系统安全的犯罪活动，具有重要的指导意义。但同时也应当指出的是，《解释》有关规定并非尽善尽美，也存在不少不足之处，值得进一步改进完善。

一、关于"专门用于侵入、非法控制计算机信息系统的程序、工具"的范围

《解释》第 2 条明确了《刑法》第 285 条第 3 款规定的"专门用于

侵入、非法控制计算机信息系统的程序、工具"的具体范围，将其限定为三类特定的程序、工具，基本上是合理的。其中，对于第一类"具有避开或者突破计算机信息系统安全保护措施，未经授权或者超越授权获取计算机信息系统数据的功能的"、第二类"具有避开或者突破计算机信息系统安全保护措施，未经授权或者超越授权对计算机信息系统实施控制的功能的程序、工具"，外延似不尽周延，宜对其表述稍做修改，将具有授权终止后获取计算机信息系统数据功能的以及对计算机信息系统实施控制功能的程序、工具涵括进去。换言之，应将《解释》第2条第1项、第2项修改表述为："（一）具有避开或者突破计算机信息系统安全保护措施，未经授权、超越授权或者授权终止后获取计算机信息系统数据的功能的；（二）具有避开或者突破计算机信息系统安全保护措施，未经授权、超越授权或者授权终止后对计算机信息系统实施控制的功能的"。

二、单位和个人实施危害计算机信息系统安全犯罪的定罪量刑标准问题

《解释》第7条明确了明知是非法获取计算机信息系统数据犯罪所获取的数据、非法控制计算机信息系统犯罪所控制的计算机信息系统，而予以收购、代为销售或者以其他方法掩饰、隐瞒行为的定性问题，即按《刑法》第312条规定的"掩饰、隐瞒犯罪所得罪"处理。该罪的犯罪对象是"犯罪所得"，外延较为宽泛，应包括除《刑法》第191条规定的洗钱罪上游犯罪以外的所有犯罪之犯罪所得，不限于赃物，也不仅指金钱或者物品等有形财物，还包括数据、计算机信息系统等。这在立法上是解释得通的。至于该条规定的不足之处，主要是第7条第3款对单位实施上述行为的定罪量刑标准问题。由于单位主体的特殊性以及社会危害性较大，故而单位实施上述行为的定罪量刑标准与自然人实施上述行为的定罪量刑标准理应有所区分，故而建议修改目前的规定"单位实施第一款规定行为的，定罪量刑标准依照第一款、

第二款的规定执行",对单位的定罪量刑标准单独做出规定。

三、关于"计算机信息系统"和"计算机系统"的界定问题

《解释》第 11 条第 1 款对《刑法》第 285 条、第 286 条使用的"计算机信息系统"和"计算机系统"两个概念未加以区分,而是统一进行解释,基本是可以成立的。但将其涵义界定为"具备自动处理数据功能的设备",还是值得商榷。《中华人民共和国计算机信息系统安全保护条例》(以下简称《条例》)第 2 条明确界定了"计算机信息系统"的概念,即是指"由计算机及其相关的和配套的设备、设施(含网络)构成的,按照一定的应用目标和规则对信息进行采集、加工、存储、传输、检索等处理的人机系统"。从语词意涵和语言表达习惯来看,这一界定相对而言更为科学、贴切和专业,而将"……系统"解释为"……设备"似乎有些牵强。同时,该《条例》第 5 条也明文规定:"中华人民共和国境内的计算机信息系统的安全保护,适用本条例"。考虑到相关法律法规的协调和统一适用,故建议《解释》中所称的"计算机信息系统"和"计算机系统"直接以《条例》第 2 条的界定为准即可,而无须多此一举,另行对上述概念重新进行解释。

退一步讲,即使不按照《条例》对"计算机信息系统"概念的表述,也应当对该条规定稍做增补修改,即在"设备"一词之后增加"设施"。设施不同于设备,是指为某种需要而建立的机构、组织、建筑等。设备一词无法涵括设施的内涵。如网络(network,由具有无结构性质的节点与相互作用关系构成的体系)作为计算机信息系统的一部分,就是设施,而非设备。如果是网络设备,则是指集线器、交换机、网桥、路由器等。而且《条例》第 2 条在界定"计算机信息系统"的概念时,也是明确将中心词"设备、设施(含网络)"并列的。

四、关于"身份认证信息"的界定问题

《解释》第 11 条第 3 款采用概括加列举的方法对"身份认证信息"

的内涵和外延进行了解释，外延列举包括账号、口令、密码、数字证书等。应当说，对身份认证信息的列举考虑到了司法实践中的具体情形，但还是存在一定的局限性。因为随着科技的发展，近年来在身份认证技术中，采用数字签名、生物特征（如指纹、面貌、声音、视网膜等）、序列号等作为计算机网络中确认操作者身份（身份认证信息）的现象越来越普遍。如数字签名在电子商务中作为识别签名人、对相关文件内容确认和承担责任等方面就应用很广泛，与传统商务活动中的签名盖章作用相同；另外如某些先进笔记本操作程序的启动通常采用机主的指纹识别；再如，在计算机中安装正版杀毒软件时，作为身份识别，通常应当输入序列号等。故而建议在本条增加列举"数字签名""生物特征""序列号"等身份认证信息，即建议把"包括账号、口令、密码、数字证书等"这一表述修改为"包括账号、口令、密码、数字证书、数字签名、生物特征、序列号等"。

第二节 惩治黑恶势力犯罪的法理思考

一、我国黑恶势力犯罪的演变与发展

（一）建国前：黑恶势力犯罪的产生和形成

新中国成立以前，帮会和黑社会组织就一直存在过。早在清代，就有天地会、哥老会和青帮①等三大帮会组织。民国初年，帮会势力一度恶性膨胀，如最为著名的以黄金荣、杜月笙和张啸林为首的青帮三大亨，尽管当时还仅仅是外国殖民者手下豢养的打手，在国内政治舞台上还没有形成气候，但其帮会组织已具备了黑社会组织的结构和

---

① 天地会是洪二和尚郑开于乾隆二十六年在福建云霄高溪观音亭所创立；哥老会由啯噜逐渐演化而成，啯噜最早是雍正末、乾隆初进入四川的外省移民和四川本省游民所结成的武装抢劫集团；青帮由咸同年间漕运水手行帮演变而成，而且与秘密教门罗教有着密切关系。（秦宝琦著：《江湖300年：从帮会到黑社会》，中国社会科学出版社2011年版，第1-2页。）

特点，成为上海滩最大的黑帮。上海青帮利用黑白两道的地位，攀附洋人、勾结官僚政客，广收门徒，不断扩充势力，不仅大肆从事鸦片走私，经营赌场、妓院，而且也经营合法工商业、金融业，并且把触角伸入了演艺界。在蒋介石发动的"四一二"政变中，以三大亨为首的上海青帮投靠国民党当局，成为反共的打手，为国民党当局反共立下了汗马功劳，成了国民党政府的统治基础，"四一二"事变可以说是上海青帮从旧式帮会向黑社会蜕变完成的标志。①一言以蔽之，经过清末民初的风风雨雨和民国时期的打打杀杀、政治投机，上海青帮终于从一个下层群众的帮会组织逐步完成了向黑社会组织的蜕变。至于上海青帮三大亨最后不同的人生结局，黄金荣愿意悔过却难以自新，杜月笙晚年凄凉客死香港，张啸林暴毙在军统枪口下，这是后话。

（二）建国后至 20 世纪 70 年代：黑恶势力犯罪基本绝迹

新中国成立初期，建立了工会、农会等劳动者的组织，帮助广大穷苦百姓解决就业和生活问题。帮会以往那种互助和抗暴的功能已经失去了作用，帮会的组织也就不再有存在的理由，因此人民政府便命令帮会和黑社会组织自行解散，对于有罪恶的帮会头子则予以惩处；对于一般帮会成员，则帮助他们解决生计问题，使之重新回到劳动人民当中。一般的帮会和黑社会的头子失去了群众基础，成了光杆司令，也就无法同共产党和人民政府相抗衡，只好接受改造，重新做人，成为自食其力的劳动者。②应当说，新中国成立前的帮会和黑社会组织的一般成员，原本也是底层社会的穷苦大众，由于他们的生存权利和基本利益得不到保障，才被迫铤而走险，走上和主流社会相悖离或对立的道路。正是考虑到这一点，新中国成立后，人民政府对帮会和黑社会组织采取的基本政策是令其自行解散，对一般成员进行改造，使其成为自食其力的劳动者；而对顽固不化、血债累累的黑恶势力头子则坚决予以镇压。早在新中国成立前夕，毛泽东主席带领部属"赴京赶考"进驻北平，看到妓院林立、黑道猖獗、满目疮痍，怒不可遏，

① 秦宝琦著：《江湖 300 年：从帮会到黑社会》，中国社会科学出版社 2011 年版，第 1 章。
② 辛华：《上海青帮三大亨的结局》，载《牛城晚报》2011 年 3 月 9 日。

对时任公安部长兼北京市公安局长的罗瑞卿说:"新中国决不允许娼妓遍地,黑道横行!"不久,北京市各界人民代表大会就通过了"立即封闭一切妓院"的决议。罗瑞卿在 1949 年 11 月 12 日北京市公安局集体办公会议上宣布:"为了彻底消灭城市的封建势力,解放妇女,我们对妓院必须坚决封闭取缔,并依法惩办那些罪大恶极或有较多血债的妓院老板。"①同年 11 月 22 日凌晨,北京市一夜之间关闭了全市 224 家妓院,集中拘留了 400 多名老板,收容了 1268 名妓女。解救出来的妓女,政府给她们检查身体、治病,组织学习生产技术,让她们掌握谋生之道,很多人都去了纺织厂工作。新中国成立初期,全国各地还结合当时的清匪反霸、镇压反革命运动,对于黑恶势力犯罪采取了严厉而坚决的打击政策与镇压措施,以帮会为代表的黑恶势力组织遭到毁灭性打击,社会治安明显好转,人民群众拍手称快,取得了良好的政治和社会效果。例如,1951 年 5 月 18 日至 20 日北京市政府召开各界人民代表、政协委员联席会议,对市公安局提交的恶霸案卷进行审查,一致同意对天桥恶霸张德泉、福德成、孙永珍、林文华等恶霸处以死刑。当北京市公安局宣读"三霸一虎"(东霸天张德泉、西霸天福德成、南霸天孙永珍、林家五虎之一林文华)残害 14 条人命的罪状时,"枪毙三霸一虎""为死难同胞报仇"口号响彻会场。②可以说,新中国成立初期人民政府对帮会和黑社会组织的正确政策以及对黑恶势力的严厉打击,不仅使得全国反对黑社会势力的斗争取得了决定性胜利,而且对于正确解决人民内部矛盾、维护当时的社会稳定,使人民群众建立起对新政权的信心,均起到了非常重要的作用。可以说,在很大程度上,直接换来了 20 世纪 50—70 年代黑恶势力犯罪组织的基本绝迹。

(三)改革开放以后至 20 世纪 90 年代初期:黑恶势力犯罪死灰复燃

自 20 世纪 80 年代初期以来,国家实行改革开放的政策,随着经

---

① 周海滨:《长子罗箭回忆父亲:"打黑"公安部长罗瑞卿》,载《中国经济周刊》2009 年 11 月 27 日。

② 董世贵:《北京 12 小时封闭妓院　毛泽东:决不允许娼妓遍地》,载《大地》2009 年 10 月 24 日。

济体制改革的推进和社会的转型，境内诱发犯罪的因素大量增长，境外的黑社会势力也开始渗透到中国境内，到 20 世纪 80 年代中后期出现了流氓恶势力逐渐演化成黑社会性质组织这样的犯罪现象，黑恶势力犯罪在中国社会死灰复燃，呈现固态复萌的趋势。特别是 1983 年"严打"之前，以流氓集团犯罪为主的黑恶势力组织犯罪形式，为黑犯罪性质组织犯罪在中国大陆的死灰复燃奠定了基础。如 1983 年 6 月 16 日发生了一起新中国罕见的特大凶杀案，8 名犯罪分子连续作案 10 多个小时，他们杀死的 27 名无辜群众上至 75 岁下至两岁，其中男性 19 人，女性 8 人。多名女青年被强奸、轮奸。这一团伙还犯有抢劫罪、爆炸罪。同年 7 月 17 日，时任公安部长刘复之在北戴河向邓小平汇报了严重的治安状况，邓小平当即指出：对于当前各种严重的刑事犯罪要严厉打击，要从重从快。①1983 年 8 月 25 日，中共中央发出《关于严厉打击刑事犯罪的决定》，提出从现在起，在三年内组织三次战役。于是，声势浩大的"严打"斗争在全国拉开帷幕。虽然经过 1983 年"严打"，但这一时期已经复活的黑恶势力犯罪的基础没有得到根本性的根除。在这一时期，比较典型的黑恶势力犯罪案件，当属"东北乔四集团案"，②乔四集团不仅是当时哈尔滨黑恶势力的龙头，也是东北最大的黑恶势力团体，他们有着 20 多个分舵、上千名打手，到处烧杀抢掠、收保护费和强奸妇女，当时人们说乔四是"夜夜作新郎"，可谓横行一时。多行不义必自毙，乔四集团的罪恶行径终于惊动了中央领导，乔四手下的 19 个主要人物先后落入法网，包括乔四在内的 14 名犯罪集团骨干于 1991 年 6 月被判处死刑立即执行。随着乔四的处决，20 世纪 80 年代中后期哈尔滨乃至东北最大的黑恶势力犯罪集团，结束了。

（四）20 世纪 90 年代初至新世纪初期：黑恶势力犯罪开始猖獗

20 世纪 90 年代后，我国正处在经济转轨、社会转型时期，各项制度新旧交替之际，许多黑恶势力组织如雨后春笋般涌现，有的组织

---

① 《83 年严打记忆：中国最严厉的一次严打》，载 http://news.ifeng.com/history/1/jishi/200901/0121_2663_979164.shtml

② 元坤编著：《中国二十年重案追踪》，中国长安出版社 2011 年版，第 2-17 页。

帮规严酷、有一定经济势力，在一些城市和乡村称霸一方，无恶不作，残害群众，严重危害社会治安，人民群众对此深恶痛绝。与过去相比，这一时期的黑恶势力蔓延四处、发展加快，活动更加猖獗，成为当时影响我国社会治安的一个突出问题。这一阶段，比较有代表性的黑恶势力犯罪案件当推一度轰动全国的"沈阳刘涌黑社会性质组织案"。刘涌从 1995 年末至 2000 年 7 月初被沈阳警方打掉，在 4 年半时间里，纠集一批有前科劣迹的人员充当打手，勾结一些基层民警和个别腐败分子入伙做保护伞，购买大量枪支弹药和管制刀具，以打、砸、砍、杀等暴力手段滥伤无辜，暴敛钱财，严重影响了人民群众生命安全和社会稳定。以刘涌为首的带有黑社会性质的犯罪集团，作案 47 起，致死致伤 42 人，其中死亡 1 人，重伤 16 人，其中刘涌参与和单独作案 32 起，造成 1 人死亡、多人伤残及巨额财产损失等严重后果。[①]2002年 4 月 17 日，刘涌被辽宁省铁岭市中级人民法院以组织、领导黑社会性质组织罪等多项罪名一审判处死刑，后又"一波三折"，辽宁省高级人民法院终审改判刘涌为死缓，最高人民法院依照审判监督程序对刘涌一案提起再审后，又重新判处刘涌死刑立即执行。

（五）21 世纪初期至今：黑恶势力犯罪仍处在活跃期

当前，我国正处于人民内部矛盾凸显、刑事犯罪高发、对敌斗争复杂的时期，虽然经过多年的专项打击，滋生、发展黑恶势力的土壤和环境仍然存在，黑恶势力犯罪活动仍然处于活跃期的基本态势没有改变，尤其是近年来黑恶势力犯罪的发展出现了一些新特点、新情况，犯罪的破坏性不断加大，犯罪分子逃避法律制裁的行为方式不断变换，对经济、社会生活秩序和基层政权建设都构成了严重威胁。在实践中，黑恶势力组织犯罪手段更加隐蔽，向政治领域渗透明显，如通过进行社会公益活动等，为其头目获得一定的政治地位，使其以民意代表的身份得以直接插手或者干扰地方政治和经济管理实务；组织化程度进一步提高，"企业化""公司化"趋势显著，往往以公司、企业掩盖黑恶组织，用合法幌子掩盖非法手段，用公司利润掩盖非法暴利；犯罪

---

① 最高人民法院（2003）刑提字第5号《刑事判决书》。

的国际化趋势日益明显，跨境跨区域勾连聚合，境外黑社会组织渗透活动严重；黑恶势力千方百计拉拢、腐蚀国家工作人员为其犯罪行为提供保护，政黑勾结进一步紧密，一些黑恶势力之所以能"坐大成势"，横行十多年乃至数十年，就是因为黑恶势力组织与"保护伞"形成了利益同盟关系。这一时期比较有代表性的黑恶势力犯罪案件，如宋留根组织、领导黑社会性质组织案，以宋留根为首的黑社会组织犯罪团伙，是新中国成立以来河南省最大的黑社会性质组织团伙，该团伙采取杀人、绑架、伤害、敲诈勒索、非法拘禁、赌博、组织卖淫等犯罪手段，疯狂作案 200 余起，杀死 15 人，打伤打残 100 余人，年均牟取暴利 3000 万元。警方已收缴团伙成员用于作案的枪支有 10 余支，子弹 2400 余发，汽车 61 辆，追缴、冻结黑金赃款近 1000 万元。①2005 年 4 月 25 日，宋留根因犯组织、领导黑社会性质组织罪等多项罪名，被河南省许昌市中级人民法院押赴刑场，执行枪决。

二、全国"打黑除恶"专项斗争的开展

黑恶势力犯罪活动直接侵害人民群众生命财产安全，破坏社会治安稳定，扰乱社会经济秩序，腐蚀党政司法干部，败坏党风、政风和社会风气，阻碍改革开放和经济建设的顺利进行，是影响人民群众安居乐业的一大祸患。因此，必须坚决地开展打黑除恶斗争，遏制其滋生蔓延的态势。党中央和国务院历来高度重视对黑恶势力犯罪问题，要求各级党委、政府和政法机关从维护社会稳定的高度，坚决铲除黑恶势力，维护社会治安大局稳定。

早在改革开放初期，当时国家的治安形势比较严重，人们渴望国民经济的腾飞，渴望社会治安根本好转的愿望是强烈的，当时的国家领导人也希望通过类似于解放初期"镇反运动"等方式，使中国的社会治安恢复到五六十年代的"路不拾遗，夜不闭户"的状态。另外，

---

① 马洪涛等：《河南最大黑社会组织头目宋留根庭审目击》，中央电视台经济频道《经济半小时》，2005 年 1 月 22 日。

王志刚北京火车站爆炸案、姚锦云天安门广场驱车杀人案、廊坊王云龙驱车杀人事件、冯大兴盗窃杀人案、承德李煦等流氓结伙轮奸少女案等大案要案震动中央领导。1983 年 7 月 19 日，邓小平同志在北戴河同公安部长刘复之谈话中，明确指出："刑事案件、恶性案件大幅度增加，这种情况很不得人心。为什么不可以组织一次、两次、三次严厉打击刑事犯罪活动的战役？"8 月 25 日，中共中央发出《关于严厉打击刑事犯罪活动的决定》，提出从现在起，在三年内组织三个战役。公安机关也提出"三年为期实现社会治安的根本好转"的口号。由此拉开了全国严厉打击刑事犯罪的"三大战役"的序幕。[1]在"严打"过程中，公安机关对黑恶势力犯罪采取了"打早防小，露头就打"的方针，打掉了一批死灰复燃、影响恶劣的黑恶势力犯罪组织，取得了初步成效，在一定程度上遏制了黑恶势力犯罪故态复萌的势头。

　　及至 20 世纪 90 年代初，随着改革开放力度加大，商品经济大潮奔涌的影响，一些犯罪团伙、黑恶势力犯罪活动开始猖獗，全国治安形势依然相当严峻，刑事犯罪和其他治安问题有增无减，不少地方人民群众缺乏安全感。1991 年 1 月 15 日，中央政法委员会在山东烟台召开了全国社会治安综合治理工作会议；同年 2 月 19 日，党中央、国务院做出了《关于加强社会治安综合治理的决定》，明确指出要"依法严厉打击严重危害社会治安的刑事犯罪分子，及时查处、取缔'六害'活动，坚决防止境外黑社会势力和丑恶现象侵入"。同年 11 月召开的第 18 次全国公安会议，也明确将"坚持打击流氓犯罪团伙和严重暴力犯罪集团，绝不能使黑社会组织和境外的犯罪集团在我国存在和发展"[2]作为 90 年代公安工作的基本任务。时任公安部长陶泗驹在该次会议上更是强调："公安机关要特别注意打击犯罪团伙和黑社会组织，绝不能让他们形成气候！"[3]在中央领导的高度重视和公安部的正确部

　　[1] 张荆著：《北京社会治安六十年》，科学出版社 2008 年版，第 1 章。
　　[2] 李琼编：《打黑除恶——中国大力开展扫荡黑社会斗争》，吉林出版集团有限责任公司 2010 年版，第 16 页。
　　[3] 李琼编：《打黑除恶——中国大力开展扫荡黑社会斗争》，吉林出版集团有限责任公司 2010 年版，第 17 页。

署下，全国公安机关相继侦破了一大批黑社会性质组织，如成功打掉了东北"乔四"黑恶势力集团、吉林省梁旭东黑恶势力集团等一批影响巨大的黑恶势力犯罪组织。这一时期，为了适应打击黑恶势力犯罪的需要，1997 年我国刑法修订时首次①在立法中设专条（第 294 条）规定了三个黑社会性质组织犯罪的罪名，分别是"组织、领导、参加黑社会性质组织罪""入境发展黑社会性质组织罪"和"包庇、纵容黑社会性质组织罪"，为公安司法机关打击黑恶势力犯罪提供了明确的法律依据。20 世纪 90 年代的"打黑除恶"，是当时社会治安综合治理以及严厉打击刑事犯罪活动的重要组成部分，陆续摧毁了一大批黑恶势力，查处了一批黑恶势力背后的"保护伞"，打击了境外黑社会组织渗透活动，取得了丰硕成果。

至 21 世纪初，由于我国市场经济体制和社会防范管理机制还不健全，以及组织结构、利益关系的深刻调整，加之境外黑恶势力的渗透等多种因素的影响和诱发，黑恶势力犯罪并没有得到有效根除，仍在不断滋生蔓延，并且日益向经济、政治等领域渗透。正是在这种情况下，中央酝酿在全国范围内开展首次"打黑除恶"专项斗争。2000 年 11 月 19 日，公安部向党中央、国务院提交了《公安机关关于开展全国"打黑除恶"专项斗争有关工作情况的报告》。党中央、国务院对公安部的报告高度重视，很快做出决策："针对当前我国一些地方黑社会性质组织和黑恶势力违法犯罪活动猖獗的情况，公安部要从 2000 年 12 月到 2001 年 10 月，组织全国公安机关开展一场'打黑除恶'专项斗争，集中打击黑恶势力的违法犯罪活动"。公安部也迅速成立了"全国公安机关'打黑除恶'专项斗争领导小组"，各省、自治区、直辖市公安厅、局也成立专项斗争领导小组，全力以赴搞好专项斗争。②同年 12 月 4 日，最高人民法院及时出台了《关于审理黑社会性质组织犯罪的案件具体应用法律若干问题的解释》，对刑法第 294 条规定的有关

---

① 我国 1979 年刑法没有"黑社会性质组织"这个概念，也未明确规定黑社会性质组织犯罪的罪名，当然这与当时黑恶势力犯罪的基本绝迹以及社会治安形势是密切相关的。

② 于滨：《决不让黑势力在中国坐大——公安部"打黑除恶"专项斗争综述》，载《瞭望新闻周刊》2003 年第 26 期。

内容进行了详细解释，为依法惩治黑社会性质组织的犯罪活动，更好地认定、审理黑社会性质组织犯罪案件提供了有力武器。至此，全国范围内首次"打黑除恶"专项斗争拉开帷幕。

2001年4月，中央召开全国社会治安工作会议，决定将"打黑除恶"专项斗争并入为期两年的"严打"惩治斗争，并将专项斗争的时间延长两年（至2003年4月）。自2001年开展以"打黑除恶"为龙头的"严打"整治斗争以来，全国公安机关掀起了更为猛烈的打黑除恶风暴，两年来先后摧毁了河北省李建设、山西省宋魁祥、辽宁省刘涌、河南省宋留根等一批黑社会性质组织，铲除了一大批"街霸""村霸""市霸"等黑恶势力。同时，对境外黑社会组织渗透活动也给予了有力打击，香港张子强、澳门叶成坚等一批黑恶势力犯罪集团在境内覆灭，一批境外黑社会组织入境渗透人员被查处，打黑除恶工作取得了很大成绩。据公安部的统计显示，在这次专项斗争中，600余个多年以来霸占一方、拉拢腐蚀党政干部、无恶不作、民愤极大的公安部挂牌督办的黑社会性质组织被摧毁，1万多个街霸、村霸、菜霸、市霸等黑恶势力被打掉；各地公安机关摧毁的黑恶势力盘踞的高利润、高回报行业和场所，共收缴没收的黑社会性质组织资产价值达5.3亿元人民币，查封的黑社会性质组织开办的经济实体646个、经营的赌场909个以及霸占的集贸市场301个、建筑工程144个、矿山154个。[①]由上可以看出，两年多时间的全国首次"打黑除恶"专项工作，取得了辉煌战绩，沉重打击了黑恶势力的嚣张气焰，有效遏制了黑恶势力犯罪在我国的滋生蔓延势头，为保持社会和谐稳定发挥了重要作用。另外，特别值得一提的是，为解决实践中司法机关对"黑社会性质组织"认定的分歧，应最高人民检察院的要求，全国人大常委会于2002年4月对《刑法》第294条第1款规定中"黑社会性质的组织"的含义做出了立法解释，明确了认定"黑社会性质组织"必须具备的四个特征。以此为契机，全国"打黑除恶"工作的开展以及法制保障都进入到了

---

① 于滨：《决不让黑恶势力在中国坐大——公安部"打黑除恶"专项斗争综述》，载《瞭望新闻周刊》2003年第26期。

一个良性发展的阶段。

前文已述，21 世纪初期两年多的"打黑除恶"专项斗争，取得了很大成绩，有效遏制了黑恶势力犯罪在我国的滋生蔓延势头。当前，我国已进入改革发展的关键时期，经济体制深刻变革，社会结构深刻变动，利益格局深刻调整，思想观念深刻变化。在这样的历史条件下，黑恶势力犯罪也出现了一些新的变化和特点，黑恶势力犯罪仍然比较活跃的基本态势尚未改变，特别是受国际金融危机的影响，各种社会消极因素和矛盾明显增多，在一定程度上也助长了黑恶势力的滋生和发展。在这种情况下，继续深入推进打黑除恶专项斗争就非常必要。基于此，2006 年 2 月 22 日，中央政法委在京召开全国打黑除恶专项斗争电视电话会议，再次部署开展打黑除恶专项斗争。时任中共中央政治局常委、中央政法委书记罗干出席会议并在讲话时强调，要在以胡锦涛同志为总书记的党中央坚强领导下，全面落实科学发展观，在全国范围内有重点地开展打黑除恶专项斗争，依法严惩黑恶势力犯罪，建立健全打黑除恶长效工作机制，推进各项社会治安工作，实现社会治安持续稳定，为"十一五"规划的顺利实施、为全面建设小康社会创造良好的社会环境。[①]自 2006 年 2 月中央政法委部署开展全国打黑除恶专项斗争以来，各地区、各有关部门认真贯彻落实罗干同志在全国打黑除恶专项斗争电视电话会议上的重要讲话精神和中央政法委《关于进一步深化全国打黑除恶专项斗争的工作意见》，精心组织，周密安排，向黑恶势力发起凌厉攻势，取得了明显成效。截至 2009 年 7 月，全国公安机关共侦办涉黑案件 1221 起，打掉恶势力 12850 个，抓获犯罪嫌疑人 8.7 万多名，破获各类刑事案件 10 万余起，缴获各类枪支 2500 多支；检察机关公诉涉黑案件 1000 起；人民法院宣判涉黑案件 689 起，有力地震慑了黑恶势力犯罪。[②]2009 年 7 月 15 日，最高人民法院、最高人民检察院、公安部还在北京联合召开了办理黑社会性质组织犯罪案件座谈会，会议总结了各级人民法院、人民检察院和公

---

① 邹声文：《罗干出席全国打黑除恶专项斗争电视电话会议》，新华社 2006 年 2 月 22 日。
② 《孟建柱：保持主动进攻高压态势　纵深推进打黑除恶》，新华社 2009 年 7 月 8 日。

安机关办理黑社会性质组织犯罪案件所取得的经验，分析了当前依法严惩黑社会性质组织犯罪面临的严峻形势，研究了办理黑社会性质组织犯罪案件遇到的适用法律问题，就人民法院、人民检察院和公安机关正确适用法律，严厉打击黑社会性质组织犯罪形成了具体意见。[①]并将《最高人民法院、最高人民检察院、公安部办理黑社会性质组织犯罪案件座谈会纪要》下发。上述《座谈会纪要》的印发，有助于公安司法机关正确理解和适用刑法、立法解释、司法解释关于黑社会性质组织犯罪的规定，依法及时、准确、有力地惩治黑社会性质组织犯罪，有力配合了全国"打黑除恶"专项斗争的纵深推进。2010 年 10 月 15日，为了进一步规范法院系统的打黑除恶工作，确保黑恶势力犯罪案件的审判工作取得更好的法律效果和社会效果，最高人民法院还下发了《关于人民法院深入推进打黑除恶专项斗争的工作意见》，对今后一个时期人民法院的打黑除恶工作做出了有针对性的部署。2011 年 2 月25 日，第 11 届全国人民代表大会常务委员会第 19 次会议通过的《刑法修正案（八）》，又对 1997 年《刑法》的 49 个条文进行了修改、补充和完善，其中将 2002 年全国人大常委会对"黑社会性质组织"的法律解释纳入了刑法，即对"黑社会性质组织"的特征在法律上做出明确规定。同时，增加规定了财产刑，加强了对黑恶势力犯罪的打击力度。由此可见，近些年来，中央关于打黑除恶的专项斗争力度是大的，成绩也是有目共睹的，一直保持着对黑恶势力主动进攻的高压态势，纵深推进打黑除恶。

这里特别值得一提的是，自 2009 年 6 月以来，重庆市掀起的疾风骤雨般的"打黑除恶"风暴，在全国先声夺人，关注度最高，社会影响最大，质疑和非议也最多。据重庆市公安局、重庆市人民检察院发布的数据显示，自 2009 年 6 月重庆开展打黑除恶专项斗争以来，截至2010 年 1 月，该市共抓获涉黑涉恶人员 3193 人，有 14 个涉黑涉恶团伙受到致命打击，67 名黑恶团伙首犯和骨干分子被抓捕，12 名厅官涉

---

① 最高人民法院、最高人民检察院、公安部关于印发《最高人民法院、最高人民检察院、公安部办理黑社会性质组织犯罪案件座谈会纪要》的通知（法〔2009〕382 号）。

黑落马，冻结、扣押、查封涉案资产达 21.746 亿元。[①]另据重庆市高级人民法院日前发布的"白皮书"显示，自 2009 年 6 月以来，重庆全市法院一审受理以"涉黑"罪名起诉案件 41 件 687 人，公安部挂牌督办案件 10 件 281 人，二审受理 23 件 478 人。截至 2010 年 3 月 31 日，一审审结 30 件，占同期一审刑事案件审结数的 0.16%，判处罪犯 520 人，占同期判处罪犯数的 2%；二审审结 13 件 219 人。2009 年 6 月至 2010 年 3 月，一审审结数相当于 2007、2008 年两年结案数，"涉黑"案件数量大幅上涨。[②]涉案人数之多，涉案金额之大，涉案面积之广，可谓"盛况"空前。重庆高调打黑除恶，特别是重庆市公安局原副局长、司法局原局长文强[③]的落马，一再引发民意井喷。在较长一段时间内，重庆"打黑除恶"风暴成为公共空间广泛热议的话题，重庆也成为中国乃至全球舆论的焦点。

三、深入开展"打黑除恶"专项斗争的意义

我国自 21 世纪初开始的全国范围内的两轮"打黑除恶"专项斗争，铲除了一大批黑恶势力组织，有力地震慑了黑恶犯罪分子，取得了重大成果，为促进转型期社会的和谐稳定做出了重要贡献。深入推进"打黑除恶"专项斗争的意义，主要体现在以下几个方面：

（一）顺民心、合民意，是坚持以人为本、落实科学发展观的具体体现

当前我国黑恶势力犯罪正处于活跃期，危害十分严重。黑恶势力往往集多种犯罪于一身，显著特点是靠暴力、威胁或者其他手段树立淫威，为非作恶，称霸一方，欺压、残害群众，有组织地多次进行违

---

① 《打黑成果》，载《长江日报》2010 年 1 月 25 日；田文生：《重庆"打黑"打掉 12 名"厅官"》，载《中国青年报》2010 年 1 月 7 日；朱薇：《重庆打黑：抓获涉黑分子 3193 名 查扣 21 亿元涉案资产》，载《重庆时报》2010 年 1 月 19 日。

② 重庆市高级人民法院：《重庆的"涉黑"案件审判》（白皮书）。

③ 2010 年 4 月 14 日，重庆市第五中级人民法院判处文强死刑，剥夺政治权利终身，并处没收个人全部财产；同年 5 月 21 日，重庆市高级人民法院对文强案二审公开宣判，依法驳回文强的上诉，维持原判。经最高人民法院核准，2010 年 7 月 7 日文强在重庆被执行死刑。

法犯罪活动。黑恶势力犯罪严重破坏社会治安秩序,危害人民群众的生命财产安全,影响群众安全感,人民群众对此深恶痛绝。打黑除恶可以说顺民心、合民意,是人民群众的强烈要求,也与人民群众的切身利益息息相关。全国范围内开展的声势浩大的"打黑除恶"专项斗争,成功侦破了一大批黑恶势力犯罪案件,依法打掉了一批黑恶势力,清除了隐藏在政法队伍中的害群之马,取得了有目共睹的成绩。这无疑狠狠打击了黑恶势力的嚣张气焰,有力维护了当地社会治安秩序的稳定,人民群众是拍手称快的。如2009年10月9日,重庆市长寿区农民易大德在《重庆商报》花10万元刊登整版彩色广告:"铲除黑恶势力,得民心顺民意,向奋战在打黑除恶一线的人们致敬"①。这就在相当程度上反映了老百姓强烈要求打黑除恶的普遍心声,人民群众是衷心拥护打黑除恶的。此外,打黑除恶也是坚持以人为本、贯彻落实科学发展观的具体体现。以人为本是科学发展观的核心,坚持以人为本,就要始终把实现好、维护好、发展好最广大人民的根本利益作为党和国家一切工作的出发点和落脚点,尊重人民主体地位,发挥人民首创精神,保障人民各项权益,走共同富裕道路,促进人的全面发展,做到发展为了人民、发展依靠人民、发展成果由人民共享。开展"打黑除恶"专项斗争是人民群众广泛支持的正义之举,正是坚持以人为本,实现好、维护好、发展好最广大人民的根本利益的重要举措。只有权为民所用、情为民所系、利为民所谋,把老百姓的切身利益放在心上,不惧风险、不怕艰难,持续深入地推进"打黑除恶"专项斗争,最大限度地铲除黑恶势力犯罪滋生蔓延的土壤和条件,切实维护人民群众切实利益,才能让群众喝彩,才能更好地体现以人为本的科学发展观。

（二）维护社会主义市场经济秩序、创造良好发展环境的迫切需要

从实践中的情况看,黑恶势力多数靠非法敛财起家、具备一定经济实力后,以商养黑,以黑护商,主要盘踞在建筑、运输、商品批发等各类市场,歌舞、洗浴等娱乐休闲场所和餐饮业,有的还渗透到能

---

① 《重庆市民花10万元刊登整版广告:向打黑致敬》,载《新京报》2009年10月16日。

源、文化等领域，欺行霸市，强取豪夺，采取非法手段攫取巨额经济利益，积极扩张经济实力。如吉林省打掉的桑粤春黑社会性质组织采用非法手段骗取银行贷款 2 亿元人民币，其中 1.7 亿元被挥霍。又如辽宁省打掉的以刘涌为首的黑社会性质组织，创办的嘉阳集团涉足商贸、服装、餐饮、娱乐、房地产等行业，下属公司 26 家，员工 2500 人，资产 7 亿元人民币。[①]而这些资产主要是通过非法掠夺和暴力聚财获得。通过专项斗争打掉黑恶势力组织，摧毁黑恶势力的经济基础，查封黑恶势力的经济实体和场所，收缴没收黑恶势力的资产，坚决遏制其向经济领域扩张，不仅有助于从源头上铲除黑恶势力滋生、发展的土壤和条件，而且对于优化市场经济环境、维护公平、竞争、法治的市场规则，服务经济又好又快发展，促进改革开放和市场经济建设的顺利进行，具有重要意义。

（三）维护社会治安大局稳定、建设和谐社会的必然要求

当前我国正处于社会矛盾的凸显期和刑事犯罪的高发期，滋生、发展黑恶势力的土壤和环境仍然存在，虽然经过多年的专项打击，但黑恶势力犯罪处于活跃期的基本态势没有改变，分布范围广，涉足领域多，滋生发展快。许多黑恶势力集多种犯罪于一身，涉及故意杀人、故意伤害、寻衅滋事、敲诈勒索、聚众斗殴等多种犯罪，与"黄赌毒枪"合流的趋势也很明显，严重影响社会治安秩序的稳定。特别是近年来，各种社会消极因素和人民内部矛盾明显增多，而且矛盾的关联性、聚合性、复杂性、敏感性和对抗性明显增强，这也在一定程度上助长了黑恶势力的滋生和发展。很多群体性事件和突发性事件的发生，就有黑恶势力介入或者在背后推波助澜，有的甚至就是由黑恶势力团伙直接制造、操控，意图要挟政府，谋求经济利益最大化。如果不有效打击和消除黑恶势力，老百姓就难以过上安定日子，就难以维护社会治安大局的稳定，更遑论和谐社会的建设。因此，必须持续深入地推进"打黑除恶"专项斗争，坚决维护良好的社会治安环境，将打黑除恶工作当作一项长效性的工作来抓，从而为建设和谐社会提供坚实

---

① 宗合：《从小混混到黑道老大 刘涌"发家"史》，载《华商报》2002 年 04 月 18 日。

保障。目前，全国纵深推进的"打黑除恶"专项斗争，是中央为了维护社会治安稳定、促进和谐社会建设而做出的一项重要决策，对于遏制刑事犯罪高发态势、提高人民群众安全感，维护社会主义市场经济秩序、创造良好发展环境，加强政权建设、巩固党的执政基础，都具有十分重大的意义。

（四）深入开展反腐败斗争、巩固党的执政基础的重要举措

应当说，黑恶势力与腐败官员往往是一丘之貉，都是政商勾结、权钱交易的行径，都是一荣俱荣、一损俱损的既得利益链条，都让人民群众深恶痛绝。当前，黑恶势力之所以坐大成势，屡打不止，对抗打击能力增强，出现明显的"割韭菜"现象，其中一个很重要的原因就是背后有国家工作人员充当"保护伞"。黑恶势力与"保护伞"就好比是两株相互依存的毒草，黑恶势力背后如果没有国家工作人员"撑腰"，就不可能坐大成势。如辽宁省打掉的刘涌黑社会性质组织就牵扯出沈阳市人民检察院原检察长刘实、沈阳市原中级人民法院副院长焦玫瑰、和平区劳动局原副局长高明贤等一批"保护伞"。这些腐败官员，一些是利用职务或身份形成的地位和影响，指使或斡旋有关职能部门予以包庇，更多的则是直接利用职务之便，赤裸裸地滥用职权、玩忽职守、徇私舞弊。他们收受或索取黑恶势力各种方式的贿赂，沦为黑恶势力的政治靠山，为黑恶势力实施犯罪提供着有利的外部环境。政商勾结，以黑养商，以红护黑，沆瀣一气，形成强大的利益集团，成为一种新的"无间道"，严重损害党的执政形象，削弱党的执政基础。可见，打黑除恶有利于深入开展反腐败斗争，揪出政法队伍中的"害群之马"，从而更好地维护党的执政形象，巩固党的执政基础，是坚决防止黑恶势力向政治领域渗透，进而巩固党的执政地位的战略决策。打黑除恶不仅是一个维护社会治安的问题，也是一个重要的政治问题，实践充分证明，要深入开展反腐败斗争，就必须把"打黑除恶"专项斗争摆在更加突出的位置，自觉地把打黑除恶与加强政权建设结合起来、与反腐败斗争结合起来、与加强政法队伍建设结合起来，狠狠打击黑恶势力的"保护伞"，坚决防止黑恶势力的滋生蔓延。

四、当前我国打黑除恶工作存在的问题

当前全国打黑除恶工作，总的来说取得了明显成效，并向纵深推进，但也还存在少数不适应和被动的地方，打黑除恶工作还面临一些问题。择其要者：

（一）少数地区和部门对打黑除恶工作认识不到位、重视不够

中央开展"打黑除恶"专项斗争的力度是大的，绝大数地区和部门能够认真贯彻中央部署，对打黑除恶工作立场坚定、态度坚决，充分认识到黑恶势力的严重危害性以及打击的必要性，始终保持着对黑恶势力犯罪严打的高压态势。但也有少数地区和部门的领导干部对黑恶势力的严重危害性认识不高、估计不足、重视不够，担心影响投资环境，害怕打黑除恶阻力大，搞不好收不了场；有的地区甚至掩盖黑恶势力真相，不愿承认本地有黑恶势力，对开展"打黑除恶"专项斗争敷衍应付，没有打掉真正的黑恶势力，更没有把打黑除恶作为控制社会治安大局的重要举措来抓，作为促进社会和谐、确保重要战略机遇期社会稳定的一件大事来抓。"谈黑色变"和"无黑可打"的现象还在一定程度上存在。这些地区的黑恶势力往往猖獗，群众对此反映特别强烈。不难想象，如果不深入开展"打黑除恶"专项斗争，不铲除黑恶势力，任由黑恶势力横行，政府在群众中就会丧失基本的威信，甚至会激化社会矛盾，引发新的社会问题，也难以体现以人为本、执政为民的要求；而且不坚持"打早打小"，不将黑恶势力消灭在萌芽状态、低级层次，黑恶势力一旦坐大成势，就更难打掉，更谈何"斩草除根"。因此各地区和部门应当保持清醒的头脑，要充分认识到黑恶势力的严重危害性，坚持"打早打小、露头就打"，以高度的责任感和紧迫感推进"打黑除恶"专项斗争，铲除黑恶势力滋生的土壤和条件，确保打黑除恶取得实效。

（二）个别地区打黑除恶没有完全遵守法治原则

黑恶势力为非作歹，祸国殃民，向来为广大民众所深恶痛绝，司法机关也一直保持了严打态势，这无疑是民心所向，维护社会安定、

群众利益的必要举措。但打黑除恶的目的终究是为了维护法治秩序，守护公平正义，倘若偏离法治的轨道，用"黑打"的思维和方式来"打黑"，本身就是对法治秩序的一种破坏，不但不可避免地造成错打、误伤，而且也让公平法治蒙羞。[①]应当说，在"打黑除恶"专项斗争中，广大政法机关能够坚持实事求、严格依法办案，做到不枉不纵、不偏不倚，没有偏离法治的轨道，得到了社会的普遍认可。但确实有个别地方的"打黑除恶"专项斗争，虽然声势浩大，成绩不容抹煞，也大体上遵守了法治原则，为全国打黑除恶工作的立法、司法实践提供了一些经验，但还存在不少不尽人意的地方，并没有做到完全遵守法治原则，有些做法甚至在一定程度上与法治精神背道而驰，因而非议和质疑不断。其实，法治既是打黑除恶应当遵守的底线，也是其取得胜利的根本保障。只有善于运用法治思维和法治方式推进"打黑除恶"专项斗争，以法治武器对抗黑恶势力，以常态化的打黑除恶机制取代运动式的打黑除恶风暴，才能有效消弭"黑打"的质疑，才能切实保障好人权，才能推动法律权威的确立，进而带动全社会普遍形成法治思维和法治方式。毕竟，现代法治思维、方式的养成以及法治的进步和发展，并非可以一蹴而就，而是需要我们不断地去关注、去维护、去历练乃至去引导，从而内生于一个国度、一个社会。

（三）相关法律法规尚有不完备之处，执法认识和标准还不够统一，影响了打黑除恶的"稳、准、狠"

虽然《刑法修正案（八）》对涉黑犯罪的条文进行了修改完善，将全国人大常委会关于"黑社会性质组织"的立法解释纳入了刑法，并补充规定了财产刑，增强了对涉黑犯罪的打击力度。但对于何为"恶势力"，什么是"保护伞"等，缺乏明确的界定；对恶势力犯罪也没有专门的条文规定，因此司法实践中公安司法机关对"恶势力"和"保护伞"的认定，存在一定的困惑。此外，虽然法律明确界定了"黑社会性质组织"的定义和特征，但由于各地公安司法机关执法的认识以及黑恶势力犯罪证据、犯罪事实要求不一致，把握标准不一样，往往

---

① 范子军：《"打黑"成"黑打"让法治蒙羞》，载《大江时评》2013年5月7日。

表现在具体个案的定罪量刑上存在很大分歧，其结果要么是造成一些黑恶势力犯罪案件被降格处理、黑恶势力头目被重罪轻判，严重影响了对黑恶势力犯罪的打击力度；要么是一般的犯罪团伙或者共同犯罪被错误定性为黑社会性质组织，从而犯轻罪而被重判，未能做到罪责刑相适应。还有的公、检、法三机关对某些黑恶势力犯罪案件的定性分歧很大，导致使用强制措施、证人保护措施等方面要求过严，给侦查取证工作以及证人保护工作带来了一定困难，难以起到"稳、准、狠"的打击效果。

（四）打黑除恶的长效工作机制还未完全建立起来

在实践中，有不少地方的打黑除恶，通常是一阵风，"紧一阵松一阵"的运动式执法比较明显，打黑除恶工作还未实现常态化，打黑除恶以及有效预防黑恶势力滋生的社会环境和长效机制未能建立起来，严重影响了打黑除恶的效果。诚如有学者指出，打黑除恶工作常态化的核心在于打黑除恶工作机制法治化。那就是为打黑除恶工作量体裁衣，精心打造，规定一整套规章制度，并且将责任落实到人，在这基础上，将这些规章制度通过法定的程序上升为法律，使得打黑除恶工作不因领导人的改变而改变，不因领导人的看法和注意力的改变而改变。这样，才能保证黑恶势力一露头就被打，而且，领导人不断变更，而打黑除恶工作却能始终长抓不懈，保持高压态势。[①]诚然，根据一个时期的社会治安形势，以及黑恶势力犯罪的新动向、新变化，采取"专项斗争"的形式对黑恶势力犯罪进行集中重拳出击是非常必要的，短期内也收到了立竿见影的效果，广大人民群众是拍手称快的。不过，时刻保持对黑恶势力的高度警惕，坚持"打早打小，露头就打"，建立健全打黑除恶的长效机制，实现常态化的打黑除恶，注重铲除黑恶势力滋生的土壤和条件，将黑恶势力消灭在萌芽、初级状态，对实现社会治安大局的持续稳定和国家的长治久安，具有更为深远的意义，也才是治本之策。

---

① 杨涛：《法治化是打黑除恶常态化的保障》，载《法制日报》2013 年 7 月 22 日。

五、推进打黑除恶工作法治化的思考

无可否认，全国"打黑除恶"专项斗争打掉了一大批黑恶势力，清除了政法队伍中的害群之马，成绩有目共睹、可圈可点。不过，自重庆市在全国掀起声势浩大的"打黑除恶"风暴以来，质疑和非议声就不绝于耳，伴随着重庆打黑除恶的整个过程。特别是 2009 年 12 月"李庄案"发生以来，网上质疑声更是一浪高过一浪，有的对打黑初衷提出质疑，有的对打黑方式进行批评，有的对司法程序提出诘问，还有的对人权保障表示担忧，这些声音渐渐汇聚，不断进入媒体和公众视野，成为打黑除恶过程中不得不面对的问题。这其实涉及打黑除恶的法治化问题。立足于刑事法治建设的视角，要深入推进"打黑除恶"专项斗争，就必须确保打黑除恶在法治的轨道上运行，使其经得起法律和历史的检验。详言之，应当强调以下几点：

（一）打黑除恶应当依法进行，不能运动化和扩大化

打黑除恶如果不依法进行，不恪守法治原则，而通过搞政治运动或者群众运动的方式进行，那么，势必会导致打黑的扩大化甚至变成人们所担忧的"黑打"，这必然也会破坏法制，不利于法治秩序的确立，有悖于依法治国、建设社会主义法治国家的根本要求。例如，2009 年 6 月重庆掀起的"打黑除恶"风暴，声势不可谓不浩大，不仅重庆市委成立了"打黑除恶"专项斗争领导小组，而且政法各部门、纪检监察、组织、宣传、工商、税务、银行等均参与联动，公安机关组织了 14 个专案组重点突破；该市"打黑除恶"专项斗争进入全面攻坚阶段后，打黑除恶专项行动由最初的 14 个专案组发展到了 200 个，参战干警由 3000 人增加到了 7000 人。[①]另据有关媒体报道，无论是大学教授、企业家、医生、警察、街道办人员凡是被预设为"知情者"逐一谈话，要求知情必报。重庆某高校的法学教授王力也指出："这次重庆的除黑行动，其声势之浩大，参与人之众多前所未有。大量人员（包

---

① 《重庆 67 名黑恶团伙首犯落网 1544 人被捕》，载《重庆晚报》2009 年 8 月 17 日。

括我自己）被谈话盘查。打黑已经不仅仅是公安部门所有的责任，而更像是一个'全民运动'，每个人都参与其中，发动群众，利用可以利用的一切力量，这是我们多年来惯有的做法。"①无怪乎有不少媒体质疑重庆打黑除恶具有运动化和扩大化的趋向。在我们看来，立足于长远，打黑除恶应当常态化、制度化，应着力探索和建立打黑除恶工作的长效机制，坚决不能搞那种以人划线、上挂下联、层层检查、人人过关以及号召检举揭发的政治运动模式。以政治运动或者群众运动的方式打黑除恶，不仅不能从根本上解决问题，反而会带来一系列严重后果。十年"文革"这一血的教训应当记取，不能重蹈大搞"群众运动"的覆辙。打黑除恶应当遵循社会主义法制原则，在法治的轨道上运行，这不仅是现代法治的基本要求，也是从我国国情和法治文明发展需要出发得出的正确结论。当然，深入开展"打黑除恶"专项斗争不搞群众运动或者政治运动，并不等于不走群众路线，不发动和不依靠群众。事实上，这两者并不矛盾。一方面，打黑除恶要真正取得实效，就必须广泛发动和依靠群众，鼓励群众踊跃向警方提供打黑线索，在社会上营造出对黑恶势力"人人喊打"的强大声势和良好氛围；但另一方面，又不能搞"群众运动"或者"政治运动"，只有这样，才能保证打黑除恶斗争健康有序的进行，始终不偏离社会主义法治的轨道。

（二）在打黑除恶过程中，要善于尊重少数人合理的意见

据媒体披露的时任重庆市主要领导估计，网上95%的人对重庆打黑给予很大的支持，少数人质疑的声音，恐怕不足 5%；而且质疑的声音中，有的是不了解情况，有的是善意的，还有极个别的是涉及了有联系的人、触及了其本身的利益，所以对这些不足 5%的质疑杂音不必介意。②从政治的角度讲，上述观点可能是无可厚非的；但从法治的角度看，公众、媒体和学界对重庆打黑除恶质疑的所谓不足 5%的某些符合法治精神的声音，也许恰恰是弥足珍贵的。姑且不说网上是否有95%的人支持重庆打黑除恶或者说网上的声音是否真实代表了

---

① 谢文轩：《重庆打黑"幕后"》，载《南都周刊》2009 年 8 月 31 日。
② 《95%网民支持重庆打黑 五六百起命案还未破》，载《京华时报》2010 年 3 月 7 日。

人民群众的意见？就算网上有95%的人对重庆打黑除恶给予支持或者说网上的声音代表了广大群众的意见，这也只能说明重庆开展"打黑除恶"专项斗争有着广泛的民意基础，而不代表重庆的"打黑除恶"工作就不存在问题，不存在法治上的缺失。比如，"打黑除恶"专项斗争中打掉的"黑老大"，也许会有超过95%甚至100%的人认为该杀，但我们的法院并不能因为有这么多人支持而不考虑其犯罪事实和情节，就径行判处他们死刑立即执行。否则，无异于主观擅断、出入人罪。罪有多大，刑事责任有多重，就判多重的刑，这是法治社会的基本要求。恰恰最为令人担忧的，倒不是"打黑除恶"专项斗争在法治上有多少缺失，而是人们对这种法治缺失竟那么包容。从法治的高度审视打黑除恶，善于尊重少数人的意见，恰是公权力自我约束、理性和审慎行使的客观要求。不能因为"打黑除恶"专项斗争有群众支持，就放松对公权力的警惕、制约和监督，就对存在的问题视而不见。在法治已成为时代主旋律的今天，我们更没有理由说，为了确保能打掉一些黑恶势力，就必须给权力横冲直撞的自由。在打黑除恶的过程中，善于尊重少数人合理的意见，无疑是一种社会进步，是社会理性和法治意识的重要体现。

（三）打黑除恶的同时应当注意切实保障人权，不能忽视程序正义

在打黑除恶过程中，公安司法机关既要尊重和保障被害人以及其他广大群众等多数人的权利，也要尊重和保障犯罪嫌疑人和被告人等少数人应有的人权。公民犯了罪，应当受到法律的制裁，但是犯罪嫌疑人、被告人也应当享有作为一个公民、一个人所应有的权利。特别是在他们丧失了人身自由的情况下，就更应该注意保障其应有的权利。对于他们权利的剥夺和限制，必须经过严格的正当的法律程序。在任何情况下，不能剥夺犯罪嫌疑人、被告人的人格尊严；即使对于罪行极其严重论罪当杀的犯罪分子，也是"可杀而不可辱"，应当切实保障其人权。

司法程序公正是法治的生命线，打黑除恶不能忽视程序正义。要把涉黑案件办成经得起法律和历史检验的铁案，显然不能在法律程序上有明显瑕疵。而从重庆市办理的不少涉黑案件看，据有关媒体报道，律师难以会见当事人、案卷不允许复印、行政力量干预司法等不同程度地存在，而这些显然不利于充分保障犯罪嫌疑人、被告人的辩护权，忽视了程序正义的价值。其实，不管是什么样的涉黑案件，追究被告人的刑事责任都应当经过正当的法律程序，只有确保案件事实清楚，证据确实、充分，才能定案。任何忽视甚至对抗程序正义的做法都是不符合现代法治精神的，也是经不起历史检验的。如辩护律师受托为涉黑案件被告人辩护，本是履行其法律职责、维护被告人合法权益的客观要求，这也是一个法治社会最起码的社会规则。然而，在重庆涉黑案件审理中，律师赵长青、周立太等人因为给涉黑案件中的"黑社会"头目辩护，遭到网民群情激奋的炮轰和人身攻击，被辱骂为"黑社会的狗头军师"。强大的舆论氛围和外部压力，对于辩护律师辩护工作的有效开展，难免会有一定的负面影响，这也涉及程序正义的维护。再比如，被称为重庆"打黑除恶"专项斗争中插曲的"李庄案"，被告人李庄从刑拘到开审总共只有 18 天，效率之高，被律师界称为"重庆速度"。"李庄案"经媒体披露报道后，引发社会广泛关注，各种声音也从未止息。刑辩律师执业风险、程序正义、人权保障、媒体报道与司法独立等话题，不断进入媒体和公众视野。在重庆打黑除恶被高度关注的背景下，"李庄案"持续发酵，其引发的连锁反应不断显现：律师群体激烈反弹，老百姓对抓"黑律师"普遍叫好，法学学者们开始反思，网络空间则继续热议不断。在"李庄案"审理过程中，最高人民法院于 2009 年 12 月 23 日下发了《关于人民法院接受新闻媒体舆论监督的若干规定》，其中第 9 条第 2 项明确规定，新闻媒体如果对正在审理的案件报道严重失实或者恶意进行倾向性报道，损害司法权威，违反法律规定的，将依法追究相应责任。此《若干规定》是否是针对有关媒体对"李庄案"的倾向性报道而出台，给人留下了无限联想的空间。反观"李庄案"，从大的方面来说，该案定案证据是否真的达到了确实、充分的证明标准，程序正义是否得到了有效的维护，社会反应是否符合现代法治精神等问题，确实都值得我们深入反思。

六、构建打黑除恶长效机制的几点建议

打黑除恶是一项长期、艰巨、复杂的任务，要铲除黑恶势力，必须坚持标本兼治，积极探索构建打黑除恶的长效机制。我们认为，当前打黑除恶长效机制的构建，尤其要抓好以下几个结合：

（一）要把坚持打黑除恶与反腐败斗争结合起来

一般讲，黑恶势力之所以能够坐大成势，根本原因在于有"保护伞"的庇护。"保护伞"越多越大，黑恶势力就越猖獗。如果只打击黑恶势力本身而不涉及"保护伞"，或者对保护伞心慈手软，包庇纵容，那也很难从根本上铲除黑恶势力。[①]从各地打黑除恶的实际情况看，几乎每一个黑恶势力的背后，都有一个甚至多个"潜伏"在党政机关、司法机关中的腐败分子充当其"保护伞"。黑恶势力用金钱美色、贵重物品等收买这些腐败分子，腐败分子则庇护黑恶势力，政黑勾结，沆瀣一气，相互之间存在利益同盟关系。例如，重庆"打黑除恶"专项斗争中打掉的以黎强为首的黑恶势力，就以金钱美色铺就了多条利益输送链条，其终端通向重庆多个政府部门，其中手握营运指标和非法营运查处权的运管部门更是其"主攻对象"。沙坪坝区运管所原所长肖庆隆，放任渝强公司17辆黑车非法营运，帮助黎强获得249万余元非法利益。他还给黎强介绍生意，帮助其收购70辆生活服务车。黎强则许诺肖庆隆"入干股"共同经营，分两次给肖庆隆银行账户上转款48万元。黎强曾当众叫嚣："随便你们到哪里去告，到处都是我的'兄弟伙'。"[②]可以想象，背后没有强大的"保护伞"，没有为其提供庇护的腐败分子，黑恶势力是不会有如此嚣张气焰的。因此要深挖彻查黑恶势力背后的"保护伞"，坚持把打黑除恶与反腐败斗争紧密结合起来。对于国家工作人员充当黑恶势力"保护伞"的，应当坚决查处，决不能姑息养奸。纪检监察机关和政法委要加强对深挖"保护伞"工作的

---

① 胡云腾：《谈谈重庆"打黑"的特点》，载《红旗文稿》2011年11月14日。
② 王晓磊、朱薇：《重庆黑恶势力坐大轨迹：与保护伞形成利益链条》，载《法制日报》2009年11月2日。

组织、协调和监督，确保查处腐败分子与案件侦办工作同步进行。检察机关要加大案件侦破力度，进一步畅通群众控告、投诉、举报的渠道，广泛收集黑恶势力犯罪及其"保护伞"职务犯罪案件线索，对于充当黑恶势力"保护伞"的职务犯罪线索，要抓住不放、一查到底。

（二）要把专政机关的重拳出击与社会治安综合治理结合起来

通过深入开展"打黑除恶"专项斗争，以雷霆万钧之势掀起严打黑恶势力犯罪的风暴，形成对黑恶势力犯罪主动进攻、积极防范的态势，把打黑除恶作为推动和带动对其他刑事犯罪打击的首要工作来抓，发现一起，及时打掉一起，减少和挤压黑恶势力对社会的危害和坐大成势的空间，可以起到"快刀斩乱麻"的显著效果，从而实现"打早打小，除恶务尽"的目标。与此同时，应当进一步加强源头预防、综合治理。毕竟，黑恶势力的滋生蔓延，有着复杂的政治、经济、文化等各方面的社会根源，单靠"严打"并不能铲除黑恶势力犯罪滋生蔓延的土壤和条件，难以从源头上遏制黑恶势力犯罪的发生。故而应当把专政机关的重拳出击与综合治理有机结合起来，将打黑除恶纳入社会治安综合治理总体规划，以打黑除恶带动各类突出治安问题的解决，从源头抓起，从基层基础抓起，"坚持源头预防、多管齐下，在打击、防范、教育、管理、建设、改造等环节上狠下功夫，综合运用政治的、经济的、行政的、法律的、文化的、教育的等多种手段，对黑恶势力犯罪问题进行综合治理，最大限度地铲除黑恶势力犯罪滋生蔓延的土壤和条件"[①]，从源头上防范黑恶势力犯罪，推动平安中国建设向纵深发展，实现社会治安大局的持续稳定。

（三）要把健全相关法律法规与完善工作机制结合起来

健全相关法律法规是推进打黑除恶工作法治化，确保打黑除恶顺利进行并取得实效的根本保障。因此，要针对打黑除恶过程中遇到的种种执法难题和新情况、新问题，加强调查研究，明确"恶势力""保护伞"等范畴的内容，及时提出立法或者司法解释的建议，解决制约"黑社会性质组织"认定、黑恶势力犯罪案件证据标准等方面的法律瓶

---

① 中央政法委：《关于深入推进打黑除恶专项斗争的工作意见》（2009年7月）。

颈问题，从而逐步统一执法尺度，确保打黑除恶有法可依、有章可循。要认真总结各地区、各部门打黑除恶的工作经验，将行之有效的做法和成功的经验及时制度化、规范化，推广运用到打黑除恶工作之中。

同时，也要着力完善打黑除恶工作机制，进一步夯实工作基础，注意把健全相关法律法规与完善工作机制结合起来。要继续加强党委的组织领导，发挥各级打黑除恶专项斗争领导小组的协调、指导作用，完善各部门联席会议制度，加强沟通和协调。要认真贯彻中央有关文件精神，将打黑除恶工作作为综合治理考核、平安建设考核和干部政绩考核的重要内容，对领导不力或工作不到位致使黑恶势力坐大成势、长期得不到打击处理的地方，坚决实施"一票否决"，并严格追究责任。要坚持和完善领导包案、挂牌督办、备案审查、信息收集反馈和责任追究等工作责任制，加强督促检查，提高打黑除恶的工作实效。要探索建立公安、检察、法院、纪检、海关、工商、税务、质监、建设、国土、金融等职能部门的执法信息互连互通和资源共享的协作机制，特别是要充分利用公安部建立的"打黑除恶"信息管理系统和数据库，及时摸清掌握黑恶势力的活动情况、主要罪行和违法犯罪证据，真正形成预防和打击黑恶势力犯罪的合力。要加强打黑除恶的专业化队伍建设，进一步充实力量，重视业务培训，培养一支熟悉黑恶势力犯罪特点规律和办案技能的精兵队伍，全面提高打黑除恶工作的专业化水平。

第三节　非法行医罪客观方面若干疑难问题研讨

一、问题的提出

近年来，我国非法行医现象在一些地方特别是农村、城乡结合部大量存在，严重扰乱了医疗服务市场秩序和社会治安，危害人民群众的身体健康和生命安全。尤其是一些黑诊所和假医游医屡禁不止，无

253

证行医现象在一些地方尤其是农村和城乡结合部仍然大量存在，并向城市社区蔓延。另外，还有一些医疗机构受经济利益驱动，聘请非卫生技术人员行医，出租、承包科室，或者未经审批擅自从事性病诊疗等非法活动，一度成为社会关注的热点问题。为保证人民群众的生命健康安全，采取切实有效措施，建立健全长效机制，继续保持高压态势，加大执法力度，增强工作的有效性，把打击非法行医违法犯罪工作抓紧抓好，各地普遍加大了对非法行医犯罪行为的打击力度。特别是最高人民法院于 2008 年 4 月 29 日公布了《关于审理非法行医刑事案件具体应用法律若干问题的解释》（以下简称《解释》），《解释》针对《刑法》第 336 条第 1 款中关于非法行医罪的规定，明确了实践中争议较大的主体认定、罪与非罪的标准、处罚原则、损伤后果认定等问题。当然，在司法实践中，对于非法行医罪构成要件尤其是客观方面构成要件的理解和认定，仍存在一些争议。本节拟选取非法行医罪客观方面要件认定中的两个疑难问题，结合相关典型案例进行分析。

该案件的基本案情是：双峰县红十字会医院二门诊部是一家民营医疗机构，挂靠在双峰县红十字会医院名下。2010 年 9 月 13 日，该医疗机构聘请的医生刘某、护士吴某在为 19 岁的谢某进行包皮切除手术后，又进行短波治疗，吴某将短波机温度、距离等调好后便离开了理疗室。短波机温度升高，因无专门医务人员看管，导致谢某阴茎被烧焦。事故造成谢某器官毁坏，生育功能丧失。经鉴定构成重伤，五级伤残。经当地警方调查，这家医院的医疗机构执业许可证 2007 年 7 月 1 日就到期了，此后院方一直未重新取得该证而继续从事诊疗活动。事发后，该二门诊部 1 名福建籍投资人外逃，另两名福建籍投资人陈金满、陈明因涉嫌非法行医罪被抓获，法人代表赵红叶也被警方拘留。①

---

① 陈斌：《男子在红会医院做包皮手术被烧焦下体 索赔 800 万》，载《潇湘晨报》2012 年 8 月 15 日；湖南省双峰县人民检察院双检刑诉（2011）259 号《起诉书》。

二、"个人未取得《医疗机构执业许可证》开办医疗机构"的理解问题

　　根据《刑法》第 336 条的规定，非法行医罪是指未取得医生执业资格的人非法行医，情节严重的行为。非法行医罪的主观心态为故意，即行为人明知自己未取得医生执业资格，依法不得开业行医，而依然执意为之的心理态度；客观方面表现为未取得医生执业资格的人非法行医，且情节严重。可见，要构成该罪，行为人所实施行为的客观方面必须是"未取得医生执业资格而非法行医"。何谓"未取得医生执业资格的人非法行医"，2008 年 4 月 29 日最高人民法院《关于审理非法行医刑事案件具体应用法律若干问题的解释》第 1 条对此做了明确规定，即具有"（1）未取得或者以非法手段取得医师资格从事医疗活动的；（2）个人未取得《医疗机构执业许可证》开办医疗机构的；（3）被依法吊销医师执业证书期间从事医疗活动的；（4）未取得乡村医生执业证书，从事乡村医疗活动；（5）家庭接生员实施家庭接生以外的医疗行为的"。情形之一的，可以认定为是"未取得医生执业资格的人非法行医"。具体到本案，该案公诉机关认定"被告人陈金满、陈明未取得《医疗机构执业许可证》而开办医疗机构"[①]，也即认为陈金满等人的行为符合前述司法解释第 1 条规定的第 2 种情形。这也是公诉机关对本案被告人陈金满等行为定性的关键。对此，笔者认为，《起诉书》的上述认定不符合本案的实际情况，没有达到确实、充分的证明程度。主要理由如下：

　　第一，双峰县卫生局于 2005 年 7 月 1 日就给双峰县红十字会二门诊部颁发了《医疗机构执业许可证》。该《医疗机构执业许可证》上注明的机构名称即为双峰红十字会二门诊部，法定代表人及主要负责人为赵红叶（与陈金满系合伙关系），有效期限为 2005 年 7 月 1 日至 2007 年 6 月 30 日。可见，双峰红十字会二门诊部并非从一开始就没有取得《医疗机构执业许可证》而从事非法行医行为。当然，这实质上是涉及

---

① 湖南省双峰县人民检察院双检刑诉（2011）259 号《起诉书》。

《医疗机构执业许可证》有效期的延续问题。

第二，在涉案的《医疗机构执业许可证》即将到期的情况下，双峰红十字会二门诊部负责人赵红叶等人即于 2007 年 5 月 30 日向双峰县卫生局（双峰县红十字会）提出了延续申请。这一事实，双峰县卫生局关于《赵红叶同志申请办理"双峰县红十字会二门诊部"不予受理的决定书》（以下简称《决定书》），以及双峰县卫生局关于《依法撤销我局于 2008 年 7 月 16 日做出的<赵红叶申请办理"双峰县红十字会二门诊部"不予以受理的决定书>的决定》（以下简称《决定》）均可以佐证。《决定书》第一句就明确提出："你向红十字会提交了要求继续申办双峰县红十字会二门诊的有关资料……"《决定》第一句也做了相同表述，而且还进一步指出："根据卫生部医管发〔1999〕66 号关于医疗机构执业许可有效期的批复，你单位的申请不需要重新许可，故经局长办公会议研究，决定对 2008 年 7 月 16 日我局所做的赵红叶同志申请办理《双峰县红十字会二门诊部不予受理的决定》依法予以撤销"。至于双峰县红十字会二门诊部 2007 年 5 月 30 日提出延续申请后，双峰县卫生局逾期未做出是否准予延续的决定，能否认为是准予延续，则应当依照《行政许可法》等法律法规的有关规定来判定。《行政许可法》第 50 条明确规定："被许可人需要延续依法取得的行政许可有效期的，应当在该行政许可有效期届满 30 日前向做出行政许可决定的行政机关提出申请。但是，法律、法规、规章另有规定的，依照其规定。行政机关应当根据被许可人的申请，在该行政许可有效期限届满前做出是否准予延续的决定；逾期未做出决定的，视为准予延续。"而就本案来说，双峰县红十字会二门诊部提出延续的申请后，双峰县卫生局未在法定期限内依法做出决定，故而应当视为准予延续该《医疗机构执业许可证》的有效期。这里还值得强调指出的是，关于《医疗机构执业许可证》的有效期限，《卫生部医政司关于医疗机构执业许可证有效期限问题的批复》（卫医管发〔1999〕第 66 号）明确指出，"根据《医疗机构管理条例》规定，医疗机构的校验期分为 1 年和 3 年两种，而《医疗机构执业许可证》副本可用于 5 次校验结果的登记。因此，一般情况下，《医疗机构执业许可证》及其副本的有效使用期限可依据持证医疗机构校验期的不同，分别定为 5 年或 15 年"。双峰县红十字会二门诊部作为县级卫生行政部门许可开办的医疗机构，根据《医疗机构管理校验办法（试行）》等规章的规定，系每 1 年校验 1 次，因此双峰县红十字会二门诊部的《医疗机构执业许可证》的有效期限应为 5 年。自双峰县红十字会二门诊部 2007 年 5 月 30 日（有效期届满 30 日前）提出延续申请后，双峰县卫生局逾期未做出决定，前文已提到，应依法视为准予延续。也就是说，延续许可执业的期限应为 2007 年 6 月 30 日至 2012 年 6 月 30 日（5 年）。事实上，本案中被害人谢某在双峰县红十字会二门诊部就诊受伤是发生在 2010 年 9 月 13 日，即是在延续许可执行的有效期限内。总而言之，双峰县红十字会二门诊部只要在该《医疗机构执业许可证》延续的有效期内行医，就不能轻率地认定为被告人陈金满等人"个人未取得《医疗机构执业许可证》开办医疗机构"。

第三，在案证据材料还表明，双峰县卫生局曾于 2008 年 5 月 8 日出具过相关《证明》，该《证明》指出："兹有县红十字会二门诊部医疗机构的医疗许可证现正在发放中。"这意味着双峰县卫生局已准许双峰县红十字会二门诊部从事医疗活动，只是《医疗机构执业许可证》暂时还未发放下来。虽然双峰县卫生局于 2011 年 11 月 8 日出具的《情况说明》解释称，"我局红十字会办公室负责人李元盛同志出具的'双峰县红十字会二门诊部医疗机构的医疗许可证正在发放中'的证明并盖公章的行为，局党委不知情也未经任何领导同意，纯属个人行为"，但这涉及的主要是双峰县卫生局对内部相关办理人员的处理追责问题，而不能将内部违反程序所做出的行政行为的责任或者负面后果转归行政相对人来承担。否则，不仅有损行政机构的执法公信力，而且也不利于保护行政相对人以及相关当事人的合法权益。

三、医疗机构未进行年度校验而开展诊疗活动是否属于刑法意义上的非法行医

虽然《医疗机构校验管理办法（试行）》（卫医政发〔2009〕57 号）

第 10 条规定："医疗机构不按规定申请校验的，登记机关应当责令其在 20 日内补办申请校验手续；在限期内仍不申请补办校验手续的，登记机关注销其《医疗机构执业许可证》。"《医疗机构管理条例》第 45 条规定："违反本条例第 22 条规定，逾期不校验《医疗机构执业许可证》仍从事诊疗活动的，由县级以上人民政府卫生行政部门责令其限期补办校验手续；拒不校验的，吊销其《医疗机构执业许可证》。"但在前述案件中，一方面，双峰县红十字会二门诊部未按照规定进行年度校验，除了自身的原因外，也确实存在某些客观因素。作为登记机关的双峰县卫生局既未通知双峰县红十字会二门诊部办理校验手续，也未依法责令其在 20 日内补办申请校验手续，就是其中的重要原因。而且据委托方提供的材料显示，双峰县境内尚有多家医疗机构同样也未进行年度校验，这在相当程度上表明双峰县卫生局对辖区医疗机构的年度校验工作存在重大疏漏，并未正常开展。笔者认为，未按期进行年度校验只是行政法意义上的违法行为，不能将其混淆于刑法意义上的非法行医。只有未取得医生执业资格的人非法行医，情节严重的，才应视为刑法意义上的非法行医。

另一方面，本案中没有任何证据表明双峰县卫生局曾注销或者吊销了双峰县红十字会二门诊部的《医疗机构执业许可证》。从本案案情看，双峰县卫生局 2008 年 8 月 18 日《关于双峰县红十字会二门诊部赵红叶上访问题的情况汇报》中指出："双峰县红十字会二门诊部长期存在多项违法行为。如经进一步调查，确认符合吊销《医疗机构执业许可证》的条件，应依法吊销；如吊销《医疗机构执业许可证》的依据不足，我局将责令其限期改正，逾期不改正，坚决吊销其《医疗机构执业许可证》，以确保人民群众的身心健康"。由上可知，截至 2008 年 8 月 18 日，双峰县卫生局尚不能确定双峰县红十字会二门诊部是否符合吊销《医疗机构执业许可证》的条件；事实上，直至本案案发，双峰县卫生局也一直未吊销该机构的《医疗机构执业许可证》。在双峰县红十字会二门诊部《医疗机构执业许可证》未被注销或者吊销，并且提出了延续申请而双峰县卫生局逾期未做出决定的情况下，其继续开展相关诊疗活动，应当说是并不违法的，不应认定为是刑法意义上的非法行医。

第四节　事出有因的殴打是否成立随意殴打型寻衅滋事罪研讨

一、问题的提出

寻衅滋事罪是 1997 年刑法典修订时，从 1979 年刑法典第 160 条规定的流氓罪中分解而来的新罪名。1997 年刑法典第 293 条规定了寻衅滋事罪。根据 1997 年刑法典第 293 条的规定，有下列寻衅滋事行为之一，破坏社会秩序的，处 5 年以下有期徒刑、拘役或者管制：（1）随意殴打他人，情节恶劣的；（2）追逐、拦截、辱骂他人，情节恶劣的；（3）强拿硬要或者任意损毁、占用公私财物，情节严重的；（4）在公共场所起哄闹事，造成公共秩序严重混乱的。2011 年 2 月 25 日，第 11 届全国人大常委会第 19 次会议通过的《中华人民共和国刑法修正案（八）》第 42 条对 1997 年刑法典第 293 条进行了修订。本次修订，一是增设了第 2 款，即规定"纠集他人多次实施前款行为，严重破坏社会秩序的，处 5 年以上 10 年以下有期徒刑，可以并处罚金"。二是在原第 1 条第 2 项中增加了"恐吓他人"的规定。在其后的 2013 年 7 月和 9 月，"两高"也先后联合颁布了《关于办理寻衅滋事刑事案件适用法律若干问题的解释》《关于办理利用信息网络实施诽谤等刑事案件适用法律若干问题的解释》。上述有关立法修正和司法解释的规定进一步充实了寻衅滋事罪的规范内涵，有助于寻衅滋事罪的司法适用，更好地满足了司法实践的需要。寻衅滋事罪虽然只是一个个罪，但其涉及的理论和实际问题很多，特别是近几年来发生了数起引起社会广泛关注的寻衅滋事罪名案，这些案件一度在学界引发了罪与非罪、此罪与彼罪等方面的热烈争议和讨论。加之寻衅滋事罪还有许多理论问题、司法疑难问题亟待进行拓展性的深入研究，因而对寻衅滋事罪进行深入研究是很有必要的。本节拟着重就事出有因的殴打能否成立随意殴打型寻衅滋事这一问题进行专门研讨。

二、学界对随意殴打型寻衅滋事犯罪的理解

随意殴打型寻衅滋事犯罪是由《刑法》第 293 条第 1 款第 1 项规定的，即"随意殴打他人，情节恶劣的"。

（一）对"随意"的理解

对寻衅滋事罪中"随意"的准确理解，是认定随意殴打型寻衅滋事罪的关键。目前，理论界和实务界对"随意"含义的理解并无统一标准，存在有不同的观点。

一种观点认为，"随意"就是无事生非，只有出于耍威取乐等动机，在没有任何起因的情况下，无故殴打他人、损毁财物的，才构成寻衅滋事罪。如有论者认为，所谓"随意"殴打他人，就是指在耍威风、取乐发泄、填补精神空虚、寻求精神刺激等流氓动机的支配下，无故、无理殴打他人。[1]

另一种观点则主张，"随意"不能局限在无事生非，无事不能理解为没有起因，日常生活中因为摩擦或琐事，借题发挥，肆意殴打他人的行为同样应认定为寻衅滋事罪。如有论者认为，"随意"无需是事出无因、无缘无故。首先，没有任何立法文献资料记载制定本罪的初衷只是对事出无因的殴打他人的行为给予评价。其次，任何人做任何事情，都存在一定起因，如何对起因的理解和评价才是关键。行为人在实施殴打他人之前，总要找到一些"借口"，只是这种"借口"违反生活常理和社会公序良俗，在一个具有基本社会道德和法制观念的人看来，是毫无道理的。如果将"随意"解释为事出无因、无缘无故，会不当缩小寻衅滋事罪的适用范围。再次，在生活当中，没有任何理由

---

[1] 王作富主编：《刑法分则实务研究（下）》（第二版），中国方正出版社 2003 年版，第 1436 页。

殴打他人的情况是极为罕见的。①有论者说，对"随意"的社会一般理解是想干什么就干什么，唯心所适，其反义词是认真、严谨。在刑法规范上，"随意"是指犯罪对象不明确，惹事生非，小题大做，而不仅仅是无事生非。②有论者认为，不应将事出有因排除在"随意殴打他人"之外。其一，从唯物主义辩证法认识论角度分析，任何事物的发展变化，都是内因和外因共同作用的结果，任何事情都是或多或少有理由的，现实生活中绝大部分寻衅滋事行为都是有一定事由的，不能把"事出有因"作为区别两罪的标准。其二，无故具有相对性，对于行为人来说，他的行为可能有起因，但对于被害人来讲，可能行为人行为的起因与其无关或者关系很小。其三，寻衅滋事的"随意"殴打他人，不仅应包括无故、无理的情况，也应包括有一定理由的情况。③

（二）"随意"如何判断

关于如何判断"随意"，应遵循什么样的判断标准或者根据什么进行判断，学界也存在不同的看法，主要有三种不同的观点。

第一种观点认为，应从行为人的主观犯罪动机考察"随意"。如有论者认为，正确界定"随意"，关键是看行为人实施殴打行为时的主观动机。分析行为人实施殴打行为时主观上是否具有随意性，应从以下三点把握：一要看行为人是否因争强斗狠、寻求刺激等心理因素决定其临时产生殴打的故意；二要看行为人实施殴打行为时是否为了实施殴打，寻找理由做借口；三要看行为人是否经常实施殴打行为。通过以上三点的确定，就能正确把握寻衅滋事中行为人主观上是否具有随意性。④有论者指出，实践中，界定行为人实施的行为是否出于"随意"，可以从以下几点进行判断：第一，看行为人作案的时间和地点是

① 宋刚、杨昂鹏：《"随意殴打他人"不应局限于无事生非》，载《检察日报》2012 年 3 月 21 日。
② 胡莎：《论随意殴打他人型的寻衅滋事罪》，载《法制与社会》2011 年第 2 期。
③ 徐华伟、刘广明：《不应将事出有因排除在"随意殴打他人"之外》，载《检察日报》2008 年 10 月 14 日。
④ 包学红：《怎样理解寻衅滋事罪中的"随意殴打他人"》，载《江苏法制报》2006 年 5 月 24 日。

否有所选择。若行为人的行为是随心所欲实施的，其事前在时间和地点上不会有所选择，而是"临时起意"想做就做。第二，看行为人的行为方式是否"随意"。若行为人是随意殴打他人，其对打击部位和强度都具有任意性，并伴有辱骂等示威表现。第三，看行为对象的选择是否具有偶然性。若行为人是随意殴打他人，其与行为对象多不具有宿仇旧怨等利害关系，因而其对被害人的选择也多是随机的。第四，看行为人事出是否有道理。若行为人的行为原因和动机毫无道理、难以为一般人理解和接受，这只能看做是行为人故意找事的由头。[①]有论者表示，考察殴打行为是否为"随意"，大致可从行为人的下述特性去分析。首先，看行为是否是"即时起意""一时性起"。殴打行为并非是因情势的发展而发生，而是由行为人的"心情"和"脾气"所致。其次，看行为人是否是"动辄"殴打他人，是否是"一贯性的""经常性"的行为。[②]有论者说，所谓"随意"，应该考察其主观动机是不是出于故意违反社会的公序良俗，逞强斗狠，抖威争霸或发泄不满，寻求刺激，或打人取乐，把自己的一种不健康的心理满足建立在别人的痛苦之上。如果出于以上动机，即使行为人辩解其殴打他人是"事出有因"，也应以寻衅滋事罪定罪处罚。[③]

第二种观点认为，应按照"一般人理性"对行为进行双重置换从而判断殴打行为是否"随意"。如有论者说，应按照"一般人理性"对行为进行双重置换从而判断殴打行为是否"随意"，即当一般人从犯罪人的角度思考，也不能接受犯罪人的殴打行为时该殴打行为，便是随意的。[④]有论者指出，这里对"随意"的理解应从一般人或社会大多数人的立场出发，如果身处犯罪人同样的情境，是否实施和犯罪人相同或类似的行为？也就是说，能否对犯罪人实施殴打行为的动机或原因给予包容或谅解，如果不能给予肯定回答，则说明犯罪人的殴打行

① 宋刚、杨昂鹏：《"随意殴打他人"不应局限于无事生非》，载《检察日报》2012 年 3 月 21 日。

② 瞿忠：《寻衅滋事罪中"随意殴打他人"如何认定》，载《检察日报》2001 年 9 月 17 日。

③ 汤晓慰：《寻衅滋事罪司法适用探析》，载《人民检察》2002 年第 8 期。

④ 陈兴良：《定罪的四个基本规则》，载《检察日报》2009 年 11 月 6 日。

为具有随意性，可见这里需要进行换位思考。①

第三种观点认为，应从主客观相统一的角度考察"随意"。如有论者表示，"随意"系行为时的心理倾向，从我国犯罪构成理论来看，属犯罪的主观方面，但在司法认定过程中围绕如何认定"随意"时必须坚持主客观统一的原则，从行为的对象、时间、原因、动机和地点诸多方面综合考虑。犯罪动机系最为核心的方面，因为它决定了行为人的主观恶性程度和社会危害程度，也决定了其他四个方面，正因为行为人试图通过殴打人的行为来达到逞强、示威的目的，所以行为人才会不分时间、不问地点、不管是谁，在毫无事由的情况下公然殴打他人，从而造成社会公共秩序的严重破坏，其才具有了较大的人身危险性。②有论者提出，认定寻衅滋事罪中"随意"这个概念，不能从目的、动机或引起行为的事由单方面来判断，应当将二者结合起来，在辩证的立场上看待这个"随意"。随意不仅是一个主观的要素，而且同样是一个客观要素，二者相辅相成，缺一不可。③有论者认为，对于"随意殴打他人"的行为，是否属于"随意"，应依据客观行为判断。"随意"是需要价值判断的表述，不同的人站在不同的角度做出的判断可能是不同的，所以，应结合殴打他人的动机、殴打的场所、殴打因果关系的对称性、殴打的对象做出综合判断。④还有论者说，在司法实践中，应按主客观相统一的原则，以考察"随心所欲，无视法律道德约束"的主观要素为主，以客观随意为辅，综合界定"随意"。具体而言，主要有如下几点核心要素。一是从案件的客观过程，采用"双重置换原则"推定行为人是否"随心所欲，无视法律道德约束"。二是考察行为人在犯意形成之前是否有特定的犯罪对象。三是"随意殴打"

① 潘庸鲁：《关于寻衅滋事罪中"随意殴打他人"的理解与适用》，载《北京人民警察学院学报》2011 年第 1 期。

② 王富国、孙启香：《随意殴打他人寻衅滋事罪之"随意"的认定》，载《无锡职业技术学院学报》2003 年第 4 期。

③ 何庆仁：《寻衅滋事罪研究》，载《中国刑事法杂志》2003 年第 4 期。

④ 吴新华：《何为寻衅滋事罪中"随意殴打他人"》，载《检察日报》2009 年 12 月 14 日。

行为的实施是否临时起意。[①]

（三）对"殴打"的理解

关于对"殴打"的理解，主要集中在对殴打他人后果的判断上。学界普遍认为，寻衅滋事罪中的"殴打"包括致人轻伤比较合理，并应以此为限，不能造成致人重伤、死亡的结果。如有论者认为，随意殴打他人的后果，应以造成他人轻伤为限，如果造成他人重伤、死亡的，应以故意伤害罪、故意杀人罪论处。[②]有论者认为，殴打是指对他人行使有形力，造成他人身体痛苦的行为。换言之，殴打相当于国外刑法中的狭义的暴行。也即，殴打应是直接对人的身体行使有形力：（1）只要是针对人的身体行使有形力，即使没有接触人的身体的，也属于殴打。（2）在我国，殴打行为不是伤害罪的未遂犯，所以，殴打不以具有造成伤害结果的危险性为前提。换言之，倘若某种行为只能造成他人身体痛苦，但不可能造成伤害，也属于殴打。（3）如果行为人针对物行使有形力，因而对人的身体以强烈的物理影响的，由于不是针对人的身体行使有形力，不宜认定为殴打。（4）使用有形的方法不等于行使有形力。例如，使他人饮食不卫生食品后胃痛的，虽然是有形的方法，但不应评价为殴打。（5）由于寻衅滋事罪具有补充性质，所以，殴打不以造成伤害（轻伤以上）为前提。但是，一方面，造成了伤害结果的伤害行为，无疑符合殴打行为的要件；另一方面，如前所述，寻衅滋事罪的法定刑重于故意轻伤的法定刑。所以，殴打行为造成轻伤害结果的，也可能被认定为随意殴打类型的寻衅滋事罪。（6）基于同样的理由，殴打不以聚众为前提，更不以符合聚众斗殴罪的构成要件为前提。但是，随意聚众斗殴的行为，通常符合寻衅滋事罪的构成要件。[③]还有论者表示，寻衅滋事罪的"殴打"应包括致人轻伤。若行为人破坏公序良俗，无视法律，随意殴打他人致人轻伤，按故意伤害罪定罪量刑规则与犯罪构成中关于犯罪客体决定犯罪行为性质的

[①] 李锦阳、刘瑜：《"随意殴打"型寻衅滋事罪的定罪标准浅探》，载《法制与社会》2013年第4期。

[②] 王作富主编：《刑法分则实务研究（下）》（第二版），中国方正出版社2003年版，第1437页。

[③] 张明楷：《寻衅滋事罪探究（上篇）》，载《政治与法律》2008年第1期。

理论相悖，也会放纵犯罪。只有按寻衅滋事罪处理才能更好地体现行为人的特性，真正做到罪责刑相适应，才能更好地惩治多次随意殴打他人致轻伤的寻衅滋事行为。[①]

（四）对"情节恶劣"的理解

随意殴打他人是否"情节恶劣"，是区分随意殴打型寻衅滋事行为罪与非罪的根本标准。由于"情节恶劣"的表述过于模糊，在 2013 年 7 月"两高"颁布《关于办理寻衅滋事刑事案件适用法律若干问题的解释》之前，何谓"情节恶劣"，一直缺乏明确而具体的标准，学界对此也有多种观点。有论者认为，随意殴打他人"情节恶劣"包括下述情形：殴打他人，致人轻伤；殴打他人手段恶劣的；多次殴打他人的，既包括多次殴打同一人，也包括多次殴打不同的人；随意殴打他人，造成被殴打人自杀等严重后果的；随意殴打他人，造成社会秩序严重混乱，群众心理严重不安等恶劣影响的等。[②]有论者提出，"情节恶劣"应从受害人身体受伤害程度以及社会生活受影响程度来界定，主要可以分以下两种情形：（1）普通随意殴打造成轻伤的。（2）造成轻微伤及以下，但严重影响了他人正常社会生活。如在殴打过程成侮辱他人，使受害人的社会尊严受到严重侵害；给受害人造成严重的心理影响，造成受害人自杀等。[③]有论者指出，要从通常的情节严重或恶劣的几个因素去考虑"情节恶劣"：（1）殴打他人的次数、人数。多次随意殴打他人，既包括多次殴打同一人，也包括多次殴打不同的人。（2）手段。殴打他人使用凶器的；或者殴打他人手段恶劣、残忍的。（3）结果。殴打他人，致人轻伤的；或者随意殴打他人，致被殴人自杀等严重后果的。（4）被害人情况。被殴打对象是老、弱、病、残等弱势群体的。（5）行为人一贯表现。因随意打人受过治安处罚一次，再次随意殴人的。（6）发生时间、地点。在人口密集的公共场所，或

---

① 孟庆华、马章民主编：《刑事案例诉辩审评——寻衅滋事罪》，中国检察出版社 2014 年版，第 29 页。

② 王作富主编：《刑法分则实务研究（下）》（第二版），中国方正出版社 2003 年版，第 1437 页。

③ 李锦阳、刘瑜：《"随意殴打"型寻衅滋事罪的定罪标准浅探》，载《法制与社会》2013 年第 4 期。

在群众性聚会期间随意殴打他人，造成社会秩序严重混乱，群众心理严重不安等恶劣影响的。[1]还有论者指出，"情节恶劣"的认定，必须从社会危害性和行为人的主观恶性两个方面来进行，并且重点把握在殴打时，致人重伤或死亡的严重后果的认定。具体来说，应从以下几个方面进行具体认定：（1）实施行为的方式。采取十分残忍或者持械的方式殴打他人的，或结伙实施殴打他人的行为。（2）实施行为的时间和地点。在白天或者在人群较为集中时间和地点实施殴打行为的，如在人流集中的车站、广场等。（3）实施行为的对象。例如针对未成年人、老年人、残疾人等弱势群体的。（4）实施行为造成的社会危害结果。造成一人以上轻伤或者三人以上轻微伤的严重后果；导致被害人自杀或精神失常的；或导致公共场所秩序严重混乱的。（5）行为人的主观恶性。多次实施殴打他人的行为，三次或三次以上即认定为多次。[2]等等。

及至 2013 年 7 月，"两高"颁布了《关于办理寻衅滋事刑事案件适用法律若干问题的解释》，该解释第 2 条对随意殴打他人的"情节恶劣"进行了界定，即"随意殴打他人，破坏社会秩序，具有下列情形之一的，应当认定为刑法第 293 条第 1 款第 1 项规定的"情节恶劣"：（1）致一人以上轻伤或者二人以上轻微伤的；（2）引起他人精神失常、自杀等严重后果的；（3）多次随意殴打他人的；（4）持凶器随意殴打他人的；（5）随意殴打精神病人、残疾人、流浪乞讨人员、老年人、孕妇、未成年人，造成恶劣社会影响的；（6）在公共场所随意殴打他人，造成公共场所秩序严重混乱的；（7）其他情节恶劣的情形。

三、事出有因殴打能否成立随意殴打型寻衅滋事犯罪的具体把握

最高人民法院、最高人民检察院《关于办理寻衅滋事刑事案件适

---

[1] 祝丽波：《关于寻衅滋事罪的认定》，载《武汉公安干部学院学报》2013 年第 3 期。
[2] 黄佳：《随意殴打他人型寻衅滋事行为研究》，载《学理论》2013 年第 27 期。

用法律若干问题的解释》（下称《解释》）指出，行为人因日常生活中的偶发矛盾纠纷，借故生非，实施刑法第293条规定的行为的，应当认定为"寻衅滋事"，但矛盾系由被害人故意引发或者被害人对矛盾激化负有主要责任的除外。可见，从司法解释的规定看，事出有因的殴打也可以成立随意殴打型寻衅滋事。虽然事出有因，但小题大做，借题发挥，行为明显超出了合理的纠纷解决方式，应当认定其寻衅滋事。同时，对事出有因也应区别对待，如果矛盾系由被害人故意引发，或者被害人对矛盾激化负有主要责任的，不应认定行为人具有寻衅动机，不以寻衅滋事罪论处。总之，在司法实践中，不能排除事出有因的也可能成立寻衅滋事罪。下面笔者结合一则典型案例进行分析。

该案的基本案情是：2005年7月2日，北京市经济技术开发区一品亦庄的业主杨某等二三十人到汇德甫公司（一品亦庄小区售楼处）要求交付房屋。汇德甫公司法定代表人刘某为了迫使业主离开售楼处，于当日12时许，安排于某等人纠集圣福华俱乐部二三十名保安员在售楼处起哄闹事，迫使业主离开。后于某等人乘出租车对业主乘坐的金杯面包车进行追逐、跟踪，经业主报警，于某等人乘坐的出租车被警察拦截。[①]

本案就是涉及刘某等人是否构成随意殴打型寻衅滋事罪的问题。笔者认为，寻衅滋事罪的主观方面为故意，即明知自己的行为会扰乱社会秩序，可能造成人身伤害和公私财产损失等危害后果，并且希望或者放任这种结果发生的心理态度。实施寻衅滋事的犯罪行为人，一般不是为了获得特定的物质利益或损害特定的个人，而是无是生非、蔑视社会秩序，通常表现为以惹是生非来获得精神刺激或者用滋生事端开心取乐，或者是为了证明自己的"能力"和"胆量"等。综观本案案情，刘某等人实施的行为主观上并非是出于无事生非、蔑视社会秩序，而是因特定纠纷引起，为了解决与相关当事人的矛盾，这与寻衅滋事罪的主观方面要件相去甚远。仔细分析案情可知，汇德甫公司法定代表人刘某是在得知有业主在一品亦庄小区售楼处因交房闹事的

---

① 北京市大兴区人民法院（2010）大刑初字第283号《刑事判决书》。

情况下，才安排于某等人纠集保安去售楼处自己吵架、说粗话，迫使业主离开售楼处。如证人谭某证实，刘某开会说："咱们延期交房，业主不同意，在公司闹事，你们到售楼处自己吵架、说粗话，让业主害怕，打车跟着他们，让他们害怕"。此外，证人何某、宋某、乔某证实的内容与谭某证实的内容相符。可见，此次事件并非一般意义上的寻衅滋事、无事生非，发生此次事件的原因也非刘某等人有意在公共场所起哄闹事，破坏社会管理秩序。恰恰相反，刘某是在得知有业主在售楼处闹事的情况下，为维护售楼处秩序而采取的一些措施和手段，目的是让闹事的业主感到害怕，迫使其离开，不敢再提退房。事实上，汇德甫公司的人员也没有对业主进行殴打、伤害或者辱骂等，更没有造成人员伤亡或者财产毁损等严重后果。虽然这些措施和手段不太妥当甚至违反法治精神，但应当由《治安管理处罚法》等法律进行调整和规范，而与刑法中的寻衅滋事罪无涉。另外，虽然业主离开售楼处后，于某等人乘出租车跟踪，但也只是单纯的跟踪，目的是"让他们以后不敢再来闹事了"，并没有采取其他危害业主人身、财产安全的行动，难以认定为是"情节恶劣"的情形。

最后，从宽严相济刑事政策的精神来看，将刘某等人的行为作为寻衅滋事犯罪处理，不利于纠纷的解决，反而有可能激化矛盾，难以取得良好的法律效果与社会效果。宽严相济刑事政策是我国的基本刑事政策，贯穿于刑事立法、刑事司法和刑罚执行的全过程，是司法机关惩罚犯罪，预防犯罪，保护人民，保障人权，正确实施国家法律的指南。在刑事审判工作中应当切实贯彻执行这一政策。最高人民法院《关于贯彻宽严相济刑事政策的若干意见》（法发〔2010〕9号）第1条明确指出："贯彻宽严相济刑事政策，要根据犯罪的具体情况，实行区别对待，做到该宽则宽，当严则严，宽严相济，罚当其罪，打击和孤立极少数，教育、感化和挽救大多数，最大限度地减少社会对立面，促进社会和谐稳定，维护国家长治久安。"第5条也规定："贯彻宽严相济刑事政策，必须严格依法进行，维护法律的统一和权威，确保良好的法律效果。同时，必须充分考虑案件的处理是否有利于赢得广大人民群众的支持和社会稳定，是否有利于瓦解犯罪，化解矛盾，是否有利于罪犯的教育改造和回归社会，是否有利于减少社会对抗，促进社会和谐，争取更好的社会效果。"最高人民法院《关于为构建社会主义和谐社会提供司法保障的若干意见》（法发〔2007〕2号）第18条也明确要求"当宽则宽，最大限度地减少社会对立面。"对于本案这样涉案人数众多、波及面广，涉及经济纠纷，并且不应作为犯罪来处理的案件，司法机关处理时理应切实贯彻宽严相济刑事政策，尽可能地采取调解、和解或者其他非刑罚处理等方法，竭力寻找各方利益的平衡点，尽力化解矛盾，减少社会对抗，从有利于维护社会和谐稳定的高度，慎重对待本案。事实上，衡量政法机关办案水平的高低，不仅要看是否查处了违法犯罪行为，而且要看是否促进了企业健康发展，是否促进了社会的和谐稳定。

第五节　组织卖淫罪和容留卖淫罪的界限问题研讨

一、组织卖淫罪与容留卖淫罪的主要区别

根据《刑法》第358条、第359条的规定，组织卖淫罪，是指以招募、雇佣、强迫、引诱、容留等手段，控制他人从事卖淫活动的行为。容留卖淫罪，是指利用金钱、物质等手段诱使他人卖淫，为他人卖淫提供场所，以及在卖淫者和嫖客之间牵线搭桥的行为。组织卖淫罪和容留卖淫罪中可能同时存在"容留"卖淫人员从事卖淫活动的行为，由于立法规定较为笼统，在司法实践中，两罪的认定经常产生混淆。关于两罪的主要区别，有学者进行了探讨。如有论者认为，容留卖淫罪是仅为卖淫人员提供进行卖淫活动的处所的行为，行为人不对卖淫人员进行控制和管理，没有形成卖淫组织。不同于作为组织卖淫罪五种手段之一的"容留"，容留卖淫罪的容留更多体现了一种便利性。根据两罪的行为特征不难看出二者的根本区别在于是否具有一定的组织性，而"组织性"又体现在卖淫组织的建立、对卖淫者进行管理、

组织、安排卖淫活动三个方面，即是否发起、建立卖淫集团或卖淫窝点，将分散的卖淫人员纠集、控制起来，管理、安排卖淫人员进行卖淫。[①] 还有论者指出，"容留"行为在两罪之中的作用和地位是截然不同的。首先，在组织卖淫罪中，其主导作用的是组织、策划、指挥等具有控制和管理性质的行为，而容留只是在控制管理之下的一种具体形式，可有可无。其次，在容留卖淫罪中，容留是行为人获取卖淫人员卖淫所得一部分的必要条件。如果没有容留行为，则卖淫女不受行为人控制，行为人也得不到任何经济利益。[②] 应当说，上述学者从不同的角度分析了组织卖淫罪与容留卖淫罪中"容留"行为的区别，并提出了划分两罪界限的标准，都有一定的道理。笔者认为，组织卖淫罪的实行行为通常表现为行为人实施了组织、策划和指挥他人卖淫的行为，把握的重要标准就是看其在卖淫活动中是否起组织者的作用。在组织他人卖淫的犯罪活动中，对被组织卖淫的人有容留卖淫行为的，应当作为组织他人卖淫罪的量刑情节予以考虑，不实行数罪并罚。如果行为人只是实施了引诱、容留、介绍他人卖淫的行为，并未对他人的卖淫活动进行控制，就应当定引诱、容留、介绍卖淫罪。

二、组织卖淫罪与容留卖淫罪界限的具体把握

关于两罪界限的具体把握，笔者拟结合一则典型案例（梁旭组织卖淫案）进行探讨。该案公诉机关指控称：2006 年 11 月被告人梁旭因犯聚众斗殴罪、寻衅滋事罪被改判释放后，借款四百余万元成立承德名豪餐饮娱乐有限公司。被告人梁旭自 2007 年至案发经营名豪歌厅期间，招募数十名公关小姐，提供陪客人唱歌、喝酒、跳舞等有偿服务，同时聘用闫峰、刘明、李洋、白兰平、张伟长期组织妇女卖淫。[③]

笔者认为，就本案来说，梁旭及其所经营的名豪歌厅实质上只是提供场所和便利条件容纳、收留他人卖淫，并未实施组织、策划和指

---

① 季光：《容留卖淫罪相关实务问题探讨》，载《人民法院报》2013 年 6 月 27 日。

② 章贤明：《组织卖淫罪与容留卖淫罪的辨析》，载《人民法院报》2013 年 10 月 27 日。

③ 河北省承德市人民检察院冀承市检刑诉（2011）45 号《起诉书》。

挥他人卖淫的行为，定性为容留卖淫更为妥当、贴切。从名豪歌厅公关小姐的来源看，大部分小姐是妈咪带来的，另外一部分是小姐自行应聘或经人介绍并经妈咪面试加入妈咪管理的小姐团队的。小姐属于妈咪管理，妈咪和小姐之间既有直接的经济利益关系，又有从属依附关系。小姐是否"出台"以及哪个小姐"出台"，均由相关的妈咪安排实施，并非由梁旭及名豪歌厅所组织或控制。事实上，公关小姐及妈咪也从未在名豪歌厅领取工资，这与从名豪歌厅领取工资的正式工作人员在性质上是存在重大区别的。从性质上看，梁旭及名豪歌厅只是为妈咪管理下的小姐卖淫提供了场所和便利条件，梁旭实施的只是容纳、收留小姐卖淫的行为，而非控制或组织小姐进行有组织的卖淫活动。正如作为妈咪之一的李洋在《讯问笔录》（2011 年 4 月 11 日）中所言，"名豪歌厅不给公关小姐发工资，也不要公关小姐的钱，名豪歌厅只是给公关小姐提供挣钱的条件和场所"。李洋的上述供述也能得到本案其他妈咪白兰平、王海伟、刘明，以及梁旭、佟金钢、于金铭等被告人供述的印证。如刘明供称"如果我们手下的小姐没有坐台和出台的，我们妈咪就挣不到钱，就是说公关小姐出台和坐台越多，我们妈咪提的就越多，所有的提成都归我们妈咪，名豪歌厅不要"。梁旭在供述中也表示，公关小姐"不是名豪歌厅的正式员工""服务员（公主）、公关小姐和妈咪都没有工资""服务员（公主）的收入就是客人给的服务费，公关小姐靠客人给的小费作为收入，妈咪就是靠酒水提成和包房提成作为自己的收入"等。名豪歌厅之所以愿意为相关妈咪及妈咪管理之下的小姐团队提供场所和便利条件，主要是想通过小姐向客人提供陪酒、陪歌、陪舞等方式，吸收客人增加酒水和订房消费从而提高经营收入，而妈咪则通过名豪歌厅这个经营平台，通过安排小姐向客人提供有偿陪侍或者"出台"服务收取小费并提成。一言以蔽之，名豪歌厅与妈咪及其管理的小姐之间可谓各取所需、相互利用，而非法律意义上的劳动合同关系或聘用关系。梁旭行为的性质属于容留卖淫而非组织卖淫，不符合组织卖淫罪的构成要件。

第七章

危害国防利益罪

第一节　非法生产、买卖武装部队制式服装罪的理解适用

　　2009 年 2 月 28 日全国人大常委会通过的《刑法修正案（七）》第 12 条对《刑法》第 375 条进行了修订，将《刑法》第 375 条第 2 款修改为："非法生产、买卖武装部队制式服装，情节严重的，处 3 年以下有期徒刑、拘役或者管制，并处或者单处罚金"。增加一款作为第 3 款："伪造、盗窃、买卖或者非法提供、使用武装部队车辆号牌等专用标志，情节严重的，处 3 年以下有期徒刑、拘役或者管制，并处或者单处罚金；情节特别严重的，处 3 年以上 7 年以下有期徒刑，并处罚金"。原第 3 款作为第 4 款，修改为："单位犯第 2 款、第 3 款罪的，对单位判处罚金，并对其直接负责的主管人员和其他直接责任人员，依照各该款的规定处罚"。本节拟以《刑法修正案（七）》第 12 条第 1 款为视点，着重对该条规定的"非法生产、买卖武装部队制式服装罪"的理解与适用问题进行探讨。

一、修法背景

《刑法修正案（七）》第 12 条第 1 款规定了"非法生产、买卖武装部队制式服装罪"，该罪来源于刑法典原第 375 条第 2 款规定的"非法生产、买卖军用标志罪"。由于《刑法修正案（七）》第 12 条第 1 款对刑法典原第 375 条第 2 款的"非法生产、买卖军用标志罪"的罪状进行了修改，将其犯罪对象限定为"军用标志"中的"武装部队制式服装"，而将"军用标志"中的"武装部队车辆号牌等专用标志"①排除在犯罪对象范围之外。除此之外，对"非法生产、买卖军用标志罪"的犯罪行为方式、法定刑等均未做修改，此即现在的规定："非法生产、买卖武装部队制式服装，情节严重的，处 3 年以下有期徒刑、拘役或者管制，并处或者单处罚金"。也就是说，相比于原"非法生产、买卖军用标志罪""非法生产、买卖武装部队制式服装罪"只是对其犯罪对象的范围进行了限缩，其他构成特征、法定刑等则保持不变。因而可以说，"非法生产、买卖武装部队制式服装罪"的修法背景与 1997 年《刑法》全面修订时增设"非法生产、买卖军用标志罪"的立法背景大体上是一致的。

1997 年《刑法》全面修订时，之所以在新增设的"危害国防利益罪"一章中规定"非法生产、买卖军用标志罪"，主要是因为武装部队的制式服装、专用标志是专门的军用物资，因此，国家对其生产、买卖实行严格的管理，只有经有关国家机关或军队中的主管部门指定或委托的单位才可生产、买卖。但是，一些不法分子受谋取非法经济利益动机的驱动，违反有关法律规定，非法生产、买卖武装部队的制式服装、专用标志，不仅严重破坏了军用物资的管理制度，更为社会上违法犯罪分子冒充军人实施招摇撞骗及其他犯罪活动直接起了推波助澜的作用，既危害公共安全，也败坏军队的声誉，危害国防利益。②故

---

① "武装部队车辆号牌等专用标志"乃《刑法修正案（七）》第 12 条第 2 款增设的"伪造、盗窃、买卖武装部队专用标志罪"和"非法提供、使用武装部队专用标志罪"的犯罪对象。

② 赵秉志主编：《新刑法典的创制》，法律出版社 1997 年版，第 472 页。

有必要对这种非法生产、买卖武装部队制式服装、专用标志的行为进行严厉惩治，因而在《刑法》第 7 章"危害国防利益罪"中做出规定。与此同时，考虑到实践中该罪多为单位所为的特点，又将单位规定为本罪的主体。

二、内涵解读

所谓非法生产、买卖武装部队制式服装罪，是指非法生产、买卖武装部队制式服装，情节严重的行为。本罪具有如下构成特征：

（一）客体特征

应当说，本罪的犯罪客体与原非法生产、买卖军用标志罪的犯罪客体是一致的。关于非法生产、买卖军用标志罪的犯罪客体，刑法学界主要有以下三种观点：第一种观点认为，本罪侵犯的直接客体，是武装部队的正常管理活动和信誉。[①]这也是刑法学界通说的观点。第二种观点认为，本罪侵犯的客体是军用标志的管理秩序。[②]第三种观点认为，本罪侵犯的客体是武装部队的军用标志和正常管理活动。[③]

在笔者看来，通说的观点更具有合理性。换言之，即认为本罪的直接客体也应是"武装部队的正常管理活动和信誉"。理由如下：

一方面，第二种观点将侵犯的客体归纳为"军用标志的管理秩序"，在一般意义上说，似乎并无不妥。因为武装部队的制式服装也是军用标志的一种，非法生产、买卖武装部队的制式服装必然也就会给军用标志的管理秩序带来危害。但是应当指出的是，不论是本次刑法修改之前的非法生产、买卖军用标志罪还是修改后的非法生产、买卖武装部队制式服装罪，其对国防利益的危害及其社会危害性，不仅仅表现在对军用标志管理秩序的破坏上，而且更为重要的是其对武装部队信誉的严重损害。这是特别应当加以注意的。因此，在界定本罪的犯罪客体时，应当包括武装部队的信誉在内。故而第二种观点将侵犯的客

---

① 高铭暄、马克昌主编：《刑法学》，北京大学出版社、高等教育出版社 2000 年版，第 621 页。
② 李希慧主编：《刑法各论》，中国人民大学出版社 2007 年版，第 489 页。
③ 徐松林主编：《刑法学》，华南理工大学出版社 2003 年版，第 546 页。

体仅限定为"军用标志的管理秩序",而忽视对武装部队信誉的损害,是有所不足的。此外,《刑法修正案(七)》第12条第2款在对刑法典原第375条第2款的"非法生产、买卖军用标志罪"修改时,将武装部队制式服装外的武装部队车辆号牌等其他专用标志全都纳入了该款规定的"伪造、盗窃、买卖武装部队专用标志罪"和"非法提供、使用武装部队专用标志罪"的犯罪对象范围,从而概括地表明了"军用标志的管理秩序"才是上述两罪的主要侵犯客体。而本罪侵犯的直接客体用"武装部队的正常管理活动和信誉"表述,则更为妥当、精准和全面。

另一方面,第三种观点将武装部队的军用标志也当作犯罪客体,显然是错误的。其混淆了犯罪对象与犯罪客体的关系,把个罪的犯罪对象当成了其犯罪客体。武装部队的军用标志(在本罪中具体为武装部队的制式服装)只能是"非法生产、买卖武装部队制式服装罪"的犯罪对象而非其侵犯的客体。犯罪分子正是通过实施非法生产、买卖武装部队制式服装的行为,破坏了刑法所保护的一定社会关系——即武装部队的正常管理活动和信誉,从而严重危害了国防利益。

(二)客观特征

本罪的客观方面表现为有关单位或行为人实施了非法生产、买卖武装部队制式服装,情节严重的行为。所谓"武装部队",是指中国人民解放军的现役部队、武装警察部队及预备役部队,不包括民兵组织。"武装部队制式服装"是指由武装部队依法按统一制式订购、监制,仅供武装部队官兵使用的各式服装。就主体而言,既包括军队的军官服、士兵服、文职干部服,又包括武装警察部队的警察服、士兵服、文职干部服,还包括上述部队院校的学员服。既包括陆、海、空军队的各式服装,也包括其他军种如二炮等部队的各式服装。就用途及季节而言,则包括夏常服、冬常服、礼服、迷彩服、作训服等。制式服装,不仅指衣裤,而且还包括其他附件,如军帽、军用腰带等。所谓"非法生产、买卖",是指违反法律、法规,未经主管部门准许,擅自制作、销售、购买,包括指定生产的工厂不按规定擅自超额生产、销售或者其他单位、人员私自仿制、销售和购买。①本罪是行为选择性罪名，有关单位或行为人只要实施了非法生产或者买卖武装部队制式服装其中一种行为，就构成本罪，分别定"非法生产武装部队制式服装罪"和"非法买卖武装部队制式服装罪"。同时实施非法生产和买卖武装部队制式服装两种行为的，仍为一罪，即"非法生产、买卖武装部队制式服装罪"，不实行数罪并罚，但在量刑时可酌情从重处罚。此外，构成本罪，客观方面还要求达到情节严重的标准。所谓情节严重，一般应包括下述情形：非法生产、买卖武装部队制式服装数量大的；战时非法生产、买卖武装部队制式服装的；非法生产、买卖武装部队制式服装影响部队执行作战、戒严任务的；扰乱武装部队和社会管理秩序的；非法生产、买卖武装部队制式服装屡教不改的；严重损害武装部队形象和声誉的；造成严重经济损害或其他恶劣影响的；等等。

（三）主体特征

本罪的犯罪主体是一般主体，包括自然人和单位。对于自然人来说，只要达到刑事责任年龄，具备刑事责任能力，不管是军人还是非军人，都可以成为本罪的主体。对于单位来说，既包括有权生产、买卖而超过规定生产、买卖数量的单位，也包括无权生产、买卖的单位。从事非法生产、买卖的单位既可以是公司、企业，也可以是机关、团体、事业单位。

（四）主观特征

本罪的主观方面是故意，而且是直接故意，即明知是武装部队的制式服装而非法生产、买卖。过失不构成本罪。

关于本罪的主观方面，值得研究的问题是，本罪是否必须以营利为目的？在《刑法修正案（七）》颁布之前，刑法学界围绕"非法生产、买卖军用标志罪"的主观方面是否必须具有营利的目的曾存较大的争议。一种观点认为，非法买卖军用标志罪除具有主观故意外，还须以营利为目的。②另一种观点认为，本罪主观方面为故意，多数具有非

---

① 周道鸾、张军主编：《刑法罪名精释》，人民法院出版社 2007 年版，第 793 页。

② 高铭暄、马克昌主编：《刑法学》，北京大学出版社、高等教育出版社 2000 年版，第 621 页。

法营利的目的，但非法营利的目的不是构成本罪的必要条件。[①]笔者认为，同非法生产、买卖军用标志罪一样，非法生产、买卖武装部队制式服装罪不以具有非法营利目的为必要。诚然，在大多数情况下，有关单位或行为人非法生产、买卖武装部队制式服装，是受谋取非法经济利益动机的驱动，具有营利的目的，但非本罪必要的犯罪构成要件要素。因为非法生产、买卖武装部队制式服装，只要达到了情节严重的标准，即使不是以营利为目的，其对法益的侵害性仍达到了入罪的严重程度。此外，对于非法买卖武装部队制式服装罪，不能因为采取的行为方式是"买卖"，就断定有关单位或行为人必定具有营利的目的。因为非法"买卖"既包括非法"卖"，也包括非法"买"。不可否认，非法出卖武装部队制式服装，是具有营利目的的。但如果是非法购买武装部队制式服装，则未必能得出相同的结论。如有的人非法购买武装部队制式服装，完全是为了耍威风、摆特权或者谋取其他非法利益等。不过应当注意的是，尽管非法生产、买卖武装部队制式服装罪的犯罪动机可能是多种多样的，但犯罪动机如何，不应影响本罪的构成。

三、司法适用

关于本罪的司法适用，应当注意以下几个问题：

（一）罪与非罪的界限

划清本罪与非罪的界限，主要是要把握好以下三点：一是要区分本罪与一般违法行为的界限。对于非法生产、买卖武装部队制式服装没有达到情节严重程度的，不能以本罪论处。如只是偶尔买卖武装部队制式服装或者买卖武装部队专用标志时间很短，经有关部门提出后立即纠正，情节轻微的，只能给予其治安行政管理处罚。不过关键是要把握好"情节严重"的标准，切实做到勿枉勿纵。二是要区分本罪与合法行为的界限。构成本罪，生产、买卖武装部队制式服装必须是

---

① 周道鸾、张军主编：《刑法罪名精释》，人民法院出版社 2007 年版，第 793 页。

非法的。因此对于合法生产、购卖武装部队制式服装的行为，则不能认为构成犯罪。三是不管非法生产、买卖的武装部队制式服装本身是否真实（如买卖的是伪造、变造的武装部队制式服装），只要实施了上述行为，情节严重的，就构成本罪①。当然，如果非法生产、买卖的武装部队制式服装根本就不存在或者早已过时，则不宜以本罪论处。

（二）本罪与相关犯罪的界限

1. 本罪与伪造、盗窃、买卖武装部队专用标志罪的界限

本罪与伪造、盗窃、买卖武装部队专用标志罪的犯罪主体、犯罪客体和主观方面基本相同，而且两者都来源于原刑法典第 375 条第 2 款规定的"非法生产、买卖军用标志罪"。两罪的主要区别表现在客观方面：一是犯罪的行为方式存在差异。本罪的行为方式是"非法生产、买卖"，而后者的行为方式除"非法买卖"以外，还包括"伪造、盗窃"两种，但不包括"非法生产"的行为方式。二是两罪的犯罪对象不同。根据《刑法修正案（七）》第 12 条的规定，本罪的犯罪对象仅限于"武装部队制式服装"，而后者的犯罪对象是除武装部队制式服装以外的军车号牌等其他专用标志。

2. 本罪与非法生产、买卖警用装备罪的界限

两罪在犯罪主体、犯罪主观方面和行为方式上相同或近似，其主要区别是：一是侵犯的客体不同。本罪侵犯的客体是武装部队的正常管理活动和信誉，属于侵害国防利益罪的范畴。而非法生产、买卖警用装备罪侵犯的客体是警用装备的管理秩序，属于妨害社会管理秩序罪的范畴。二是犯罪对象不同。本罪的犯罪对象是"武装部队制式服装"，而非法生产、买卖警用装备罪的犯罪对象是人民警察制式服装、车辆号牌等专用标志，同时还包括警械等。

（三）关于本罪的罪数形态问题

关于本罪的罪数形态，主要是涉及如何认定行为人冒充军人招摇撞骗中实施非法生产、买卖武装部队制式服装行为的罪数。行为人为

---

① 此一观点是全国人大常委会法工委郎胜副主任在北京师范大学刑事法律科学研究院"京师名家刑事法讲座（第 40 期）"（2009 年 3 月 3 日）上所作的演讲"《刑法修正案（七）》的立法背景及理解适用"中提到的。

冒充军人招摇撞骗，非法生产、制作、购买武装部队制式服装，属于目的行为与方法行为相牵连的牵连犯，应选择冒充军人招摇撞骗这一重罪定罪处罚。如果行为人非法生产、制作、购买武装部队制式服装，除了供自己冒充军人进行招摇撞骗活动外，还大量非法生产、买卖武装部队制式服装，达到情节严重标准的，应分别定非法生产、买卖武装部队制式服装罪和冒充军人招摇撞骗罪，实行数罪并罚。

（四）关于本罪的处罚问题

根据《刑法修正案（七）》第 12 条第 1 款的规定，犯非法生产、买卖武装部队制式服装罪的，处 3 年以下有期徒刑、拘役或者管制，并处或者单处罚金。单位犯本罪的，对单位判处罚金，并对其直接负责的主管人员和其他直接责任人员，依照该款的规定处罚。在按照上述规定进行处罚时，应当注意的是，由于《刑法修正案（七）》第 12 条第 1 款对本罪没有设置情节加重犯的法定刑，故而如果行为人实施非法生产、买卖武装部队制式服装的行为，不管其情节多么严重，即使是达到了情节特别严重的程度，对行为人至多也只能判处其最高刑即 3 年有期徒刑，不能突破这个界限。另外，对单位犯本罪的，实行双罚制，同时处罚犯罪单位以及直接负责的主管人员和其他直接责任人员，即对单位判处罚金，并对其直接负责的主管人员和其他直接责任人员，判处 3 年以下有期徒刑、拘役或者管制，并处或者单处罚金。至于对单位判处罚金数额的标准或多少，由于刑法未做明确规定，司法实践中一般应当考虑非法生产、买卖武装部队制式服装的数量多少以及情节严重的程度再酌情决定，不过罚金的数额应当高于非法获利的数额。

四、《刑法修正案（七）》第 12 条第 1 款的立法缺憾及改进建言

《刑法修正案（七）》第 12 条第 1 款将非法生产、买卖武装部队制式服装，情节严重的行为纳入了刑法规制的范围，从而确立了非法生产、买卖武装部队制式服装罪。如前文所述，其积极意义是应予充分肯定的。但客观地说，《刑法修正案（七）》第 12 条第 1 款对刑法典原

第 375 条第 2 款所做的上述修改，也还存一些缺憾，值得进一步研究和改进。

（一）立法缺憾

关于《刑法修正案（七）》第 12 条第 1 款的立法缺憾，主要表现在以下两个方面：

1. 没有规定"伪造、变造、盗窃或者非法提供、使用武装部队制式服装"的行为方式

《刑法修正案（七）》第 12 条第 1 款规定了"非法生产、买卖武装部队制式服装罪"，第 12 条第 2 款分别规定了"伪造、盗窃、买卖武装部队专用标志罪"和"非法提供、使用武装部队专用标志罪"。"非法生产、买卖武装部队制式服装罪"的犯罪对象是武装部队制式服装，而"伪造、盗窃、买卖武装部队专用标志罪"和"非法提供、使用武装部队专用标志罪"的犯罪对象则是武装部队车辆号牌等专用标志，不包括武装部队制式服装。① 毋庸讳言，《刑法修正案（七）》第 12 条第 2 款对伪造、盗窃、买卖或者非法提供、使用武装部队车辆号牌等专用标志、情节严重的行为进行犯罪化，是合乎时宜、很有必要的。但同样不可否认的事实是，实践中非法生产、买卖、伪造、变造、盗窃或者非法提供、使用武装部队制式服装的案件也是时有发生，近年来情况比较严重，且有愈演愈烈之势，这不仅严重损害武装部队和军人的形象与声誉，而且有的不法分子利用假军服等冒充军人实施招摇撞骗、敲诈勒索、抢劫等违法犯罪活动，群众反映比较强烈。因而对

---

① 也许有人认为，"伪造、盗窃、买卖武装部队专用标志罪"和"非法提供、使用武装部队专用标志罪"的犯罪对象——武装部队车辆号牌等专用标志是包括武装部队制式服装在内的。对此，笔者不以为然。诚然，在《刑法修正案（七）》颁布之前，刑法典原第 375 条第 2 款规定的"非法生产、买卖军用标志罪"的犯罪对象"军用标志"是包括武装部队制式服装、车辆号牌等专用标志在内的。但在《刑法修正案（七）》颁布后，则不能再做这种理解和解释了。因为，本次刑法修改后，武装部队制式服装被单独确定为本罪的犯罪对象，显然不再属于上述两罪的罪犯罪对象之列。否则，《刑法修正案（七）》第 12 条第 1 款确立的本罪就完全没有存在的必要，因为前述"伪造、盗窃、买卖武装部队专用标志罪"中也有"买卖"的行为方式，如果武装部队制式服装属于其犯罪对象——武装部队专用标志范围的话，对于非法买卖武装部队制式服装的行为，就可以直接依据《刑法修正案（七）》第 12 条第 2 款规定的"买卖武装部队专用标志罪"定罪处罚，而无需再按照本罪来论罪科刑。

非法生产、买卖、伪造、变造、盗窃或者非法提供、使用武装部队制式服装的行为，也应当进行刑法规制。然而遗憾的是，《刑法修正案（七）》第 12 条第 1 款仅规定了非法生产、买卖武装部队制式服装的行为构成犯罪，而对于社会危害性与非法生产、买卖武装部队制式服装相当的"伪造、变造、盗窃或者非法提供、使用生产武装部队制式服装"的情形之刑事违法性，似于理不符，值得进一步推敲。

2. 对"非法生产、买卖武装部队制式服装罪"没有设置情节加重犯的法定刑

《刑法修正案（七）》第 12 条第 1 款对刑法典原 375 条第 2 款规定的非法生产、买卖军用标志罪的罪状进行修改的同时，却保留了其法定刑设置模式，没有规定情节加重犯的法定刑档次。笔者认为，不论是从罪责刑相适应的角度着眼，还是从立法技术的角度看，对非法生产、买卖武装部队制式服装罪，都有必要增设情节加重犯的法定刑档次。本罪的最高法定刑是 3 年有期徒刑，虽然对打击司法实践中非法生产、买卖武装部队制式服装的行为，也能发挥一定的震慑作用，但对于比较猖獗的尤其是情节特别严重的非法生产、买卖武装部队制式服装行为，如大规模生产武装部队领导机关的制式服装、生产武装部队制式服装造成其他严重后果等，则其处罚力度明显偏轻，难以起到有效的震摄和遏制作用，无法体现出罪责刑相适应的要求。其次，《刑法修正案（七）》第 12 条第 2 款对于"伪造、盗窃、买卖武装部队专用标志罪"和"非法提供、使用武装部队专用标志罪"都规定了情节加重犯的法定刑档次，而对于社会危害性程度与之相当（有时甚至更为严重）、侵害客体与之相同的非法生产、买卖武装部队制式服装罪不设置情节加重犯的法定刑档次，是没有道理的，而且也违背相似罪种之间罪刑保持平衡的一般原则。

（二）改进建言

对于《刑法修正案（七）》第 12 条第 1 款的上述立法缺憾，有待改进完善。那如何对其改进呢？概言之，可以考虑以下两种途径：一是由最高司法机关颁布相应的司法解释，明确规定伪造、变造、盗窃或者非法提供、使用武装部队制式服装，情节严重的，依照修正后的

刑法典第 375 条第 2 款的规定（即 "非法生产、买卖武装部队制式服装罪"）定罪处罚。其实，在这方面也有先例可循。如最高人民法院于 2002 年 4 月 8 日通过的《关于审理非法生产、买卖武装部队车辆号牌等刑事案件具体应用法律若干问题的解释》第 2 条第 2 款就曾规定 "伪造、变造武装部队车辆号牌或者买卖伪造、变造的武装部队车辆号牌，情节严重的，依照刑法第 375 条第 2 款的规定（即原非法生产、买卖军用标志罪）定罪处罚。" 而在《刑法修正案（七）》颁布之前，刑法典原第 375 条第 2 款规定的 "非法生产、买卖军用标志罪" 的行为方式仅限于 "非法生产、买卖"，而不包括 "伪造、变造"，即是如此。二是待下次刑法修改时，对刑法典第 375 条的相关立法进行修改完善，增补规定伪造、变造、盗窃或者非法提供、使用武装部队制式服装的犯罪行为方式，追究其刑事责任。

在笔者看来，在刑法未做进一步修改的情况下，第一种途径虽然也能弥补相应立法的缺憾，并且操作起来相对容易，便于司法实践，但将刑法没有规定的犯罪行为方式依照相关犯罪定罪处罚，难免有类推解释之嫌，也有违罪刑法定主义的基本精神。因为对某一种犯罪增补其行为方式或者扩大其犯罪对象的范围，实际上乃是扩大犯罪圈和刑罚打击面，只能而且也应当由刑法对其规定。如果由最高司法机关做这种不利于被告人的类推解释，不仅有违有利被告的刑法原则，而且也会危及刑法的人权保障机能。相比而言，采取第二种改进的途径，即对刑法典 375 条的有关规定在适当的时候进行彻底的修改完善，这也许才是治本之策。至于具体如何完善，笔者试提如下建议，供学界同仁参考指正。其一，在下次刑法修改时，宜废止刑法典第 375 条第 2 款规定的 "非法生产、买卖武装部队制式服装罪"，把 "武装部队制式服装" 纳入 "伪造、盗窃、变造武装部队专用标志罪" 和 "非法提供、使用武装部队专用标志罪" 的犯罪对象范围。其二，在刑法典第 375 条第 3 款（即《刑法修正案（七）》第 12 条第 2 款）增补规定非法 "生产、变造" 的犯罪行为方式，并根据行为的内在逻辑和罪状表述的要求，对相关犯罪行为方式的排列顺序做适当的调整。也即规定 "非法生产、买卖、伪造、变造、盗窃或者非法提供、使用武装部队制式服装、车辆号牌等专用标志，情节严重的，处 3 年以下有期徒刑、拘役或者管制，并处或者单处罚金；情节特别严重的，处 3 年以上 7 年以下有期徒刑，并处罚金"。相应地其罪名也应当重新确定为"生产、买卖、伪造、变造、盗窃武装部队专用标志罪"和"非法提供、使用武装部队专用标志罪"。

做上述修改，首先，可以理顺涉及武装部队专用标志的相关犯罪之间的逻辑关系，防止犯罪行为方式之间不必要的叠加与重合。例如，武装部队制式服装在性质上本属于武装部队专用标志的一类，两者之间是种属关系，不应当并列规定。如果行为人非法买卖武装部队制式服装，由于《刑法修正案（七）》第 12 条第 1 款规定了"非法生产、买卖武装部队制式服装罪"，第 2 款分别规定了"伪造、盗窃、买卖武装部队专用标志罪"和"非法提供、使用武装部队专用标志罪"两个罪名。这就可能出现既构成非法买卖武装部队制式服装罪，又构成买卖武装部队专用标志罪的情况。故而为避免出现这种立法尴尬局面，在刑法未做修改的情况下，只能对《刑法修正案（七）》第 12 条规定的"伪造、盗窃、买卖武装部队专用标志罪"和"非法提供、使用武装部队专用标志罪"的犯罪对象——武装部队专用标志做限制性解释，将武装部队制式服装排除在外。总而言之，通过废止"非法生产、买卖武装部队制式服装罪"，将"武装部队制式服装"纳入"伪造、盗窃、买卖武装部队专用标志罪"和"非法提供、使用武装部队专用标志罪"的犯罪对象范围，并增加相应的犯罪行为方式，就可以很好地解决上述问题。其次，可以弥补相关犯罪行为方式的缺漏，使得刑事法网更趋严密。通过增补规定"生产、变造"等行为方式，基本上使得这一类非法利用武装部队专用标志犯罪的整个行为过程都纳入了刑法规制的范围，刑事法网趋于严密。这不仅可以弥补相关犯罪行为方式的缺漏，而且有利于防范和打击这类社会危害性比较严重的犯罪行为。最后，通过废止"非法生产、买卖武装部队制式服装罪"，将其合理内涵吸收到修改后确立的"生产、买卖、伪造、变造、盗窃武装部队专用标志罪"之中，这不但使得罪状的表述更为清晰、概括，在很大程度上节约了刑法立法资源，而且也有利于罪名与罪质的统一，以便更好地实现罪责刑相适应。因而不失为是一种明智的选择。

第二节　伪造、盗窃、买卖武装部队专用标志罪的理解适用

2009 年 2 月 28 日，第十一届全国人大常委会第七次会议通过了《刑法修正案（七）》。这是我国刑法典自 1999 年 12 月 25 日第一次颁布修正案以来全国人大常委会对刑法典的第七次修正，也是我国刑法顺应社会发展需要而进行的一次重大立法活动。就伪造、盗窃、买卖武装部队专用标志罪而言，除"买卖"的行为方式之外，其他犯罪行为方式都是《刑法修正案（七）》第 12 条第 2 款所新增加的。此一增补修改，对于打击司法实践中伪造、盗窃、买卖武装部队车辆号牌等专用标志的犯罪行为，具有显著而积极的意义。本节拟以《刑法修正案（七）》第 12 条第 2 款为视点，着重对该条规定的"伪造、盗窃、买卖武装部队专用标志罪"的理解与适用问题进行探讨，以期促进刑法学界对该罪的理论研究和裨益于相关司法实践。

一、修法背景

《刑法修正案（七）》第 12 条对刑法典原第 375 条第 2 款做了重要修改。其中，修改的主要内容是增加了一款作为刑法典第 375 条第 3 款，即："伪造、盗窃、买卖或者非法提供、使用武装部队车辆号牌等专用标志，情节严重的，处 3 年以下有期徒刑、拘役或者管制，并处或者单处罚金；情节特别严重的，处 3 年以上 7 年以下有期徒刑，并处罚金"。原第 3 款依次顺延作为第 4 款。由上可见，《刑法修正案（七）》第 12 条第 2 款规定了"伪造、盗窃、买卖武装部队专用标志罪"和"非

法提供、使用武装部队专用标志罪"两个罪。①

　　应当说，《刑法修正案（七）》第12条第2款对刑法典第375条做上述增补修改，不仅很有必要，而且也是顺应时势的选择。近年来，伪造、盗窃、买卖军队车辆号牌的情况时有发生，严重扰乱社会管理秩序，损害军队形象和声誉，影响部队战备训练等工作的正常进行。一些不法分子甚至大肆盗用、伪造军车号牌，假冒军车从事走私、贩毒等犯罪活动。有数据显示，仅是在2008年5月至7月，公安部在机动车涉牌涉证交通违法行为专项整治中，与军队、武警联合上路查处假冒军车、伪造和挪用军车号牌等违法行为就有1.7万余起。②另据统计，自"2004式"军车号牌换发以来，全军和武警部队被盗车辆号牌达数千副，假冒军车每年偷逃各种规费近10亿元。③在个别地区，盗窃、伪造、买卖军车号牌呈现"产业化""集团化"和一条龙服务的发展趋势。据有关报道，军地有关部门自2006年7月开始，在全国重点地区组织开展了打击盗用、伪造军车号牌专项斗争以来，经过军地共同努力，打掉重大犯罪团伙、制假窝点就有112个，收缴盗窃、伪造军车号牌达6500余副、半成品数万副，查获假冒军车5000余台，查扣伪造证件数万本、公章1000余枚，收缴制假工具设备3000余件，

　　① 关于《刑法修正案（七）》第12条第2款涉及的罪名，应确定为"伪造、盗窃、买卖武装部队专用标志罪"和"非法提供、使用武装部队专用标志罪"两个罪名，而非"伪造、盗窃、买卖、非法提供、使用武装部队专用标志罪"一个罪名。理由在于：（1）《刑法修正案（七）》第12条第2款中的"或者"之表述在刑法典第375条第1款中也有出现，而最高司法机关分别将"或者"前后的不同行为确定为不同的犯罪，即"伪造、变造、买卖武装部队公文、证件、印章罪"与"盗窃、抢夺武装部队公文、证件、印章罪"。可见，尽管犯罪对象相同，但法条的"或者"表明了前后的行为属于不同的犯罪。（2）从行为本质上看，"伪造、盗窃、买卖"行为与"提供、使用"行为不具有近似性，前者的共同之处在于都揭示了行为人非法获得军用标志，后者的共同之处在于都表明了行为人发挥军用标志的作用，因而不宜作为同样的犯罪来对待（高铭暄、赵秉志等：《<刑法修正案（七）>罪名之研析（下）》，载《法制日报》2009年3月25日）。本文要探讨的是"伪造、盗窃、买卖武装部队专用标志罪"，对于"非法提供、使用武装部队专用标志罪"，留待以后研究。

　　②《假冒军车号牌会坐牢》，载新浪网 http://www.sina.com.cn，2009年3月1日。
　　③ 周婷玉、邹声文：《中国拟修法追究非法使用军车号牌者刑事责任》，载新华网 http://news.xinhuanet.com/，2008年8月25日。

审查涉案人员 6000 余人。^①可见，司法实践中伪造、盗窃、买卖军车号牌的情况是相当严重的，可谓触目惊心。由于刑法典仅对实施非法生产、买卖军车号牌等专用标志行为的定性与量刑做了规定，未明确伪造、盗窃军车号牌等军用标志行为的法律责任，在调查和处理中困难比较多，有的不了了之，有的降格处理，造成打击不力，使得很多不法分子得不到应有的法律制裁。对于这个问题，中央和军委的领导高度重视，胡锦涛总书记曾在有关部门的一份报告上批示："要军地联合行动，坚决打击盗窃、伪造军车牌号的犯罪活动"^②。为此，在《刑法修正案（七）（草案）》研拟时，中央军委法制局就提出，对这类伪造、盗窃、买卖军车号牌情节严重的行为，应当追究刑事责任。^③国家立法机关经同有关部门研究后，决定在刑法典第 375 条第 2 款规定的犯罪行为中，增加伪造、盗窃、买卖武装部队车辆号牌等专用标志的情形。《刑法修正案（七）（草案）》增补规定的上述内容，在审议过程中，也得到了全国人大常委会委员们的普遍赞同。此即现在《刑法修正案（七）》第 12 条第 2 款规定的"伪造、盗窃、买卖武装部队专用标志罪"。

二、内涵解读

根据《刑法修正案（七）》第 12 条第 2 款的规定，伪造、盗窃、买卖武装部队专用标志罪，是指伪造、盗窃、买卖武装部队车辆号牌等专用标志，情节严重的行为。本罪具有如下构成特征：

（一）客体特征

关于本罪的犯罪客体，笔者认为，应当界定为"武装部队专用标志的管理秩序和信誉"。易言之，本罪侵犯的客体是复杂客体，其中的

①《刑法修正案（七）：伪造、盗窃、买卖或非法提供、使用军车号牌最高可判七年徒刑》，载新华网 http://news.xinhuanet.com/，2009 年 3 月 3 日。

②《打击盗窃、非法提供和使用军车号牌行为　维护军队形象和声誉——分组审议刑法修正案（七）草案发言摘登（四）》，载中国人大网 www.npc.gov.cn，2008 年 9 月 4 日。

③ 全国人大常委会法工委主任李适时所做的"关于《中华人民共和国刑法修正案（七）（草案）》的说明"。

主要客体是武装部队专用标志的管理秩序，次要客体是武装部队的信誉。所谓武装部队专用标志管理秩序，是指武装部队有关部门依据专用标志管理法规进行专用标志生产、发放、使用的秩序。伪造、盗窃、买卖武装部队车辆号牌等专用标志的行为，不仅严重妨害武装部队的正常管理活动和专用标志的管理秩序，而且容易被不法分子利用这些伪造、盗窃、购买的军用标志从事走私、贩毒等违法犯罪活动，因而具有严重的社会危害性。不过应当指出的是，本罪对国防利益的危害及其社会危害性，不仅表现在其对武装部队专用标志管理秩序的破坏上，而且也表现为对武装部队信誉的严重损害。因此，本罪侵犯的客体应当包括武装部队的信誉在内。犯罪分子正是通过实施伪造、盗窃、买卖武装部队车辆号牌等专用标志的行为，从而破坏了刑法所保护的一定社会关系——武装部队专用标志的管理秩序和信誉，从而严重危害了国防利益。

本罪的犯罪对象是武装部队车辆号牌等专用标志。所谓武装部队，是指中国人民解放军的现役部队、武装警察部队及预备役部队，不包括民兵组织。武装部队车辆号牌等专用标志，是指由武装部队统一订购、监制，专供武装部队使用的军车号牌等专用标志。这种专用标志只能由武装部队及其成员依法使用，是用以表明其身份的外部特征，是武装部队进行各种活动，履行其巩固国防、抵御侵略、保卫祖国和维护社会秩序的职责的重要凭证。不过应当注意的是，本罪规定的武装部队专用标志仅限于武装部队制式服装以外的军车号牌等专用标志，不包括武装部队的制式服装。[①]买卖武装部队制式服装的，以非

---

① 在《刑法修正案（七）》颁布之前，刑法典原第 375 条第 2 款规定的"非法生产、买卖军用标志罪"的犯罪对象"军用标志"是包括"武装部队制式服装"在内的。但本次刑法修改后，在《刑法修正案（七）》确立的"非法生产、买卖武装部队制式服装罪"以及"伪造、盗窃、买卖武装部队专用标志罪"和"非法提供、使用武装部队专用标志罪"三个罪名中，"非法生产、买卖武装部队制式服装罪"的犯罪对象仅限于"武装部队制式服装"，而后两者的对象则是除武装部队制式服装以外的军车号牌等其他武装部队专用标志。应当而且也只能做上述解释，否则，《刑法修正案（七）》第 12 条第 1 款确立的"非法买卖武装部队制式服装罪"就完全没有存在的必要，因为本罪也有非法买卖武装部队专用标志的行为方式，如果武装部队制式服装属于本罪的犯罪对象——武装部队专用标志范围的话，对于非法买卖武装部队制式服装的行为，就可以直接按照本罪定罪处罚，而无需按照《刑法修正案（七）》第 12 条第 1 款规定的"非法生产、买卖武装部队制式服装罪"定罪科刑。

法买卖武装部队制式服装罪定罪处罚。具体而言，包括武装部队统一悬挂的军车号牌，以及其他表明武装部队性质和人员身份的军旗、军徽、胸徽、帽徽、肩徽、袖标、领花、专业符号等。

（二）客观特征

本罪的客观方面表现为单位或行为人实施了伪造、盗窃、买卖武装部队车辆号牌等专用标志，情节严重的行为。正确把握本罪的客观特征，应当注意以下两个问题：

1. 关于本罪的行为方式

本罪的主要行为方式是伪造、盗窃、买卖。所谓"伪造"，是指无制作权的人或者单位，冒用名义，非法制作武装部队车辆号牌等专用标志的行为；"盗窃"，是指以非法占有为目的，秘密窃取武装部队车辆号牌等专用标志的行为；"买卖"，是指以金钱为交换条件，购买或者销售武装部队车辆号牌等专用标志。本罪是行为选择性罪名，对于武装部队车辆号牌等专用标志，行为人以上述任何一种行为方式实施的，均构成犯罪。行为人既实施了伪造武装部队车辆号牌等专用标志的行为，同时还盗窃、买卖武装部队车辆号牌等专用标志的，不实行数罪并罚，不过在量刑时应当予以考虑。

2. 关于本罪的"情节严重"

构成本罪，客观方面还要求情节严重。何谓本罪的"情节严重"呢？最高人民法院于2002年4月8日通过的《关于审理非法生产、买卖武装部队车辆号牌等刑事案件具体应用法律若干问题的解释》（以下简称《解释》）曾就非法生产、买卖武装部队车辆号牌等专用标志属于刑法典原第375条第2款规定的"情节严重"的情形做出过解释。根据该《解释》第2条的规定，非法生产、买卖武装部队车辆号牌等专用标志，具有下列情形之一的，属于刑法典第375条第2款规定的"情节严重"：（1）非法生产、买卖武装部队军以上领导机关专用车辆号牌的；（2）非法生产、买卖武装部队其他车辆号牌三副以上的；（3）具有其他严重情节的。①笔者认为，《刑法修正案（七）》虽然对刑法典原第375条第2款做了重要修改，上述《解释》所指涉的"情节严重"也主要是针对非法生产、买卖武装部队车辆号牌等专用标志而言的，但对于本罪中伪造、盗窃武装部队专用标志是否达到"情节严重"的理解和判断，仍具有直接的指导意义，可作为认定本罪中"情节严重"的参照标准。理由在于：一则本罪中的犯罪行为方式之一"买卖"与《解释》第2条中所针对的"买卖武装部队车辆号牌等专用标志"本就是同一种犯罪行为方式。二则刑法典原第375条第2款规定的"非法生产、买卖军用标志罪"的犯罪行为方式虽然与本罪的犯罪行为方式"伪造、盗窃"形式不同，但在对军用标志的管理秩序和武装部队信誉的损害上，实质上是一致的。也就是说，从行为本质上看，本罪的"伪造、盗窃、买卖"行为方式与原非法生产、买卖军用标志罪中的非法"生产、买卖"行为方式的共同之处都在于揭示了行为人非法获得武装部队车辆号牌等专用标志。至于什么是具有"其他严重情节的"，一般应包括下述情形：战时伪造、盗窃、买卖武装部队专用标志的；伪造、盗窃、买卖武装部队专用标志影响部队执行作战、戒严任务的；扰乱武装部队和社会管理秩序的；伪造、盗窃、买卖武装部队专用标志屡教不改的；严重损害武装部队形象和声誉的；造成其他严重后果的；等等。

（三）主体特征

本罪的主体是一般主体，包括自然人和单位。对于自然人来说，只要达到刑事责任年龄，具备刑事责任能力，都可以成为本罪的主体，既可以是军人，也可以是非军人。对于单位来说，既包括有权生产、买卖而超过规定生产、买卖数量的单位，也包括无权生产、买卖的单位。从事非法生产、买卖的单位既可以是公司、企业，也可以是机关、团体、事业单位。具体而言，就是公司、企业、事业单位、机关、团体为本单位谋取非法利益，经单位集体决定或者由负责人决定实施伪

---

① 《关于审理非法生产、买卖武装部队车辆号牌等刑事案件具体应用法律若干问题的解释》（法释〔2002〕9号）。

造、盗窃、买卖武装部队车辆号牌等专用标志，情节严重的，构成伪造、盗窃、买卖武装部队专用标志罪。

（四）主观特征

本罪的主观方面是故意，即行为人明知是武装部队的车辆号牌等专用标志而伪造、盗窃、买卖。如果行为人不知是武装部队的车辆号牌等专用标志而实施上述行为的，不构成本罪，但可能构成其他犯罪。此外，过失不能构成本罪。

关于本罪的主观方面，值得研究的问题是，构成本罪主观上是否必须以营利为目的？笔者认为，行为人实施本罪多数具有非法营利的目的，但非法营利的目的不是构成本罪的必要条件。诚然，在大多数情况下，有关单位或行为人伪造、盗窃、买卖武装部队车辆号牌等专用标志，是受牟取非法经济利益动机的驱动，具有营利的目的，但并非本罪必要的犯罪构成要件要素。因为伪造、盗窃、买卖武装部队车辆号牌等专用标志，只要达到了情节严重的标准，即使不是以营利为目的，其同样具有严重的社会危害性，对法益的侵害仍达到了入罪的严重程度。此外，对于其中的买卖武装部队专用标志罪而言，不能因为有关单位或行为人采取的行为方式是"买卖"，就断定有关单位或行为人必定具有营利的目的。因为"买卖"既包括"卖"，也包括"买"。不可否认，出卖武装部队制式服装，是具有营利目的的。但如果是非法购买武装部队制式服装，则未必能得出相同的结论。如有的人是虚荣心作怪，想显示自己有地位、有能力，为了炫耀自己；有的人是受利益驱使，如利用伪造、倒卖假军车号牌以谋取暴利或者利用军车不收费的特点，使用假军车号牌进行长途运输等经营活动；还有的人则是为了逃避法律制裁，如利用假军车号牌做掩护，从事走私、贩毒等违法犯罪活动等。不过应当注意的是，尽管伪造、盗窃、买卖武装部队专用标志罪的犯罪动机可能是多种多样的，但犯罪动机如何，不应影响本罪的构成。

三、司法适用

关于本罪的司法适用，应当注意以下几个问题：

（一）罪与非罪的界限

划清本罪与非罪的界限，应当把握好以下两个问题：其一，不管伪造、盗窃、买卖的武装部队车辆号牌等专用标志本身是否真实（如买卖的是伪造、变造的军车号牌等），只要实施了上述行为，情节严重的，就构成本罪。当然，如果伪造、盗窃、买卖的武装部队车辆号牌等专用标志根本就不存在或者早已过时，则不宜以本罪论处。其二，要正确把握"情节严重"的标准。具体如何掌握，可参照前文的分析。如果行为人只是偶尔实施了伪造、盗窃、买卖武装部队专用标志的行为，尚未达到情节严重的程度，则不能认为构成本罪。

（二）本罪与相关犯罪的界限

1. 本罪与非法生产、买卖武装部队制式服装罪的界限

非法生产、买卖武装部队制式服装罪是《刑法修正案（七）》第12条第1款规定的，其与本罪的犯罪主体、犯罪客体基本相同，主要区别表现在以下两个方面：一是行为方式不同。本罪的行为方式是"伪造、盗窃、买卖"，而非法生产、买卖武装部队制式服装罪的行为方式除买卖以外，还包括非法生产。二是犯罪对象不同。本罪的犯罪对象是武装部队制式服装以外的其他武装部队专用标志，非法生产、买卖武装部队制式服装罪的犯罪对象则是武装部队的制式服装，不包括武装部队的其他专用标志。

2. 本罪与非法提供、使用武装部队专用标志罪的界限

本罪与非法提供、使用武装部队专用标志罪的犯罪主体、犯罪客体、犯罪主观方面以及法定刑基本相似或相同，主要区别在于两罪行为方式的不同。本罪的行为方式是"伪造、盗窃、买卖"，而非法提供、使用武装部队专用标志罪的犯罪行为方式则是"非法提供、使用"。此外，从行为性质上看，"伪造、盗窃、买卖"的行为方式与"非法提供、使用"的行为方式具有较大的差异，"伪造、盗窃、买卖"三种行为方

式都表明了行为人手段的非法性,强调的是行为人非法获得军用标志,而"非法提供、使用"两种行为方式的共同之处都意在强调行为人发挥了军用标志的功能与效用。这一点是应当特别加以注意的。

3. 本罪与非法生产、买卖警用装备罪的界限

两罪在犯罪主体、犯罪主观方面相同或近似,其主要区别是:一是侵犯的客体不同。本罪侵犯的客体是武装部队专用标志的管理秩序和武装部队的信誉,属于侵害国防利益罪的范畴。而非法生产、买卖警用装备罪侵犯的客体是警用装备的管理秩序,属于妨害社会管理秩序罪的范畴。二是犯罪对象不同。本罪的犯罪对象是除"武装部队制式服装"以外的其他武装部队专用标志,而非法生产、买卖警用装备罪的犯罪对象是人民警察制式服装、车辆号牌等专用标志,同时还包括警械等。三是行为方式不同。非法生产、买卖警用装备罪的行为方式是非法生产、买卖,而本罪的行为方式除买卖外,还包括伪造、盗窃的方式。

(三)关于本罪的处罚

根据《刑法修正案(七)》第 12 条第 2 款的规定,犯本罪的,处3 年以下有期徒刑、拘役或者管制,并处或者单处罚金;情节特别严重的,处 3 年以上 7 年以下有期徒刑,并处罚金。单位犯本罪的,对单位判处罚金,并对其直接负责的主管人员和其他直接责任人员,依照该款的规定处罚。可见,《刑法修正案(七)》第 12 条第 2 款分别规定了本罪的情节基本犯和情节加重犯的法定刑。实施伪造、盗窃、买卖武装部队车辆号牌等专用标志行为,如果情节严重的,处 3 年以下有期徒刑、拘役或者管制,并处或者单处罚金。实施伪造、盗窃、买卖武装部队车辆号牌等专用标志行为,如果情节特别严重,则应当适用上一档次的法定刑即 3 年以上 7 年以下有期徒刑。这一点与"非法生产、买卖武装部队制式服装罪"的法定刑是不相同的,应当加以区别。另外,对单位犯本罪的,实行双罚制,同时处罚犯罪单位以及直接负责的主管人员和其他直接责任人员,即对单位判处罚金,并对其直接负责的主管人员和其他直接责任人员,依照前款的规定处罚。至于对单位判处罚金数额的标准或多少,由于《刑法修正案(七)》第

12 条第 2 款对单位犯本罪的法定刑采用的是无限额罚金制，司法实践中一般应当考虑伪造、盗窃、买卖武装部队车辆号牌等专用标志的数量多少以及情节严重的程度再酌情决定。单位实施伪造、盗窃、买卖武装部队车辆号牌等专用标志，不仅罚金的数额应当高于非法获利的数额，而且情节特别严重的情况下的罚金数额应当高于情节严重情况下的罚金数额。

四、《刑法修正案（七）》第 12 条第 2 款的立法缺憾及改进建言

《刑法修正案（七）》第 12 条第 2 款对刑法典原第 375 条第 2 款做了重要修改，将伪造、盗窃、买卖武装部队车辆号牌等专用标志，情节严重的行为纳入了刑法规制的范围，从而确立了伪造、盗窃、买卖武装部队专用标志罪。如前文所述，其积极意义是应予充分肯定的。但客观地说，《刑法修正案（七）》第 12 条第 2 款对刑法典原第 375 条第 2 款所做的上述修改，也还存在美中不足之处。

（一）立法缺憾

1. 行为方式规定上的缺憾

关于《刑法修正案（七）》第 12 条第 2 款在行为方式规定上的缺憾，概言之，主要表现在两个方面：

（1）没有规定非法"生产"的行为方式。

按照刑法典原第 375 条第 2 款的规定，非法生产武装部队车辆号牌等专用标志的行为是构成犯罪的，而根据《刑法修正案（七）》第 12 条的规定，这种行为却被排除出了犯罪圈。因为《刑法修正案（七）》第 12 条第 1 款只规定了非法生产、买卖武装部队制式服装罪，其犯罪对象只能是武装部队制式服装，不包括武装部队的车辆号牌等专用标志，故而不构成非法生产武装部队制式服装罪，自不待言。与此同时，《刑法修正案（七）》第 12 条第 2 款虽然规定了"伪造、盗窃、买卖武装部队专用标志罪"和"非法提供、使用武装部队专用标志罪"两个罪，但该两罪的行为方式均不包括非法"生产"。事实上，非法"生产"与《刑法修正案（七）》第 12 条第 2 款新增加的"伪造"武装部队专

用标志等行为方式也不相同。因此，按照目前《刑法修正案（七）》第12条的规定，如果在司法实践中发生非法生产武装部队车牌号牌等其他专用标志的行为，则无法追究其刑事责任，这显然是不妥的。况且《刑法修正案（七）》第12条第2款中"伪造、盗窃、买卖或者非法提供、使用武装部队车辆号牌等专用标志"的这一表述，保留了刑法典原第375条第2款中"买卖"的行为方式，而排除社会危害性与"买卖武装部队车辆号牌等专用标志"相当甚至更为严重的"生产武装部队车辆号牌等专用标志"的情形之刑事违法性，似于理不符，值得进一步推敲。

（2）没有规定"变造"的行为方式。

所谓变造，是指用涂改、涂抹、拼接等方法，对武装部队车辆号牌等专用标志进行改制，变更其真实内容的行为。在司法实践中，不仅伪造、盗窃、买卖或者非法提供、使用武装部队专用标志的社会危害性比较严重，变造武装部队车辆号牌等专用标志的情形也比较突出，其社会危害性也不可小觑。其实，最高人民法院2002年4月8日通过的《解释》第2条第2款[①]也明确规定了变造武装部队车辆号牌或者买卖变造的武装部队车辆号牌，情节严重的，依照刑法第375条第2款的规定（即原非法生产、买卖军用标志罪）定罪处罚。可见，变造武装部队车辆号牌等专用标志的行为的社会危害性，也是得到司法解释的明确认可的，这也符合实际情况。然而，《刑法修正案（七）》第12条第2款并没有将这种行为方式吸纳进来，这不能不说是一种缺憾。

2. 犯罪对象规定上的缺憾

《刑法修正案（七）》第12条第1款规定了"非法生产、买卖武装部队制式服装罪"，第12条第2款分别规定了"伪造、盗窃、买卖武装部队专用标志罪"和"非法提供、使用武装部队专用标志罪"两个罪。"非法生产、买卖武装部队制式服装罪"的犯罪对象是武装部队制式服装，而本罪和"非法提供、使用武装部队专用标志罪"的犯罪对

---

① 该款规定为："伪造、变造武装部队车辆号牌或者买卖伪造、变造的武装部队车辆号牌，情节严重的，依照刑法第375条第2款的规定定罪处罚。"

象则是武装部队车辆号牌等专用标志，不包括武装部队制式服装。毋庸讳言，《刑法修正案（七）》第 12 条第 2 款对伪造、盗窃、买卖或者非法提供、使用武装部队车辆号牌等专用标志，情节严重的行为进行犯罪化，是合乎时宜、很有必要的。但同样不可否认的事实是，实践中非法生产、买卖、伪造、变造、盗窃或者非法提供、使用武装部队制式服装的案件也是时有发生，近年来情况比较严重，且有愈演愈烈之势，这不仅严重损害武装部队和军人的形象及声誉，而且有的不法分子利用假军服等冒充军人实施招摇撞骗、敲诈勒索、抢劫等违法犯罪活动，群众反映比较强烈。因而对非法生产、买卖、伪造、变造、盗窃或者非法提供、使用武装部队制式服装的行为，也应当进行刑法规制。遗憾的是，《刑法修正案（七）》第 12 条第 1 款仅规定了非法生产、买卖武装部队制式服装的行为构成犯罪，而对于社会危害性与非法生产、买卖武装部队制式服装相当的伪造、盗窃武装部队制式服装等行为，没有对其进行犯罪化，该条第 2 款的犯罪对象也将其排除在外，这是颇让人费解的。从立法技术和罪刑平衡的角度考虑，笔者认为，武装部队制式服装应当纳入《刑法修正案（七）》第 12 条第 2 款规定的本罪和"非法提供、使用武装部队专用标志罪"的对象范围。①

（二）改进建言

《刑法修正案（七）》第 12 条第 2 款的上述立法缺憾，值得进一步研究和改进。那如何对其改进呢？概言之，不外乎是以下两种途径：一是由最高司法机关颁布相应的司法解释，明确规定生产、变造武装部队车辆号牌等专用标志，情节严重的，依照刑法典第 375 条第 3 款的规定（即"伪造、盗窃、买卖武装部队专用标志罪"和"非法提供、使用武装部队专用标志罪"）定罪处罚；明确规定伪造、盗窃或者非法提供、使用武装部队制式服装，情节严重的，依照刑法典第 375 条第 2 款的规定（即"非法生产、买卖武装部队制式服装罪"）定罪处罚。其实，在这方面也有先例可循。如最高人民法院的上述《解释》第 2 条第 2 款就曾规定"伪造、变造武装部队车辆号牌或者买卖伪造、变

---

① 对此的具体改进建言，请见后文的论述。

造的武装部队车辆号牌，情节严重的，依照刑法第 375 条第 2 款的规定定罪处罚"。而在《刑法修正案（七）》颁布之前，刑法典原第 375 条第 2 款规定的"非法生产、买卖军用标志罪"的行为方式仅限于非法"生产、买卖"，而不包括"伪造、变造"，即是如此。二是待下次刑法修改时，对刑法典第 375 条的相关立法进行修改完善，增补规定生产、变造武装部队车辆号牌等专用标志的犯罪行为方式。同时，对伪造、盗窃或者非法提供、使用武装部队制式服装的行为进行犯罪化处理。

在笔者看来，在刑法未做修改的情况下，第一种途径虽然也能弥补相应立法的缺憾，并且操作起来相对容易，有利于司法实践，但将刑法没有规定的犯罪行为方式依照相关犯罪定罪处罚，难免有类推解释之嫌，也有违罪刑法定主义的基本精神。因为对某一种犯罪增补其行为方式或者扩大其犯罪对象的范围，实际上乃是扩大犯罪圈和刑罚打击面，只能而且也应当由刑法对其规定。如果由最高司法机关做这种不利于被告人的类推解释，不仅有违有利被告的刑法原则，而且也会危及刑法的人权保障机能。相比而言，采取第二种改进的途径，即对刑法典第 375 条的有关规定在适当的时候进行彻底的修改完善，这也许才是治本之策。至于具体如何完善，笔者试提如下建议，供学界同仁参考指正。其一，在下次刑法修改时，宜废止《刑法修正案（七）》第 12 条第 1 款规定的"非法生产、买卖武装部队制式服装罪"，把"武装部队制式服装"纳入本罪和"非法提供、使用武装部队专用标志罪"的犯罪对象范围。其二，在刑法典第 375 条第 3 款（即《刑法修正案（七）》第 12 条第 2 款）中增补规定非法"生产、变造"的犯罪行为方式，并根据行为的内在逻辑和罪状表述的要求，对相关犯罪行为方式的排列顺序做适当的调整。也即规定"非法生产、买卖、伪造、变造、盗窃或者非法提供、使用武装部队制式服装、车辆号牌等专用标志，情节严重的，处 3 年以下有期徒刑、拘役或者管制，并处或者单处罚金；情节特别严重的，处 3 年以上 7 年以下有期徒刑，并处罚金"。相应地，本罪的罪名也应当重新确定为"非法生产、买卖、伪造、变造、盗窃武装部队专用标志罪"。

做上述修改，首先，可以理顺涉及武装部队专用标志的相关犯罪之间的逻辑关系，防止犯罪行为方式之间不必要的叠加和重合。例如，武装部队制式服装在性质上本属于武装部队专用标志的一类，两者之间是种属关系，不应当并列规定。如果行为人非法买卖武装部队制式服装，由于《刑法修正案（七）》第 12 条第 1 款规定了"非法生产、买卖武装部队制式服装罪"，第 2 款分别规定了"伪造、盗窃、买卖武装部队专用标志罪"和"非法提供、使用武装部队专用标志罪"两个罪名。这就可能出现既构成非法买卖武装部队制式服装罪，又构成买卖武装部队专用标志罪的情况。故而为避免出现这种立法尴尬局面，在刑法未做修改的情况下，只能对《刑法修正案（七）》第 12 条第 2 款规定的本罪和"非法提供、使用武装部队专用标志罪"的犯罪对象——武装部队专用标志的范围做限制性解释，将武装部队制式服装排除在外。总而言之，通过废止"非法生产、买卖武装部队制式服装罪"，将"武装部队制式服装"纳入本罪和"非法提供、使用武装部队专用标志罪"的犯罪对象范围，并增加本罪的相应犯罪行为方式，就可以很好地解决上述问题。其次，可以弥补相关犯罪行为方式的缺漏，使得刑事法网更趋严密。通过增补规定"生产""变造"等行为方式，基本上使得这一类犯罪的整个行为过程都纳入了刑法规制的范围，刑事法网趋于严密。这不仅可以弥补相关犯罪行为方式的缺漏，而且有利于防范和打击这类社会危害性比较严重的犯罪行为。最后，通过废止"非法生产、买卖武装部队制式服装罪"，将其合理内涵吸收到修改后确立的"生产、买卖、伪造、变造、盗窃武装部队专用标志罪"之中，不但可以使罪状的表述更为清晰、概括，在很大程度上节约了刑法立法资源，而且也有利于罪名与罪质的统一，以便更好地实现罪责刑相适应。因而不失为是一种明智的选择。

第八章

贪污贿赂罪

第一节　关于基层干部职务犯罪情况的分析和思考——以某直辖市检察机关 2007—2011 年查办的基层干部职务犯罪案件为样本

　　基层干部①是党和国家干部队伍的重要组成部分，处在改革发展稳定的第一线，是党的路线方针政策的具体执行者，以及党和政府联系群众的桥梁纽带，肩负着推动科学发展、促进社会和谐、服务人民的重要职责。俗话说："基础不牢，地动山摇"，"上面千条线，下面一根针"。基层干部素质高低、能力强弱、作风好坏，关系干部队伍整体形象，关系改革发展稳定各项任务落实，关系党和国家事业长远发展。总体来说，我国基层干部队伍的主流是好的，为维护社会和谐稳定，巩固党的执政基础，促进基层经济社会发展发挥了十分重要的作用。但我们也清醒地看到，近年来基层干部职务犯罪现象日益严重，尤其是农村基层干部职务犯罪案件频频发生，一批基层干部因涉嫌腐败而

---

　　① 在本书中，基层干部是指在县（市、区）及以下包括乡镇、街道办事处等党政机关、事业单位或者人民团体中履行岗位职责的公职人员。基层领导干部是指在县（市、区）及以下包括乡镇、街道办事处等党政机关、事业单位或者人民团体中履行岗位职责并担任一定领导工作或者管理工作的公职人员。

相继落马。这些案件危害严重、影响恶劣，不仅损害广大人民群众的根本利益，阻碍和制约基层经济社会发展，而且还严重影响党群和干群关系，损害党和政府在群众中的形象，给社会和谐稳定造成了不良影响。

　　为准确掌握基层干部职务犯罪的特点和规律，本节拟以某直辖市检察机关 2007—2011 年五年间查办的基层干部职务犯罪案件情况为分析样本，总结基层干部职务犯罪发案的特点，剖析基层干部职务犯罪的主要原因，进而提出防治基层干部职务犯罪的若干对策建言，以期能更好地加强基层干部职务犯罪的防治、基层干部队伍的建设和反腐倡廉建设的深入开展。

一、基层干部职务犯罪的基本情况

（一）总体数据统计

　　2007—2011 年间，某直辖市检察院机关共查办基层干部职务犯罪案件 425 件 456 人，涉及公安、司法、狱政、医疗、教育、文体、税务、交通、林业、城建、药品监督、土地管理、检验检疫等多个领域和部门。其中，贪污贿赂类案件 313 件 343 人，涉案人数占五年来基层干部职务犯罪全部涉案人员的 75.2%；渎职侵权类案件 112 件 113 人，涉案人数占五年来基层干部职务犯罪全部涉案人员的 24.8%。

（二）罪名构成分布

　　基层干部职务犯罪中，贪污贿赂类犯罪延续近年来以受贿、贪污为主的构成状态，其他诸如介绍贿赂、单位受贿、私分国有资产等贪污贿赂类犯罪发案较少；渎职侵权类犯罪中滥用职权罪和玩忽职守罪占主体，其他渎职侵权类犯罪发案相对较少，涉案罪名比较分散。

　　1. 贪污贿赂类罪名分布

　　基层干部涉嫌的贪污贿赂类犯罪中，包括受贿罪 176 人，贪污罪 104 人，挪用公款罪 45 人，行贿罪 10 人，介绍贿赂罪 3 人，单位受贿罪 3 人，私分国有资产罪 1 人，巨额财产来源不明罪 1 人，共计 343 人。

2. 渎职侵权类罪名分布

基层干部涉嫌的渎职侵权类犯罪中，包括滥用职权罪 42 人，玩忽职守罪 41 人，徇私枉法罪 7 人，刑讯逼供罪 5 人，民事、行政枉法裁判罪 5 人，虐待被监管人罪 4 人，帮助逃避处罚罪 3 人，私放在押人员罪 2 人，故意泄露国家秘密罪 1 人，徇私舞弊不征、少征税款罪 1 人，失职致使在押人员脱逃罪 1 人，徇私舞弊发售发票、抵扣税款、出口退税罪 1 人，共计 113 人。

（三）案件线索来源

在查办的 456 名基层干部中，检察机关自行发现案件线索的人数最多，高达 177 人，占总人数的 38.86%。除此之外，来自个人举报的 70 人，占总人数的 15.4%；单位举报 16 人，占总人数的 3.5%；本院分流 32 人，占总人数的 7%；上级院交办 63 人，占总人数的 13.8%；领导交办 2 人，占总人数的 0.44%；纪检监察移送 37 人，占总人数的 8.1%；公安移送 20 人，占总人数的 4.4%；他院转来或移送 11 人，占总人数的 2.4%；自首 12 人，占总人数的 2.6%；其他途径 16 人，占总人数的 3.5%。

（四）涉案主体情况

1. 年龄结构

该市检察机关查办的基层干部的年龄分布情况为：30 岁以下 35 人，占总数的 7.7%；31 岁至 40 岁之间 122 人，占总数的 26.7%；41 岁至 50 岁之间 177 人，占总数的 38.8%；50 岁以上 135 人，占总数的 29.6%。不难看出，涉案的基层干部 40 岁以上的居多，共计 312 人，占到了涉案总人数的 68.4%。

2. 职级结构

查办的基层干部职务犯罪案件中，职级为正厅级的 1 人，副厅级 5 人，正处级 51 人，副处级 44 人，正科级 127 人，副科级 60 人，科员级 43 人，无职级 119 人。由上可知，涉嫌职务犯罪的基层干部职级大多在正科级以下，共计有 349 人，占涉案总人数的 76.5%。副厅级以上干部极少。

3. 文化程度

查办的基层干部职务犯罪案件中，涉案人员具有研究生以上学历的为 18 人，占总人数的 3.9%，其中博士 1 人；本科 224 人，占总人数的 49.1%；专科 138 人，占总人数的 30.3%；高中 26 人，占总人数的 5.7%；中专 32 人，占总人数的 7.01%；职高 4 人，占总人数的 0.88%；初中 9 人，占总人数的 1.31%；小学 3 人，占总人数的 0.66%；文盲 2 人，占总人数的 0.44%。可见，从涉案人员的文化程度来看，具有研究生以上学历以及专科以下学历的基层干部较少，大部分是本科和专科学历，两者共计 362 人，占到总人数的 79.4%。

4. 政治面貌

查办的涉嫌职务犯罪的基层干部，大部分属于中共党员（包括预备党员），这一人数共计 371 人，占总人数的 81.4%。另外，还有共青团员 6 人，占总人数的 1.3%；群众 79 人，占总人数的 17.3%。

（五）年度发案趋势

从 2007—2011 年该市检察机关查办的基层干部职务犯罪案件情况看，涉案人数有一定幅度的波动，除 2008 年、2011 年略有下降外，其他年份总体上仍表现出上升趋势。其中，2007 年 93 人，占总人数的 20.4%；2008 年 85 人，占总人数的 18.6%；2009 年 99 人，占总人数的 21.7%；2010 年 105 人，占总人数的 23%；2011 年 74 人，占总人数的 16.2%。

二、基层干部职务犯罪的发案特点

（一）犯罪领域涉及面广，大要案频发

基层干部职务犯罪发案领域广泛，已不仅仅在经济管理和资源分配部门大量发生，而且还涉及国计民生的诸多行业，由最初的经济管理部门向党政机关、司法机关等部门蔓延，并逐步渗透到金融、医疗、环保、卫生、教育、税务、林业、城建、财贸、交通等多个领域和环节。基层房管所、林业站、派出所、农经站、财政所、税务所、工商所、国土所、供电所等部门均有发案。尤其值得注意的是，在传统上

被认为是"清水衙门"的文化、科技等部门，基层干部职务犯罪也时有发生，人民群众反映十分强烈。

与此同时，基层干部所涉嫌的职务犯罪案件中，大案、要案频发，涉案金额动辄上百万、上千万的案件并不鲜见，令人触目惊心，使国家利益和集体财产遭受重大损失，严重影响社会和谐稳定。该市检察机关2007—2011年间查处的渎职侵权类职务犯罪案件中，属于重特大案件的涉案人员有45人，占到整个渎职侵权类职务犯罪案件涉案总人数的39.8%；从涉案金额来看，渎职侵权类职务犯罪案件中涉案金额在10万元以上的有42人，100万元以上的有27人，1000万元以上的有7人，涉案金额最高的案件是该市某区财政局原国库科科长王某玩忽职守案，因涉案主体疏忽履行职责，造成国家直接经济损失高达4900万元。另外，从基层干部贪污贿赂类案件来看，也不难得出基层干部职务犯罪大要案频发这一结论。据统计分析，贪污贿赂类职务犯罪案件中涉案金额在10万元以上的有172人，100万元以上的有29人，1000万元以上的有4人，涉案金额最高的案件是该市住房公积金管理中心某区第一管理部原主任刘某挪用公款案，该案涉案主体滥用职权直接挪用公款高达4700万元。上述该市检察机关2007—2011年来查办的基层干部职务犯罪的有关数据，在很大程度上反映出基层干部职务犯罪的严重程度，基层干部职务犯罪大要案频发这一特征还是比较明显的。

（二）涉案罪名相对集中，受贿、贪污犯罪占主体地位

从该市检察机关五年来查办的基层干部职务犯罪案件情况看，受贿、贪污犯罪在职务犯罪中所占比例较高，受贿罪、贪污罪两罪合计涉案人员达280人，占基层干部职务犯罪总涉案人数的61.4%。可见，基层干部利用职务便利收受或者索取贿赂、贪污公共财物或者公款等是多发性犯罪，日益成为查办和预防职务犯罪的重点。除受贿罪、贪污罪之外，基层干部职务犯罪相对比较集中的涉案罪名还包括挪用公款罪、滥用职权罪和玩忽职守罪，这三罪的涉案人数比较均衡，分别为45人、42人、41人，三罪涉案人数共计128人，也占到基层干部职务犯罪总涉案人数的28.1%，近三成。换言之，前述受贿罪、贪污罪加上挪用公款罪、滥用职权罪、玩忽职守罪,这五个罪名所涉案人数共计达 408 人,占基层干部职务犯罪总涉案人数的 89.5%,近九成的比例。而这近九成涉案人数的构成比例中,又以受贿罪和贪污罪为主体。

(三)基层领导干部特别是"一把手"职务犯罪突出

近年来,基层干部职务犯罪由一般管钱管物的人员向基层领导干部蔓延。在查办的基层干部职务犯罪案件中,当官带长的基层干部犯罪比例很高,特别是"一把手"职务犯罪现象突出。该市检察机关 2007—2011 年查办的基层干部职务犯罪案件中,涉案主体属于基层领导干部的有 299 人,占全部涉案人员的 65.6%,在基层干部职务犯罪案件中居于主体地位。其中,属于单位或者部门"一把手"的局长、处长、科长、主任、校长等就有 193 人。基层领导干部特别是"一把手"往往都掌握一定的权力和资源,如果自身要求不严、失去监督,就很容易滑向实施职务犯罪的渊薮。从基层领导干部所实施的职务犯罪的表现形式来看,有的是利用职权大肆收受或者索取贿赂,有的是内外勾结、共同作案,有的是拖人下水、指使下属侵吞公款为己谋利,有的是单打独干、中饱私囊,还有的是领导班子一窝黑、利益均沾。如该市某区人大常委会原副主任李某受贿案,李某在担任该区一镇镇党委书记、区住房和城乡建设委员会主任、区人大常委会副主任期间,就利用职务便利,大肆收受 20 人(单位)贿赂款项 904 万元人民币,3.5 万美元,1.3 万欧元,4 千英镑,价值 263848 元的钻戒一枚。上述贿赂款的绝大部分都是由李某交给其妻王某保管,"夫唱妇和",共同敛财,并且大都是在李某担任"一把手"时发生的。

(四)群体化现象凸显,窝案、串案和案中案增多

在分析 2007—2011 来该市检察机关查办的 425 件基层干部职务犯罪案件后发现,基层干部职务犯罪窝案、串案和案中案占有相当比例,群体化现象表现比较明显。在侦办基层干部职务犯罪过程中,因查处一个案件带出一串、一窝的现象并不鲜见,不少涉案人员上下勾结、内外联合、互相串通,共同侵吞国家和集体财产,有的甚至还带有一定的团伙性质。这无疑也使得发现犯罪、突破犯罪和处理犯罪的难度

增大。如 2011 年查办的该市胸腔科医院受贿系列案件，在医院中形成了"上下多条线，科室一大片"的格局，该医院药事委员会委员、科室主任、主治医生甚至信息员、仓库管理员，都成了医药代表的"主攻对象"，该市某区人民检察院配合市卫生局在医院召开自首大会，就有 75 人主动讲清问题，上交赃款 220 余万元。基层干部职务犯罪的群体化特点，也在一定程度上反映出当前基层干部职务犯罪的发展态势及其危害性的严重化趋向。

（五）农村基层干部职务犯罪多发态势应引起重视

改革开放的深入和社会主义市场经济的发展，为当前农村经济的发展提供了良好机遇。新农村建设全面推进，大量资金、项目流向农村，使得一些农村基层干部的权力迅速扩大，但如果管理这些资金、项目的机制不完善，制度缺失，监督不到位，就容易导致权力寻租现象的发生。由于受不正之风和腐败现象的影响，加之农村基层干部自身素质参差不齐、相对较低，一些农村基层干部滥用职权、贪污受贿、私分挪用等腐败现象不断发生，且愈演愈烈，农村基层干部职务犯罪案件呈现出多发易发态势，不仅严重损害了广大农民的切身利益，影响农村经济发展，而且还严重损害党和政府在群众中的威信和形象，给社会主义新农村建设带来负面影响，已成为群众反映强烈的腐败问题之一。从该市检察机关这五年来查办的基层干部职务犯罪情况看，农村基层干部职务犯罪尤以乡镇基层干部突出，所占比例比城市基层干部发案要高很多。农村基层干部职务犯罪主要表现为受贿、挪用、贪污、侵吞等形式，这些案件的日益多发，其危害也越来越大，有的造成国家财产重大损失，有的影响政府涉农资金的投入效益，有的直接侵害农民利益，造成矛盾激化，甚至还引发群体访和越级上访，严重影响农村社会的和谐稳定，应引起有关部门的重视。

（六）犯罪手段简单、直接，主要表现为直接收受、挪用、虚报冒领等方式

由于基层干部的文化程度普遍不高，法制意识和综合素质等相对要低一些，而且长期直接与农民群众打交道，其作案手段总体上呈现出比较简单、直接的特点。如司法实践中查办的许多基层干部贪污贿赂类案件，涉案主体多是直接收受或者索取，进行权钱交易；或是采用白条下账、收入不入账、重复报销、虚列支出、冒领骗取国家财政资金；或是明目张胆地将款项直接挪用；等等。从这五年来查办的涉嫌职务犯罪的基本干部的文化程度来说，具有研究生以上学历的涉案人员仅占总人数的3.9%，博士1人（即该市某区原区长周某）；此外，还有少数中专以下文化层次甚至包括文盲的基层干部。由于该市是中央直辖市，在政治上地位特殊，相比于该市，全国其他地方基层干部的文化程度要更低一些。事实上，从该市检察机关这五年查办的基层干部职务犯罪案件的犯罪手段分析，采取直接收受或者索取的有183人，占涉案总人数的40.1%；直接侵吞、骗取的57人，占涉案总人数的12.5%；直接挪用的32人，占涉案总人数的7.01%；虚报冒领的20人，占涉案总人数的4.39%；而采取以借为名挪用、象征给付变相收受、家属挂名领薪等较为复杂或者间接犯罪手段的人数非常少。

（七）基层干部职务犯罪发案潜伏期相对较短

职务犯罪都有一个发展过程。总体而言，职务级别越高，作案手段更加隐蔽化、智能化，犯罪的潜伏期也相对较长。如许多高中级干部实施职务犯罪时，为了规避法律制裁，采取低价购房、投资入股、委托理财、挂名高额领薪、以借为名掩盖受贿等新型腐败方式，腐败行为有一定的隐蔽性和迷惑性，案件往往难以暴露和查处。而基层干部由于处在基层一些，其文化层次、法制意识和综合素质等相对要低一些，反侦查能力相应要弱一些，其作案手段大都比较简单、直接。这就使得基层干部职务犯罪容易暴露，其犯罪的潜伏期相对较短。从查办的基层干部职务犯罪案件数据分析，查办的属于贪污贿赂类案件的有313人，其中涉案主体犯罪潜伏期（从首次作案到正式发案）在10年以上的只有3人，5年至10年的为49人（49人中犯罪潜伏期大部分在6—7年左右），其他大部分基层干部贪污贿赂类职务犯罪潜伏期在3年以下，有的甚至在作案当日即案发；查办的属于渎职侵权类案件的有113人，其中涉案主体犯罪潜伏期在10年以上的也只有3人，最长的为12年，5年至10年的为21人，其他大部分基层干部渎职侵权类职务犯罪潜伏期也在3年之内。可见，相比于高中级干部职务犯罪，基层干部职务犯罪发案的潜伏期相对较短。

三、基层干部职务犯罪的主要原因

任何一种社会现象的出现都必然有其存在的根据，腐败作为一种社会历史现象，自然也与社会的方方面面有着深刻而又复杂的联系。基层干部长期处于基层一些，与群众有着最广泛的联系和最直接的接触，基层干部的能力素质、工作任务、工作强度和难度等具有不同于高、中级干部的特点，其实施职务犯罪的原因是多方面的，既有基层干部个人方面的原因，也有体制机制和制度方面的原因；既有监督管理方面的原因，也有发展阶段上的原因。在对某直辖市检察机关2007—2011 年来查办的基层干部职务犯罪案件进行分析后，笔者认为，基层干部职务犯罪的主要原因，大致包括以下几个方面：

（一）部分基层干部综合素质不高，法纪观念淡薄

从查办的基层干部职务犯罪案件情况看，由于自身政治修养、宗旨意识、大局意识、法制意识和文化程度等的局限，部分基层干部特别是农村基层干部综合素质确实不高，对自身的作用和责任缺乏清醒认识，公仆意识欠缺，法纪观念淡薄，面对拜金主义、享乐主义的侵蚀，无法抵挡住腐朽思想的刺激和诱惑，理想信念动摇，最终走上职务犯罪道路。如有的基层干部文化程度是文盲，法律知识欠缺，对罪与非罪的界限认识模糊不清，认为"收受好处费是正常的人情往来，是我为你办事，你给我好处，两厢情愿"，不给好处不办事，给了好处乱办事；有的基层干部对自己的行为极不负责任，把公款当作私人财产一样随意转借他人；有的基层干部"有权不使，过期作废"的思想根深蒂固，将权力作为谋取私利的工具，到处吃拿卡要；有的基层干部长期忙于事务性工作而疏于学习，小农意识浓厚，工作常常搞"公私兼顾"，以权谋取私利；还有的基层干部自持位高权重，独断专行，把自己的权力凌驾于法纪之上，大搞权钱交易、索取贿赂。如该市某区原副区长刘某受贿案，刘某长期担任区领导、负责全区农村地区工作，位高权重，其在关系全区农村地区人民群众的基层工作中，敏感

性不强，自律意识差，法纪观念淡薄，利用职务便利接受他人请托并多次收受、索取他人贿赂，最终案发落马。"物必自腐，而后虫生。"这些基层干部大多平时不注意自身修养、不注重学习、不关心时事政治，热衷于庸俗低级的生活，法纪观念淡薄，没有牢固树立立党为公、执政为民的思想观念。可以说，自身综合素质较低以及法纪观念淡薄是导致这些基层干部职务犯罪的重要原因之一。

（二）权力结构不合理，权力过于集中，缺乏有效制约

权力结构不合理，权力配置不科学，权力的行使就不会受到强有力的制约，权力就会凌驾于制度之上。再好的防控措施，再严密的程序设计，都将变成摆设。通过分析该市检察机关五年来查办的基层干部职务犯罪案件后发现，很多基层干部职务犯罪与权力结构不合理和权力过于集中有着密切的关系。权力结构不合理、权力过于集中表现在多个方面：一是"一把手"的权力过于集中，不受制约。在一些基层单位中，权力集中在局长、处长、乡长、科长、主任等"一把手"手中，不少基层"一把手"任职时间长、关系硬、工作随意性大，封建"家长制"风气严重，习惯个人发号施令，长此以往便养成漠视制度、纪律约束的习惯。其实，很多"一把手"的职务犯罪活动在初期就已被群众发现和举报，但权力过于集中为其提供了屏障，也使得纠正权力过错的代价大大提高。二是领导班子成员权力过于集中，不受制约。不少基层单位领导班子成员在其管辖范围内，掌握着相当大的物资分配权、资金使用权、人事管理权和项目审批权等，一般都是集研究、决策、执行、监督于一身，权力高度集中，难以避免个人专断。正是过分集权的权力配置为某些掌权的基层领导班子成员提供了任意使用公权的可能。三是职能部门的权力过于集中，不受制约。一些基层单位的职能部门权力配置不科学，权限划分不合理，职能交叉重叠，有违"结构合理、配置科学、程序严密、相互制约"的要求，既管人，又理财，还监督，导致权力高度垄断。如在项目发包过程中，没有进行公开招投标，而是由某个职能部门说了算，进行暗箱操作，就极易导致职务犯罪现象的发生。

（三）监督制约机制不完善，监督难以及时到位

不受制约和监督的权力必然滋生腐败，这是实践反复证明了的真理。如果监督制约机制不完善，对权力的监督不到位、制约乏力，权力的滥用就在所难免。在权力失控和制约不力的情况下，个人的意志常常会由于没有压力和牵制而轻而易举地进入权力过程，从而使掌权人形成不谨慎甚至是随意的精神状态。通过本次调研发现，一些基层单位内部监督制约存在失之于宽、失之于软的现象，单位内部好人主义风气盛行，对本单位干部尤其是主要领导干部不愿监督、不敢监督；而外部监督又具有滞后性，监督力量分散，监督的实际效果难以令人满意。如该市某区副区长刘某受贿案，刘某在担任区委常委、副区长期间，利用分管某区农委、各地区办事处（乡政府）、区种植业服务中心等单位的职务便利和影响，先后七次索取、收受他人贿赂共计191.4万元。对于刘某的受贿行为，无论是上级领导对其的监督，还是单位内部监督制度对其的约束，均未能达到监督制约效果。此外，公务员的基层执政与行政管理缺乏上级和同级纪检监察部门的有效同步跟踪与监督，下级纪检监察部门无法监督，也为刘某职务犯罪提供了可乘之机。总而言之，如果监督制约机制不完善，监督不及时到位，权力行为的规范就会流于形式，丧失应有的权威性和严肃性，也会容易给少数掌权的基层干部制造绕开组织监督、绕开制度约束、绕开民主程序的时间和空间。

（四）改革进程中经济、管理体制和机制不健全，漏洞较多

在我国改革进程中，由于新旧体制转换，社会主义市场经济体制尚处于不完善阶段，管理体制方面也存在较多漏洞。我们的经济、管理体制和机制还不完全适应市场经济的要求，在计划经济体制下形成的对经济活动的管理方式还没有完全转变过来，某些基层政府职能的转变滞后，行政权力还过多地介入经济经营活动，加之基层经济主体之间的竞争还不太规范，这就为某些人为了自身或者小团体的利益搞权力寻租或者权钱交易提供了一定的机遇和条件。在如此机遇和条件下，掌握稀有资源分配权的基层干部尤其是基层领导干部，一旦产生以权谋私的冲动，就能轻而易举付诸实践。应当说，近年来基层干部

职务犯罪现象突出，与现行的经济、管理体制和机制不完善、管理措施有漏洞是密切相关的。如有关政府部门项目资金投放程序不科学，涉农政策和兑现程序存在漏洞，相关资金、项目管理制度落实不严，管理不到位等。这些经济体制、管理体制和机制上存在的弊端和漏洞，为基层干部实施职务犯罪提供了可乘之机。

（五）基层财务制度落实不够严格，"小金库"屡禁不止

科学严密的财务制度和规范严格的财经纪律是职务行为廉洁性的重要保障。而从该市检察机关五年来查处的基层干部职务犯罪案件情况看，有不少发案单位没有严格执行有关财务管理法规，财务制度落实不够严格，存在诸多薄弱环节，如有的单位私设"账外账""小金库"，各记各的账，各支各的钱，账目不公开，收支缺乏透明度；有的单位出纳会计一人兼、管钱记账一手揽，少数干部独揽财务大权；还有单位甚至财务管理混乱、有章不循，出现无账、片账、包账现象，这些无疑为基层干部实施职务犯罪提供了便利，客观上助长了腐败现象的滋生蔓延。比如，有些基层干部就是利用了财务管理上的漏洞，采取将收取的公款长期不交财务、自收自支，利用白条和虚假发票冲账、把"小金库"资金用于个人支出等手段进行贪污、挪用公款等。如在该市某区农村工作委员会原副主任董某贪污、受贿一案中，董某于2006年1月至2010年8月期间，利用负责管理区农村工作委员会账外资金（小金库）的职务便利，多次支出账外资金共计人民币169360元，用于其与他人在某公司进行美容消费。正是因为该市某区有关部门对国务院和中纪委要求清理"小金库"的工作落实不力，在数年间违规积累了上千万元小金库资金，其中部分被相关人员用于账外支出，这客观上为其主管领导提供了侵吞、占有、使用小金库资金的欲望和可能。

（六）基层干部职务犯罪风险预警防控体系存在缺失

职务犯罪风险预警防控工作是确保预防腐败的各项制度得到贯彻落实的有效方法，也是确保基层干部正确履行职责的有力手段，也是从源头上遏制职务犯罪现象滋生的重要举措，但由于职务犯罪风险预警防控体系是一个全社会参与、涉及环节众多、纵横联系复杂的庞大系统，目前仍处于探索阶段。各基层单位职务犯罪风险预警防控管理工作水平开展也不平衡，在具体工作过程中还存在一些薄弱环节。相比于市级单位或者市直单位，基层单位对职务犯罪风险预警防控工作的重视程度相对较低，尤其是很多农村基层单位对职务犯罪风险预警防控工作的重视程度不够，处于被动应付的状态；一些基层干部对职务犯罪风险预警防控工作甚至还存在戒备心理或者抵触情绪，严重影响了基层单位职务犯罪风险预警防控工作的开展。毋庸讳言，当前基层干部职务犯罪风险预警防控工作还有很多薄弱环节，特别是在农村地区，深入开展基层干部职务犯罪风险预警防控工作的还比较少，检察机关尚没有形成完善的预防农村基层干部职务犯罪的相应网络，预防基层干部职务犯罪的风险预警防控体系尚存在缺失。这无疑不利于遏制和减少基层干部特别是农村基层干部职务犯罪的发生。

（七）社会大环境的影响和市场经济的负面效应

我国正处于社会主义初级阶段，多种经济成分并存，各种社会矛盾交织在一起，"一切向钱看""等价交换""有偿服务"等社会上盛行的不正之风对一些基层干部也造成了严重冲击，使得基层干部职务犯罪的诱发力增大。有的基层干部觉得自己吃苦多，工资待遇不如老板，生活环境没有大城市好，社会上"越富越光荣"的观念与"辛苦工作一辈子，不够买房一下子"的窘况形成巨大反差，"反差心理""攀比心理"逐渐强烈，导致人生价值观取向失衡，心目中为人民服务的责任感日渐淡化，在思想上萌发权钱交易的念头，一旦有适当的环境和条件，就会把权力作为私有商品进行"寻租"，换取"补偿"，甚至不择手段地为自己谋取私利，成为基层干部队伍中的败类。在市场经济大潮中，随着经济活动的增多，基层干部特别是基层领导干部手中都掌握一定的权力，这部分干部往往成为"糖衣炮弹"攻击的对象，不少人常处于金钱、人情、关系包围的氛围之中。一些基层干部的权力并不大，但只要帮人办一点小事，就会有人请吃送礼……长此以往，随着时间的推移，这些基层干部在尝到了些许当官的小甜头中，经不住来自各方面的考验和诱惑，私欲渐渐膨胀起来，滋长了享乐主义、拜金主义思想，权钱交易的腐败恶习逐步养成。他们从拒绝吃请到大吃宴席，从接受一般礼物到巨额钱财，从心理嬗变发展到权力嬗变，最终跌入职务犯罪的泥潭。更为恶劣的是，在极个别基层单位或部门甚至形成了"逆淘汰"的环境，让正派的基层干部无法立足。可以说，社会大环境的影响和市场经济的负面效应，成了许多基层干部走上职务犯罪不归路的催化剂，教训是十分深刻的。

四、防治基层干部职务犯罪的对策建议

当前,我国正处在全面建设小康社会的关键时期和深化改革开放、加快转变经济发展方式的攻坚时期,各种深层次矛盾和问题日益凸显,特别是在基层情况尤为复杂,基层反腐倡廉建设以及基层干部职务犯罪预防工作任重而道远。基层干部职务犯罪的预防是一项复杂的系统工程,诱发基层干部职务犯罪的原因也是多方面的,因而要有效遏制和预防基层干部职务犯罪,就应当针对基层干部职务犯罪的特点和原因,全面贯彻落实中央关于党风廉政建设和反腐败斗争的决策部署,从实际出发,积极采取行之有效的措施,多管齐下、综合施策。

（一）深入开展反腐倡廉宣传教育，增强拒腐防变能力

反腐倡廉宣传教育工作，是党的思想舆论宣传工作的重要组成部分，是深入推进党风廉政建设和反腐败斗争的基础性工作。要认真贯彻落实中央精神，深入开展反腐倡廉宣传教育工作，切实加强基层干部队伍建设，努力提高基层干部队伍综合素质，增强拒腐防变能力。一是要针对影响科学发展和党性党风党纪方面存在的突出问题，深入开展专题教育、示范教育、警示教育和岗位廉政教育等活动，加强基层干部理想信念和从政道德教育、党的优良传统和作风教育、党纪条规和国家法律法规教育，逐步建立健全基层干部反腐倡廉宣传教育的长效机制，形成推进基层干部反腐倡廉宣传教育工作的整体合力。二是要以突出基层领导干部和基层重点岗位人员为重点，在反腐倡廉宣传教育的广度和深度上下功夫，改进宣传教育的方式方法，提高宣传教育工作水平，增强宣传教育的针对性和有效性、吸引力和感染力，促进基层干部尤其是基层领导干部廉洁从政。三是要以贯彻落实《廉

政准则》为重点，完善基层领导干部报告个人有关事项等制度，加强对基层领导干部执行廉洁自律各项规定情况的监督检查，重点在治理"小金库"、违规动用公款、收取回扣、吃拿卡要等方面加大工作力度，力求取得新的进展和突破。

（二）改革和完善权力结构，防止权力过于集中，形成结构合理、配置科学、制约有效的格局

改革和完善权力结构，防止权力过于集中，要以分解和制衡权力为核心，以科学配置权力为目标，加强对权力行使特别是直接掌管人、财、物的权力行使的规范和限制，形成科学有效的权力制约和协调机制。一是要合理划分、科学配置基层"一把手"的权力，防止权力过于集中。严格贯彻民主集中制的原则，对于工作中的重要问题特别是"三重一大"问题，由领导班子集体研究讨论决定，并要明确相关程序，规范"一把手"的决策权限、决策内容，防止"一言堂"现象的出现。按照决策权、执行权、监督权相互协调和制约的要求，"一把手"一般只负责决策和监督，主要对人事、建设工程、财务、执法等工作提出宏观的方向性意见，具体工作由副职领导负责。完善基层"一把手"任期和交流制度，避免"一把手"在某个单位长期任职、形成权力关系网络和监督制约的真空。二是要合理划分、科学配置基层领导班子成员的权力，形成科学有效的权力制约和协调机制。基层单位领导班子成员要按照科学设置、各负其责、有效制约、相互配合的原则进行合理分工，属于相互制约的权力不能由一人承担，分管审批的领导不能同时分管检查业务，分管执行的领导不能同时分管监督业务，切忌集研究、决策、执行、监督于一身。一项完整的主要业务或者重点工作，可实行由两名领导班子成员分段管理，避免"一管到底"的权力高度集中的领导模式。三是要合理划分、科学配置基层职能部门的权力，形成分权制衡机制。科学梳理基层单位职能部门的权力，摸清权力底数，健全内部控制机制，推行不相容职务和岗位相互分离制度，实施相应的分离措施，形成各司其职、各负其责、相互制约的工作机制。根据职能分工和权力分布的特点，适当分解某些职能部门过于集中的权力，一项完整的主要或者重点业务，由两个以上具有相互制约关系的部门完成,而且要适时开展重点部门和关键岗位干部交流轮岗,防止发生"内部人"控制的情况。

（三）强化监督,提高实效,建立有效的监督制约机制

要强化监督,建立有效的监督制约机制,切实把预防治腐败的要求落实到基层干部权力运行的各个环节,最大程度地减少权力"寻租"的机会,使基层干部对职务犯罪行为不能为、不敢为,时刻以党纪国法匡正自己的思想和行为。一是要以基层领导干部的监督为重点,特别是要把掌握行政审批权、人事权、执法权和监管权等重要权力的基层领导干部作为监督的重点对象,切实规范基层领导干部的用权行为。严格实行基层党政领导干部问责制、"三重一大"等制度,加强基层领导班子决策"三重一大"事项的职务犯罪风险防控和监督管理。二是要充分发挥纪检监察和审计部门的作用。对于重大项目、重要活动和大额度资金使用,纪检监察和审计部门要做到全程跟进、全程监督,确保权力在监督制约中运行。三是要深化基层党务、政务公开。公开透明、让权力在阳光下运行,是预防基层干部职务犯罪的有效措施。切实保障党员、群众的知情权、参与权和监督权,除涉及国家秘密、商业秘密和个人隐私的事项外,其他事项都应向社会公开,并且应以决策公开和关系群众切身利益事项公开为重点,做到基层党务、政务公开透明,努力拓宽党员和群众参与反腐倡廉工作的渠道。四是要合理压缩某些基层部门权力行使的自由裁量空间。针对一些权力行使弹性空间大等问题,要明确使用规则和裁量基准,细化各类行为的具体情形及其使用的条件、标准、方式等,严格规范和约束自由裁量权,维护执法标准的统一性,最大限度地限制和防止利用自由裁量权"寻租"。

（四）深化经济、管理体制和机制改革,堵塞制度漏洞

邓小平同志曾言:"好的制度可以使坏人无法任意横行。"其实,在一定程度上讲,从源头上反腐败本质上也是一个制度建设的过程。职务犯罪现象滋生蔓延也与现行的经济、管理体制和机制不完善、管理措施有漏洞密切相关。因而要从根本上铲除职务犯罪现象滋生的社会土壤和条件,就应当进一步完善经济、管理体制和机制,坚持用改革的办法解决职务犯罪现象发生的深层次问题，针对基层干部职务犯罪多发易发的领域和关键环节，着力推进改革，积极健全各项规章制度，堵塞制度漏洞，不断拓展从源头防治职务犯罪的新领域。当前，要坚持社会主义市场经济的改革取向，充分发挥市场在资源配置中的基础性作用，最大限度地减少基层行政权力对微观经济活动的直接干预。以深化行政审批制度改革为突破口，进一步清理、取消和规范行政审批事项，完善审批方式和流程，严格执行审批项目设定和实施制度，推动基层政府职能转变和反腐倡廉建设取得实质性进展。深化国有资产管理体制改革，健全对国有资产管理和监督的有效机制，理顺产权关系，完善国有经济产权制度，减少垄断行业和领域对市场的不良控制及影响，清除各种影响公平竞争的障碍，逐步铲除因垄断影响社会公平和滋生腐败的土壤。积极稳妥地推进乡镇机构改革和农村基层站所管理体制改革，建立科学高效、运转协调、行为规范的基层行政管理体系。总而言之，要通过深化经济、管理体制和机制改革，堵塞制度漏洞，尽力压缩基层干部权力寻租的空间，从源头上消除职务犯罪发生的体制机制因素。

（五）进一步严格财务管理和财经纪律，健全财务制度

财务制度不健全和财务管理不严格，是滋生基层干部职务犯罪现象的重要原因之一。因而要有效预防基层干部职务犯罪，健全财务制度，进一步严格财务管理和财经纪律则是重要手段。继续深入开展"小金库"专项治理，明确"一把手"责任，对瞒报、谎报"小金库"问题的基层单位负责人要进行严肃处理，相关以个人名义存储和支出"小金库"资金的，要坚决予以收回，从而将基层单位"小金库"资金及时、完全纳入国家监管范围，彻底消除因"小金库"滋生职务犯罪现象的隐患。规范专项资金和预算外资金的管理及使用，严格遵守财经纪律，切实执行会计核算等财务制度，及时将相关资金纳入财务统一管理，合理使用，严防挪用、套取、骗取现象发生。加强现金管理，基层财务部门要进一步健全完善限制大额现金提取和使用的管理制度，减少大额现金直接流通和资金账外循环。严格基层干部财务报销程序，按照有关规定管理和使用发票，杜绝使用假发票和虚开发票套取公款。加强对基层财务管理和事项的检查、监管，通过定期或不定期督查和检查，坚决禁止乱开支、私分罚款、挥霍等问题，并提出纠正和处理办法。充分落实基层单位财务公开制度，及时公示公共财务收支情况，保持财务的公开透明，使广大干部群众对于基层单位财务情况能够进行较为全面深入的监督，从而避免少数基层干部利用职权谋取私利现象的发生。

（六）完善基层干部职务犯罪风险预警防控体系

预防基层干部职务犯罪是一项艰巨而繁重的任务，其中，健全基层干部职务犯罪预防网络，形成全方位的基层干部职务犯罪风险预警防控体系，则是重要的基础性环节。建立和完善党委统一领导、职能部门各负其职的基层干部职务犯罪预防工作机制，充分发挥区县预防职务犯罪领导小组平台作用，进一步推动健全联席会议制度、情况通报制度、专项工作研究部署等制度，整合各方资源优势，促进相关基层单位实现从被动预防到主动预防的转变，增强推进基层预防职务犯罪的整体合力。在加强基层干部职务犯罪一般预防的同时，要继续发挥严肃查办职务犯罪案件这一特殊预防的功能，不断加大查办基层干部职务犯罪案件的力度，主动深入到基层重要经济领域以及职务犯罪易发多发的环节和部位，重点查处发生在基层领导干部中贪污受贿、腐化堕落、失职渎职、滥用职权案件，严重侵害群众利益的案件，以及政府重大投资、征地拆迁、开发建设等领域的案件，达到查处一案警示一方的良好社会效果，使广大基层干部增强法纪观念，筑牢拒腐防变的法律防线。健全完善基层干部职务犯罪风险预警联防机制，加强对职务犯罪风险点的前瞻性研究，对基层单位职务犯罪多发领域、易发岗位进行及时预警，定期发布职务犯罪风险预警信息，使相关苗头性、倾向性问题得到及时纠正。检察机关可依托基层检察联络室、联络点，发挥自身预防优势，延伸检察工作触角，拓宽预防基层干部职务犯罪工作途径，创新预防基层干部职务犯罪工作方式，帮助有关基层单位提高职务犯罪风险防控意识，积极提供职务犯罪风险防控制度建设咨询服务，从而促进基层干部职务犯罪风险预警防控体系的健全完善。

（七）净化社会环境，营造廉洁从政的良好氛围

社会大环境的影响和市场经济的负面效应是基层干部职务犯罪不容忽视的因素。因此，预防基层干部职务犯罪，应当努力净化社会环境，营造廉洁从政的良好氛围。一是要大力弘扬廉洁文化，激扬清风正气。廉政文化对反腐倡廉具有导向作用、凝聚作用、教育作用和规范作用，能够传导正确的廉洁价值取向，对人们的理想信念和道德观念起着潜移默化的生成作用，促使廉洁意识和廉政观念转化为廉洁从政的行为规范，从而塑造基层干部廉洁的社会行为，这对于预防基层干部职务犯罪具有非常重要的意义。二是要加强基层干部作风建设，进一步端正党风、政风、行风，净化社会空气，提升社会道德水准，有针对性地开展宣传教育，在社会上真正形成廉洁光荣、腐败可耻的氛围，改变部分人对腐败"闻着臭，吃着香"的看法，努力营造有利于廉洁从政的社会环境。三是要加大对行贿行为的打击力度，对行贿者不仅要依法依纪严肃查处，而且要建立行贿犯罪档案，强化市场、职业廉洁准入，在时机成熟后，可以通过立法在更大范围内执行限入制度，以加大行贿企业和个人的经营成本，进而降低实施职务犯罪的决意。

第二节　惩治高官腐败犯罪的法理问题思考

一、问题的提出

腐败是当今人类社会所共同面临的一个世界性问题。腐败犯罪也是当前困扰中国经济发展和社会进步的重大现实问题之一。改革开放以来，日益猖獗的腐败犯罪不仅严重地阻碍了中国经济健康有序发展，而且还在某种程度上削弱了执政党和政府的威信与公信力，对国家的稳定构成潜在的乃至现实的威胁，成为社会的巨大隐患。在腐败犯罪

中，高官①腐败犯罪特别具有代表性和典型性。高官腐败犯罪由于其主体地位的特殊性，身处地方和部门权力金字塔的顶端，位高权重，从政根基深厚，关系网发达，干扰办案的能量较强，占有更多体制内外资源，因而其被揭露、发现和查处的几率相对较小。在权力高度集中且缺乏有效监督制约的背景下，他们的腐败犯罪行为给社会带来的危害更大，破坏力更强，不仅严重损害执政党和政府的声誉和威信，玷污执政党和政府在人民群众中的光辉形象，而且会直接削弱执政党的群众基础，危及政权的根基，影响社会稳定。正因如此，有学者甚至认为："进入 21 世纪以来，省部级高官腐败这一社会极其丑恶的现象，已成为中国经济的致命问题和中国的头号问题"②。

　　应当说，执政党和政府历来特别是改革开放以来十分重视对高官腐败犯罪的惩治和防范，并采取了一系列行之有效的惩贪防腐措施，取得了有目共睹的成效。新中国建立后的前 30 年，因为贪污受贿而被查处的省部级高官几乎一个没有。③但在 20 世纪 80 年代改革开放以后，查处省部级高官的帷幕则渐次拉开，其中尤为值得一提的是，1987年 4 月，原江西省省长倪献策因犯徇私舞弊罪被判处有期徒刑 2 年，成为第一个因腐败犯罪而被追究刑事责任的高官。2000 年 3 月 8 日，原江西省副省长胡长清因犯受贿、行贿、巨额财产来源不明罪，经最高人民法院核准被执行死刑，成为改革开放以来第一个因为腐败犯罪而走上断头台的省部级领导干部。2000 年 9 月 14 日，原全国人大常委会副委员长成克杰因犯受贿罪被北京市第一中级人民法院判处死

---

　　① 本书所称的高官是指省部级副职及以上的党和国家干部，以及相同级别的军队将领、国有企业负责人等。1979 年 11 月 13 日，中共中央、国务院联合颁布的《关于高级干部生活待遇的若干规定》就明确规定："本规定适用于各省、自治区、直辖市党委书记、副书记，人大常委主任、副主任，政府省长（主席、市长）、副省长（副主席、副市长），政协主席、副主席等高级干部"。由此可以看出，在中国高级干部主要是指省（部）级及以上领导干部。

　　② 欧伟贞：《我国高官腐败现象的法理分析》，载《湖北成人教育学院学报》2011 年第 2 期。

　　③ 1952 年 2 月，毛泽东主席曾"挥泪斩马谡"，批准枪毙了革命战争年代屡立战功的大贪污犯原天津地委书记刘青山、天津地区行署专员张子善，因原天津地区隶属河北省，所以刘青山、张子善并不属于省部级干部，而只是厅局级干部。"刘青山、张子善特大贪污案"被称为是新中国成立以来反腐肃贪第一案，影响巨大，老百姓说，这两个人头换来了中国官场上至少 20 多年的廉政。

刑,成为新中国成立之后被处决的官位最高的腐败分子。2003年4月23日,原山东省政协副主席潘广田因犯受贿罪被山东省济南市中级人民法院一审判处无期徒刑,成为全国第一个因腐败犯罪而被查处的省部级执政党外的高级干部。另外,查处的属于党和国家领导人行列的腐败犯罪高官有三位,他们分别是:1995年被查处的原中共中央政治局委员、北京市委书记陈希同,2000年被处决的原全国人大常务委员会副委员长成克杰,2006年被查处的原中共中央政治局委员、上海市委书记陈良宇。可以说,我们共和国的成长史,同时也是一部波澜壮阔的反腐倡廉史。特别是近年来,执政党和政府高举反腐败大旗,深入开展党风廉政建设和反腐败斗争,整饬吏治,严肃法制,成就斐然,谱写了一曲曲反腐倡廉的壮丽篇章。如据中央纪委向中国共产党的17大的工作报告显示,仅在2002年12月-2007年6月这五年间,中央纪委查办的腐败案件中,省部级领导干部就占了98人。[①]其中,涉嫌腐败犯罪移送司法机关处理的人数也不在少数。另据最高人民检察院年度工作报告披露的数字,在1993—1997年,涉嫌腐败犯罪被查处的省部级高官为7人;在1998—2002年,这一数字为19人;在2003—2007年,这一数字为35人;在2008—2010年三年间,也有18人(2008年4人、2009年8人、2010年6人)落马。[②]一个个反腐大案要案不断被揭露,一个个腐败犯罪高官纷纷落马,不仅表明了中国执政党和政府反对腐败的坚强决心和鲜明态度,也有力震慑了腐败犯罪分子,维护了党纪国法的严肃性,增强了干部群众对反腐败斗争的信心。当然,也毋庸讳言,当前我国高官腐败犯罪总体上仍呈现出上升趋势,高官腐败犯罪现象易发多发的状况仍未根本改变,很多官高位显的腐败犯罪分子,还在不断被深挖出来,反腐败斗争形势依然严峻,任务仍然艰巨。

考虑到目前我国高官腐败犯罪的状况在一定程度上反映了我国现

---

① 贺国强:《坚持惩防并举 更加注重预防 深入推进党风廉政建设和反腐败斗争——中共中央纪律检查委员会向党的第十七次全国代表大会的工作报告》,2007年10月21日中国共产党第十七次全国代表大会通过。

② 最高人民检察院1994—2011年工作报告。

阶段腐败犯罪的整个变化特点和趋势，高官腐败犯罪的惩处在一定程度上也反映了执政党和国家反腐败斗争的深入程度和坚决惩治腐败的决心，而且高官腐败犯罪潜伏期长、隐蔽深、危害大、影响广，更容易触动社会敏感的神经，为国内外所广泛关注，在腐败犯罪中具有代表性和典型性，故而从法理上对高官腐败犯罪的有关问题进行深入研究，对于惩治和预防腐败犯罪、更好地促进我国反腐倡廉建设，具有重要的理论价值和现实意义。鉴此，本节试以高官腐败犯罪为视域，对其引发出的几个主要法理问题予以探讨。

二、高官腐败犯罪与死刑适用

（一）高官腐败犯罪获死刑案件概览

谈起高官腐败犯罪获死刑的案件，相信社会大众对于改革开放以来被判处并执行死刑的四个副省（部）级以上高官腐败犯罪案件并不陌生，即原江西省副省长胡长清案、原全国人大常委会副委员长成克杰案、原安徽省副省长王怀忠案和原国家药品食品监督局局长郑筱萸案。

2000 年 3 月 8 日，原江西省副省长胡长清因犯受贿、行贿、巨额财产来源不明罪被依法执行了死刑。胡长清是改革开放以来第一个因贪腐犯罪问题被处以极刑的副省级的领导干部。从 1995 年 5 月至 1999 年 8 月，胡长清在担任国务院宗教事务局副局长、江西省省长助理、副省长期间，先后 90 余次收受、索取他人财物，共计折合人民币 544 万元，此外，胡长清为自己职务提升及工作调动拉关系，先后 5 次向他人行贿共计人民币 8 万元，并且对于明显超过其合法收入的价值人民币 161 万元的财产，不能说明合法来源。胡长清被依法判处死刑并立即执行，在海内外引发了强烈反响。

继胡长清之后，另一个因贪腐犯罪被处以极刑的职务更高的腐败分子，是原全国人大常委会副委员长成克杰。成克杰在其担任广西壮族自治区委员会副书记、自治区政府主席、全国人大常委会副委员长期间，滥用职权，伙同其情妇李平，肆无忌惮地收受贿赂，谋取非法

利益，数额特别巨大，情节特别严重，影响十分恶劣，于 2000 年 9
月 14 日经最高人民法院裁定核准被执行死刑。

步胡长清、成克杰之后尘，以权谋私，疯狂敛财，成为我国自改
革开放以来第三个被执行死刑的副部长级以上的腐败高官，是原安徽
省副省长王怀忠。王怀忠在其担任安徽阜阳地委副书记、书记、阜阳
地区行政公署专员、阜阳市委书记、安徽省副省长期间，共计受贿 517
万余元，另有 480 万元明显超过合法收入的财产不能说明合法来源。
更为恶劣的是，王怀忠为逃避法律制裁，在有关部门查处其涉嫌经济
犯罪期间，仍继续向他人索贿，且将索取的巨额贿赂用于企图阻止有
关部门对其经济犯罪问题的查处，其受贿犯罪情节特别严重，经最高
人民法院核准，王怀忠于 2004 年 2 月 12 日被执行死刑。随着王怀忠
的伏法，其完成了从孤儿到副省长，再从副省长沦落为死囚的蜕变
轨迹。

原国家食品药品监督局局长郑筱萸是继王怀忠后第四位因腐败犯
罪而被判处死刑的高官。从 1997 年 6 月至 2006 年 12 月期间，郑筱萸
利用职务上的便利，多次非法收受他人贿赂共计达 649 万元；另其担
任国家药品监督局局长、国家食品药品监督局局长期间，在统一换发
药品批准文号专项工作中，严重玩忽职守，给人民的生命健康安全带
来了巨大危害。经一、二审法院判决和裁定并经最高人民法院核准，
郑筱萸于 2007 年 7 月 10 日在北京被执行死刑。尽管郑筱萸既不是第
一位被处死的副部长级以上高官，也非级别最高的被处死的贪官，但
他被判处死刑也引起了社会舆论的广泛关注。[①]

（二）相关法理问题思考

1. 高官腐败犯罪的死刑适用

在现代社会，高官腐败犯罪特别触动我们的神经。那么对其判处
死刑是否与我国当前限制、减少死刑适用的改革矛盾呢？这是一个不
得不提及也不容回避的问题。诚然，限制、减少死刑适用并逐步废止

---

① 赵秉志、彭新林：《中国刑法 30 年——以典型案例为视角》，载《民主与法制》2008 年第
16、17 期。

死刑是我国构建和谐社会对刑事法治进步的要求，也是符合国际社会理性抗制犯罪之大趋势的。但我国有关的死刑立法、司法改革措施需要逐步展开，需要结合社会的发展状况并考虑国情民意。因此，我们主张我国现阶段应将逐步废止非暴力犯罪之死刑立法提上改革日程，同时我们也主张对贪污罪、受贿罪这些严重的腐败犯罪之死刑目前不宜马上废止，而是要逐步予以严格限制，待条件成熟时再予以废止。在我国刑法目前对严重腐败犯罪配置有死刑的情况下，对于犯罪数额特别巨大且情节特别严重的腐败犯罪高官依法判处死刑包括立即执行，这并不是对限制、减少死刑适用的否定，而恰恰是严格了死刑的适用标准。这也是我国限制、减少死刑适用并逐步废止死刑进程中正常的、合法合理的步骤与现象。

那么，王怀忠受贿 517 万余元、郑筱萸受贿 694 万余元都被判处死刑并立即执行，而法院过去曾对受贿数额远超过他们的一些腐败犯罪高官只判处死缓，如黑龙江省原政协主席韩桂芝、云南省原省长李嘉廷、河北省原常务副省长丛福奎等，人们自然会有疑问：对王怀忠、郑筱萸等判处并立即执行死刑是否妥当呢？笔者的回答是肯定的。根据我国刑法关于受贿罪的规定，受贿数额 10 万元以上且情节特别严重的，处死刑并处没收财产。也就是说，对受贿罪的量刑，不能仅仅看受贿数额的多少，尽管这是一个重要的方面，还应当通盘考虑全案的罪前、罪中、罪后各个环节的各种主客观因素综合决定的情节是否特别严重。一言以蔽之，受贿数额不是判处并执行死刑与否的唯一根据。就王怀忠案而言，尽管其受贿数额相比于有些未被判处死刑立即执行的贪官所受贿的数额要低得多，相对而言只不过是"小巫见大巫"；但其除受贿数额特别巨大之外，还有多次索贿的法定从重处罚情节。更为恶劣的是，王怀忠为逃避法律制裁，在有关部门查处其涉嫌经济犯罪期间仍向他人索贿，且将索取的贿赂企图阻止有关部门对其犯罪问题的调查，其犯罪情节与危害后果均属特别严重，而且在确凿的证据面前，他还百般狡辩，拒不认罪，毫无悔过之心，态度极为恶劣，故法院对其判处死刑立即执行是合法、合情、合理的。就郑筱萸案而言，虽然其坦白了部分受贿事实，且有积极退赃的表现，但综合全案看其犯罪情节与危害实在太严重了，其身居国家食品药品监督局局长这样关系国计民生的重要岗位，出于贪欲收受巨额贿赂，不仅严重侵害公务的廉洁性，而且置国家和人民的重要利益于不顾，为有关企业谋取不法利益，导致国家药品监管秩序混乱失控，严重危及人民群众的生命健康，严重损害了国家食品药品监督管理机关的公信力，社会影响十分恶劣，社会危害及犯罪情节均特别严重，郑筱萸犯罪后在追诉过程中的这些酌定从宽情节和因素从整体上仍无法降低其犯罪行为的极其严重的危害程度，故而法院判处郑筱萸死刑立即执行是罚当其罪，符合我国量刑原则和规则。

2. 死刑在反腐败斗争中的作用

死刑是以剥夺犯罪分子生命为内容的最严厉的刑罚方法。对于死刑在反腐败斗争中的作用，应当有辩证的、理性的、恰当的认识。

其一，对于死刑在反腐败斗争中的作用和意义，我们既要站在当前我国反腐倡廉大局的高度来认识，也要站在促进我国现阶段死刑改革和人权事业发展大局的高度来认识。从加强我国反腐败斗争的力度，保持对腐败犯罪的高压态势的要求出发，对罪行和罪责极其严重的腐败犯罪配置和适用死刑是必要的。但是，我们应当认识到，限制和废止死刑是当代世界刑事法治发展的潮流，也是我国死刑改革和人权事业发展的大势所趋。因此，在我国现行刑法对严重腐败犯罪设置有死刑的条件下，在当前我国反腐败斗争中，我们应当十分慎重地适用死刑，而不能宽泛和过量地适用死刑，以免陷入严刑峻罚的司法误区。

其二，死刑不是反腐败法治的最有效手段。最严厉的刑罚并不一定是遏制犯罪最有效的刑罚。因为刑罚在预防犯罪方面能够发挥的作用的大小，主要不是由刑罚的严厉性所决定，而是由刑罚的及时性和确定性所决定。刑罚越及时、越不可避免，其威慑作用就越强大，预防犯罪的效果也就越好。这也是西方近代刑法启蒙学者贝卡里亚所揭示并得到革命导师列宁充分肯定的一个刑罚原理。①因此，死刑并不是最有效的遏制腐败犯罪的手段。我国多年来反腐败斗争的实践也印证了这一点。尽管我国现行刑法对贪污罪、受贿罪都配置了死刑，司法实践中，对严重的贪污、受贿犯罪分子适用死刑的数量也一度较多，但是，这两种腐败犯罪却一直呈高发态势，并没有得到有效遏制。究其原因，显然不在于对这两种犯罪的刑罚处罚还不够严厉，而在于相当数量的这两类犯罪并没有得到揭露和严肃处理。因此，有效地惩治与防范腐败犯罪的理性举措，显然并不是加大对贪污、受贿犯罪的死刑适用力度，而是进一步严密反腐败刑事法网，加强司法机关对腐败犯罪的监控和查处力度，提高破案率，严肃追究，合理惩处。

其三，尽管我国在现阶段保留对贪污、受贿罪的死刑有其必要性和合理性，但从长远来看，最终还是应当废止贪污罪、受贿罪的死刑。在腐败犯罪形势严峻、社会反映强烈、反腐败任务亦异常艰巨的时代背景下，在我国刑法仍然对许多非暴力犯罪配置有死刑的立法现状下，在一定时期内保留对贪污、受贿犯罪的死刑显然有其必要性和合理性，对罪行和罪责极其严重的贪污、受贿犯罪分子判处死刑也是适当的。我国若在当下提出废止贪污罪、受贿罪的死刑，显然是国情民意所难以接受的。但是，对贪污、受贿犯罪配置死刑毕竟是特定历史条件下的产物，并不会是永远合理的。因此，从长远看，在条件成熟时，我国刑法应当废止贪污罪、受贿罪的死刑。

三、高官腐败犯罪与异地审判

近年来，随着中央反腐败力度的加大，一些腐败犯罪高官接连落马，我国对 90% 以上的高官腐败案件实行了异地审判，形成了一道司

---

① 如贝卡里亚认为："对于犯罪最强有力的约束力量不是刑罚的严酷性，而是刑罚的必定性……""即使是最小的恶果，一旦成了确定的，就总令人心悸"（贝卡里亚著：《论犯罪与刑罚》，黄风译，中国大百科全书出版社 1993 年版，第 59 页）。列宁也曾指出："惩罚的警戒作用决不是看惩罚的严厉与否，而是看有没有人漏网。重要的不是严惩罪行，而是使所有一切罪案都真相大白。"（中共中央马克思恩格斯列宁斯大林著作编译局：《列宁全集》第 4 卷，人民出版社 1984 年版，第 356 页）

法史上罕见的、非常独特的风景线。①高官腐败犯罪案件异地审判肇始于 2001 年轰动全国的辽宁"慕马案"（因原辽宁省副省长慕绥新、原沈阳市常务副市长马向东涉案而得名）。此前的许多高官腐败犯罪案件，大都是在犯罪地或者居住地审判。如原江西省省长倪献策徇私舞弊案，在江西省南昌市中级人民法院审理；原中央政治局委员、北京市委书记陈希同贪污、玩忽职守案，在北京市高级人民法院审理；原青海省副省长韩福才受贿案，在青海省西宁市中级人民法院审理；原中央候补委员、浙江省委常委、宁波市委书记许运鸿滥用职权案，在浙江省杭州市中院人民法院审理；原湖北省副省长孟庆平受贿案，在湖北省武汉市中级人民法院审理；等等。自辽宁"慕马案"后，省部级高官腐败犯罪案件基本上都实行了异地审判。实践证明，这些年来对高官腐败犯罪案件实行异地审判，取得了非常好的效果，有效地排除了案件查处中的各种干扰和阻力，也有效地消除了部分社会公众对审判工作的担忧和误解。虽然当前我国高官腐败犯罪案件实行异地审判尚没有法律或司法解释明文规定，但却已经形成了惯例，并正在朝制度化的方向发展。

（一）高官腐败犯罪异地审判的典型案件

近年来，对高官腐败犯罪案件实行异地审判越来越频繁。如原中央政治局委员、上海市委书记陈良宇在天津受审，原贵州省政协副主席黄瑶在四川受审，原北京市副市长刘志华在河北受审，原广东省政协主席陈绍基在重庆受审，原深圳市市长许宗衡在河南受审等。谈及对高官腐败犯罪案件实行异地审判，绕不开的一个标志性案件便是辽宁的"慕马案"。"慕马案"是改革开放以来第一起实行异地审判的高官腐败犯罪案件。"慕马案"总涉案人员达 100 多人，其中副省级 1人（即慕绥新），厅局级 4 人，仅党政"一把手"就有 17 人，涉及领导干部人数之多，涉案金额之大，所造成的后果之严重，都是新中国成立以来所罕见的。在查办"慕马案"的过程中，中纪委发现身为沈

---

① 王继学：《高官异地审判：中国司法史上独特的风景线》，载《民主与法制时报》2006 年12 月 31 日。

阳医学院副院长兼第二附属医院院长的章亚非（马向东之妻）异常活跃，利用各种关系干扰办案。[①]在马向东被移送司法机关后不久，不仅全盘翻供，而且中央领导接连收到"举报"中纪委办案人员、辽宁省委和沈阳市委其他领导的信件，还有人通过《人民日报》"内参"为马向东辩护开脱，于是协调最高人民检察院和最高人民法院，对马向东采取指定江苏省司法机关侦查、起诉、审判的异地羁押和异地审判的措施。2001 年 10 月，根据最高人民法院指定，江苏省南京市、宿迁市和辽宁省抚顺市、大连市、锦州市、营口市、丹东市等 7 个中级法院同时对该案有关涉案人员进行了异地审判。据法院查明的事实，慕绥新、马向东等人置党纪国法于不顾，利用职务上的便利或者本人职权和地位形成的便利条件，大肆收受贿赂，为他人谋取利益。其中，慕绥新于 1993 年 4 月至 2000 年 12 月，受贿价值人民币 661.4 万余元的财物，并有人民币 269.5 万余元巨额财产来源不明。马向东于 1986 年 2 月至 1999 年 6 月，单独受贿人民币 341 万余元、美元 23 万余元、港币 11 万元和价值人民币 10 万元的内部职工股，伙同他人共同收受贿赂人民币 7.8 万余元、美元 50 余万元及其他财物，伙同他人贪污公款美元 12 万元，分得赃款美元 4 万元，挪用公款美元 39.8 万余元；并有价值人民币 1068.6 万余元的巨额财产不能说明合法来源。2001 年，慕绥新被依法判处死刑，缓期二年执行，剥夺政治权利终身；马向东被依法判处死刑，剥夺政治权利终身；其余 14 名涉案人员也依法受到惩处。

另一起实行异地审判的较有代表性和典型性的高官腐败犯罪案件，是原安徽省政协副主席王昭耀受贿、巨额财产来源不明案。王昭耀作为曾长期分管安徽省政法工作的省委副书记，其案件在安徽省审判显然不合适。后经最高人民法院指定管辖，山东省济南市中级人民

---

① 江篱、季承志：《章亚非：从狱中走向新生》，载《党员特刊（下半月刊）》2003 年第 2 期。

法院于 2006 年 11 月 6 日对该案进行了立案审理。①据法院查明的事实，在 1990 年至 2005 年春节期间，王昭耀利用担任安徽省阜阳地委书记、安徽省人民政府副省长、中共安徽省委常委、副书记职务上的便利，为他人谋取利益，非法收受陆有朝等 44 人或单位给予的财物，共计折合人民币 704.2185 万元。王昭耀另有价值人民币 810 万余元的财产明显超过合法收入，差额巨大，本人不能说明合法来源。2007 年 1 月 12 日，山东省济南市中级人民法院依法以受贿罪、巨额财产来源不明罪判处王昭耀死缓，剥夺政治权利终身，并处没收个人全部财产。

（二）相关法理问题思考

1. 对高官腐败犯罪案件实行异地审判的根据

在我国，对高官腐败犯罪案件实行异地审判的直接法律依据，是《刑事诉讼法》第 26 条规定的指定管辖制度。根据《刑事诉讼法》第 26 条的规定，上级人民法院既可以指定下级人民法院审判管辖不明的案件，也可以指定下级人民法院将案件移送其他人民法院审判。这一规定为实践中对高官腐败犯罪案件实行异地审判提供了合法性的依据。至于对高官腐败犯罪案件实行异地审判的法理根据，笔者认为，主要是为了排除干扰，确保高官腐败犯罪案件的审判公正。因为高官在一个地方经营多年，他们为了确保既得的权势和谋取更大的利益，必然要利用其职权，在重要部门包括公安司法机关安插亲信和培植势力，编织盘根错节的关系网，结成利益共同体，一荣俱荣、一损俱损，构筑一道牢固的保护层。一旦东窗事发，其庞大的关系网便可能发挥作用，使得司法机关查办案件时，时常会遇到意想不到的困难和阻碍。特别是在我国目前的政治体制框架内，地方法院受地方党委领导，地方行政机关、社会团体以及有关个人，都有可能干涉、干预和影响案件的审判。由于地方权力和人际关系网络错综复杂，司法体制纠缠于

---

① 至于王昭耀案由山东省济南市中级人民法院审判的原因，王昭耀的辩护律师李京生在接受《民主与法制时报》记者采访时说："王昭耀在济南审判的原因可能有三个：一是王昭耀是山东人，他本人也曾提出过要回山东老家受审；二是王怀忠曾在济南中院受审，而王怀忠曾是王昭耀的下级，他们有相同的行贿人；三是济南中院曾经审判过的高官腐败案件质量不错，上级领导很满意"（宋伟：《中国高官异地审判制度初露端倪》，载《民主与法制时报》2006 年 12 月 24 日）。

各种干扰束缚之中，下级法院往往在审判中受制于地方政权及其领导人。同时，有些腐败高官可能曾经是当地司法机关的顶头上司，由被领导者处理领导者的案件，难免会受到地方权力和人际关系的不当干涉，势必难以确保审判的公正性。如前所述，2001年，中纪委在查办"慕马案"时，发现马向东之妻章亚非在背地里大肆活动，严重干扰办案，她利用各种关系到处活动，与有关人员订立攻守同盟；同时多方联络，上下打点，贿赂看守人员，内外勾结，干扰案件查处，企图帮助丈夫逃脱法律的制裁，于是就决定实行异地办案。显然，在这种大要案、窝串案恶性爆发的情况下，如不采取异地审判的断然措施，在当地显然是很难正常查办下去的。时任辽宁省委副书记、纪委书记的王唯众在回答记者"案件为什么要在江苏审判"时说，中纪委协调司法机关决定，对马向东、章亚非实行异地管辖。中纪委的这一决定，完全是办案的需要。事实证明，这一决策是非常正确的。①再如，原安徽省政协副主席王昭耀就曾是分管政法工作多年的省委副书记，许多政法系统的官员都是他一手培养和提拔的，在安徽怎么审？又怎么能保证审判公正？！而且让法官面对面地审理过去的顶头上司，司法机关的公正性自然会受到人们的质疑。而对高官腐败犯罪案件实行异地审理，跳出了腐败犯罪高官的"势力范围"，有效地防止了地方保护和不当干预，较好地排除了地缘人际关系网的束缚，为保证审判活动不受人情干扰奠定了基础，能够最大限度地确保司法公正，使腐败高官受到应有法律制裁，从而切实维护法律的权威。诚如陈卫东教授所言："高官在一个地方的影响非常大，许多官员，包括法院院长都有可能是腐败高官提拔起来的。异地审判后，法院和审判人员与被告人没有任何利害关系，就会秉公办理，形成的判决也有权威性。"②学者邵道生也有见地地指出："地方原来比较听中央的话，做到令行禁止。但现在地方的权力变大了，自主权变大了，中央的指令有时难以落实，

---

①《辽宁省委副书记省纪委书记谈慕马案件查处情况》，载《中国青年报》2001年10月11日。
②《排除干扰秉公办理 高官异地审判制度初露端倪》，载《民主与法制时报》2006年12月27日。

地方保护主义盛行。异地审判尽管花钱多，也是迫不得已。"①一言以蔽之，对高官腐败犯罪案件实行异地审判，既是反腐败斗争深入开展的结果和标志，也是反腐败斗争形势发展的现实需要。当然，对高官腐败犯罪案件实行异地审判，客观上还有助于法官免受来自腐败高官关系网的干扰和危害，从而有利于执法办案人员的人身保护和权利保障。

2. 对高官腐败犯罪案件实行异地审判存在的问题

当前，对高官腐败犯罪案件实行异地审判主要存在以下两方面的问题：一是指定异地审判缺乏具体的评判标准。虽然对高官腐败犯罪案件异地审判具有法律依据，但由于《刑事诉讼法》第 26 条关于指定管辖的规定比较原则，导致在司法实践中指定异地审判的裁量权缺乏有效约束，什么样的案件可以实行异地审判，缺乏一个具体的评判标准，更没有一项完善的制度可供遵守执行。②哪些高官腐败犯罪案件需要实行异地审判，指定异地审判的主体、被指定地是否特定化等，实践中的做法也并不一致。比如，原安徽省副省长王怀忠受贿、巨额财产来源不明案，原安徽省副省长何闽旭受贿案，原安徽省政协副主席王昭耀受贿、巨额财产来源不明案，均指定山东省有关法院异地审判，结果是王怀忠受贿 517 万余元，在三人中受贿数额最小，被判处死刑立即执行，而王昭耀、何闽旭分别受贿 704 万余元和 841 万余元，都比王怀忠受贿数额大，却都被判处死缓，而恰巧王昭耀、何闽旭又都是山东人，社会上对此议论纷纷，颇有微词。特别是对于何闽旭受贿案，最高人民法院偏偏将其交由何闽旭家乡所在的临沂市中级人民法院审理，难免有人质疑，这是纯属巧合呢，还是刻意安排？二是异地审判耗费较大的司法成本。对高官腐败犯罪实行异地审判是一个较为复杂的工程，不是一个简单的指定管辖问题，而要统筹兼顾多方面

① 宋伟：《惩处高官腐败机制形成 秦城监狱服刑成最后特权》，载《民主与法制时报》2007年12月30日。
② 在美国，进行异地审判时应考虑的因素主要包括：（1）公正审判的可能性；（2）当事人以及证人等参加诉讼的便利性；（3）迅速审判的可行性等（美）伟恩 R. 拉费弗等著：《刑事诉讼法》，卞建林等译，中国政法大学出版社2003年版，第892页）。

的因素。除了异地审判，还涉及异地侦查、异地羁押和异地起诉等问题，这些都需要综合考虑。按照我国起诉对应审判管辖的规定，异地审判必定需要异地调查取证、异地羁押和异地起诉，而这些都需要耗费一定的司法成本。如在"慕马案"的查处中，共有122名涉案人员被"双规"，62人移送司法机关，为了切断当地的关系网干扰，中央纪委协调司法机关做出决定，由江苏省纪检力量异地侦查，先后派出478人次赴沈阳、大连、北京、山西、广西、中国香港以及美国、马来西亚等地调查取证，共谈话1300余人，调取书证、物证材料5800件。①毋庸置疑，随着中央反腐败斗争的深入，大量的腐败犯罪高官纷纷落马，如果全都跨省异地审判，势必需要消耗大量司法资源，也相对会拖延办案的时间，降低办案的效率。

3. 完善对高官腐败犯罪案件实行异地审判的建议

如何完善我国对高官腐败犯罪案件实行异地审判的这一举措，笔者认为，当前可以从以下两个方面入手。

其一，实现对高官腐败犯罪案件实行异地审判的制度化。前文已述，对高官腐败犯罪案件实行异地审判的直接法律依据是指定管辖制度，而我国《刑事诉讼法》第26条对指定管辖的规定过于原则和笼统，条件不明，标准欠缺，这一方面给司法机关以无约束的自由裁量权，对司法公信力和透明度势必造成一定的影响；另一方面，实行异地审判还涉及异地侦查、异地羁押和异地起诉等实际问题，有赖公检法三机关的协调配合，需要消耗较大的司法资源，涉及司法成本和司法效益问题。故而对高官腐败犯罪案件实行异地审判需要在司法公正与司法效益之间求得平衡。因此，笔者建议实现对高官腐败犯罪案件异地审判的制度化，尽快完善相关配套措施，规定异地审判的条件和标准，明确公、检、法各机关的职责，保证案件的顺利办理和及时审判。

其二，增加对高官腐败犯罪案件属人管辖的规定。属人管辖作为属地管辖的例外，主要是根据受追诉主体的特殊身份而确定管辖法院。

---

① 宋伟：《中国高官异地审判制露端倪 适应反腐败形势需要》，载《民主与法制时报》2006年12月24日。

放眼国外，根据被追诉人的特殊身份而确定管辖法院的做法其实并不鲜见。例如，在法国的法院系统中，除普通法院以外，还设有最高特别法庭，只有当共和国总统在犯叛国罪的情况下，最高特别法庭才对其行使属人管辖权，而且对于最高特别法庭的判决不准提出上诉。不难看出，法国最高特别法庭的管辖权实质上就是依据被追诉人的特殊身份（总统）而确立的属人管辖。对此，法国理论界一般认为，基于特殊身份而确定管辖法院并不违背宪法。[①]在我国，应当说，由于省部级腐败犯罪高官位高权重，在权力范围内影响力较大，实行属人管辖不仅十分必要而且也是可行的。事实上，针对主体特殊身份而实行特定法院集中管辖的审判模式，我国《刑事诉讼法》及某些地方出台的规范性文件也是明确认可的。比如，基于现役军人的特殊身份，《刑事诉讼法》第 27 条以及最高人民法院《关于执行<中华人民共和国刑事诉讼法>若干问题的解释》第 20、21 条规定"现役军人（含军内在编职工）犯罪，应由军事法院管辖"，确立了针对军人的属人管辖制度。再如，对于未成年人犯罪案件，2007 年山东省出台的《全省法院少年法庭工作规划》就明确要求，中级人民法院所在市有两个以上区法院的，可以指定其中一个或两个少年法庭工作开展比较好的法院，对全市未成年人刑事犯罪案件实行集中管辖。[②]上述山东省《全省法院少年法庭工作规划》实际上确立了未成年人犯罪案件属人管辖制度。当前，《刑事诉讼法》再修改正在进行，笔者建议在此次《刑事诉讼法》修改时，进一步健全和完善我国的刑事审判管辖制度，增加对高官腐败犯罪案件属人管辖的相关内容。如可规定对于副省（部）级及以上领导干部腐败犯罪案件，统一由首都——北京市的两个中级人民

---

① 〔法〕卡斯东 斯特法尼等著：《法国刑事诉讼法精义（上）》，罗结珍译，中国政法大学出版社1998 年版，第429-430页。

② 袁成本：《山东少年案集中管辖，中级法院建专门法庭》，载《法制日报》2007 年 2 月 16 日。

法院①管辖或者审理腐败犯罪案件经验丰富的省份中级人民法院集中管辖。

四、高官腐败犯罪与"特定关系人"问题

随着近年来我国反腐败斗争的深入开展，新情况、新问题不断涌现，高官腐败犯罪也呈现与以往不同的特点和发展趋势。其中，高官与特定关系人特别是情人共同受贿已成为当前我国高官腐败犯罪的一个新动向，在高官腐败犯罪案件中占有较大比例。所谓特定关系人，根据 2007 年 7 月 8 日"两高"联合发布的《关于办理受贿刑事案件适用法律若干问题的意见》②（以下简称《意见》）的规定，是指与国家工作人员有近亲属、情妇（夫）以及其他共同利益关系的人。以特定关系人中的情妇为例，据有关媒体报道，在全国各地被查处的贪官污吏中，95％都有情妇，相当多的干部腐败与"包二奶"有关。③尽管这个数字不一定很精确，但腐败犯罪高官与情妇两者之间往往存在着互为表里、密不可分的肮脏关系却是事实。情妇等特定关系人在高官腐败犯罪中扮演了十分重要的角色，不少高官的腐败犯罪正是从生活作风堕落、包养情妇开始的，甚至许多情妇还是其腐败犯罪的催化剂和加速器。

---

① 笔者之所以建议将一般的高官腐败犯罪案件（北京市的除外）统一由北京市第一、二中级人民法院管辖，主要是考虑到：其一，近年来特别是中共 16 大以来，对于省部级及以上高官腐败案件的惩处已经形成了一个相对固定的模式，均由中纪委直接查办（执政党外干部除外），中纪委查处后再移送最高人民检察院。中纪委、"两高"等均在首都北京，高官腐败犯罪案件由北京市相关法院管辖，不仅方便办案，有助于提高办案效率和降低司法成本，而且还能有效切断高官的关系网干扰，确保审判公正。其二，腐败犯罪高官判刑后（判处死刑立即执行外），其"最后归宿"基本上都是秦城监狱，而秦城监狱坐落在北京市昌平区。可见，腐败犯罪高官刑罚执行也实现了属人管辖，均由北京市的秦城监狱统一执行。其三，高官腐败犯罪案件影响大，社会关注度高，中央领导也很重视，统一集中在首都北京审理更为适宜。其四，近年来，北京市两个中级法院审理了不少高官腐败犯罪案件，积累了丰富的实践经验，而且北京法官素质相对较高，能保证案件质量。

② 最高人民法院、最高人民检察院关于印发《关于办理受贿刑事案件适用法律若干问题的意见》（法发〔2007〕22 号）的通知，2007 年 7 月 8 日。

③《九成五贪官包养情妇　人大代表建议视为重婚罪》，载《南方都市报》2006 年 3 月 8 日。

（一）高官与特定关系人共同受贿的典型案件

谈起高官与特定关系人共同受贿案件，最为典型的要数原全国人大常委会副委员长成克杰受贿案。成克杰受贿案是一个典型的高官与特定关系人（情妇）共同受贿犯罪的例子。成克杰收受的许多贿赂就是其与情妇李平（另案处理）勾搭，共谋或共同实施的。1993 年底，成克杰与情妇李平商量各自离婚后二人结婚。两人商定：由李平出面联系有关请托事宜，成克杰利用当时任广西壮族自治区党委副书记和自治区人民政府主席的职务便利，为请托人谋取利益，二人收受钱财，存放境外，以备婚后使用。成克杰利用其职务便利，单独或与李平共同收受贿赂款物合计人民币 4109 万余元。全部受贿所得除由李平支付给帮助其转款、提款的香港商人张静海（另案处理）人民币 1150 万元外，其余都按成、李二人的事先约定，由李平存入境外银行。案发后，上述款物获全部追缴。2000 年 7 月 31 日，北京市第一中级人民法院以受贿罪判处成克杰死刑，剥夺政治权利终身，没收个人全部财产。同年 9 月 7 日，最高人民法院裁定核准成克杰死刑。同年 9 月 14 日，成克杰被执行死刑。成克杰受贿案，是一起特别严重的高级领导干部腐败犯罪案件。人民法院对成克杰的审判，充分体现了"法律面前人人平等"的原则，彰显了执政党和国家坚决依法惩治腐败的决心和力度。

另一起典型的高官与特定关系人共同受贿案件，当推被戏称为"枕边风吹倒大法官"的原湖南省高级人民法院院长吴振汉受贿案。1998 年至 2003 年间，吴振汉直接或通过其子、其妻间接接受他人请托，利用其担任湖南省高级人民法院院长的职务便利，为他人谋取利益，单独收受他人贿赂 57 万余元，对妻儿先后多次收受他人钱款 550 万元事后知晓并接受，共计折合人民币 607 万余元。案发后，赃款、赃物已大部分退缴。2006 年 11 月 9 日，北京市第二中级人民法院以受贿罪判处吴振汉死刑，缓期二年执行，剥夺政治权利终身。

（二）相关意义与思考

1. 惩处高官与特定关系人新型受贿犯罪的意义

仔细考察高官腐败分子，都会发现，大部分腐败犯罪案件中都存在其为妻子、儿女、甚至情人谋取好处的情况。有些腐败就是先由高官的家里人收受贿赂开始的，开始时，这些高级干部或许还会反对，或者不赞成，但是经受不了家人的埋怨、指责或"点拨"，逐渐"开窍"，从收受少许礼品开始，贪瘾就会逐渐滋长，手就会越伸越长，贪污受贿数额就会越来越大。①如原湖南省高级人民法院院长吴振汉就是栽在了特定关系人——妻子的"枕边风"下，他从事司法工作20多年来，一向处事内敛谨慎，在仕途上趟过了许多险滩恶水，最后却是在爱情与亲情的私欲围剿中迷航翻船。吴振汉之妻李芝在交代材料中忏悔道："我从贤内助到贪内助，都是私欲膨胀和心魔作怪。我的丈夫原本是一个品行端正的好干部，如果不是我吹枕边风，他一定会功德圆满地退休。我愧对党的培养、愧对亲人、愧对作为一个妻子应有的妇德。"②应当说，在高官与特定关系人共同受贿犯罪中，由于高官与特定关系人关系的紧密性、经济的关联性、活动的隐蔽性，加之高官位高权重，使得对这种新型腐败犯罪的证明、发现和查处，比传统型腐败犯罪难度更大，任务更为艰巨。好在我国最高司法机关敏锐地意识到了这个问题，积极采取应对措施，并在总结实践经验的基础上出台了《意见》。《意见》第7条对特定关系人收受贿赂的问题做了规定，即"国家工作人员利用职务上的便利为请托人谋取利益，授意请托人以本意见所列形式，将有关财物给予特定关系人的，以受贿论处。特定关系人与国家工作人员通谋，共同实施前款行为的，对特定关系人以受贿罪的共犯论处。特定关系人以外的其他人与国家工作人员通谋，由国家工作人员利用职务上的便利为请托人谋取利益，收受请托人财物后双方共同占有的，以受贿罪的共犯论处"。在《意见》出台之前，我国法律对这些新型受贿犯罪的界定尚属空白，让不少腐败犯罪分子尤其是高官腐败犯罪分子得以逍遥法外，这无疑放纵了腐败犯罪，不利于反腐败的深入持久。《意见》的出台，对于打击司法实践中的腐败犯罪官员与特定关系人特别是情人共同受贿这种新型的腐败犯罪，具有十分重

① 云游：《透视高官腐败现象》，载《创造》2001年第11期。
② 阿成、韦娟：《湖南高院原院长吴振汉落马记：被枕边风吹翻》，载《楚天金报》2006年11月14日。

要的意义。

2. 高官与特定关系人新型受贿犯罪的认定

《意见》在严惩贪官的同时，及时弥补法律法规上的漏洞，将情妇等"特定关系人"纳入反腐败法治的视野，让特定关系人与腐败犯罪高官一损俱损、难逃罪责，标志着我国反腐败法治的一大进步。但因《意见》的有关规定较为原则，导致在司法实务中仍存在一些困难。笔者认为，准确认定高官与特定关系人的新型受贿犯罪，应当分清楚罪与非罪、此罪与彼罪之间的界限，并要注意以下几点。

其一，特定关系人向高官代为转达请托事项，索取或者收受请托人财物并告知该高官的，或者高官明知其特定关系人收受了请托人财物，仍按照特定关系人的要求利用自身职权为请托人谋取利益的，该高官构成受贿罪，其特定关系人也应以受贿罪的共犯论处。如在原辽宁省高级人民法院院长田凤岐腐败案中，田凤岐的妻子在其身边扮演了极其不光彩的角色，夫妻俩一个唱黑脸、一个唱白脸，在收受别人好处时配合默契。[①]田凤岐及其妻子就属于这种情况，都应按受贿罪论处。

其二，高官事先知道其特定关系人利用自己的职权或地位形成的便利条件，索取请托人财物或者收受请托人财物，仍默许或者不反对其特定关系人通过其他国家工作人员职务上的行为为请托人谋取不正当利益，该高官及其特定关系人构成《刑法修正案（七）》第13条所增补的作为刑法典第388条之一的利用影响力受贿罪的共犯。

其三，高官事先不知道其特定关系人利用自己的职权或地位形成的便利条件，通过其他国家工作人员职务上的行为为请托人谋取不正当利益，事后知道并予以认可的，对该高官仍应以受贿罪论处，对其特定关系人以利用影响力受贿罪论处。

其四，高官虽然按照特定关系人的要求，利用职权为请托人谋取利益，但对特定关系人收受请托人财物毫不知情的，对特定关系人应以利用影响力受贿罪论处，该高官则既不构成利用影响力受贿罪的共

---

① 邢侠：《高官丈夫台前扮黑脸　贤妻幕后收黑钱》，载《吉林人大》2003 年第 11 期。

犯，也不应以受贿罪论处。

五、结 语

坚决反对腐败、建设廉洁政治，是中国执政党和国家始终不渝的奋斗目标之一。胡锦涛同志在 2011 年"七一"重要讲话中指出，90 年来中国共产党的发展历程告诉我们，坚决惩治和有效预防腐败，关系人心向背和党的生死存亡，是中国共产党必须始终抓好的重大政治任务。[①]从总体上看，当前我国腐败犯罪尤其是高官腐败犯罪上升的势头已得到有效遏制，在某些行业和领域已呈下降趋势。这充分说明了执政党和国家反腐败工作的方针、措施已取得了初步成效。但另一方面，由于反腐败工作的艰巨性、长期性、复杂性，决定了中国反腐败工作不可能毕其功于一役。在相当长的一个时期内，我国反腐败仍将是成效明显和问题突出并存，防治力度加大和腐败现象易发多发并存，群众对反腐败期望值不断上升和腐败现象短期内难以根治并存。对此，我们应当有清醒的认识。反腐败尤其是反对高官腐败犯罪是一项政治和法治相结合的重大系统工程，需要建立从预防到惩治、从思想教育到制度监控、从党纪政纪处理到刑事法律制裁等方面的一系列长效机制。在这项系统工程中，通过刑事法治开展的反腐败斗争是手段最严厉、对腐败分子震慑作用最强烈的一环，也是对腐败犯罪分子权利剥夺最多、最大的一环。我们相信，随着反腐败刑事法治的进一步完善，我国反腐败斗争将进入一个更加高效的时代。

第三节 国家出资企业中职务犯罪有关司法解释规定研讨

随着企业改制的不断推进，司法机关在办理国家出资企业中职务犯罪案件时遇到了一些新情况、新问题。这些新情况、新问题具有一

---

① 胡锦涛：《在庆祝中国共产党成立 90 周年大会上的讲话》，新华社 2011 年 7 月 1 日电。

定的特殊性和复杂性，需要结合企业改制的特定历史条件，依法妥善地进行处理。2010 年 12 月，根据《刑法》相关规定和政策精神，就办理此类刑事案件具体应用法律的若干问题，最高人民法院、最高人民检察院联合颁布了《关于办理国家出资企业中职务犯罪案件具体应用法律若干问题的意见》（以下简称《意见》）。总的来看，《意见》的出台对于保障国有资产安全，防止国有资产流失，打击实践中频发的侵害国有资产权益的行为，以及指导司法实务部门依法惩治发生在国家出资企业中的贪污、受贿等职务犯罪活动，具有积极的意义。当然，《意见》相关规定也存在一些不足之处以及值得探讨的问题，本节试围绕《意见》相关规定就国家出资企业中职务犯罪的有关法理问题进行研究。

一、国家出资企业改制已经完成能否作为犯罪既遂的认定标准

《意见》第 1 条第 2 款规定："所隐匿财产在改制过程中已为行为人实际控制，或者国家出资企业改制已经完成的，以犯罪既遂处理。"也就是说，《意见》将"国家出资企业改制已经完成"作为了认定国家出资企业中贪污等职务犯罪的既遂标准之一。笔者认为，这一规定值得商榷，建议将该款中"或者国家出资企业改制已经完成的"之表述删除。因为按照该条第 1 款的规定，行为人在国家出资企业改制过程中通过低估资产、隐瞒债权、虚设债务、虚构产权交易等方式隐匿公司、企业财物，将隐匿财物归本人持有股份的改制后公司、企业所有的，应当以贪污罪定罪处罚。而贪污罪是结果犯，即以犯罪结果的发生作为犯罪既遂与未遂的标准，贪污罪的既遂具体表现为行为人利用职务上的便利，已经将其主管、经营、经手的财物非法占为己有。如果行为人已着手实施贪污行为，但因意志以外的原因未能将财物转归自己所有，则应以贪污罪未遂论处。同理，就该条第 3 款而言，如果行为人没有将所隐匿的财物实际控制，即使国家出资企业改制已经完成，也不宜以犯罪既遂处理。

二、应否将徇私舞弊低价折股、出售国有资产的对象限定为 "本人未持有股份的公司、企业或者其他个人"

《意见》第 4 条第 2 款规定："国家出资企业中的国家工作人员在公司、企业改制或者国有资产处置过程中徇私舞弊，将国有资产低价折股或者低价出售给其本人未持有股份的公司、企业或者其他个人，致使国家利益遭受重大损失的，依照刑法第一百六十九条的规定，以徇私舞弊低价折股、出售国有资产罪定罪处罚。"笔者认为，这一规定也值得商榷，建议将"给其本人未持有股份的公司、企业或者其他个人"的表述删除。因为只要国家出资企业中的国家工作人员在公司、企业改制或者国有资产处置过程中徇私舞弊，将国有资产低价折股或者低价出售，就都应以"徇私舞弊低价折股、出售国有资产罪"定罪处罚。易言之，没有必要对低价折股或者低价出售的对象进行限定，因为不论国有资产低价折股或者低价出售的对象是否其本人持有股份的公司、企业或者其他个人，其都严重侵害了国有资产的安全，对法益的侵害是相同的。如果将对象限定为"其本人未持有股份的公司、企业或者其他个人"，那么若将国有资产低价折股或者低价出售给其本人持有股份的公司，该如何定性？如果定贪污罪而不是徇私舞弊低价折股、出售国有资产罪，那么行为人实施同样的犯罪行为，仅因为其本人是否持有股份而在定性上有重大区别（刑期相差甚远，贪污罪的最高刑是死刑，而徇私舞弊低价折股、出售国有资产罪的最高刑仅为七年有期徒刑），这是否科学呢？看来是不无疑问的。

三、关于国家出资企业和企业改制的界定问题

《意见》第 7 条第 1 款对国家出资企业的概念进行了界定，即表述为："本意见所称'国家出资企业'，包括国家出资的国有独资公司、国有独资企业，以及国有资本控股公司、国有资本参股公司"。笔者建

议将该款的"国有独资公司"和"国有独资企业"之表述互调顺序，以与 2009 年 5 月 1 日起施行的《中华人民共和国企业国有资产法》有关条款的表述相协调。

另外，由于《意见》在多个条款中都涉及"企业改制"，故为准确理解企业改制的涵义，统一司法适用，其实很有必要在《意见》中对"企业改制"的涵义进行明确。然而，遗憾的是，《意见》未对其予以明确。笔者建议以后在重新清理、制定相关司法解释时，可在参考《中华人民共和国企业国有资产法》第 39 条的基础上，在本条增设一款作为第 3 款，即考虑规定："本意见所称'企业改制'，包括：（一）国有独资企业改为国有独资公司；（二）国有独资企业、国有独资公司改为国有资本控股公司或者非国有资本控股公司；（三）国有资本控股公司改为非国有资本控股公司"。

四、关于《意见》的时间效力问题

《意见》第 2 条第 1 款规定："国有公司、企业违反国家规定，在改制过程中隐匿公司、企业财产，转为职工集体持股的改制后公司、企业所有的，对其直接负责的主管人员和其他直接责任人员，依照刑法第 396 条第 1 款的规定，以私分国有资产罪定罪处罚。"上述规定对国有公司、企业在改制过程中隐匿公司、企业财产归职工集体持股的改制后公司、企业所有的行为的处理进行了明确。从实践中的情况看，某些地方司法机关在办理有关私分国有资产案件时，就忽视了《意见》的时间效力问题。下面笔者结合一则典型案例进行分析。

该案的基本案情是：1986 年 12 月 25 日，绍兴建行以注册资金 5 万元（未实际到位）在其建筑经济科内设立咨询服务部，经济性质为全民所有制。1987 年 9 月 12 日，经建行浙江省分行批复同意，咨询服务部更名为绍兴市投资咨询公司，企业经济性质变更为集体所有制，绍兴建行作为主管部门为该公司出具了确认实有资金 30 万元的验资报告及资信证明书（该 30 万元实际未到位），并通过提供办公场地、调配管理人员、拨入开办经费、提供信贷支持等形式对企业进行扶持。

1990 年 7 月 6 日，绍兴市投资咨询公司更名为绍兴市建设开发公司，企业的经济性质及主管部门不变。此后，绍兴市建设开发公司通过企业盈余积累等途径逐步将注册资金增加至 2157 万元。1999 年 3 月 30日，绍兴市经济委员会向绍兴市建设开发公司颁发了《城镇集体资产产权登记证》。2004 年 9 月 15 日，根据建行分立重组协议，中国建银投资有限责任公司（以下简称"中建投"）承继了对绍兴市建设开发公司的全部权利义务。2008 年 5 月，中建投委托北京某资产评估公司对绍兴市建设开发公司进行资产评估，为中建投转让绍兴市建设开发公司的股权提供依据。资产评估期间，时任绍兴市建设开发公司总经理的陈某与时任公司财务部副经理的董某、时任公司副总经理的黄某合谋，由黄某负责接待评估人员，由董某准备评估资料，以单位名义，隐匿资产、虚增债务，致使评估报告少计净资产 4000 余万元，仅认定公司全部净资产为 5512.16 万元。2009 年 2 月 17 日，中建投以净资产值人民币 5512.16 万元为起拍价对绍兴市建设开发公司 100%股权进行公开拍卖，绍兴市建设开发公司职工技术协会以起拍价拍得该公司上述 100%股权。2011 年 8 月 31 日，绍兴市建设开发公司改制变更为绍兴市建设开发有限公司，企业经济性质为一人有限责任公司，绍兴市建设开发公司职工技术协会持有 100%股权。①

　　其实，《意见》的适用是有一定时间效力的，其溯及力也应当遵循从旧兼从轻的原则，其时间效力不能溯及法律施行以前的行为。最高人民法院、最高人民检察院于 2001 年 12 月 7 日颁布的《关于适用刑事司法解释时间效力问题的规定》（以下简称《规定》）第 1 条明确指出："司法解释是最高人民法院对审判工作中具体应用法律问题和最高人民检察院对检察工作中具体应用法律问题所做的具有法律效力的解释，自发布或者规定之日起施行，效力适用于法律的施行期间。"也就是说，无论司法解释在何时发布，其效力都始自它所解释的法律开始施行的日期，止于法律停止适用的日期。这一规定表明，司法解释有一定的溯及力，适用于法律的施行期间。但应当注意的是，不能适用

---

① 浙江省绍兴市中级人民法院（2014）浙绍刑终字第 272 号《刑事判决书》。

于法律施行以前，毕竟我国最高司法机关没有法律创制权，司法解释只是对司法工作中如何适用法律问题提出的具体意见，不是新的立法。而就本案来说，私分国有资产罪是 1997 年《刑法》修订时新增设的一个罪名，之前并没有私分国有资产罪一说。本案中的涉案企业早在 1987 年就改制为集体所有制企业了，改制可以说是 1997 年法律施行以前的事，并且行为时也不存在私分国有资产罪，故而不能把《意见》溯及适用到 1997 年法律施行以前的行为。事实上，在 20 世纪 80 年代，国有企业改制是国家经济体制改革和发展的大方向，符合当时国家政策的要求，涉案企业在 1987 年改制为集体企业，有其特定的历史条件和时代背景，是无可非议的。不能以现在的规定和标准，来简单否定甚至清算涉案企业 20 多年前符合当时国家政策和法律的行为，否则就不是历史唯物主义的正确态度。

第四节　完善行贿罪刑法规制的若干思考——以"为谋取不正当利益"为视点

《刑法》第 389 条规定："为谋取不正当利益，给予国家工作人员以财物的，是行贿罪。在经济往来中，违反国家规定，给予国家工作人员以财物，数额较大的，或者违反国家规定，给予国家工作人员以各种名义的回扣、手续费的，以行贿论处。因被勒索给予国家工作人员以财物，没有获得不正当利益的，不是行贿。"可见，根据《刑法》的前述规定，构成行贿罪，要求行为人主观上必须具有"为谋取不正当利益"的目的。这一主观方面构成要件要素也在相当程度上限缩了行贿罪刑法规制的范围。那么何谓"为谋取不正当利益"？司法适用中如何认定这一要件？行贿罪设置这一构成要件要素是否科学合理？在《刑法修正案（九）》完善了行贿罪的有关规定，严密惩治行贿犯罪法网，加大对行贿犯罪的处罚力度的新形势下，有必要对我国行贿罪刑法规制的有关问题进行检讨和思考。

一、行贿罪中“为谋取不正当利益”的规范嬗变

我国 1979 年《刑法》第 185 条规定对行贿罪的规定并没有“为谋取不正当利益”的要求，这表明当时立法者对行贿人的主观故意未有特别的限制。1985 年最高人民法院、最高人民检察院《关于办理经济犯罪案件中具体应用法律的若干问题的解答（试行）》（以下简称《解答》）规定：“个人为谋取非法利益，向国家工作人员行贿或介绍贿赂的，应按照刑法第 185 条第 3 款追究刑事责任。”可见，《解答》首次明确将“为谋取非法利益”纳入了行贿罪构成要件内容之中。1988 年 1 月 21 日第六届全国人大常委会第 24 次会议通过的《关于惩治贪污罪贿赂罪的补充规定》（以下简称《补充规定》）第 7 条对行贿罪做了详细而具体的规定，以立法形式确认了“为谋取不正当利益”作为行贿罪的必备构成要件要素。1997 年刑法典修订时，基本沿用了《补充规定》对行贿罪的有关表述，明确将“为谋取不正当利益”作为行贿罪的构成要件要素。1997 年刑法典颁布后，最高人民法院、最高人民检察院于 1999 年 3 月 4 日联合发布的《关于在办理受贿犯罪大要案的同时要严肃查处严重行贿犯罪分子的通知》对“谋取不正当利益”进行了解释，即是指：“谋取违反法律、法规、国家政策和国务院各部门规章规定的利益，以及要求国家工作人员提供违反法律、法规、国家政策和国务院各部门规章规定的帮助或者便利条件”。2008 年 11 月 20 日，最高人民法院、最高人民检察院联合发布的《关于办理商业贿赂刑事案件适用法律若干问题的意见》（以下简称《意见》）第 9 条，再次对“谋取不正当利益”进行了解释，即在行贿犯罪中，“谋取不正当利益”是指行贿人谋取违反法律、法规、规章或者政策规定的利益，或者要求对方违反法律、法规、规章、政策、行业规定的规定提供帮助或者方便条件。在招标投标、政府采购等商业活动中，违背公平原则，给予相关人员财物以谋取竞争优势的，属于“谋取不正当利益”。可见，《意见》进一步拓展了“为谋取不正当利益”的外延。及至 2012 年 12 月 26 日，最高人民法院、最高人民检察院联合发布的《关于办

理行贿刑事案件具体应用法律若干问题的解释》（以下简称《解释》）第 12 条规定："行贿犯罪中的'谋取不正当利益'，是指行贿人谋取的利益违反法律、法规、规章、政策规定，或者要求国家工作人员违反法律、法规、规章、政策、行业规范的规定，为自己提供帮助或者方便条件。违背公平、公正原则，在经济、组织人事管理等活动中，谋取竞争优势的，应当认定为'谋取不正当利益'"。由上可知，《解释》在《意见》的基础上，再次进一步拓宽了"为谋取不正当利益"的外延，将"违反公平、公正原则，在经济、组织人事管理等活动中，谋取竞争优势的"，也认定为"谋取不正当利益"。目前司法实践中认定行贿罪中"为谋取不正当利益"时，也主要是以此为依据。

二、行贿罪中"为谋取不正当利益"认定的层次性

尽管《解释》第 12 条对行贿罪中的"谋取不正当利益"做了界定，但在司法适用时，仍需要正确把握《解释》第 12 条的内涵，注意"不正当利益"存在的层次性和递进关系。概言之，主要存在三个层次：

第一层次：利益本身具有违规性——谋取的利益违反法律、法规、规章或者政策规定。在认定谋取的利益是否为不正当利益时，首先应该分析该利益本身是否具有违规性，不具有违规性的利益就应推定为正当利益。根据《解释》有关条款的精神，谋取的利益正当与否，应以是否符合"法律、法规、规章、政策"规定为依据。应当说，在行贿人谋取的利益违反法律、法规、规章规定的情况下，对其谋取利益的不正当（违规）性质，比较好认定。例如，行为人给国土部门工作人员以财物，使国土局批准在法律禁止的农田上建房屋；给计生部门国家工作人员财物，让计生部门允许其生四胎。"在农田上建房屋"和"生四胎"这两种利益本身就可以认定为是法律所禁止的利益。但何谓违反"政策"，司法实践中有时却很难认定。如有学者认为，地方性政策是各地党和政府为当地社会发展因地制宜所做的各项决策，在当地是具有普遍实施的效力的，应该属于国家政策的一部分。如果与地方

政策相抵触，也应认定为"不正当"的依据之一。[1]我们不赞同上述观点。因为从刑法谦抑性的角度考虑，"政策"应该是党和政府制定的在全国范围内统一实施，并且具有一定法律约束力的政策，如"计划生育政策""宗教保护政策""劳动保护政策"等，如果是某些地方政府制定的在全国范围内不具有普遍约束力的政策，不能成为认为"利益正当与否"的依据。"罪刑法定"基本原则的核心要义就是人权保障。试想国家政策对某一方面没有做禁止或限制性的规定，而地方政府的政策对此却做了禁止或限制性的规定，在此情况下很难认定地方政策就是符合国家政策精神的，让行为人因为违反地方政策而要承担刑事责任，本身就是对人权的严重践踏。

第二层次：合法利益取得中获得了程序违规性的帮助——要求国家工作人员违反法律、法规、规章、政策、行业规范的规定，为自己提供帮助或者方便条件。这一层次的不正当利益认定也是以违规性为依据的，只是在认定上是以程序违规的角度考虑的。一般认为，要求国家工作人员违反法律、法规、规章、政策、行业规范的规定，为自己提供帮助或者方便条件，既包括实体违规，也包括程序违规。我们认为，从有利于司法实践认定的角度出发，由于第一层次的不正当利益已经进行了实体违规性的认定，故而第二层次不正当利益的分析认定，只应进行程序性违规性的分析判断。故而在认定是否属于行贿罪中"谋取不正当利益"时，先进行第一层次的判断，即谋取的利益本身是否实体违规；如果谋取的利益本身是并不违规（合规），那再进行第二层次的判断，即看程序是否违规。例如，在招投标过程中，应该公开招标但行为人要求国家工作人员不公开招标，应该报上级批准但要求国家工作人员不报批准等，就属于程序违规的这种情况。在认定利益本身合法但取得程序不合规的这种不正当利益时，要注意避免客观归责。"行为人要求国家工作违反法律等规定，为自己提供帮助或便利条件"，是行贿人主观的要求，并不能将此主观要件完全受制于受贿人的客观行为。如果行贿人对受贿人有此方面的要求，即使受贿人没

---

① 冯新华：《"为谋取不正当利益"在司法实践中的界定》，载《人民检察》2010 年第 20 期。

有违反法律等的规定为行贿人提供帮助或便利条件，也可认定为行贿人具有"为谋取不正当利益"的主观目的，只是在司法实践中对"不正当利益"的认定比较困难；如果行贿人没有对受贿人有这方面的要求，即使受贿人实际实施了违反法律等的规定为行贿人提供帮助或便利条件，也不能认定行贿人谋取了不正当利益。

第三层次：合法利益在合法程序取得过程中违反了公平、公正的原则谋取竞争优势——违反公平、公正原则，在经济、组织人事管理等活动中，谋取竞争优势的。这一层次的不正当利益认定，不是以违法性（违规性）认定为依据的，而是以公平公正的基本原则为依据的，并且是为了谋取竞争优势。该层次不正当利益的认定抛弃了法律（法规）的标准，既不考虑谋取的利益本身是否违规，也不考虑谋取的利益是否在程序取得上符合法律规定，而是以行为人的行为是否违背公平、公正基本原则谋取竞争优势作为认定"不正当利益"的依据。为了司法实践中更容易对不正当利益进行认定，应该在第一、第二层次都认定完毕，并确认利益本身合法（合规）且没有要求国家工作人员违法提供帮助或便利条件的情况下，才应进行第三层次的认定。例如，某一机关招一名公务员，三人成绩并列第一，其中一人给国家工作人员财物的行为本身就可构成"为谋取不正当利益"，这是从独立第三人的角度考虑行为人给钱的行为是否违背了公平公正的基本原则且是为了谋取竞争优势，而不再考虑行贿人送钱时的主观状态。有学者对认为违反公平原则谋取竞争优势的行为，实质上是"谋取不确定利益"，并支持"不确定利益+手段不正当性=不正当利益"的理论模型。[①]我们认为，这种观点是不能成立的：第一，"不正当利益"的认定并不是必然要与手段不正当性结合起来考虑的。例如第一层次的利益本身就是违法的，不用考虑手段是否正当（程序是否违法）；第二层次的认定虽然要考虑手段的不正当性（即程序违法性），但其利益本身是合法的利益，只是由于程序不正当导致合法利益变为不正当利益。第二，不

---

① 王建超、薛莉莉：《漫谈行贿罪——基于对"谋取不正当利益"的分析》，载《犯罪研究》2011年第1期第104-106页；于志刚：《贿赂犯罪中的"谋取"新解》，载《法商研究》2009年第2期，第31页。

正当利益的认定也并不是必须要考虑利益本身是否为不确定利益。如第一层次的非法利益是不确定利益毋庸置疑，但第二层次的利益可以是确定的合法利益，只是由于程序违法，导致确定的合法利益变为不正当利益。第三，该理论模型只适用于第三层次的认定，即违反公平公正原则谋取竞争优势的利益本身是为了谋取不确定利益，并且给付国家工作人员财物的行为本身为手段的不正当，两者结合才可以认定为不正当利益。

三、应将行贿罪"为谋取不正当利益"要件中的"不正当"去掉

1997年《刑法》对行贿罪设置了"为谋取不正当利益"的主观方面构成要件。笔者认为，《刑法》第389条中规定的"为谋取不正当利益"之表述应当删除，即无论行贿人是为谋取不正当利益抑或还是为谋取正当利益，只要其给予国家工作人员财物的，都应以行贿罪论处。主要理由如下：

第一，将为谋取的利益限定为"不正当利益"，在一定程度上导致了司法实践中"重查受贿、轻办行贿"的结果。在很长一段时期内，司法实践中确实在一定程度上存在"重查受贿、轻办行贿"的现象。很多腐败官员因受贿而锒铛入狱，但行贿人却常常得以轻判或者未予追究刑事责任，有的甚至在案发后仍继续当选为人大代表、政协委员等。应当说，司法实践中这种"重受贿轻行贿"的现象，无助于反腐败斗争的深入推进，既与国家对腐败行为实行"零容忍"的策略方针相违背，也不利于从源头上防范和遏制腐败犯罪。这种现象的发生原因无疑是多方面，既有立法方面的原因，也有司法方面的原因，还有认识观念层面的原因。就立法方面的原因来说，主要是行贿罪的刑法规制不完善，其中就包括行贿罪中将行贿人为谋取的利益限定为"不正当利益"，影响了惩处行贿犯罪的力度。事实上，受贿与行贿是对合犯罪，行贿犯罪也具有严重的腐蚀性和社会危害性，并且是受贿犯罪

的重要诱因。实践证明，查处行贿犯罪有利于突破受贿犯罪，查处受贿犯罪同样也有利于发现行贿犯罪。在当前我国反腐败斗争形势依然严峻、任务依然艰巨的情况下，我们强烈呼吁取消行贿罪要求行贿人必须系"为谋取不正当利益"的限制，在坚决查办受贿犯罪的同时，要进一步推进查办行贿犯罪案件工作，应把查办行贿犯罪作为统筹推动贿赂犯罪治理工作的一个重要抓手，加大惩处行贿犯罪力度，增加行贿行为的风险和成本，坚持两手抓两手都要硬，坚决纠正"重受贿轻行贿"的现象，从而更好地防治贿赂犯罪。

第二，行贿人给予国家工作人员财物，即使其是为谋取正当利益，也损害了国家工作人员职务的廉洁性。行贿罪的客体是国家工作人员的职务廉洁性，即国家工作人员在履行自身职务所赋予的权力、职责时，应当遵守党的纪律和国家法律，保持自身廉洁情操的基本性质。行贿人虽然为谋取的是正当利益，其行贿动机和初衷尚可理解，但其为谋取正当利益的方式和途径不对，不应当采取权钱交易以损害国家工作人员职务廉洁性和不可收买性的方式来进行。职务廉洁无小事，损害职务廉洁性的行为，轻重都将影响国家机关的正常职能履行，损害国家机关的形象、声誉，给党和国家的事业、人民群众的利益带来损失。

第三，虽然目前在一些地区和单位社会风气不好，不少人为了谋取正当合法利益也不得不行贿，办事又"跑"又"送"。如司法实践中确实存在某些国家工作人员自身素质不高、依仗权势，不给钱不办事，行为人为了自身的合法权益，不得不给国家工作人员财物的情况。对这种行贿行为，似应根据宽严相济的刑事政策，给予政策上的从宽处理。我们认为，对查处行贿罪中的一些政策考虑，可以在法定刑和刑罚制度上加以规定，不需要在行贿罪构成要件中添加"为谋取不正当利益"而行贿这一限制内容。

第四，从《联合国反腐败公约》以及域外国家对行贿罪的规定来看，都没有设置"为谋取不正当利益"的主观要件。如《联合国反腐败公约》第 15 条（a）规定："故意地直接或间接向公职人员许诺给予、提议给予或者实际给予该公职人员本人或者其他人员或实体不正当好处，以使该公职人员在执行公务时作为或者不作为。"根据该条规定，行贿罪并不以"为谋取不正当利益"为要件，只要向公职人员实施了行贿行为以使其作为或者不作为，不论行贿人谋取的利益正当还是不正当，都成立行贿罪。又如《德国刑法典》第334条规定："行为人向公务员、对公务职务负有特别义务的人员或者联邦军队的军人，就其已经从事或者将要从事的职务行为和因此侵害了或者可能侵害其职务行为，向该人或者第三人表示给予、约定或者提供利益的……"《意大利刑法典》第322条规定："提议或者许诺向公务员或拥有公职身份的受委托从事公共服务的人员给予不应接受的财物或者其他利益，以诱使其实施职务行为的……"从上述《联合国反腐败公约》以及域外相关国家对行贿罪的刑法规制来看，都没有对行贿罪设置"为谋取不正当利益"的主观要件，而考虑更多的是意图使受贿人实施与其公职相关的作为或不作为的目的。行贿人给予国家公职人员财物，意图实施、准备实施、实施损害国家公职人员职务行为廉洁性的行为，都认为是行贿犯罪。由上可见，在确定对行贿行为的刑法规制时，国外更加注重行贿人给予受贿人利益（有价物或财物）对受贿人职务行为的影响。可以说，行贿罪的成立不将"为谋取不正当利益"设置为限制条件，乃是国际社会行贿罪的通行立法模式。

综上所述，应当将行贿罪"为谋取不正当利益"要件中的"不正当"去掉。遗憾的是，这次《刑法修正案（九）》并未对《刑法》第389条做出修改，行贿罪的成立仍然需要行贿人主观上为谋取不正当利益的目的。笔者认为，这是个亟须修法的重要问题，建议国家立法机关在对《刑法》进行再修订时考虑予以解决。

第五节　我国腐败犯罪境外追逃问题研讨

随着我国改革开放不断深入和经济社会快速发展，腐败日益成为困扰我国经济发展和社会进步的痼疾。特别是在经济全球化的浪潮下，腐败呈现出跨国化、国际化的趋势，腐败分子外逃案件日趋增多，引起了社会的广泛关注，成为社会热点问题之一。腐败分子犯罪后潜逃出境，已成为有效惩治腐败犯罪的一大障碍。加强腐败犯罪境外追逃工作，既是我国反腐败工作的重要组成部分，也是坚决惩治和有效预防腐败犯罪的一项重要工作任务。本节在简要介绍腐败犯罪境外追逃现状的基础上，归纳和评析我国腐败犯罪境外追逃的主要方式，分析我国腐败犯罪境外追逃存在的问题，并就加强和改进我国腐败犯罪境外追逃工作提出若干建言。

一、我国腐败犯罪境外追逃的现状

（一）我国腐败分子外逃情况概览

近年来，腐败分子犯罪后外逃尤其是携款潜逃境外案件时有发生，成为我国腐败犯罪发展变化的一个新动向，也是深入开展反腐败斗争和刑事司法面临的一大难题。腐败分子外逃，大多是因为自身存在腐败问题，听到被举报或者调查的风声后，为了逃避惩罚而逃走，也不排除个别官员反应过敏或者意欲追求境外奢靡生活而失踪。潜逃境外以逃脱惩罚的方式，虽然简单而原始，却被一些腐败分子屡屡尝试并得逞。据商务部研究院 2003 年发布的报告《离岸金融中心成中国资本外逃中转站》显示，改革开放 20 余年来，有超过 4000 名中国外逃贪官在国外"自由主义"的天空下接受"荫护"，最保守有超过 500 亿美元的资金被他们卷走。[①]另有中国社科院的一份调研报告也表明，从 20 世纪 90 年代中期以来，外逃党政干部和国家事业单位、国有企业高层管理人员，以及驻外中资机构外逃、失踪人员数目高达 16000—18000 人，携带款项达 8000 亿元人民币。[②]尽管因统计标准、统计口径设置不同等因素，外逃腐败分子的准确人数仍是待解之谜，但从上述披露情况分析，显然不会是一个小数目，这在很大程度上说明了我国腐败分子外逃情况的严重性。

---

① 孙亚菲、刘鉴强：《中国外逃贪官的绞索》，载《南方周末》2003 年 9 月 25 日。
②《中国海外追贪：金融和国企是携款潜逃重灾区》，载《中国经济周刊》2012 年 6 月 5 日。

　　另外，从近年来腐败犯罪外逃个案来说，腐败分子携款潜逃境外现象也是愈演愈烈，较为典型的案例有"国家电力公司原总经理高严案""浙江省建设厅原副厅长杨秀珠案""中国银行哈尔滨分行河松街支行原行长高山案""中国银行广东开平支行原行长余振东、许国俊、许超凡案""厦门市原副市长蓝甫案""河南省漯河市原市委书记程三昌案""云南省交通厅原副厅长胡星案"等。新近一则影响较大的腐败分子携款外逃案件是 2012 年 4 月的"辽宁丹东凤城市委原书记王国强案"[①]，该案中辽宁丹东凤城市委原书记王国强疑涉供暖腐败案卷款 2 亿多元离境，辗转跑至美国。

　　与那些惊弓之鸟般被迫出逃的普通刑事犯罪相比，腐败分子携款外逃的行为更多地带有主动性和计划性。其中，"裸官"[②]外逃最具有代表性和典型性。尽管"裸官"不一定是腐败分子，但"裸官"却最有可能成为腐败分子，是外逃腐败分子的预备队，他们往往在出逃前缜密计划，有意识地向海外转移非法获得的资产，安排配偶子女出国，一旦有"风吹草动"，立马"捞了就跑"，其外逃的计划性和主动性都是很明显的。例如，温州市鹿城区委原书记杨湘洪案，杨湘洪 2007年 3 月被擢升为温州市委常委后，便开始了实行"裸体做官"计划，自己和其妻游捷很少出面直接收受财物，而是让对方把钱打到游捷的几个"铁杆姐妹"的银行卡上；后又安排其女杨铃铛以度蜜月为名出国，留在法国等"安排"，并授意游捷把存在"铁杆姐妹"那里的钱陆续换成欧元汇往法国；2008 年 9 月，浙江省纪委就其一手提拔的某副处长的问题找杨湘洪"问话"。杨湘洪被"问话"后如惊弓之鸟，"提速"外逃计划，以考察为名出国，然后滞留国外不归。[③]由上可知，杨湘洪外逃的主动性和计划性都很强，其"裸体做官"并外逃的路径是：受贿聚敛财产——子女出国——继续为官转移资产——风吹草动择机出逃——滞留不归逍遥法外。这也是国内"裸官"实施腐败犯罪后外逃的基本路径。

---

① 辛木：《凤城市委书记卷款两亿潜逃警示啥？》，载《西安晚报》2012 年 8 月 29 日。
② 所谓"裸官"，一般是指那些配偶子女已移居国（境）外，只身留在国内的官员。
③ 陶短房：《如何应对"裸官外逃"现象的蔓延》，载《燕赵都市报》2013 年 8 月 27 日。

外逃腐败分子尤其是案值大、地位高的腐败分子，其目的地往往是美国、加拿大、英国、澳大利亚、荷兰等西方发达国家。据有关媒体报道，"目前中国一半以上的在逃腐败犯罪嫌疑人均集中在西方一些发达国家"①。腐败分子之所以倾向于选择西方发达国家作为"逃亡天堂"，除了向往这些发达国家灯红酒绿的生活外，主要是多数西方发达国家未与我国签订引渡条约，甚至还有一些西方发达国家打着"保护人权"或者"司法独立"等旗号，向一些腐败分子提供居留权、政治庇护甚或所谓的"难民"身份，使得他们能够逃避国内法律追究和制裁，从而逍遥法外。当然，对于那些涉案金额相对较少、级别低一些的腐败分子，他们"一般首先选择逃往泰国、缅甸、马来西亚、蒙古和俄罗斯等周边国家，这样，其逃亡和生活成本都不会太高；而逃往非洲和拉丁美洲的外逃人员往往会隐姓埋名，靠赃款过着深居简出的生活，因为那里的一些国家正处于转型期，有的国家法制不很健全"②。还有一些弄不到直接前往西方国家证件的，先龟缩在非洲、拉美、东欧不起眼的小国暂做跳板，伺机过渡；另有不少外逃者通过中国香港中转，利用香港世界航空中心的区位以及港民前往原英联邦所属国家可以实行"落地签"的便利，再逃到其他国家。③总而言之，虽然腐败分子犯罪后逃亡的路径和情形多种多样，但大多是抱着"捞了就跑、跑了就了"的心态，逃亡的目的地较为集中，社会危害十分严重，我国司法机关肩负的境外追逃任务十分艰巨。

（二）我国开展的腐败犯罪境外追逃工作

对于腐败分子潜逃境外现象，我国政府一贯高度重视。在 2004 年 9 月召开的全国检察机关第一次境外追逃工作会议上，时任最高人民检察院副检察长王振川曾指出，中央领导同志多次做出重要批示，要求包括检察机关在内的各有关部门高度重视职务犯罪嫌疑人外逃问题，进一步采取有效措施加以防范，加大境外追逃追赃力度。全国人

---

① 孟绍群：《国际反腐合作瞄准境外追逃追赃》，载《法制日报》2010 年 11 月 5 日。

② 邓喻静等：《中国贪官"通缉令"天涯追逃》，载《东北之窗》2009 年第 6 期。

③ 《胡星案牵贪官四条外逃路线 大贪官都去美国加拿大》，载《楚天都市报》2007 年 2 月 15 日。

大十届二次会议明确要求检察机关努力解决贪污贿赂等犯罪嫌疑人潜逃境外活动猖獗的问题。①2008 年，中央印发的《建立健全惩治和预防腐败体系 2008—2012 年工作规划》明确提出，要加强纪检、审判、检察、公安、监察、审计等执纪执法机关的协作配合，完善跨区域协作办案及防逃、追逃、追赃机制，进一步形成惩治腐败的整体合力。中共中央政治局常委、中央纪委书记王岐山在十八届中央纪委二次全会上的工作报告中也表示，要完善国（境）外办案合作机制，加大防逃追逃追赃力度，决不让腐败分子逍遥法外。②迄今为止，中国政府已签署和参加了包括《联合国反腐败公约》在内的多项双边、多边国际公约，先后与 57 个国家缔结 111 项各类司法协助类条约。最高人民检察院作为在《联合国反腐败公约》框架下开展国际司法协助的中国中央联络机关，也先后与外国司法检察机关签署了 100 多个双边合作协议或司法合作备忘录③，为开展境外追逃工作、积极开展反腐败国际司法合作提供了有力的法律依据。

面对腐败分子外逃案件日趋增多的新形势，我国检察机关认真贯彻落实中央的部署，积极履行反腐败工作职责，精心组织防逃、追逃工作，把缉捕潜逃境外的腐败分子作为对外司法合作的重点工作，通过引渡、遣返、劝返、刑事司法协助和警务合作等方式，成功将一大批外逃的腐败分子缉捕归案，有力地震慑了腐败分子，维护了法律尊严，为深入推进反腐败斗争做出了重要贡献。如社会上影响广泛的贵州省交通厅原厅长卢万里、厦门市原副市长蓝甫、上海市核电办公室原主任杨忠万、云南省交通厅原副厅长胡星、中国银行广东开平支行原行长余振东等一批外逃腐败分子先后被缉捕归案，受到了应有的法律制裁。2007 年 3 月 27 日，时任公安部新闻发言人武和平在新闻发布会上说，我国司法机关在查办贪污、贿赂、挪用公款等腐败犯罪中，对从 1998 年到 2007 年 3 月的 300 多名携款潜逃境外的犯罪嫌疑人采

---

① 子灿：《境外追逃实况》，载《检察风云》2004 年第 22 期。
② 王岐山：《深入学习贯彻党的十八大精神　努力开创党风廉政建设和反腐败斗争新局面》，载《光明日报》2013 年 2 月 26 日。
③ 郭洪平：《打击贪官外逃不放松境外追逃追赃》，载《检察日报》2010 年 11 月 5 日。

取了多方面措施，加强了追逃和追赃力度，"三十六计走为上"的企图将受到法律的严惩和遏制。[①]据统计，自 1998 年至 2004 年，全国检察机关积极出击排除万难，共抓获潜逃境外的腐败犯罪嫌疑人 71 人。[②]另据《中国经济周刊》报道，自 2000 年底最高人民检察院会同公安部组织开展追逃专项行动以来，至 2011 年，检察机关共抓获在逃腐败犯罪嫌疑人 18487 名。[③]抓获的这 18487 名犯罪嫌疑人中，就有一部分是潜逃到境外的腐败分子。对外逃腐败分子的成功缉捕，充分展示了我们党和政府坚决惩治腐败犯罪的决心，极大地震慑了腐败分子，维护了我国法制的尊严。同时，也有力地说明了"法网恢恢，疏而不漏"，任何企图逃避惩罚的腐败分子，无论逃到何处，都难逃法律的制裁。

（三）加大腐败犯罪境外追逃力度的必要性

腐败分子外逃尤其是携款潜逃，具有严重的危害性，表现在经济、政治、社会等多个方面。首先，其阻碍国家对腐败分子的刑事追诉，增加了惩治腐败犯罪的难度和成本，严重影响惩治腐败犯罪的成效。其次，贪官频频成功外逃，对国内潜在的腐败分子，也会起到"反向激励"作用，降低司法威慑力，无形中会助长腐败蔓延趋势，损害国家的司法权威和法制尊严。再次，会对国家安全利益造成潜在威胁。有些外逃的腐败分子，由于之前掌握国家有关领域重要机密内容，他们外逃后，容易被海外敌对势力收买拉拢，对我国政治、军事、经济安全造成潜在威胁。最后，腐败分子犯罪后潜逃前，必定会想方设法隐匿或向境外转移赃款赃物。腐败分子外移巨额资金的涌入，必定会冲击其逃入国的金融市场、经济秩序带，给当地的经济发展带来负面影响和不稳定因素。如"美国政府近年来已逐渐意识到，外国贪官污吏们的'脏钱'给美国带来的弊大于利，除了伤害其国家形象外，这

---

① 徐伟、彭于艳：《去年 37 名外逃贪官被缉捕》，载《法制日报》2007 年 3 月 28 日。
② 子灿：《境外追逃实况》，载《检察风云》2004 年第 22 期。
③ 姚冬琴：《我国 12 年抓获 1.8 万外逃人员 金融国企成重灾区》，载《中国经济周刊》2012 年第 22 期。

些钱的到来对美国的经济和金融秩序也带来冲击"[1]。正是如此，做好境外追逃工作，加大境外追逃力度，尽快将外逃腐败分子缉捕回国就十分必要。这既是新形势下深入开展反腐败斗争的客观需要，也是实施《联合国反腐败公约》有关规定的重要举措，有利于消除腐败分子妄图逃避法律制裁的幻想，更好地维护我国国家利益和国际声誉，增强人民群众对反腐败斗争的信心。

二、腐败犯罪境外追逃的主要方式及评析

境外追逃是一项十分艰巨的任务，要想取得实际成效，离不开有效的追逃途径和手段，这就涉及腐败分子境外追逃的方式问题。国际上腐败分子境外追逃的主要方式，除了众所周知的引渡方式外，还有诸多引渡的常规和非常规的替代措施，以此解决在无双边引渡条约可循或者无稳定的引渡合作关系情况下外逃腐败分子的缉捕问题。引渡的常规替代措施通常有遣返、劝返、境外刑事诉讼等方式。这些常规的替代措施都是在有关国家法律制度的框架内适用的，得到了各国的普遍认可。引渡的非常规替代措施如绑架、诱骗等方式，即"某些可据以绕过引渡的法律障碍或困难进而实现将在逃人员境外捉拿归案之目的的手段"[2]，这些非常规的替代措施，由于有侵犯相关国家的主权以及有损人权保障之嫌，合法性上存在较大争议，只是极少数国家在特定情况下追捕外逃犯罪嫌疑人时才使用。回视国内，从近年来我国缉捕潜逃境外的腐败犯罪嫌疑人的方式看，已初步形成了引渡、遣返、劝返和异地刑事追诉等多种追逃方式并存、相互补充、重点突出的境外追逃方式体系，已成功地将一批外逃的腐败分子缉捕归案，效果非常明显。下面，试对我国反腐追逃实践中常用的几种主要追逃方式进行阐述。

---

[1] 何洪泽等：《贪官，亡命国外路断》，载《人民文摘》2003 年第 10 期。
[2] 黄风：《关于境外追逃的若干问题研究》，载《检察日报》2008 年 11 月 7 日。

（一）引渡

所谓引渡，是指一国将处在该国境内而被他国追捕、通缉或判刑的人，根据他国的请求将其移交给请求国审判或处罚。[①]国际上的追逃行为也是以引渡制度为核心而开展的，引渡作为国际刑事司法合作的一种常规机制，已成为我国打击腐败犯罪、缉拿外逃腐败犯罪嫌疑人的重要手段。在国际法上，国家没有引渡人犯的义务，除非它根据条约承担了这种义务。在没有条约的约束下，国家是否向他国引渡罪犯，则取决于多种因素。关于引渡，当前世界上存在只承认以条约作为引渡前提的国家（条约前置主义）和不以条约作为引渡前提的国家两种类型。2000 年 12 月，我国颁布了《引渡法》，为我国与外国加强引渡合作提供了法律基础，标志着我国境外逃犯引渡工作进入了一个新的阶段。《引渡法》第 3 条第 1 款规定："中华人民共和国和外国在平等互惠的基础上进行引渡合作。"第 15 条规定："在没有引渡条约的情况下，请求国应当做出互惠的承诺。"由上可以看出，我国不属于条约前置主义国家，签署条约或者平等互惠原则是我国与其他国家开展引渡的法律基础。截至 2010 年年底，我国已与 35 个国家缔结了双边引渡条约，加入含有司法协助、引渡等内容的 28 项多边公约。[②]此外，我国还可以依据《联合国反腐败公约》等国际公约，与世界 100 多个国家开展包括引渡在内的国际司法合作。如 2002 年 4 月，我国检察机关与俄罗斯检察部门合作，成功将涉嫌贪污犯罪的原吉林省辽源市东辽县农业生产资料公司主任王德宝引渡回国。[③]这就是实践中通过引渡方式成功将潜逃境外的腐败犯罪分子缉捕归国的典型案例。

引渡是反腐败国际合作的主要法律机制，也是境外追逃的基本方式。近年来，我国积极建立健全引渡制度，先后依据引渡条约或者互惠原则开展引渡实践，取得了一些成功的经验。但在引渡实践中，由

---

① 明国正：《我国近年来跨境追逃的特点及问题》，载《铁道警官高等专科学校学报》2011 年第 1 期。

② 国务院新闻办公室：《中国的反腐败和廉政建设》（白皮书），2010 年 12 月 29 日。

③ 王宇、赵阳：《中国愿与各国合作打击腐败犯罪：访最高人民检察院副检察长王振川》，载《法制日报》2006 年 10 月 25 日。

于存在国际通行的死刑犯不引渡、政治犯不引渡、本国公民不引渡和条约前置主义原则，以及引渡实践中卷入的政治性因素，加之有些西方国家对我国司法的独立性、公正性往往存在偏见和疑虑，使得我国主动引渡的成功率不高，大量的引渡请求因种种原因被有关国家拖延、搁置甚至拒绝。这需要我国尽快采取有效的应对之策，尽力克服引渡实践中的法律障碍，从而将外逃的腐败分子顺利引渡回国。

（二）遣返

所谓遣返，是指一国如果不可能通过引渡合作将逃犯缉拿回国，往往可以通过吊销有关人员的合法旅行证件、证明有关人员犯有严重罪行等手段，设法使该人不能在躲藏地国家获得合法的居留地位或者剥夺已获得的居留地位，从而达到将其遣返回国的目的。[①]由于不同国家之间在法律制度、经济文化、意识形态等方面存在差异，国家之间未必均有引渡条约或者可能签订引渡条约，故而在反腐败国际合作的大背景下，更需寻求其他引渡替代措施，以达到与引渡相同的结果。而遣返就是这样一种重要的引渡替代措施。遣返主要表现为逃入国为了维护本国的安全和秩序，依据本国的移民法单方面做出的决定。遣返在我国腐败分子境外追逃中也发挥了积极作用，近年来通过遣返的方式，一批外逃的腐败分子陆续被遣返回国。例如，中国银行广东开平支行原行长余振东案，就是中美两国成功合作，通过移民法遣返的方式将外逃腐败分子遣返回国的典型案例。在该案中，2002 年 12 月，余振东在美国被拘捕并受到"参与有组织的欺诈活动"等五项刑事指控。此后，美国国务院、国土安全部和司法部就余振东案达成一致，于 2004 年 4 月 16 日将余振东遣送至北京。[②]

遣返在我国反腐追逃实践中所起的作用不容抹煞，并且已通过这一方式将不少外逃的腐败分子成功遣送回国受审。但也毋庸讳言，目前，"中国众多贪官外逃，遣返困难，已成为国内反腐败的瓶颈。"[③]因为根据国际公约和一些国家移民法的规定，在两种情况下不得将任何

---

① 黄风：《关于境外追逃的若干问题研究》，载《检察日报》2008 年 11 月 7 日。
② 贾鸾：《由余振东案看引渡与遣返》，载《中国监察》2006 年第 24 期。
③ 《遣返成反腐瓶颈》，载《三湘都市报》2005 年 9 月 2 日。

人遭返回国：一是被遭返回国后可能因种族、宗教、政治见解等原因受到迫害；二是被遭返回国后可能遭受酷刑或刑讯逼供。①正是如此，遭返要想取得引渡的效果，则不仅需要积极配合逃入国对腐败分子违反该国移民法规定的认定，为该国提供腐败分子违法犯罪线索、安排相关证人前往出庭作证或者协助逃入国司法机关到我国取证等司法协助，而且还需要赢得逃入国对我国刑事诉讼活动的理解和认可，使其信任我国刑事司法的公正性和对人权的充分保障。而这些要么程序繁杂、周期过长，要么在短期内难以改变，最终势必会影响遭返的效果，成为境外追逃的难点。

（三）劝返

作为引渡的常规替代措施，劝返是指在无法诉诸正式的引渡程序或引渡遇到不可逾越的法律障碍的情况下，根据国家的授意或在国家的许可下，采取对外逃分子进行说服教育的方式，使其主动回到追逃国，接受追诉、审判或执行刑罚。②作为引渡的替代措施，劝返是近年来我国在境外追逃实践中探索出来的一种新的追逃方式。劝返的一般操作模式是：国内有关部门派出人员到境外直接与腐败分子接触，通过谈判、说服、教育或者做工作等多种方式，承诺一些从轻处理的条件，督促其回国；前期铺垫成功后，再让国内有关人员与其联系。当然，劝返需要讲究技巧，既要掌握法律和政策，不能无原则地突破法律和政策的界限，更不能搞带有欺骗性的空许承诺，又要根据腐败分子的心理变化灵活调整策略，把握好"火候"，对其晓以利害，阐明从轻处理的条件。据媒体报道，"全国检察机关近年来已劝返多人回国，刚是 2008 年就劝返贪官 7 人"③，劝返模式初见成效。如北京市公安局网监处原处长于兵，因涉嫌腐败犯罪于 2008 年 7 月畏罪潜逃，先以假名出境抵达中国香港，后潜逃至澳门、马来西亚、新加坡、南非等地，最终经劝返回国受审。④又如，2011 年 6 月逃往境外的浙江省建

---

① 黄风：《境外追逃的四大路径》，载《人民论坛》2011 年第 11 期（上）。

② 张磊：《从胡星案看劝返》，载《国家检察官学院学报》2010 年第 2 期。

③ 于秋：《外逃官员劝返模式引争议》，载《共产党员》2008 年第 23 期。

④《北京市公安局网监处原处长于兵死缓判决被核准》，载《北京晚报》2010 年 11 月 30 日。

设厅原副厅长杨秀珠的司机杨胜华，经劝返后回国向浙江省检察机关投案自首。[1]当然，近年来影响最大的腐败分子被劝返案件，当推云南交通厅原副厅长胡星案。在该案中，胡星利用职务便利，在长达10年的时间里，共计受贿4000多万元；其中一次就收受了3200万元，创中国贪官单次受贿最高金额的纪录。在罪行败露后，胡星自知罪行深重，仓皇出逃。2007年2月17日，被困在新加坡某酒店的胡星在我办案人员的努力和耐心劝导下同意回国接受调查，后被昆明市中级人民法院以受贿罪判处无期徒刑。[2]胡星案是我国通过劝返方式成功实现境外追逃的范例。

劝返方式倡导"攻心为上"，排除了强制性缉捕因素，有助于消除腐败分子的抗拒心理，减少或避免执法合作中产生的矛盾和法律障碍，促使外逃的腐败分子迅速、便捷、顺利地归案，极大地提高境外缉捕追逃效率；而且劝返程序相对简单，可大大降低国际司法合作的成本，有时甚至还能收到意想不到的良好效果。因此，应在法律和政策允许的条件下大力开展劝返工作，快速突破外逃腐败分子的心理防线，让其自愿回国接受处理。当然，劝返要取得理想的效果，离不开有关部门的通力合作，需要讲究劝说策略和技巧，并且劝说中的承诺不能违反法律。如果没有恩威并施、晓以利害，没有把握好"火候"，没有做出符合法律规定的从轻处理承诺或者腐败分子对承诺能否兑现尚存疑虑等，则很难让他们接受劝说而自愿回国接受处理。而且在境外追逃实践中，由于有关部门授权有限或者对政策、法律把握不准，办案人员无权就超出法律政策范围的授权做出承诺或者做出承诺后在一定期限内不能兑现，也严重影响了劝返的效果。为了更好地发挥劝返方式在境外追逃中的功效，笔者认为，考虑在司法解释中将外逃腐败分子接受劝说自愿回国接受处理规定为自首情节，在司法处理上予以适当从轻或者减轻处罚，应是一种明智的选择。

---

① 《杨秀珠原司机杨胜华案一审开庭 杨胜华全部认罪》，载《温州晚报》2012年6月28日。

② 赵秉志、彭新林：《中国刑法30年（下）——以典型案例为视角》，载《民主与法制》2008年第17期。

（四）异地刑事追诉

所谓异地刑事追诉，就是指由逃出国主管机关向逃入国的司法机关提供该逃犯触犯该外国法律的犯罪证据，由该外国司法机关依据本国法律对其实行缉捕和追诉。[①]在异地进行刑事诉讼，是在我国无法行使管辖权时，通过让渡管辖权给逃入国，支持逃入国依据本国法和我国提供的证据，对在逃腐败分子定罪判刑。异地刑事诉讼追逃方式，实际上是一种曲线战略，其会产生两方面的直接效果：一是让外逃腐败分子受到应有的法律惩罚，不至于"跑了就了"；二是创造将腐败分子缉捕回国进行审判或者服刑的条件。我国实行异地刑事追诉的典型案件，如广东南海市置业公司原经理李继祥案，在 1998 年 6 月至 2001年 5 月间，李继祥利用职务之便，伙同他人非法挪用南海市政府住房基金，并多次将挪用的 4000 万元人民币通过地下钱庄等渠道转移澳大利亚，用于个人购买别墅等。2003 年 9 月 30 日，李继祥经香港潜逃至澳大利亚。自 2006 年 3 月开始，在最高人民检察院授权下，广东省人民检察院与澳大利亚联邦警方开展执法合作，由澳大利亚联邦警方对李继祥以洗钱罪立案并展开调查。2011 年 9 月 14 日，澳大利亚昆士兰州最高法院以洗钱罪等 9 项罪名判处潜逃澳大利亚 8 年之久的广东南海市置业公司原经理李继祥 26 年监禁，同时判处 9 年内不准获假释，其 3000 余万元赃款被追缴并返还中国。[②]李继祥就是在澳大利亚受到了刑事追诉。又如，中国银行广东开平支行特大贪污、挪用案中的另外两名主犯许超凡、许国俊（二许），就是在美国被刑事追诉。2006年 1 月 31 日，美国司法部宣布以非法签证、欺诈、洗钱、非法入境等15 项罪名，对许超凡、许国俊及其亲属共 5 人提起刑事诉讼；2007 年8 月，美国地区法院裁定二许及两人的妻子合谋诈骗、合谋洗钱，以及合谋转运盗窃钱款等罪名成立，据此对两人做出第一次量刑，两人

---

① 黄风：《境外追逃的四大路径》，载《人民论坛》2011 年第 11 期（上）。

② 陈雷：《李继祥案翻开中澳刑事司法合作新的一页 追诉国际合作将成我国境外追赃重要途径》，载《法制日报》2011 年 10 月 11 日。

分别被判处 22 年、25 年监禁。[①]由上可知，对于"二许"案件，我国采取的正是异地刑事诉讼的方式，通过改变许超凡、许国俊的法律地位，让他们在国外被定罪和判刑，这在相当意义上达到了有效惩治腐败犯罪的效果。需要注意的是，在追逃过程中，进行异地刑事追诉，需要两国司法机关密切合作。如美国对"二许"的刑事追诉，中国方面提供的证据资料以及执法合作中提供的相关犯罪信息和证据，起到了关键性的作用。美国联邦法庭对他们定罪所依据的大约 500 件物证等证据，许多是由中国方面协助提供的。[②]

通过异地刑事追诉开展境外追逃，虽然也能达到惩治腐败犯罪的效果，节省司法资源，增进同被请求国的司法合作，不至于让外逃腐败分子逍遥法外，但这种方式是借助外国司法机关的力量对外逃腐败分子实行异地追诉，毕竟是通过让渡司法管辖权的方式间接实现的，对我国的司法主权会有一定的限制。而且这一方式程序较为繁杂，即使腐败分子最终被驱逐回国，也往往是耗时久远。最后，腐败分子被外国追诉乃至服刑完毕后，是否一定会强制押送回其国籍所属国或者潜逃前的犯罪地国，还是不确定的，仍需要国家之间就个案追诉国际合作的有关事宜进行磋商。因而异地刑事追诉一般是在通过引渡、劝返、遣返等方式无法达到追逃效果时，不得已而采取的一种引渡替代措施。

（五）国际刑警组织发布红色通缉令

国际刑警组织（ICPO）是全球最大的警察组织，专门调查及打击跨境罪案，其宗旨是保证和促进各成员国刑事警察部门在预防和打击刑事犯罪方面的合作。[③]所谓红色通缉令，是指国际刑警组织发出的主要针对那些已被有关国家的法律部门发出逮捕令，要求国际引渡，应立即绳之以法的在逃犯，各国国家中心局可据此通报立即对其进行逮捕。红色通缉令被公认是一种可以进行临时拘留的国际证书，无论

---

① 明国正：《我国近年来跨境追逃的特点及问题》，载《铁道警官高等专科学校学报》2011年第 1 期。

② 邓喻静：《中国贪官"通缉令"天涯追逃》，载《东北之窗》2009 年第 6 期。

③ 《国际刑警组织简介》，载 http://baike.so.com/doc/6493036.html。

哪个国家接到红色通缉令后，都应立即布置本国警力予以查证。如发现被通缉人员的下落，应迅速组织逮捕行动，将其缉拿归案。①目前，"我国发出的红色通缉令，绝大多数的通缉对象都是经济犯罪与职务犯罪，暴力、毒品等犯罪只占其中极小的一部分"②。通过国际刑警组织发布全球红色通缉令，也是我国境外缉捕外逃腐败分子的有力手段。如涉嫌特大贪污受贿的浙江省建设厅原副厅长杨秀珠外逃后，我国检察机关就通过国际刑警组织发布了红色通缉令，有关部门在全力对她进行追捕。③

通过国际刑警组织发布红色通缉令追逃的方式，不仅可以提高境外追逃的效率，而且会对潜逃境外的腐败分子产生无形的压力，具有强大的震慑作用，他们只能隐姓埋名"潜伏"，一旦公开露面，往往就会被人指认，逃入国国家中心局可以对其进行临时拘捕。当然，这一在实践中常用的境外追逃方式，也存在这样或者那样的困难。毕竟，国际刑警组织不是一个"超国家"的司法或者执法机构，它只是各国警察机关之间一个松散组合的国际组织，只能在各国现行法律范围内开展有限的追逃合作。红色通缉令对国际刑警组织成员国也没有强制性的效力，其只是要求各国协助缉查，是否缉查取决于成员国自身的考量。考量的因素包括缉捕该人是否符合本国的法律和政策、是否会损害国家的利益等。如果有关国家不认可红色通缉令或者其与逃出国政治关系不好，那么，外逃的腐败分子就不可能通过这一途径缉捕回国。可见，国际刑警组织发布的红色通缉令，能否取得成功追逃的实效，在某种程度上还取决于逃入国与逃出国之间的政治关系好坏等因素。除此之外，还有部分外逃的腐败分子通过伪造护照出国，在国外过着隐姓埋名的生活，一直下落不明，这种情况下即使发布再多的红色通缉令也是无济于事的。

除了上述五种主要的境外追逃方式外，我国反腐追逃实践中还存

<hr>

① 《外逃女贪官杨秀珠引渡无期 红色通缉令失效》，载《法制晚报》2004年12月9日。
② 石华：《解密中国红色通缉令》，载《环球时报》2005年03月11日。
③ 蒋萍：《我通过国际刑警组织发布"红色通缉令"全球缉拿贪官杨秀珠》，载《文汇报》2004年2月14日。

在通过国际反贪局联合会的合作平台、网上追逃等方式开展境外追逃工作。至于绑架、诱骗等引渡的非常规替代措施，我国目前还没有采用这类方式进行境外追逃的案例。①

三、我国腐败犯罪境外追逃存在的问题

随着惩治腐败犯罪力度的持续加大，反腐败国际司法合作的不断深化，以及防范腐败分子外逃、境外缉捕工作机制的健全，我国腐败分子境外追逃工作取得了不少成绩。同时，也不应忽视腐败分子境外追逃中存在的一些问题，这些问题已在一定程度上影响了境外追逃的成效，亟待研究解决。概言之，我国腐败犯罪境外追逃主要存在以下几方面的问题。

（一）境外追逃困难

对外逃腐败分子的境外追逃，不管我们是否承认，由于各国政治制度、文化传统、价值观念和法律制度上的差异，在很多情况下，国家与国家之间往往难以取得司法共识，造成很多国家对外逃腐败分子的缉捕处于鞭长莫及的状态，使得他们一旦成功出逃，就有可能"跑了就了，万事大吉"，长期逍遥法外。虽然我国确立了引渡、遣返、劝返和异地刑事诉讼等多种方式并存、重点突出的境外追逃体系，也积累了一些成功的经验，但仍然面临条约前置主义、对我国刑事司法制度缺乏足够信任、程序繁杂和政治因素不当介入等问题，使境外追逃工作面临严峻挑战。正如有学者指出，在国际司法合作谈判时，一些国家往往会以此为政治筹码，人为设置障碍，使我们的境外追逃难上加难。② 如就引渡来说，虽然我国目前已与 30 多个国家缔结了双边引渡条约，加入含有司法协助、引渡等内容的多项多边公约，但我国与其他大部分国家尤其是多数西方发达国家都未签订双边引渡条约，

---

① 这主要是因为绑架、诱骗等方式，虽然也能达到捕获外逃犯罪嫌疑人的效果，但一般认为有损相关国家的司法主权和法制秩序，其正当性、合法性和合理性都是存在巨大争议的。笔者认为，除非国家的重大利益受到损害，一般情况下，不应采用这类《硬处理》的追逃方式。

② 邓喻静：《中国贪官"通缉令"天涯追逃》，载《东北之窗》2009 年第 6 期。

而这些国家正是腐败分子外逃的集中地和躲藏地,其中一些国家如美国、加拿大等在引渡合作问题上就是持"条约前置主义"的态度。既然我国未与这些国家签订双边引渡条约,自然难以将逃到该国的一些腐败犯罪人员引渡回国;此外,即使在签订有双边引渡条约的情况下,有些国家也以所谓"死刑不引渡""政治犯不引渡""本国国民不引渡""可能遭受酷刑或者其他残忍、不人道待遇"等为理由,拒绝将腐败犯罪人员引渡回国内。在追逃实践中,由于存在这些客观的障碍,我国通过引渡等方式将外逃腐败分子缉捕回国的效果不太理想,致使不少外逃腐败分子逃避了法律的追究和制裁,严重影响我国法制的严肃性和权威性,不利于我国国家利益的维护。

(二)境外追逃成本高昂

在境外追逃实践中,高昂的追逃成本也成为制约境外追逃工作深入开展的一大瓶颈。关于追逃成本,2006 年 2 月,时任公安部新闻发言人武和平在公安机关基层基础建设年发布会上说,一起一般的刑事案件在追逃过程中,人力、物力平均至少要 1 万元左右,稍大的刑事案件侦破费用都要在 10 万元以上甚至上百万、数百万。缉拿一名贪官的平均"追逃成本"至少也应该是这个数。[1]国内追逃成本都这么高,就可想而知境外追逃的代价。相比于国内追逃,境外追逃因涉及公务往返、双方谈判、证人出庭、调查取证等众多程序,其追逃成本与国内追逃成本显然是不可同日而语的。正如有学者所说:"贪官一旦逃往境外,追逃成本无疑与国内追逃没法相比,有的案件追逃成本甚至可以超过外逃贪官贪污受贿所得。"[2]"对外逃人员,追逃成本相当高,所以必须有相应的刑事政策,鼓励这些人自首。"[3]如我国对中国银行广东开平支行原行长余振东的追逃,中美双方谈判就长达 3 年,期间公务往返、查证取证,其成本难计。[4]最后才采用引渡替代措施将其遣返回国。因此,司法机关开展腐败分子境外追逃工作时,一方面既

---

① 王威:《"追逃成本"理应由外逃贪官自己"埋单"》,载《中国青年报》2008 年 3 月 18 日。
② 韦洪乾:《公检联手不惜代价追贪官》,载《民主与法制时报》2006 年 3 月 27 日。
③ 黄秀丽:《外逃加拿大嫌犯被轻判内幕》,载《南方周末》2009 年 11 月 19 日。
④ 邓喻静:《中国贪官"通缉令"天涯追逃》,载《东北之窗》2009 年第 6 期。

要深化反腐败国际司法合作，采取最有效的追逃方式，尽最大努力将他们缉捕到案，以实现司法公正，维护法制的尊严和权威；另一方面，又要苦练"内功"，积极完善境外追逃机制，使境外追逃更加有效、及时和简约，从而尽力降低司法成本。

（三）境外追逃技术条件有待提高

随着腐败分子潜逃境外案件的增多，境外缉捕已经成为检察机关开展境外反腐追逃工作的重头戏。而充分利用现代科技手段，对外逃腐败分子及其密切关系人的电话监听，以及截获电子邮件、手机信息记录、日常信件和对相关场所或人员布控，从中获取腐败分子潜逃线索等一系列技侦措施的合理运用，有助于摸清腐败分子外逃的相关情况，对外逃行为做出快速反应，从而对于实现成功追逃，具有重要意义。这也是我国检察机关发现腐败犯罪案件线索、捕获外逃腐败分子和在追逃工作掌握主动的重要手段。《联合国反腐败公约》第 50 条第 1 款明确规定："为有效地打击腐败，各缔约国均应当在其本国法律制度基本原则许可的范围内并根据本国法律规定的条件在其力所能及的情况下采取必要措施，允许其主管机关在其领域内酌情使用控制下交付和在其认为适当时使用诸如电子或者其他监视形式和特工行动等其他特殊侦查手段，并允许法庭采信由这些手段产生的证据。"修改后的《刑事诉讼法》第 148 条第 3 款也规定："追捕被通缉或者批准、决定逮捕的在逃的犯罪嫌疑人、被告人，经过批准，可以采取追捕所必需的技术侦查措施。"由此可见，对潜逃境外的腐败分子进行追逃时，采取追捕所必需的技术侦查措施，不仅是必要的，而且也是合法的。长期以来，我国检察机关境外追逃之所以存在较大难度，境外追逃工作总体成效离党和人民群众的要求存在较大差距，应当说与检察机关运用技术侦查手段有限和技术装备不足也是存在密切关系的。信息化条件下的境外追逃工作，理当改善和加强我国检察机关在境外追逃中的技术条件和装备，从而形成有效遏止腐败分子外逃势头的防范和处置能力。

（四）境外追逃经验还不丰富

从境外追逃的实践看，我国开展境外追逃的经验还不丰富。虽然我国与外国缔结了大量涉及引渡、刑事司法协助等事项的条约，但我国司法机关引用这些国际条约的几率却很低；相反，这些条约在他国的利用率却相当高。对于如何有效开展境外追逃，少数司法机关特别是一些基层司法机关没有清晰的概念或者不具备娴熟的操作经验和技巧，即便国家间签订有刑事司法协助条约，仍有一些办案人员表现出畏难情绪或适用时不得要领，给我国境外追逃工作带来了不利影响。知名国际刑法专家黄风教授也曾指出，在引渡中我们经常遇到的一个问题是：有的办案机关由于缺乏境外追逃的经验和信心而在罪犯外逃后感到一筹莫展，抱着守株待兔的消极心理，不再下大的气力去搜集有关的犯罪证据，不去千方百计地尝试各种追逃的措施。[①]尤其是某些地方的司法机关对于境外追逃缺乏足够的经验和信心，对境外的情况、法律制度等了解不够，加之境外追逃往往耗时长、费用高、程序繁杂和效果不能马上体现出来，其追逃主动性和积极性不高，一遇到困难就躲，一碰到麻烦就逃，这不仅难以提高境外追逃水平，而且也严重影响境外追逃的成效。须知，境外追捕腐败分子，在很多情况下斗的是智慧，拼的是意志，靠的是经验。

四、加强和改进我国腐败犯罪境外追逃工作的建言

我国腐败犯罪境外追逃中存在的问题，从根源上分析，有些是体制机制的问题，有些是国内立法修改和协调的问题，有些是国际司法合作的深化问题，还有些是方法措施问题。这些问题的存在，在相当程度上掣肘了我国境外追逃腐败分子的总体成效，使得境外反腐追逃工作与人民群众对反腐败的新要求、新期待还有不少差距。我国境外的反腐追逃还有很多工作要做，可谓任重而道远。做好新形势下的腐败犯罪境外追逃工作，当前要着力抓好以下几个方面。

---

① 黄风等主编：《境外追逃追赃与国际司法合作》，中国政法大学出版社 2007 年版，《序言》第 1 页。

（一）加快与《联合国反腐败公约》有关要求的衔接，破解境外追逃的法律障碍

《联合国反腐败公约》在"国际合作"这一章中，对引渡程序、管辖权、或起诉或引渡原则、双重犯罪原则、本国国民不引渡等问题进行了详细而明确的规定，在坚持有关引渡的基本法律原则和司法惯例的同时，针对腐败犯罪的特点和预防以及惩治腐败犯罪的实际需要，在引渡的适用、合作方面做了一定的改进和强化。目前，加快与《联合国反腐败公约》有关要求的衔接，应着力从以下两方面破解腐败分子境外追逃工作的法律障碍：一是要灵活处理死刑不引渡问题。"死刑不引渡原则"一直是我国与西方发达国家签订引渡条约的最主要法律障碍，也是阻碍在境外成功追逃腐败分子的一个重要壁垒。在目前我国不太可能废除贪污贿赂等腐败犯罪死刑的情况下，建议采取灵活处理的方式，适时在双边引渡条约或者司法个案合作中规定保证不判处被引渡人死刑或者做出不判处死刑的量刑承诺，从而以积极的姿态面对境外反腐追逃工作。事实上，全国人大常委会批准的我国与西班牙、法国、澳大利亚等国家签订的双边引渡条约中，都明确写入了有关"保证不判处死刑或者在判处死刑的情况下不执行死刑"的内容。例如，2006年4月29日签订的《中华人民共和国和西班牙王国引渡条约》第3条第8款规定："根据请求方法律，被请求引渡人可能因引渡请求所针对的犯罪被判处死刑，除非请求方做出被请求方认为足够的保证不判处死刑，或者在判处死刑的情况下不执行死刑"。此外，在国际司法个案合作中，由最高人民法院做出不判处腐败分子死刑的量刑承诺，以便将其尽快引渡或者遣返回国接受审判，这是国际合作途径缉捕腐败分子的必要条件，是追究其刑事责任的合理代价，是权衡利弊后做出的正确选择，符合国家利益，似不应受到非议。二是要修改《引渡法》等国内立法，使之与《联合国反腐败公约》在"政治犯不引渡""双重犯罪原则""本国国民不引渡"等问题上的规定和要求相衔接，从而为成功追捕外逃贪官，排除国际司法合作中的法律障碍创造条件。《联合国反腐败公约》在上述问题的规定上有不少突破，尤其是在引渡的适用、合作方面做了一定的改进和强化。如有效弥补了因"双重犯罪原则"的适用而导致被请求国的自由裁量权所带来的实体法上对腐败犯罪的引渡缺陷，针对因为"政治犯不引渡原则"的适用所产生的政治犯含义和范围界定而带来的国家之间的矛盾冲突，也做出了值得称道的努力。另外，针对"本国国民不引渡原则"，《联合国反腐败公约》则直接规定了有关的变通执行制度，逐渐形成了"或引渡或起诉"的原则。毋庸讳言，我国《引渡法》等法律法规在"本国国民不引渡原则""政治犯不引渡原则""双重犯罪原则"等的规定上，与《联合国反腐败公约》的要求还存在一些差距。[①]不利于在《联合国反腐败公约》或者互惠原则的基础上与他国进行有效的追逃国际合作。

（二）境外追逃与境外追赃双管齐下，发挥反腐追逃的整体合力

境外追逃和境外追赃都是检察机关开展国际反腐合作的重要组成部分，两者密切关联、相辅相成。一方面，既要高度重视境外追逃工作，加大合作力度，提高国际刑事司法合作水平，把缉捕潜逃境外的腐败分子作为对外司法合作的重点工作，综合运用引渡、遣返、劝返、异地刑事追诉等方式，增强打击腐败犯罪的实效。另一方面，又要积极开展追缴和返还腐败资产的国际合作。因为腐败犯罪资产是外逃贪官在境外生活和挥霍的物质基础，要发挥境外追逃的最大功效，必定离不开对境外腐败犯罪资产的追缴。通过追缴境外腐败犯罪资产，以此摧毁腐败分子在境外生存生活的物质基础，挤压其生存空间，截断他们的退路，迫使其回国自首或最终被强制遣送回国。总而言之，要通过境外追逃与境外追赃双管齐下，解决好人员追逃和资产追回问题，形成境外反腐追逃的强大合力，有效震慑潜逃的腐败分子，为推动国际反腐败事业的健康发展做出积极的贡献。

（三）组建一支境外追逃的跨部门的特别侦查队伍

鉴于境外追逃的知识性、专业性、国际性和政策性较强，不仅要

---

① 例如，我国《引渡法》第8条第1款规定："外国向中华人民共和国提出的引渡请求，有下列情形之一的，应当拒绝引渡：（一）根据中华人民共和国法律，被请求引渡人具有中华人民共和国国籍的；……"上述规定就将《本国国民不引渡》确立为一项绝对原则，这不仅与《联合国反腐败公约》的要求存在差距，而且也与目前世界通行的做法存在一定差异，体现了我国《引渡法》过于强调政治性的立法倾向。这是值得反思的。

熟悉本国的法律制度特别是引渡、遣返等制度，掌握相关追逃知识和追逃渠道，还要了解相关国家的法律制度，知悉刑事司法协助或国际司法合作的业务。相关工作涉及检察、审判、外交、公安、司法行政等部门，因此，建议由上述相关部门抽调一批懂法律、懂外语、懂境外追逃事务的专门人才，在国家层面组建一支跨部门组成的境外追逃特别侦查队伍，增强快速反应和整体作战能力，从而提高境外反腐追逃水平。境外追逃特别侦查队伍，主要负责组织、指挥、指导针对我国公职人员在境外潜逃案件的侦查和调查，办理境外追逃调查取证、刑事司法协助、协调组织以及与腐败犯罪嫌疑人接触劝返等事务。

（四）加强检察机关境外追逃的技术力量

腐败分子境外追逃工作要有比较先进的技术条件和装备做保障。特别是在信息化的条件下，赢得了境外追逃技术优势，就掌握了同外逃腐败分子做斗争的主动权。例如，需要"拥有电信监测和截获设备、高效能通信和信息传递设备、快速的出入境控制手段以及某些特工侦查手段，以便及时发现和掌握腐败分子的外逃信息，对外逃行为做出快速反应，并采取及时有效的缉捕措施"[①]。目前，我国检察机关在此方面的技术条件和装备的落后，是制约境外追逃发挥应有作用的重要因素之一。因此，要深入实施科技强检战略，大力加强检察机关境外追逃的技术力量，推进追逃技术装备的现代化、信息化，重点加强移动定位设备、电信监控设备、视听技术装备等高科技装备建设，探索对数据存储介质检验、录音录像资料识别、数据恢复固定、心理测试等技术侦查手段的探索使用，把增强检察机关境外追逃的技术力量作为提高反腐追逃成效的重要途径，从而适应我国反腐败国际合作的现实需要，使境外追逃工作更有成效。

（五）继续深化司法改革，树立司法公正形象

前文已述，不少西方发达国家对我国刑事司法的公正性往往存在偏见和疑虑。即使是根据我国国内法和犯罪证明要求，本已是证据确实、充分的腐败分子，当我国向逃入国提出引渡或者遣返等方面的请

---

① 黄风：《试论检察机关在境外追逃中的作用》，载《人民检察》2008 年第 12 期。

求时,该外国仍会进行一系列的风险评估,诸如被请求人是否会受到公正的司法对待、人权能否得到保障、司法是否独立,会否遭受酷刑或死刑,会否受到"政治迫害"等。评估结果会直接影响被请求人能否顺利引渡或者遣返回国。如高山案的两名主谋李东哲、李东虎兄弟,加拿大移民部就对两人进行了遣返前风险评估,就涉及两人是否遭受酷刑或死刑等方面的风险评估,只是后来加拿大法院后来做出裁决,否决了加拿大移民部有关李氏兄弟两人遣返前风险评估的结果。[①]可见,树立国内司法公正形象对于能否成功追逃特别是通过引渡或者遣返方式将外逃腐败分子缉捕回国十分重要。而要树立司法公正形象,增强有关国家对我国刑事司法公正性的信心和信任,就应当继续深化司法改革,按照中央决策部署,努力破解司法改革中的重点难点问题,不断取得改革成效;要确保法院、检察院依法独立地行使审判权、检察权,排除来自于各方面的不合理的干预,不断提高执法办案水平和司法公信力,维护社会公平正义;要优化司法权力配置,严格规范司法行为,加强刑事诉讼程序的监督制约,完善刑事诉讼中公民诉讼权利和其他权利的保障机制,更好地尊重和保障人权。

(六)实行关口前移,健全防范腐败分子外逃的长效机制

健全防范腐败分子外逃的长效机制,有力预防腐败分子潜逃出境,是做好腐败犯罪境外追逃工作的一项基础性工作,更是一项治本之策。如果先期采取有力的预防和控制措施,使腐败分子作案后能够及时被发现、被控制,从而不能外逃出境,不仅可以节约大量的司法资源,取得事半功倍的成效,而且能够震慑潜在的腐败分子和避免国有资产的流失。时任中纪委副书记干以胜在"防止违纪违法国家工作人员外逃工作协调机制第三次联席会议"上指出,防逃工作是一项系统工程,关键要在体制、机制、制度上下功夫,要加强防逃制度建设顶层设计。[②]概而言之,就是应当实行防范在先、关口前移,建立健全防范腐败分子外逃的长效防控机制,有针对性地加大预防腐败分子外逃工

---

① 《加法院否决高山案主谋李氏兄弟遣返前风险评估》,载《星岛日报》2009年7月15日。
② 林雪标:《坚持防逃追逃并重 严打腐败分子外逃》,载《中国纪检监察报》2012年6月1日。

作力度，切实做到惩治于已然、防患于未然。具体来说，一是要强化防逃意识，做好检察环节的防逃工作。检察机关要认真分析研究腐败分子携款潜逃境外的特点、规律，以及在防逃方面存在的问题及薄弱环节，增强工作的主动性和预见性，依法果断采取相应的防控措施，尽最大可能将腐败分子控制在境内，遏制腐败分子的出逃势头。二是要加强检察机关与纪检、公安、法院、海关、工商、审计、银行和外交等部门的合作和信息沟通，建立稳定的沟通联系机制，及时掌握外逃人员的信息和动态，建立出境预警机制和可疑行踪报告机制。三是针对国家工作人员出国（境）证照审批保管、因私出国（境）登记备案、出入境资金监测等重点环节，完善相关制度，加大工作力度，逐步建立起防逃网络，切实筑牢堤坝、堵塞漏洞，震慑企图外逃的腐败分子。四是完善官员配偶子女移居海外、出国留学的报告和备案制度。完善官员配偶女子移居海外或者出国留学的报告和备案制度是预防外逃的重要措施之一。官员有义务将家属移居海外或者出国留学甚至申请"绿卡"等情况向组织报告，故意隐瞒不报的，应当给予党纪政纪处分，以防止领导干部当"裸官"，坚决遏制腐败分子外逃现象的滋生蔓延。

第六节　我国腐败犯罪外移资产追回问题研讨

随着经济体制转型和改革不断深入，腐败已日益成为困扰我国经济发展和社会进步的痼疾。特别是在经济全球化的浪潮下，腐败呈现出跨国化、国际化的趋势，国家公职人员携款潜逃案件日趋增多，腐败犯罪资产外移现象明显，已成为有效惩治腐败犯罪的一大障碍。高度重视对腐败犯罪外移资产的追回，进一步加强腐败犯罪境外追赃工作，是我国反腐败工作的重要组成部分，也是坚决惩治和有效预防腐败犯罪的一项重要工作任务。本节在简要介绍腐败犯罪外移资产追回概况的基础上，回顾国际社会对腐败犯罪资产追回所做的努力，分析和反思我国腐败犯罪资产追回的立法现状和司法实践，并就如何完善我国腐败犯罪外移资产追回机制提出若干建言。

一、腐败犯罪外移资产追回概说

（一）腐败犯罪资产外移情况概览

在全球化背景下，各国间的政治交往和经济往来日益密切，人员流动愈加频繁，资源、资金、文化、信息等都在跨国快速流动或整合，腐败犯罪跨地区、跨国（境）趋势也日趋明显，犯罪手段不断国际化，跨境及涉外腐败犯罪明显增多。近年来腐败分子携款潜逃境外现象相当突出，成为新形势下腐败犯罪的一个突出特点，引起了全社会的共同关注。2004 年 11 月在智利圣地亚哥举行的亚太经合组织会议上，包括中国在内的亚太经合组织反腐败研讨会主办方发表的联合声明也指出，腐败犯罪资金外移仍是当前亚太经合组织范围内反腐败斗争中比较突出的问题。[1]在日益严峻的反腐败形势下，不少腐败犯罪分子实施犯罪后至潜逃前，必定会想方设法隐匿或转移资产，尤其是向境外转移赃款赃物。有的通过各种关系，秘密取得外籍身份或者双重国籍，以洗钱方式将赃款"漂白"后，通过银行或地下钱庄渠道转移往境外；有的通过虚假海外投资、假借外贸合同、恶意串通等手段将腐败犯罪资产非法转移出境；有的利用子女、家属在国外留学、定居等方式将腐败犯罪资产转移境外；还有的直接在境外收受贿赂，行贿人直接将贿赂款存入腐败犯罪分子在境外开设的账号内；等等。对于收受的房产、名贵字画、贵重物品等不易转移或限制流通的赃物，腐败犯罪分子往往先是转到亲友的名下或由亲友代为保管等加以隐匿，等待时机成熟后，再变现并将其转移至境外。据世界银行初步估算，全世界每年约有 2 万亿美元涉及腐败的资金进行跨国流动，相当于全球 33 万亿美元生产总值的 6%。[2]至于我国转移到海外的腐败犯罪资产数额究竟有多少？至今并无权威说法，一些部门和研究机构曾公布过

---

[1]《亚太经合组织反腐败研讨会主办方联合声明》，载《中国监察》2006 年第 14 期。

[2] 张业遂：《让腐败分子无处藏身——解读〈联合国反腐败公约〉》，载《求是》2004年第8期。

相关数字。如据中国社科院的一份调研报告显示，从 20 世纪 90 年代中期以来，外逃党政干部，公安、司法干部和国家事业单位、国有企业高层管理人员，以及驻外中资机构外逃、失踪人员数目高达 16000—18000 人，携带款项达 8000 亿元人民币，目前被遣返并追回资产的只占很少比例。[①] 这还是一个保守的不完全统计数字。另有非营利机构全球金融诚信组织（GFI）于 2012 年 12 月发布的《发展中国家非法资金流出：2001—2010》报告显示，中国（大陆）因腐败等所产生的非法资金外流达 2.74 万亿美元，占全球各国非法资金外流的近 50%，中国连续十年以"巨大优势"成为全球非法资金流出最多的国家。[②]可见，从上述有关机构公布的数据看，我国腐败犯罪外移资产情况还是非常严重的。除此之外，从近年来已发携款潜逃境外的腐败犯罪个案情况来说，也不难得出这一结论。不少个案的腐败犯罪分子，向境外转移的腐败犯罪资金数额触目惊心。如 2001 年中国银行广东开平支行原行长余振东等人就贪污巨款 4.83 亿美元，并携款外逃；又如，2005 年中国银行哈尔滨分行河松街支行行长高山卷款 8.39 亿元，与妻子一起外逃加拿大。[③]再如，2012 年 4 月辽宁省凤城市委书记王国强疑因涉供暖腐败，卷款 2 亿多元离境，辗转跑至美国。[④]这些个案也在很大程度上反映出我国腐败犯罪资产外移情况的严重性。

（二）腐败犯罪资产外移的危害性

应当说，腐败犯罪分子携款潜逃或者通过其他方式实施资金跨境转移，具有严重的危害性，表现在经济、政治、社会等多个方面，其不仅增加了受害国打击腐败犯罪、追缴违法所得的难度和成本，助长腐败蔓延趋势，破坏经济发展，而且还会危害社会和谐稳定，损害党和政府在人民群众中的威信，严重影响国家的国际形象。诚如有学者指出，资产跨境转移掩盖了贪污贿赂等犯罪的踪迹，为司法机关及时

---

①《中国海外追贪：金融和国企是携款潜逃重灾区》，载《中国经济周刊》2012 年 6 月 5 日。

②《中国非法资金外流占全球的一半》，载 http://data.163.com/12/1223/22/8JELVT5E00014MTN.html。

③ 王全宝：《中国贪官"外逃"资产：无法计数》，载 http://www.rmlt.com.cn/News/201205/201205280917001280.html。

④ 刘茸：《辽宁凤城市委书记疑卷款 2 亿元离境》，载《新京报》2012 年 8 月 27 日。

发现犯罪、查获罪犯、追缴赃款设置了障碍，使腐败分子得以享用赃款、逃避打击；而对犯罪的惩罚不力，则降低了司法威慑力，势必又会刺激更多的腐败分子铤而走险，形成恶性循环。①如果可以轻易向境外转移腐败犯罪资产，势必给腐败犯罪分子提供退身之路，给其提供低风险获利空间，这无异于是对实施腐败犯罪的刺激和引诱，将直接削弱国家反腐倡廉建设和反腐败斗争的效果。正是因为腐败犯罪资产跨境转移形势严峻，对本国经济社会发展危害严重，深入开展反腐败国际合作，最大限度地追回外移腐败犯罪资产，成为各国、各地区反腐败执法机构的共同愿望和迫切要求。事实上，资产追回也是国际合作打击腐败犯罪最为重要的环节和手段，必将有力地震慑腐败犯罪分子，增强惩治腐败犯罪的实效。

（三）腐败犯罪外移资产追回的意义

腐败犯罪外移资产追回的意义，主要体现在以下几个方面：

第一，有利于挽回国家经济损失。近年来，腐败犯罪分子携款潜逃现象比较严重，而且往往动辄数额惊人。这些跨境转移的腐败犯罪资产，若不能及时追回，必将给国家造成巨大经济损失，在一定程度上削弱国家的财政力量，严重影响经济发展。正如时任全国人大代表赵中林所言，一些贪官抱着"捞了就跑，跑了就了"的心理，聚敛财产，先在海外安家，再把资产转移，最终择机出逃，给国家带来巨大财产损失。②而及时追回被转移到海外的腐败犯罪资产，则不仅剥夺了腐败犯罪分子的经济基础，使其无利可图，而且也能够为国家和集体挽回因犯罪行为而遭受的巨额的经济损失。

第二，挤压腐败犯罪分子的生存空间。腐败犯罪资产是贪官在境外生活和梦想过"神仙般日子"的经济基础。"贪官在国外过着神仙般的日子，令人触目惊心。"③ 如果腐败犯罪分子携款外逃，对其非法攫取的资产不予追回，而放任其挥霍享受，让其继续享受这种不义之

---

① 田享华：《腐败犯罪分子潜逃危害与对策》，载《第一财经日报》2011年6月16日。
② 陈菲等：《打击捞了就跑，跑了就了》，载《大连日报》2012年3月12日。
③ 赵阳：《解读违法所得没收程序：终结外逃贪官"神仙日子"》，载《法制日报》2011年9月5日。

财带来的幸福，这对更多的人是一种不公平，势必会起到反向激励作用。因此，通过最大限度地对腐败犯罪资产及收益进行有效的追回，摧毁腐败犯罪分子在境外生存生活的物质基础，可以有效地挤压其生存空间，迫使其自愿回国自首或最终被追捕回国。

第三，震慑潜在的腐败犯罪分子。资产追回是国际合作打击腐败最重要的环节和手段，追回外移腐败犯罪资产，在客观上可以促使潜在的腐败犯罪分子及早醒悟，让其认识到：不管其逃到天涯海角，其非法攫取的资产都要追缴回来，实施腐败犯罪可能会暂时得到好处，但最终会化为乌有，从而消除实施腐败犯罪的意念。对受到腐败犯罪诱惑的人来讲，这种追求与结果的背离，会使他们在权衡利弊之后放弃犯罪的欲望，从而减少腐败犯罪现象的发生，达到预防犯罪的效果。

二、国际社会对腐败犯罪外移资产追回的努力

近年来，国际社会对于腐败犯罪外移资产的追回做了很大努力，也取得了一系列成果。20世纪90年代末以来，以联合国为代表的国际社会开始全球性地宣布追回腐败犯罪所得是国际社会的目标，强调资产追回过程中的法律障碍必须通过国际和双边的相互合作予以更好的处理，而不应通过地方和单边的政策予以解决。[①]早在1999年12月17日，联合国大会第54/128号决议中就提到请会员国"酌情在国家一级审查本国国内法律制度在防范贪污和规定没收贪污收益方面是否充分，同时利用为此目的提供的国际援助"[②]。2000年12月20日，联合国大会第55/188号决议明确提出要防止和打击贪污行为及非法转移资金并将这些资金返还来源国。在该决议中，明确指出"注意到秘书长关于防止贪污行为和非法转移资金的报告：（1）重申谴责贪污、贿赂、洗钱和非法转移资金；（2）要求进一步采取国际和国内措施，打击国际交易中的贪污行为和贿赂，并进行国际合作以支持这些措施；

---

① 张士金：《对资产追回国际法律合作的现实考量》，载《政法论坛》2008年第1期。
②《联合国大会第54/128号决议·反贪污腐败行动》，1999年12月17日。

（3）还要求在确认国内措施的重要性的同时，加强国际合作，特别是通过联合国系统加强国际合作，制定方式方法，防止和对付非法转移资金并将非法转移的资金返还来源国，吁请各有关国家和实体在这方面进行合作；（4）请国际社会支持所有国家致力加强体制能力和管制框架，防止贪污、贿赂、洗钱和非法转移资金，并将这些资金返还来源国"[①]。2001 年 7 月 24 日，经济及社会理事会通过了题为"加强国际合作，预防和打击转移腐败行为所得非法来源的资金，包括洗钱，并返还这类资金"的第 2001/13 号决议。[②]在该决议中，经社理事会请大会第 55/61 号决议所述不限成员名额的政府间专家组在其授权范围内除其他事项外，考虑下列问题作为可能的工作项目列入一项未来反腐败法律文书的谈判工作范围草案：（a）加强国际合作，预防和打击非法来源资金的转移，包括腐败行为所得资金的洗钱活动，并促进使这些资金能够返还的方式和方法；（b）制订必要的措施，确保银行系统和其他金融机构的工作人员对预防腐败行为所得非法来源资金的转移做出贡献，例如，以透明的方式将交易记录备案，并为这类资金的返还提供便利；（c）将腐败行为所得的资金定义为犯罪所得，规定腐败行为有可能是与洗钱相关的一项上游犯罪；（d）制定标准，用以确定上述资金应返还的适当国家和这种返还的适当程序。[③]2002 年 1 月 31 日，联合国大会第 56/260 号决议请特设委员会在拟定公约草案时采取一种全面的多学科方式，考虑相关指示性要素，其中就包括"预防和遏制转移贪污行为所得的非法来源资金，包括洗钱行为，并返还这类资金"[④]。及至 2003 年 10 月 31 日，第 58 届联合国大会通过《联合国反腐败公约》，该《公约》专门设立了"资产的追回"一章，强调按照本章返还资产是本公约的一项基本原则，缔约国应当在这方面提

---

① 《联合国大会第 55/188 号决议·防止和打击贪污行为及非法转移资金并将这些资金返还来源国》，2000 年 12 月 20 日。

② 外交部条约法律司编译：《联合国反腐败公约及相关法律文件》，法律出版社 2004 年版，第 88 页。

③ 外交部条约法律司编译：《联合国反腐败公约及相关法律文件》，法律出版社 2004 年版，第 88 页。

④ 《联合国大会第 56/260 号决议·反贪污国际法律文书谈判工作范围》，2002 年 1 月 31 日。

供最广泛的合作和协助。该章全面规定了"预防与监测犯罪所得转移""直接追回财产的措施""通过没收事宜的国际合作追回资产的机制""没收事宜的国际合作""特别合作""资产的返还和处分""金融情报机构"和"双边和多边协定和安排"等内容。《公约》关于资产追回的规定，全面确立了腐败犯罪资产追回的国际司法合作的制度框架。

除了联合国及其经济社会理事会的相关公约、决议对腐败犯罪外移资产的追回给予关注和重视外，其他区域性反腐败法律文件中也规定有各具特色的腐败犯罪资产追回的内容，比较重视腐败犯罪外移资产追回的国际司法合作。如 1996 年 3 月 29 日通过的《美洲国家组织反腐败公约》第 15 条规定："一、根据其可适用的国内法和相关的可在缔约国间生效的条约或协定，缔约国应当就对根据本公约确立的犯罪所获得、衍生或使用的财产或收益进行辨认、追查、冻结、扣押和没收，相互提供最广泛的、可能的协助。二、执行其自身或另一缔约国针对本条第一款所述之财产或收益的没收判决的缔约国，应当根据其法律处置该财产或收益。在缔约国法律允许的范围内和其认为适当的条件下，该缔约国可以将全部或部分财产或收益转让给在有关侦查或者诉讼程序中提供协助的国家。"[1]又如，2003 年 7 月 11 日通过的《非洲联盟预防和打击腐败公约》第 16 条第 1 款规定，"各缔约国应当采取适当的立法措施以确保：没收来自本公约所确立的犯罪的犯罪所得或与该犯罪所得价值相当的财产；返还腐败犯罪所得"。[2]再如，2001 年由亚洲开发银行（ADB）和经济合作与发展组织（OECD）联合发起的《亚太地区反腐败行动计划》[3]也强调："加强调查和其他法律程序方面的双边和多边合作，根据国内的立法，建立有关制度，以增强：……（3）在搜寻和追查应与没收的财产时进行合作，包括迅速没

---

① 《美洲国家组织反腐败公约》。

② 《非洲联盟预防和打击腐败公约》。

③ 迄今共有亚太地区的 28 个国家和地区加入该行动计划，行动计划的宗旨是结合亚太地区的实际，在行动计划指导下交流经验，组织培训，促进本地区反腐败工作的开展。我国于 2005 年 4 月 19 日在越南河内召开的行动计划第六次指导小组会议上正式宣布加入该行动计划。

收在海外的非法财产，并将这些非法财产调拨回国"①。

就国际社会对腐败犯罪外移资产追回所做努力来说，《联合国反腐败公约》确立的腐败犯罪资产追回法律机制具有标志性的意义，其是《联合国反腐败公约》中最具有强制性、最为核心的一个机制，切中腐败犯罪的要害，为腐败犯罪资产追回国际合作提供了坚实而宽广的法律基础，体现了国际社会在腐败犯罪资产追回问题上的协调一致性，对于对各国有效追回腐败犯罪资产，提高惩治腐败犯罪的成效，促进反腐领域内的国际合作具有重要而积极的意义。对于《联合国反腐败公约》确立的腐败犯罪资产追回机制的相关重要内容，下文再稍做介绍。

一方面，关于腐败犯罪资产追回的两条主要途径。《公约》确立了追回腐败犯罪资产的两条途径：一是直接追回机制；二是间接追回机制。所谓直接追回机制，是指一缔约国在其资产因腐败犯罪被转移到另一缔约国，在另一缔约国没有采取没收等处置的情况下，通过民事程序途径，主张对该资产的合法所有权而将其追回的方式，也可以称之为资产追回的民事途径。关于直接追回机制，第53条提出了三项措施：（1）采取必要的措施，允许另一缔约国在本国法院提起民事诉讼，以确立对通过实施根据本公约确立的犯罪而获得的财产的产权或者所有权；（2）采取必要的措施，允许本国法院命令实施了根据本公约确立的犯罪的人向受到这种犯罪损害的另一缔约国支付补偿或者损害赔偿；（3）采取必要的措施，允许本国法院或者主管机关在必须就没收做出决定时，承认另一缔约国对通过实施根据本公约确立的犯罪而获得的财产所主张的合法所有权。适用直接追回机制追回腐败犯罪资产的前置条件是，请求国要证明自己是犯罪所得的原合法所有人或者证明自己是腐败犯罪的被害人。所谓间接追回机制，即通过没收事宜的国际合作追回资产的机制，主要是指一国依据本国法律或者执行另一缔约国法院发出的没收令，对转移到本国境内的腐败犯罪所得进行没收后，再将其返还给另一国的资产追回方式。关于间接追回机制，根

① 赵秉志等编：《<联合国反腐败公约>暨相关重要文献资料》，中国人民公安大学出版社2004年版，第322页。

据第54条的规定,各缔约国均应当根据其本国:(1)采取必要的措施,使其主管机关能够执行另一缔约国法院发出的没收令;(2)采取必要的措施,使拥有管辖权的主管机关能够通过对洗钱犯罪或者对可能发生在其管辖范围内的其他犯罪做出判决,或者通过本国法律授权的其他程序,下令没收这类外国来源的财产;(3)考虑采取必要的措施,以便在因为犯罪人死亡、潜逃或者缺席而无法对其起诉的情形或者其他有关情形下,能够不经过刑事定罪而没收这类财产。间接追回资产必须经历两个过程:一是由被请求国对位于其境内的腐败犯罪所得,由本国的主管机关根据本国的法律程序实行没收或执行请求国法院发出的没收令;二是被请求国将没收的资产根据本国的法律程序(包括双边的协定或共同的安排)返还给请求国。间接追回机制的核心是没收程序,通过没收腐败犯罪所得,摧毁腐败犯罪分子在境外生活的物质基础,防止其从中受益,从而有助于有效地预防和控制腐败犯罪。

另一方面,关于腐败犯罪资产的返还和处分。在腐败犯罪资产追回的过程中,一缔约国应另一缔约国的请求对在其本国境内的腐败犯罪资产进行没收后,对其如何处置,便涉及该腐败犯罪资产的返还和处分问题。《公约》第57条就腐败犯罪资产的返还依据、返还的方式、返还的条件、返还和处分的原则以及其他方面的安排做了详细而明确的规定,为各缔约国对腐败犯罪资产的返还和处分提供了广阔的国际司法合作的法律框架。如第57条第1款就确立了根据公约和本国法律进行处分的法律依据和返还原合法所有人的基本法律原则;第2款强调在返还没收的资产时,应当考虑善意第三人的权利以保障其合法权益不受不正当的侵害;第3款规定了三种不同的资产返还方式[①];

---

① 三种资产返还方式分别为:(1)对于本公约第十七条和第二十三条所述的贪污公共资金或者对所贪污公共资金的洗钱行为,被请求缔约国应当在依照第五十五条实行没收后,基于请求缔约国的生效判决,将没收的财产返还请求缔约国,被请求缔约国也可以放弃对生效判决的要求;(2)对于本公约所涵盖的其他任何犯罪的所得,被请求缔约国应当在依照本公约第五十五条实行没收后,基于请求缔约国的生效判决,在请求缔约国向被请求缔约国合理证明其原对没收的财产拥有所有权时,或者当被请求缔约国承认请求缔约国受到的损害是返还所没收财产的依据时,将没收的财产返还请求缔约国,被请求缔约国也可以放弃对生效判决的要求;(3)在其他所有情况下,优先考虑将没收的财产返还请求缔约国、返还其原合法所有人或者赔偿犯罪被害人。

第 4 款是关于费用补偿的规定，即除非缔约国另有决定，被请求缔约国可以在依照本条规定返还或者处分没收的财产之前，扣除为此进行侦查、起诉或者审判程序而发生的合理费用；第 5 款是就没收资产处分所规定的特别安排，即在适当的情况下，缔约国还可以特别考虑就所没收财产的最后处分逐案订立协定或者可以共同接受的安排。如可在特别安排中协商确定被追回资产的用途、被追回资产的分配次序、资产共享等内容。

总而言之，腐败犯罪外移资产追回逐渐引起国际社会的关注和重视，应当说是因应腐败犯罪资产跨国流动挑战的必然选择。国际社会应在遵守《联合国反腐败公约》的框架内，在不违反本国法律原则的前提下，切实履行公约义务，进一步强化资产追回的履约能力，探索和丰富资产追回国际合作方式和渠道，深化双边和多边务实合作，最大限度地对腐败犯罪资产进行有效的追缴和返还，形成共同打击和预防腐败犯罪的整体合力。

三、我国腐败犯罪外移资产追回的现状及反思

（一）我国腐败犯罪外移资产追回的立法现状及反思

外移腐败犯罪资产的追回，关键在于没收程序的运用。在《刑事诉讼法》确立"违法所得没收程序"之前，我国立法未专门针对腐败犯罪资产追回问题进行规定。关于没收的法律规定，主要散见于刑法、刑事诉讼法和相关司法解释之中。《刑法》第 64 条规定："犯罪分子违法所得的一切财物，应当予以追缴或者责令退赔；对被害人的合法财产，应当及时返还；违禁品和供犯罪所用的本人财物，应当予以没收。没收的财物和罚金，一律上缴国库，不得挪用和自行处理。"该条规定中的追缴或者没收，都是对违法所得的一切财物、违禁品和供犯罪所用的本人财物的"强制处理方法"，适用于一切犯罪。所谓追缴，是指将犯罪分子的违法所得强制收归国有。如在刑事诉讼过程中，对犯罪分子的违法所得进行追查、收缴；对于在办案过程中发现的犯罪分子

已转移、隐藏的赃物追查下落，予以收缴。[①]追缴的违法所得的财物中，属于被害人合法财产的，应当予以返还。《刑事诉讼法》第 234 条第 3 款规定："人民法院做出的判决，应对查封、扣押、冻结的财物及其孳息做出处理。"第 4 款规定："人民法院做出的判决生效以后，有关机关应当根据判决对查封、扣押、冻结的财物及其孳息进行处理。对查封、扣押、冻结的赃款赃物及其孳息，除依法返还被害人的以外，一律上缴国库。"另外，最高人民法院、最高人民检察院、公安部、国家安全部、司法部、全国人大常委会法制工作委员会联合颁布的《关于实施刑事诉讼法若干问题的规定》第 36 条规定，对于依照刑法规定应当追缴的违法所得及其他涉案财产，除依法返还被害人的财物以及依法销毁的违禁品外，必须一律上缴国库。最高人民法院《关于适用〈中华人民共和国刑事诉讼法〉的解释》第 366 条第 1 款也规定："查封、扣押、冻结的财物及其孳息，经审查，确属违法所得或者依法应当追缴的其他涉案财物的，应当判决返还被害人，或者没收上缴国库，但法律另有规定的除外。"应当说，上述刑法、刑事诉讼法及司法解释规定关于违法所得财物的处理，主要是适用于犯罪嫌疑人、被告人在案的情况。

那么，在腐败犯罪嫌疑人死亡、失踪或者潜逃的情况下，其违法所得或者赃款赃物如何处理呢？从修改前的刑事诉讼法的有关规定看，在腐败分子因死亡、失踪或潜逃等不能到案的情况下，不能对其腐败犯罪资产的处置问题依法进行判决。[②]及至 2012 年 3 月 14 日，第十一届全国人民代表大会第五次会议对《刑事诉讼法》进行修正，才增补规定"犯罪嫌疑人、被告人逃匿、死亡案件违法所得的没收程序"一章。该章共有四个条文，对没收程序适用的案件范围、启动条件与申请程序、审判管辖暨公告与审理程序、没收裁定的做出与救济、没收程序的终止审理与错误没收时的返还与赔偿等问题做了明确规定。这一"违法所得没收程序"是针对犯罪嫌疑人、被告人逃匿、死

---

① 胡康生、李福成主编：《中华人民共和国刑法释义》，法律出版社 1997 年版，第 72 页。

② 最高人民法院：《关于建议设置刑事诉讼缺席判决程序问题的答复》，载最高人民法院网 http://www.court.gov.cn/gzhd/mygtxx/myfkzl/wpgz/201009/t20100907_9178.htm，2010 年 9 月 7 日。

亡案件违法所得及其他涉案财产的处理，不以对犯罪嫌疑人、被告人定罪为前提，而是一种相对独立的对物的特别程序，主要解决的是如何及时追缴犯罪所得的问题。该特别程序的增设，实现了与《联合国反腐败公约》有关资产追回规定的衔接，是本次刑事诉讼法修正的一大突出亮点，进步意义显著。当然，也并非尽善尽美，其主要的不足之处在于有些条文规定的明确性不足，可操作性不强。例如，第 280 条关于特别程序适用范围的"等重大犯罪"措词，表述非常模糊，何谓重大犯罪？并不清楚，很难界定其具体适用的案件范围，只能求诸司法实践中个案的具体判决，这无疑降低了法律的明确性，也有违刑法的谦抑性原则。又如，违法所得没收程序的可操作性有待进一步加强，如果犯罪嫌疑人处在审判阶段脱逃，要求人民检察院向法院提出没收违法所得的申请，具体如何操作？这些问题都需要进一步研究解决。

（二）我国腐败犯罪外移资产追回的司法现状及反思

近年来，我国不断加强同世界各国、各地区及有关国际组织的反腐交流与合作，积极加入相关反腐败国际组织，参加《联合国反腐败公约》等多项国际公约，与世界各国、各地区积极开展了广泛的反腐败国际司法合作，高度重视追缴和没收腐败犯罪资产，通过建立健全涉案资产追回和返还等工作机制，根据国际公约以及司法协助条约和协定，综合运用直接追回资产、民事诉讼追回资产等多种手段，有效追回了大量涉案的腐败犯罪资产，取得了明显成效，充分展示了党和政府惩治腐败犯罪的坚强决心，有力地震慑了腐败犯罪分子。如 2008—2012 年五年来，全国检察机关加强反腐败国际司法合作，完善境内外追赃机制，会同有关部门追缴赃款赃物计 553 亿元。[1]其中，境外追回的赃款赃物占有相当比例。再如，北京市检察机关近年来不断加大腐败犯罪境外追赃工作力度，成功从境外追缴赃款 5000 余万元，取得了显著效果。[2]

---

① 《曹建明做最高人民检察院工作报告》，载《人民日报》2013 年 3 月 22 日。
② 肖玮等：《北京近年从境外追赃 5000 余万元》，载《检察日报》2012 年 6 月 28 日。

　　关于司法实践中我国追回境外腐败犯罪资产的方式，可以说是多元化的。概括来说，主要有以下几种方式：

　　一是通过刑事司法协助途径单独提出追回资产请求。即根据双边条约或者互惠原则，我国司法机关均提出追缴境外腐败犯罪资产的请求，境外执法机构也可向我国司法机关提出该项请求。

　　二是开展引渡、遣返合作时提出追回资产请求。此种方式，须国家之间签订有引渡条约或者达成遣返协议，在犯罪嫌疑人被引渡或者遣返的同时，可以要求被请求国执法机关随案移交赃款赃物。如"开平案"主犯中国银行广东开平支行原行长余振东被美国遣返的同时，其被没收的355万余美元赃款也一并移交我国。

　　三是由境外执法部门提起刑事诉讼程序。即由我国司法机关提出刑事司法协助请求等方式，请求境外执法机构对有关的赃款赃物先行查封、扣押和冻结，然后由对方执法机构按照其本国法律以犯罪嫌疑人触犯该国法律为由，在其本国对犯罪嫌疑人提起刑事指控，我方协助提供有关证据材料，将赃款赃物充公后予以分享。例如，开平案另两位主犯许超凡、许国俊，由于他们拒绝被遣返回国，中方继续与美方合作，寻求在美国将他们定罪量刑。2009年5月6日，拉斯维加斯的美国联邦法院对许超凡、许国俊等五人以洗钱罪、国际间转移赃款罪和护照及签证诈欺罪等做出正式刑事判决。同时，还做出了"应当退还中国银行4.82亿多美元"涉案赃款的判决。[1]该案中许超凡、许国俊卷走的腐败犯罪资产的追回方式，就是由境外执法部门提起刑事诉讼程序追回的典型案例。

　　四是被害人或其代理人在境外提起民事诉讼。这种方式是指，被害人或其代理人通过向具有实际管辖权的境外法院提起确认之诉或侵权之诉，由该境外法院做出原告拥有外移腐败犯罪资产的合法所有权或者认定被告侵权成立并被判令赔偿或返还的判决，然后再申请外国司法机关执行该民事判决或裁定，以此追回腐败犯罪资产。这种方式虽然是《联合国反腐败公约》中腐败犯罪资产"直接追回"程序的应

---

　　[1]　汪文涛：《境外追赃中国经验》，载《方圆》2012年第13期。

用，但因为司法主权和法制壁垒等问题，办案人员往往受到许多限制。全国各地检察机关仍不乏通过境外聘请律师等方法，利用"直接追回"机制实施追赃的范例。北京市检察机关在澳大利亚和新西兰等地区的资产追回模式，就有着比较成功的经验。在数年前，北京市检察机关办理的北京某集团副总经理李沿（化名）贪污、挪用公款、受贿一案，就是通过这一机制成功追回了 2700 余万元外流腐败资产。[1]

五是促使腐败犯罪嫌疑人配合追缴。如我国检察机关在办理某单位司长徐某涉嫌受贿案中，徐承认其将 12 万美元受贿款存到了某公司总经理韩某在香港汇丰银行的账户内。为了将流失境外的 12 万美元尽快追缴，也考虑到受贿人韩某认罪态度较好，办案人员变更了对他的强制措施，由逮捕改为取保候审。韩某在取保候审后，在办案人员的陪同下一起到境外划拨赃款，将这 12 万美元划入了有关指定账号。[2]上述徐某受贿案中涉案的腐败犯罪资产 12 万美元，就是在犯罪嫌疑人徐某的配合下追回的。

此外，还有通过国际反贪局联合会的合作平台、国际刑警组织发布红色通缉令等警务合作手段，开展追回外移腐败犯罪资产工作。

当然，在《刑事诉讼法》确立"违法所得的没收程序"以前，我国检察机关对因潜逃或死亡的腐败犯罪嫌疑人追赃的工作，在法律上还存在一定障碍。在检察机关办理的腐败犯罪案件中，凡涉及犯罪嫌疑人失踪、潜逃的案件，基本上是采取长期查封、冻结或扣押措施，直到犯罪嫌疑人归案并交付审判。如果失踪、潜逃的犯罪嫌疑人无法归案或者生死不明的，那么赃款赃物将一直处于无法处置的状态。确立"违法所得没收程序"之后，检察机关就可以更加有效地开展在逃腐败犯罪嫌疑人的资产追回工作。对于涉及境外追赃案件，检察机关取得了相关证据证明境外腐败犯罪所得的，可以向人民法院提出没收违法所得的申请，人民法院可以据此做出刑事没收裁定，并通过刑事司法协助的渠道，请求相关国家承认与执行中国刑事没收裁决。当然，

---

① 汪文涛：《境外追赃中国经验》，载《方圆》2012 年第 13 期。
② 同上。

检察机关也可先行启动刑事司法协助程序，请求相关国家查封、冻结或扣押被腐败犯罪嫌疑人转移到境外的资产。在此基础上，再启动违法所得没收程序和司法协助程序，从而追回境外腐败犯罪资产。

总之，跨境追回腐败犯罪资产不是仅靠完善国内相关立法就足够应付的，实践中，同样需要重视通过签署刑事司法协助协定、加大洗钱犯罪惩治力度、加强对腐败犯罪资产转移的预防和监测等方式追赃，只有多管齐下，才能最大限度地追回转移到境外的涉案腐败犯罪资产。此外，追回境外腐败犯罪资产，还涉及腐败犯罪资产性质的举证、腐败犯罪资产的分享、善意第三人合法权益的保护、对境外刑事罚没裁决的承认与执行等诸多问题，这些问题都需要进一步研究和探讨。

四、完善我国腐败犯罪外移资产追回机制的建言

资产追回是国际合作打击腐败犯罪最重要的环节和手段，如何完善我国腐败犯罪外移资产追回机制，为推动国际反腐败事业健康发展做出积极贡献，笔者认为，应当着重考虑以下几个方面的问题。

（一）确立以"违法所得的没收程序"为主体的多元资产追回机制

《联合国反腐败公约》明确要求各成员国根据其本国法律采取必要的措施，以便在因为犯罪人员死亡、潜逃、失踪或者缺席而无法起诉的情况下或者其他有关情况下，能够不经刑事定罪而没收这类财产。作为该公约的成员国，2012年修订后的《刑事诉讼法》适时确立"违法所得的没收程序"这一特别程序，实现了与公约有关资产追回规定的衔接，不仅是积极履行公约义务的体现，而且有利于我国司法机关依法有效地向境外追缴腐败犯罪资产，对于打击腐败犯罪意义重大。今后，我国腐败犯罪资产追回应以这一特别程序为主体，进一步强化资产追回的履约能力，深化双边、多边务实合作，积极给力腐败犯罪资产的追回。与此同时，又要大力探索和丰富资产追回国际合作方式和渠道，综合运用直接追回资产、民事诉讼追回资产、促使犯罪嫌疑人配合追缴资产等多种手段，最大限度地对腐败资产、犯罪收益进行有效的追缴和返还。毕竟，在资产追回国际反腐合作实践中，刑事诉

讼与民事诉讼等资产追回方式都不存在实质上的冲突，而是可以有机衔接、相得益彰和共同发挥作用的，从而形成具有我国特色的，以"违法所得的没收程序"为主体，以其他资产追回方式为补充的多元化的资产追回机制。

（二）组建一支追回外移腐败犯罪资产的跨部门的特别侦查队伍

美国政府曾于 2003 年成立了由国务院、司法部、国土安全部、移民和海关执法局等部门参加的特别行动小组，主要任务是调查和没收涉嫌贪污腐败的外国官员经由洗钱渠道进入美国的资产，并可对外开展追赃调查国际合作。通过该特别行动小组追赃活动，已协助相关国家追回大量贪官赃款。笔者认为，上述美国政府境外追赃的做法和经验，很有借鉴意义，值得我国参考。毕竟，追回外移腐败犯罪资产涉及检察、公安、司法、外交、审计、国资等多个部门，而且其专业性和国际性都较强，不仅要熟悉本国的法律制度、追赃诉讼程序，还要了解和研究相关国家的法律制度、追赃的民事和刑事程序，并且要熟练掌握刑事司法协助的业务。鉴于此，可在国家层面探索组建一支由检察、公安、审计、外交、财政、国资委等部门组成的跨部门的境外追赃特别侦查队伍。境外追赃特别侦查队伍的基本任务是，组织、指挥、指导针对我国公职人员在境外拥有违法所得，以及我国在境外投资的国有资产项目被挥霍或非法转移的案件进行侦查、调查，办理境外追赃调查取证、司法协助事务等，由其形成的侦查终结或调查结论，可转交相关职能部门，或由司法机关采取刑事诉讼追缴或国际合作追赃措施，或由行政机关依法采取其他措施予以处置，除依法返还被害人或单位外，一律上缴国库。

（三）建立承认和执行外国刑事罚没裁决的制度

目前，关于刑事司法协助问题，《刑事诉讼法》第 17 条做了规定，即"根据中华人民共和国缔结或者参加的国际条约，或者按照互惠原则，我国司法机关和外国司法机关可以相互请求刑事司法协助"。上述规定阐明了我国刑事司法协助的原则。除此之外，《人民检察院刑事诉讼规则（试行）》《最高人民法院关于适用〈中华人民共和国刑事诉讼法〉的解释》《公安机关办理刑事案件程序规定》等对刑事司法协助问题做了大量细化和补充规定。近年来，我国完善境内外追赃追逃机制，先后与 57 个国家缔结 111 项各类司法协助类条约。很多这类司法协助条约也都规定了对犯罪所得收益的没收等内容。在承担协助腐败犯罪资产追回的条约义务时，对于属于外国腐败犯罪所得并位于我国境内的资产，不可避免会涉及承认和执行他国做出的刑事罚没裁决的问题。虽然立法中有涉及刑事司法协助的条款，但没有承认和执行外国刑事罚没裁决的明文规定。事实上，直至 2001 年月 21 日，我国与乌克兰缔结的《中乌移管被判刑人条约》才首次规定了我国与外国开展相互承认和执行刑事裁决的内容。为了进一步加强反腐败国际合作，加强对外移腐败犯罪资产的追回，我国亟须建立承认和执行外国刑事罚没裁决的制度。当然，考虑到承认和执行外国刑事罚没裁决直接涉及一国的司法主权，因而需要谨慎对待。我国应在坚持国家主权原则和对等互惠原则的基础上，建立符合我国国情的承认与执行外国刑事罚没裁决的制度以及相应的司法审查机制，包括应当明确"刑事罚没裁决"的范围、合理设定承认与执行外国刑事罚没裁决的原则和条件、规范承认与执行外国刑事罚没裁决的程序和途径等。

（四）确立我国境外追缴腐败犯罪资产的分享机制

外移腐败犯罪资产的追回，离不开资产流入国的配合和支持。《联合国反腐败公约》第 57 条（资产的返还和处分）第 5 款也规定："在适当的情况下，缔约国还可以特别考虑就所没收财产的最后处分逐案订立协定或者可以共同接受的安排。"这是公约就腐败犯罪资产处分所规定的特别安排，从实践中的情况看，特别安排中可以就资产分享问题达成协议。从国际刑事司法合作的现状看，尽管"资产分享"有一定的不合理性，但它的确有助于调动资产流入国的积极性，增大追回腐败犯罪资产的可能性和数额，相比坚持全部追回的原有政策，资产分享机制的建立不失为一个更务实、更明智的选择。在外移腐败犯罪资产追回国际合作中，不必故意回避"资产分享"问题。事实上，我国贪官外逃较为突出的国家，如美国、加拿大等均建立了合作追缴犯罪所得分享制度，根据协助追缴赃款赃物工作贡献大小，通过协议方式对相关犯罪所得进行分享。就美国而言，有关国家分享被追回腐败犯罪资产的比例主要取决于该国在相关的司法合作中做出的"贡献",实践中这种贡献一般分为三个档次:重大协助,分享比例50%—80%;较大协助:分享比例40%—50%;提供便利:分享比例40%以下。[1]截至2000年7月,为报答在没收行动上提供的援助,美国已向约30个国家汇拨了约1.69亿美元。[2]可见,资产分享机制作为一项追赃国际合作的激励措施,效果是很好的。因此,笔者建议,我国司法机关追缴境外腐败犯罪资产应采取务实的办法,坚持原则性和灵活性相结合的方针,确立境外追缴腐败犯罪资产的分享机制,合理运用"资产分享"制度来处理赃款赃物,从而最大限度地维护我国国家利益。当然,确立分享机制的同时,要坚持国家主权原则、被害人权益和保护合法所有人财产所有权原则,坚持遭受犯罪侵害的被害人明确的财产必须全面无条件返还、不得分享的原则,并要严格界定分享的条件和范围。

---

① 黄风:《关于追缴犯罪所得的国际司法合作问题研究》,载《政治与法律》2002年第5期。

② 吴高庆:《惩治腐败犯罪之司法程序——<联合国反腐败公约>程序问题研究》,中国人民公安大学出版社2006年版,第337-338页。

第九章

渎职罪

第一节　徇私舞弊型滥用职权罪的认定问题研讨

一、问题的提出

所谓滥用职权罪，是指国家机关工作人员违反法律规定的权限和程序，滥用职权或者超越职权，致使公共财产、国家和人民利益遭受重大损失的行为。根据我国刑法典第 397 条第 1 款的规定，犯滥用职权罪的，处 3 年以下有期徒刑或者拘役；情节特别严重的，处 3 年以上 7 年以下有期徒刑。另根据该条第 2 款的规定，国家机关工作人员徇私舞弊，犯滥用职权罪的，处 5 年以下有期徒刑或者拘役；情节特别严重的，处 5 年以上 10 年以下有期徒刑。也就是说，刑法典第 397 条规定了两种类型的滥用职权罪，第 1 款为普通的滥用职权罪，第 2 款为徇私舞弊型的滥用职权罪。上述两种类型的滥用职权罪都包括基本犯和加重犯，并分别规定了不同的法定刑，情节特别严重的滥用职权或者情节特别严重的徇私舞弊滥用职权，都属于加重实行行为，应归属于滥用职权罪的加重构成而对应于加重法定刑。在司法实践中，对于行为人滥用职权的行为到底属于普通滥用职权罪还是徇私舞弊型滥用职权罪，有时区分并不容易。下面笔者结合一度引起全国关注、举世瞩目的薄熙来案件进行分析。

在薄熙来案件中，法院认定其滥用职权的事实是：2012 年 1 月至 2 月，被告人薄熙来作为中共中央政治局委员兼中共重庆市委书记，在有关人员告知其薄谷开来涉嫌故意杀人后，以及在时任重庆市人民政府副市长的王立军叛逃前后，违反规定实施了一系列滥用职权行为。具体如下：2012 年 1 月 28 日晚，王立军将薄谷开来涉嫌投毒杀害尼尔·伍德一事告知被告人薄熙来，次日上午，薄熙来召集王立军、郭维国、吴文康（时任中共重庆市委副秘书长兼市委办公厅主任）谈话，斥责王立军诬陷薄谷开来，打了王立军一记耳光，并将杯子摔碎在地上。当晚，薄熙来得知"11·15"案件原侦查人员王智、王鹏飞根据王立军授意，以提交辞职信方式揭发薄谷开来涉嫌杀人后，根据薄谷开来的要求，安排吴文康对该二人进行调查。

2012 年 1 月 29 日起，被告人薄熙来先后向重庆市委多名领导提议，免去王立军中共重庆市公安局党委书记、局长职务。在未报经公安部批准的情况下，薄熙来于 2 月 1 日下午主持召开中共重庆市委常委会议，决定免去王立军的中共重庆市公安局党委书记、局长职务。次日上午，按照薄熙来的要求，中共重庆市委组织部宣布了该决定。

2012 年 2 月 6 日，王立军叛逃至美国驻成都总领事馆。次日凌晨，时任重庆市委常委、秘书长的翁杰明及吴文康等人到被告人薄熙来住处向其报告此事。在研究应对措施过程中，薄熙来纵容薄谷开来参与。薄谷开来提出可由医院出具诊断证明以表明王立军系因患精神疾病而叛逃，薄熙来对此表示同意。当日，薄谷开来和吴文康协调重庆市大坪医院出具了"王立军存在严重抑郁状态和抑郁重度发作"的虚假诊断证明。2 月 8 日上午，经薄熙来批准，重庆市有关部门对外发布了"据悉，王立军副市长因长期超负荷工作，精神高度紧张，身体严重不适，经同意，现正在接受休假式的治疗"的虚假信息。

2012 年 2 月 15 日，在薄谷开来向重庆市公安局举报王鹏飞诬告陷害其杀人后，重庆市公安局按照被告人薄熙来的要求对王鹏飞进行审查并移送重庆市渝中区公安分局侦查。次日，渝中区公安分局以涉嫌诬告陷害为由对王鹏飞立案侦查，后决定对王鹏飞采取禁闭措施。2月17日，经薄熙来提议和批准，重庆市渝北区第十七届人民代表大会主席团会议取消了时任渝北区副区长王鹏飞继续作为该职务候选人的提名。

被告人薄熙来的上述行为，是导致"11·15"案件不能依法及时查处和王立军叛逃事件发生的重要原因，并造成特别恶劣的社会影响，致使国家和人民利益遭受重大损失。[①]

那么，薄熙来滥用职权的行为是基本犯滥用职权行为还是徇私舞弊型滥用职权行为，这是接下来笔者要探讨的问题。

二、徇私舞弊型滥用职权罪的具体认定

就薄熙来案件来说，公诉机关指控薄熙来所犯的罪行中也包括滥用职权罪，法院也以薄熙来犯滥用职权罪，判处其有期徒刑7年。但从一审判决的措词和表述来看，即认定"薄熙来身为国家工作人员，滥用职权，致使国家和人民利益遭受重大损失，其行为已构成滥用职权罪，情节特别严重"[②]，明显是以刑法典第397条第1款规定的普通滥用职权罪的加重犯对薄熙来判处相应刑罚的，未认定其属于刑法典第397条第2款规定的徇私舞弊的滥用职权犯罪。笔者认为，一审判决的上述认定有所不妥，薄熙来的行为构成的应是徇私舞弊型滥用职权犯罪，且属情节特别严重。

一方面，薄熙来是徇私舞弊滥用职权。所谓徇私舞弊，就是指为循个人私利或者亲友私情的行为。由于这种行为是从个人利益出发，置国家利益于不顾，所以主观恶性比滥用职权罪基本犯的主观恶性要大，因而要适用加重的法定刑。就薄熙来所实施的滥用职权行为而言，完全符合徇私舞弊型的滥用职权犯罪构成。薄熙来实施的一系列滥用

---

① 山东省济南市中级人民法（2013）济刑二初字第8号《刑事判决书》。
② 同上。

职权行为，其主要目的就是徇私（为了包庇薄谷开来），表明其严禁重新调查薄谷开来涉嫌故意杀人案件（"11·15"案件）的态度。如经法庭查证属实的王立军的证言证明："薄熙来当面辱骂其诬告陷害薄谷开来并打了其脸部一拳，还将茶杯摔在地上，说'这就是我的态度，我让你们看看'"。[①]郭维国的证言也证明："薄熙来怒斥王立军诬陷薄谷开来杀人，打了王立军一记耳光，并冲其喊道，'郭维国，我叫你来，就是要让你看看我的态度，让吴文康来也是让他做个见证'"。[②]事实上，一审判决也认定了"2012年1月至2月，被告人薄熙来作为中共中央政治局委员兼中共重庆市委书记，在有关人员告知其薄谷开来涉嫌故意杀人后，以及在时任重庆市人民政府副市长王立军叛逃前后，违反规定实施了一系列滥用职权行为"等事实，并认为"被告人薄熙来的上述行为，是导致"11·15"案件不能及时依法查处和王立军叛逃事件发生的重要原因"[③]。以上证人证言以及一审判决认定的内容，实际上都非常清楚地表明薄熙来是徇私舞弊，为循私情而严禁重新调查薄谷开来涉嫌故意杀人案件。包括薄熙来违规免除王立军的重庆市公安局党委书记兼局长职务、安排吴文康对王智和王鹏飞进行审查、纵容薄谷开来参与王立军逃馆事件的研究对策等诸多具体的滥用职权行为，都是在薄熙来为循私情、私利这一总的动机和目的之下实施的。一言以蔽之，薄熙来的滥用职权是典型的徇私舞弊型滥用职权犯罪行为。

另一方面，薄熙来滥用职权的行为情节特别严重。尽管何谓滥用职权罪中的"情节特别严重"，刑法和司法解释都没有做出明确规定。但在司法实践中，应注意从滥用职权的具体犯罪事实、手段、主观恶性、社会危害程度等方面进行综合分析认定，一般应包括下述情形：造成多人伤亡的；直接经济损失特别巨大的；特别严重损害国家声誉或者造成极其恶劣社会影响的；犯罪手段特别狡诈的；犯罪动机和目的特别卑鄙的；犯罪时间长，作案次数多的；其他致使公共财产、国

---

① 山东省济南市中级人民法（2013）济刑二初字第8号《刑事判决书》。
② 同上。
③ 同上。

家和人民利益遭受特别重大损失的情形等。就薄熙来的滥用职权行为而言，可以说造成了极其严重的危害后果，其中就包括导致王立军叛逃事件的发生。一审判决已认定薄熙来滥用职权的行为是导致"11·15"案件不能及时依法查处和王立军叛逃事件发生的重要原因。而王立军是副省级领导干部，掌握大量国家机密，有着"打黑英雄""全国劳动模范"等诸多耀眼的光环，其叛逃性质严重，国内外影响极其恶劣，是新中国成立以来第一起省部级高官私自进入外国领事馆滞留事件。[①]对于王立军叛逃事件的发生，薄熙来负有不可推卸的重要责任。2012年3月15日重庆市委主要领导调整时，李源潮同志代表中央所做的重要讲话中也明确指出，这次重庆市委主要领导的调整，是鉴于王立军事件造成的严重政治影响，中央从当前的形势和大局出发，经过慎重研究决定的。[②]由上不难得出，薄熙来滥用职权的行为是情节特别严重的。

综上所述，薄熙来滥用职权的行为应属于情节特别严重的徇私舞弊型滥用职权犯罪。

三、"致使公共财产、国家和人民利益遭受重大损失"的理解

从《刑法》第397条的规定可以看出，无论是符合基本构成的滥用职权犯罪为还是符合加重构成的滥用职权犯罪，其客观方面的一个重要构成要件要素乃是"致使公共财产、国家和人民利益遭受重大损失"。如何理解这一客观方面构成要素？笔者认为，对上述构成要件要素中的"重大损失"不能做偏狭的理解，以为只能是经济损失或者人员伤亡等情况；除此之外，还包括导致国家声誉严重受损或者造成恶劣社会影响等情形。其实，2006年7月26日最高人民检察院颁布的《关于渎职侵权犯罪案件立案标准的规定》中，就将涉嫌"严重损害国家声誉，或者造成恶劣社会影响的"作为滥用职权罪案应予立案追诉

---

① 王立军在美国驻成都领事馆内曾请求美方提供庇护，并书写了政治避难申请等。

② 张雪峰：《中央决定调整市委主要领导》，载《重庆日报》2012年3月16日。

的情形之一；最高人民法院、最高人民检察院于 2012 年 12 月 7 日颁布的《关于办理渎职刑事案件适用法律若干问题的解释（一）》第 1 条也明确规定"造成恶劣社会影响的"情形，应认定为刑法典第 397 条规定的"致使公共财产、国家和人民利益遭受重大损失"。薄熙来滥用职权的行为，虽然没有造成重大经济损失或者重大人员伤亡情况，但却极大地损害了党和国家的声誉、在国内外产生了特别恶劣的社会影响、给党和人民的事业造成了重大损失，完全符合"致使公共财产、国家和人民利益遭受重大损失"的要件，且属情节特别严重，理当依法判处 5 年以上 10 年以下的有期徒刑。

第二节　私放在押人员罪构成特征比较研究

私放在押人员罪是一种比较典型的司法渎职型犯罪，各国刑法都无一例外地对这种行为进行规制。本节试以构成要件特征为分析视角，通过探寻与揭示中外刑法关于私放在押人员罪的构成特质与内在构造上的同一性与差异性，以期将对该罪的理论研究推向深入，并对刑事立法的完善有所裨益。

一、客体特征比较

私放在押人员罪的客体要件问题，实质上是指该罪的罪质归属类型或模式问题。综观世界各主要国家或地区刑法对私放在押人员犯罪的罪质归属类型或模式，比较其异同，我们能够从总体上勾勒出一个大致较为清晰的轮廓。

（一）单层罪质归属类型或模式

这种罪质归属类型或模式为许多大陆法系国家刑法所采用，具体而言，即将私放在押人员性质的犯罪其罪质直接归属于"脱逃犯罪"或者"侵犯司法权威的犯罪"或者"反抗国家权力或作用的犯罪"之罪质类属。如我国台湾地区刑事相关规定第八章"脱逃罪"之下直接设立"公务员纵放或帮助脱逃罪"。瑞士联邦刑法典分则第六章"妨害司法的重罪或轻罪"一章之下，直接设立"私放犯人罪"。后者如德意志联邦共和国刑法典分则在第六章"反抗国家权力的犯罪"一章之下规定"非法释放犯人罪"等，是为适例。由此不难发现，私放在押人员犯罪其罪质无论是直接归属于"脱逃犯罪"，抑或是"侵犯司法权威犯罪"，或者还是"反抗国家权力或作用犯罪"，其经历的均只是一次罪质类属评价。

（二）双层罪质归属类型或模式

英美法系国家刑法多采用这种罪质归属类型或模式。详言之，第一层次罪质归属或曰"直接罪质归属"，基本上是归属于脱逃犯罪罪质类属；第二层次罪质归属或曰"间接罪质归属"，则是在归属于脱逃犯罪罪质的基础上，再次在较高层次归属于"侵犯国家司法权威犯罪"之罪质类属或"反抗国家权力或作用犯罪"的罪质类属。前者如加拿大刑法典分则在第四章"妨碍执法和司法的犯罪"专章之下，辟专节规定"脱逃以及营救犯罪"，然后再在该节之下设立"帮助或允许脱逃罪"；后者如美国模范刑法典及美国刑法的规定，其首先设专章专节规定"危害国家主权或行政管理的犯罪"，然后再在其下设专项规定"脱逃罪及相关犯罪"，最后才在该项之下设立"容许脱逃罪"。可见，不论是加拿大刑法典，抑或是美国模范刑法典，其私放在押人员犯罪的罪质其经历的均是两个层次的罪质类属评价。

（三）多层罪质归属类型或模式

采取这种罪质归属类型或模式的国家较少，如巴西、埃塞俄比亚等少数国家。这种类型或模式，具体而言，即私放在押人员犯罪其罪质归属依次经历三个或多个层次的罪质类属评价。而又通常表现为经历三个层次的罪质类属评价，第一层次罪质归属或曰"直接罪质归属"，基本上为脱逃犯罪罪质类属；第二层次的罪质归属或曰"间接罪质归属"，为在第一层次罪质归属基础上，再次归属于"侵犯司法权威犯罪"罪质类属；第三层次罪质归属或曰"最终罪质归属"为在第一、二层次罪质归属的基础上，最后归属于"反抗国家权力或作用犯罪"的罪质类属。

以上是对世界各主要国家刑法关于私放在押人员犯罪罪质归属的基本类型或模式所勾勒的一个大致较为清晰的轮廓。在环视国外刑法关于该罪罪质归属类型或模式的基础上，再让我们回视国内，我国1979 年刑法因为考虑到私放罪犯罪的犯罪主体是司法工作人员，所以将其放置在渎职罪一章之中加以规定，现行 1997 年刑法对这种罪质类属模式未做调整，沿用至今。

那么这种规定是否合理呢？笔者认为，这种犯罪与单纯的妨害司法型犯罪不同，在于它是从司法机关内部对正常司法活动以及司法的纯洁性、公正性进行破坏。从性质上来讲，这种犯罪罪质既可以纳入渎职罪罪质类属评价，也可以归入妨害司法活动罪罪质类属评价，其最终的罪质归属除受上述因素影响制约外，取决于立法者设立该罪意图重点保护的社会关系或客体，也即有赖于立法者对该种（个）罪罪质的深刻认识。但从总体上看，将我国刑法中的私放在押人员罪罪质归属于妨害司法活动罪罪质类属评价范畴而非渎职罪罪质类属评价范畴要显得更加合适一些，因为这种犯罪不论是行为性质还是其内部构成特征，均有其特殊性，因而与一般的渎职罪有着比较明显的区别，相反却与妨害司法活动犯罪存在着紧密的联系与内在的关联性。如果将其归入在渎职罪罪质类属评价范畴，倒显得有些牵强附会，影响对该罪罪质认识和评价的科学性与合理性，而且与一般世界各国刑法对该罪的罪质类属评价趋向不符，明显地形成一种风格上和逻辑上的断裂与不协调。

二、客观方面特征比较

考察中外刑法关于私放在押人员犯罪客观特征方面的异同，我们基本上可以从以下两个方面入手。

第一，是关于该罪的行为方式问题。国外刑法关于私放在押人员犯罪行为方式的规定大体上可以划分为两种类型：一是具体阐明式，即通过刑法分则条文明确具体规定各种不同的行为方式。二是概括综述性，即只概括地规定行为的方式，如只规定"私放"或"非法释放"

或者"使脱逃"等概括式的行为方式。其中第一种类型"具体阐明式"又可细分为以下两种具体的行为方式。一是直接行为方式，即直接纵放或引起在押人员脱逃的方式，这是比较常见的行为方式；二是间接行为方式，即非直接纵放或使之脱逃，而是便利或帮助在押人员脱逃的行为方式。当然，大多数国家的刑法一般都规定了这两种具体的行为方式。如蒙古人民共和国刑事相关法规第 102 条第 1 款规定"从羁押场所或监禁场所不法释放被押的人，或者帮助他逃跑的，判处 1 年以下的剥夺自由"。我国澳门地区刑事相关法规第 314 条第 1 款也做了类似的规定"负责看守依法被剥夺自由之人公务员，将该人释放，任由其脱逃，又或便利、促成或以任何方式帮助其脱逃者，处 1 年至 8 年徒刑"等，就是如此。而采取第二种立法风格即概括综述式的国家，比较典型的有韩国，如韩国刑法典第 148 条规定"看守、护送人员使依法被关押者脱逃的，处 1 年以上 10 年以下劳役"，等等。

就我国刑法而言，第 400 条规定了"司法工作人员私放在押的犯罪嫌疑人、被告人或者罪犯的，处五年以下有期或者拘役"，基本上属于第二种立法风格与类型，即在立法中对其行为方式的规定概括地描述为"私放"，而没有进一步做具体的阐述。

但不论中外，对行为方式的规定无论是具体阐述式，或者是概括综述式，其实质内涵大体上是一致的，均包括直接纵放与间接便利脱逃两种具体的行为方式。相比较而言，具体阐述式对行为方式规定得比较明确具体，有利于增强司法实践中的可操作性，防止不必要的误解，但又失之繁琐，过于机械、呆板，不利于适应日新月异的社会现实，且其对具体行为方式的规定之外延不尽周延，因而为我们所不取。概括综述式则揭示了行为方式的"私放"性，纲举目张，一目了然，而且概括地规定"私放"或者"使脱逃"，其所包容之行为方式的外延更具周延性，对私放性质的行为既不规定得过于僵化、硬性、限制过死，又不放任自流，而在司法实践中根据客观实际情况将哪些是"私放""使脱逃"的行为委之于司法解释对此做出明确的规定。这样既有一定的原则性，又避免了过分的灵活性，是比较合理和切合司法实际情况的。

第二，是关于私放在押人员犯罪的犯罪对象问题。关于本罪的犯罪对象，世界各国刑法表述不一，大致有以下几种界定，如界定为"在押人犯"，或是"依法被剥夺自由的人"，或是"依法被逮捕或关押者"，或是"被拘留者、犯人或其他因官方命令被关押在监狱之人"，或是"依照法令被拘禁的已决犯或未决犯"，如此等等，不一而足。其中尤其值得称道的是法国刑法典辟专条第434-28条对"在押人犯"做了相当细致的解释。根据该条规定，下述各种人员视为"在押人犯"：（1）受到看守的人。（2）处于诉讼之中或执行传票或逮捕令或经看管后，提交司法机关的人。（3）已接到仍然有效的拘留证或逮捕证的人。（4）服自由刑或服此种刑罚而被拘捕的人。（5）被置于引渡管制之下的人。

在了解世界其他国家刑法关于私放在押人员犯罪对象的基础上，再让我们把关注的目光移回国内，我国刑法规定的私放在押人员犯罪其行为对象是"在押人员"。根据有关司法解释的规定及通说的刑法理论，"在押人员"既包括依法被关押也包括在押解途中的犯罪嫌疑人、被告人、罪犯。除此之外，依照刑事诉讼法的相关规定，还包括被司法工作人员当场采取拘留措施押解到司法机关办理立案、拘留等手续过程中的现行犯、重大犯罪嫌疑分子以及由公民扭送至司法机关且在司法人员采取拘留、逮捕、关押措施之前的现行犯、通缉犯、逃犯和被追捕人员。

仔细分析，自不难发现中外各国刑法关于该罪犯罪对象其共通之处在于：第一，行为人一般为依法拘禁或逮捕之人，其自由被拘束于公力监督之下。未受羁押或押解，或者这种状态已解除，自当不能成为私放在押人员犯罪的犯罪对象，此其一。第二，行为人不限于已判决的罪犯，依照其他法令或者命令而被拘押者均属之。这是其共通之处或者说其同一性所在，但在这种同一性或者共通之处的背后也还有其比较明显的差异性，其差异性主要表现在：对"在押人员"范围的解释与限定上，如我国台湾地区刑事相关规定关于本罪的犯罪对象除包括受徒刑或拘役刑罚的罪犯、受羁押的刑事被告以外，还包括受保安处分的受处分人，被管收的民事被告、被拘留的违警人以及受到行政当局管束的直接强制处分者。其犯罪对象范围之广，实令人咋舌。

相反，就我国刑法而言，该罪的犯罪对象仅限于在押的犯罪嫌疑人、被告人、罪犯，以及依照其他有关法律和司法解释被关押或在押解途中的人，但不包括被管收的民事被告、被行政拘留的人以及受行政机关管束的强制处分者。此外，因我国刑法未确立保安处分制度，所以自不存在受保安处分之受处分人。

　　谁优谁劣？或者说哪种解释和限定更加合理？笔者认为，该罪之犯罪对象似以排除被管束的民事被告、被行政拘留者、依照其他行政命令被管束的人以及受保安处分之人为宜。如私放在押的民事被告，虽也在一定程度上侵犯了国权的拘禁作用，但与私放其他刑事性质的犯罪嫌疑分子以及罪犯相比，其性质显属轻微，不具备严重的社会危害性，似不宜纳入刑法规范评价的范围。而私放因官方命令或者其他受行政处分被管束者，所侵犯的实质上是一种行政权，而不是司法权与司法活动的纯洁性以及公正性。如果将之包括在私放的"在押人员"之内，则明显与私放在押人员犯罪的性质不符，故而不宜认定为是本罪的犯罪对象。

三、主体特征比较

　　尽管各国刑法关于私放在押人员罪主体范围的规定不尽一致，表述也各不统一，但仔细分析，其不外乎是从以下三种意义上来使用的。第一，最广义上的犯罪主体。如瑞士联邦刑法典第 319 条规定的主体就是"官员"；韩国刑法典第 148 条规定的是"看守、护送人员"。第二，广义上的犯罪主体。大多数国家或地区的刑法是在这种意义上来限定本罪的犯罪主体的。如日本刑法典第 101 条规定的主体是"依照法令对被拘禁人进行看守或者护送的人"；我国澳门刑法典第 314 条第 1 款规定的是"负责看守依法被剥夺自由之人的公务员"等。第三，狭义上的犯罪主体。如新加坡共和国刑法典第 221、222 条规定的主体是"作为依法有义务逮捕或监禁因犯罪被指控或应予逮捕的任何人的公务员"等，是为适例。从我国刑法第 400 条关于该罪犯罪主体的规定，可知其主体限定为"司法机关工作人员"。即根据刑法第 94 条之规定具有侦查、检察、审判、监管职责的司法工作人员。此外按照有关司法解释的规定，监管改造场所负有看押人犯职责的执勤武警，以及受司法机关聘用或委托从事监管、看守、押解的人员，以及未被公安机关正式录用的人员、狱医等均可成为本罪的主体。但从总体上分析，基本属于上述从第二种广义上来限定本罪的犯罪主体的，类似于外国刑法中的司法公务员以及负有特定看守、关押、押解职责的人员，一般不包括普通的行政公务员。

笔者认为，从最广义上来厘定本罪的主体有过度扩张犯罪主体的范围以及扩大刑罚打击面之嫌，明显不妥，同时有违刑法的谦抑性与人权保障机能的发挥，而且也与司法实际情况不符。而从狭义上来厘定本罪的犯罪主体范围则又失之过窄，使许多私放在押人员的负有特定看守、关押、押解职责的非司法公务员成了漏网之鱼，如司法机关委托或聘请的负有看守、关押、押解职责的非司法公务人员，执勤武警等人员，刑法对其私放在押人员的行为就无法进行否定性的规范评价，这显然是不恰当的，同时也违各国刑法设立该罪的初衷。而从广义意义上来限定本罪的犯罪主体，即限定为履行特定职责的司法公务员以及负有特定看守、关押、押解职责的非司法公务人员，既不扩大，也不缩小，避免了上述两个方面的问题，因而是一个比较符合司法实际情况的合理选择，我国刑法及司法解释在这方面的规定应该说是比较科学的。

四、主观方面特征比较

中外刑法关于私放在押人员犯罪行为人的主观心理态度或者说行为人的罪责应是"故意"基本上无疑义，但是至于故意是否仅指直接故意，则颇有争议与分歧。但多数国外刑法及刑法理论均承认故意不仅包含确定的故意，而且也包含未必的故意。美国刑法中规定的容许脱逃罪就明确指出包括未必的故意（容忍的故意），如美国模范刑法典第242条就把"执行拘禁职务之公务员因故意或轻率容忍脱逃"这一主观情节在该罪条文中明确昭示。新加坡共和国刑法典第221条也在

398

立法中明确承认了这一点，该条规定"作为依法有义务逮捕或监禁因犯罪被指控或应予逮捕的任何人的公务员，故意不逮捕此人，或故意放任此人逃跑，或故意协助此人逃跑或企图从监禁中脱逃的，应……"1968 年 10 月修正的意大利刑法典第 368 条规定的"纵放因犯罪依法被逮捕或拘禁之人或帮助其脱逃者，应……"，行为人的罪责应是故意（确定的故意与未必的故意）不难从该条中推断出来。我国澳门刑法典第 314 条"负责看守依法被剥夺自由之人之公务员，将该人释放任由其脱逃，又或便利、促成或以任何方式帮助其脱逃者，处……"，很明显行为人的罪责是故意，并未排除行为人的罪责不能是未必的故意（容忍的故意），也是比较好的佐证。当然，认为本罪的罪责只能由直接故意（确定的故意）构成的外国刑法也不在少数，如德意志联邦共和国刑法典在第 120 条（1）（2）项规定"非法释放犯人罪"之后，紧接着在第三项规定"犯本罪未遂的，也应处罚"。由此不难推断，该罪只能由直接故意（确定的故意）构成，因为有无间接故意（未必的故意）只存在犯罪构成与否的问题，而不可能存在犯罪的未遂形态。韩国刑法典在第 149 规定"前四条的未遂犯，也予处罚"。第 150 条规定"预备或阴谋犯第 147 条、148 条（指看守人员协助脱逃罪——引者注）之罪的，处 3 年以下劳役"。可知该罪行为人的罪责只有直接故意（确定的故意）才能构成。

相反就我国刑法关于该罪的规定而言，通说的观点是认为刑法第 400 条规定的私放在押人员罪，行为人的主观心理态度只能是直接故意（确定的故意），而不包括间接故意（未必的故意）。

笔者认为这种解释与理解是值得商榷的，应该说负有特定职责的司法公务员既可以是积极地实施私放在押人员而追求在押人员脱逃结果的发生，也可以是在认识到可能发生在押人员脱逃的情况下，故意放任或容忍这种结果的发生。因此，本罪行为人主观方面的心理态度应当包括间接故意（未必的故意或容忍的故意）。这不仅是多数国家刑法与刑法理论的主张，而且也是比较符合司法实际情况的。相比较而言，我国刑法及刑法理论在这方面则略显滞后。

第三节　私放在押人员罪立法比较研究

　　私放在押人员罪也是一种比较典型的司法渎职型犯罪。这种犯罪不仅严重破坏了司法机关的正常活动，而且更为严重的是腐蚀了司法干部队伍和侵犯了国家司法活动的纯洁性与公正性。因此，各国刑法都无一例外地对这种行为进行规制。科学地研究与评介国外关于私放在押人员罪的相关立法体例，吸收其中的合理因素，扬弃我们的不足成份，对于进一步完善我国的相关刑事立法，无疑具有积极的意义。

一、关于罪名问题

　　罪名即犯罪的名称，是对具体犯罪本质及其主要特征的高度概括。各国刑法典对私放在押人员犯罪行为的罪名的表述颇不统一，粗略概括，大致可以划分为以下三种基本的罪名类型：（1）突出行为本身之违法性质的罪名。如私放被拘禁人罪（法国刑法）、私放犯人罪（瑞士刑法）、非法释放犯人罪（德国刑法）等。（2）突出行为之共犯性质的罪名。又有如下几种表述方式，如看守人援助脱逃罪（日本刑法）、看守人协助脱逃罪（韩国刑法）、公务员纵放或便利脱逃罪（我国台湾地区刑事规定）等。（3）突出行为人主观意思的罪名。如容许脱逃罪（美国模范刑法典）、允许脱逃罪（加拿大刑法）、公务员放任他人逃跑罪（新加坡刑法）等。

　　以上是对国外具有代表性的刑法典关于私放在押人员犯罪行为之罪名表述所勾勒的一个大致较为清晰的轮廓。反观我国刑法对私放在押人员犯罪行为的立法规制，"两高"所确定的罪名是"私放在押人员罪"，基本上属于国外刑法典中第一类注重揭示行为本身之违法性质的罪名类型。

　　如何来评价这三种罪名的类型呢？笔者认为，第一种罪名类型在罪名中规定"私放""非法释放"等能够直接表征行为违法性质的行为方式，注重对行为本身的无价值性、恶性、有害性之否定评价，揭示了私放在押人员行为的规范违反性质和违法性实质，反映了该种罪的罪质及其主要特征。并且由"私放""非法释放"等能够表征行为违法性实质的行为方式，我们能够逻辑地推断出该罪行为人之主观罪责只能是故意。既在对行为人亵渎职务的行为进行否定性规范评价的同时，又兼顾了对行为人主观恶性的非难谴责，符合确定个罪罪名根据和标准的内在统一性和逻辑性，因而是比较科学合理的。第二种罪名类型突出强调的是行为的共犯性质，如在罪名中直接规定"援助脱逃""协助脱逃""便利脱逃"等具体的共犯行状。无疑，这种规定有一定的合理性，但总体上而言，这种罪名类型没有充分揭示该种行为的本质属性与违法性实质。此外，当成是脱逃罪的共犯行为从而将其附属于脱逃罪的罪质类属评价，这也不甚妥当。一方面无法反映出私放在押人员行为的严重社会危害性以及亵渎职务的恶劣程度；另一方面，也易混淆其与脱逃共犯行为的界限，无法实现个罪罪名与其罪质、罪状及其他相关个罪罪名之间的内外协调之要求，是有较大局限性的。第三种罪名类型主要为英美法系国家所采用，其侧重于对行为人主观恶性的非难谴责，如在罪名中明确标示"容许""允许""放任"等行为人的主观罪责形态。应该说这种罪名类型还是有一定合理性的，毕竟，在押人员"脱逃"并非都是"私放"造成的，"脱逃"在罪名中的规定也并非能像"私放"一样能够逻辑地推出和反映出行为人的罪责及其主观恶性。但是，对于私放在押人员这种群众所熟知的行为人主观心理状态的犯罪情形，有无必要再在罪名中标示其主观罪责形态，却不无商榷的余地。

总之，在私放在押人员犯罪行为的罪名这一点上，笔者认为，以第一种罪名类型见长，故我国刑法中的私放在押人员罪罪名应予保持，而不宜搬抄别的立法例。

二、关于立法模式问题

关于私放在押人员罪的立法模式，实际上涉及了该罪在刑法典分则体系中的逻辑定位问题。综观国外刑法典关于该罪的立法模式，大多数国家均将其归属于"侵害司法权威或作用犯罪"这一类罪之下，当然表述有所不同。如《瑞士联邦刑法典》在分则第六章"妨害司法的重罪或轻罪"之下，直接设立"私放犯人罪"；《德意志联邦共和国刑法典》在分则"反抗国家权力的犯罪"一章之下规定"非法释放犯人罪"；《加拿大刑法典》在分则第四章"妨碍执法和司法的犯罪"专章之下，辟专节规定"脱逃以及营救犯罪"，然后再在该节之下设立"允许脱逃罪"等，即是如此。

就我国刑法而言，因为考虑到私放在押人员罪的犯罪主体是司法工作人员，所以将其放置在"渎职罪"一章之中加以规定，1997年刑法修订时，未做调整，沿用至今。

那么关于私放在押人员罪的哪种立法模式更具有合理性呢？笔者认为，虽然私放在押人员罪是一种比较典型的的司法渎职型犯罪，从性质上来讲，这种犯罪既可纳入"渎职罪"的范畴，也可以归入"妨害司法活动罪"之中。其在立法中的最终归属及逻辑定位取决于立法者设立该罪意图重点保护的社会关系或客体，也即有赖于立法者对该种罪罪质的深刻认识。但从总体上看，将我国刑法中的私放在押人员罪归入"妨害司法活动罪"之中而非"渎职罪"之中要显得更加合适一些，因为这种犯罪不论是从其行为性质还是从内部构成特征来看，均与一般的渎职犯罪存在着比较明显的区别，相反却与妨害司法活动犯罪有着紧密的联系，它是从司法机关内部对正常司法活动以及司法的纯洁性、公正性进行破坏。反之，如果将私放在押人员罪归入"渎职罪"这一类罪之中，倒显得有些牵强附会，影响对该罪罪质认识和评价的科学性与合理性，而且与大多数国家刑法对该罪的罪质类属评价趋向不符，明显地形成一种风格上和逻辑上的断裂与不协调。故而笔者主张，我国刑法对该罪在分则中的规定与逻辑定位应当顺应世界刑事立法潮流，吸收外国刑法关于该罪立法模式的合理因素和成份，将私放在押人员罪（同时包括失职致使在押人员脱逃罪）从分则"渎职罪"一章之中移出，规定在第六章"妨害社会管理秩序罪"之下的"妨害司法活动罪"一节中。

三、关于罪状描述问题

对于私放在押人员罪罪状的描述方式，世界上许多刑法典大多是采取下列两种描述方式：（1）简单罪状描述方式。即刑法分则条文对私放在押人员罪的基本构成特征只做比较简单而不做具体的描述，如韩国刑法典第 148 条的规定"看守、护送人员使依法被关押者脱逃的，处……"[①]即是如此。（2）叙明罪状描述方式。即刑法分则对该罪的罪状与主要构成特征做了比较详细的规定。其中采用这种罪状描述方式比较典型的刑法典是新加坡共和国刑法典，该刑法典第 221 条对私放在押人员犯罪的罪状做了比较细致的具体规定，即"公务员依法有义务逮捕或者监禁因犯罪被指控或应予逮捕的任何人，而故意不逮捕此人，或故意放任此人逃跑，或故意协助此人逃跑或企图从监禁中脱逃的，则……"[②]

相比较而言，我国刑法第 400 条对私放在押人员罪罪状的表述采取的基本上是简单罪状描述方式，即"司法工作人员私放在押的犯罪嫌疑人、被告人、罪犯的，处……"

在笔者看来，对该种犯罪到底是采用叙明罪状的描述方式抑或是简单罪状的描述方式，在某种程度上反映了不同国家立法者的价值观念以及立法技术的问题。采用简单罪状，一般是因为立法者认为，这些罪特征比较明确，且为人们所熟知，并且主要是针对自然犯罪，如故意杀人罪、故意伤害罪等，从罪名就可以看出这种犯罪行为的基本性质与特征，因而无须在罪状中做更具体的描述，而且从立法技术的角度来考虑，任何一个国家的刑法典都不可能也无必要对每一种具体犯罪的全部构成要件加以详细的描述和规定，否则会造成刑法分则条文过于繁琐，负荷过重。但就私放在押人员罪这种在司法实践中常见多发的以及犯罪行为方式较为特别的司法渎职型犯罪而言，似应以采

---

① 〔韩〕金永哲译：《韩国刑法典及单行刑法》，中国人民大学出版社 1996 年版，第 26 页。

② 刘涛、柯良栋译：《新加坡刑法》，北京大学出版社 2006 年版，第 53 页。

用叙明罪状的描述方式为宜。对该罪的罪状特征与基本性质采用叙明罪状的描述方式，一来有利于加强司法实践中的可操作性，便于司法工作人员准确把握该罪的罪质与构成特征，正确划清罪与非罪（如一般私放犯人的违纪行为）以及此罪与彼罪（如徇私枉法罪）的界限；二来也是贯彻罪刑法定主义之明确性的必然要求。事实上，大多数国家刑法典分则对该罪罪状的描述也都是采取叙明罪状的描述方式。

四、关于刑罚处罚问题

对中外刑法关于私放在押人员犯罪的刑罚处罚之比较，基本上可以从各国刑法对刑种的选择、刑度的配置这两个基本的维度来考察与分析。

（一）刑种选择

关于私放在押人员罪的刑种选择，世界各国刑法，大体上有两种基本的刑种选择模式：一是单一刑种制，即对该种性质的犯罪之刑罚惩罚只规定单一的刑种，而且主要是配置轻重不同的自由刑。如韩国刑法、瑞士刑法、日本刑法等，均是采取这种模式。二是复合刑种制，即对该种性质的犯罪之刑罚惩罚配置的不只是一个单一的刑种，而是复合配置多个刑种。具体而言，主要又可细分为"自由刑并科财产刑"与"自由刑并科资格刑"两种基本的类型。前者如法国刑法典第434-33条规定："负责监视在押人犯的任何人，为在押人犯越狱提供方便或为此做准备，即使以故意不作为提供此种方便或做此种准备的，处 10 年监禁并科 100 万法郎罚金。"[1]后者如西班牙刑法典（1971）第 362条规定："对于经判决之犯人、囚徒或拘留人，其运送及被拘留已确定，公务员容忍其逃走，应受下列处罚：如果逃犯已经判刑，并执行若干刑，则应处以短期徒刑及特别褫夺权利；其他案件则应处以长期监禁及特别褫夺权利"[2]等，即是如此。

具体到我国刑法而言，实行的基本是单一刑种制，即刑法第 400

① 罗结珍译：《法国刑法典》，中国人民公安大学出版社 1995 年版，第 174 页。
② 潘灯译：《西班牙刑法典》，中国政法大学出版社 2004 年版，第 162 页。

条对私放在押人员的行为,配置的是单一的自由刑(有期徒刑与拘役),而没有同时配置资格刑与财产刑。

在我们看来,私放在押人员犯罪行为的本质特征在于其司法渎职性,行为人实施该种犯罪往往是利用了其职务上的便利和权力。因此,对该种性质的犯罪进行刑法规制除配置自由刑外,也应该同时配置资格刑,以剥夺司法公职人员再犯罪的政治资本,从政治上对犯罪分子进行严厉的否定评价,以体现国家从严治吏的方针,只有这样才能更好地实现刑罚一般预防与特殊预防之目的,同时也是纯洁国家司法公职人员队伍、维护国家威信、更好维护国家利益的需要,正如我国台湾学者林山田所言:"对国家公职人员利用职务实施犯罪的,剥夺犯罪之人被选举资格,为公务员、民意代表及陪审员等资格,直接可确保公职人员之信誉,间接可维护国家之利益。"①目前世界上许多国家对该种性质的犯罪广泛适用财产刑(主要是罚金刑)。笔者认为这是符合世界刑事立法潮流,而且也是符合司法实际情况的。通过财产刑的适用,既可以使刑罚充分发挥其惩罚或威胁的功能,同时也剥夺了司法公职人员再犯的物质基础,使其感到在经济上不仅无利可图,而且得不偿失,不得不对自己的行为重新评价,从而有利于充分发挥刑罚特别预防的功能。总而言之,国外刑法将资格刑与财产刑作为惩治私放在押人员犯罪的有效手段,这一立法经验是值得我们思考和借鉴的。

(二)刑度配置

关于私放在押人员罪的刑度配置问题,限于篇幅,笔者在此着重探讨该罪的刑度配置结构模式,而对于该罪刑度的具体配置及其合理性分析等,则不再述及。

就各国刑法对该罪所做的刑度配置结构模式而言,大体上可以将其划分为以下三种:(1)相对偏重配刑结构模式。此种刑度配置结构模式一般来说刑罚幅度弹性比较大,最高法定刑相对偏高。采用这种刑度配置结构模式比较典型的刑法典有韩国刑法典、日本刑法典,两者对该罪配置的最高刑量均为10年惩役。(2)相对偏轻配刑结构模式。

① 林山田著:《刑罚学》,台湾商务印书馆1983年版,第309页。

这种刑度配置结构模式其基本特点是最高法定刑通常都比较低，一般接近或比较接近自由刑的最低刑罚的下限。如蒙古刑法典第 102 条对该罪配置的最高法定刑仅为 1 年剥夺自由。而瑞士刑法典配置的最高法定刑也只有 3 年惩役或监禁刑。（3）量化量刑情节配刑结构模式。这种刑度配置结构模式即根据不同的犯罪情节而配置与之相应的刑度。犯罪情节重，则配置刑度偏重，相应刑罚幅度弹性也比较大；相反，犯罪情节轻，则配置刑度偏轻，相应刑罚幅度弹性也比较小，采取这种刑度配刑结构模式比较典型的要数新加坡共和国刑法典所做的刑度配置，该法典第 221、222 条各分设三款，根据不同的情节，而选择配置不同的刑度（该两条具体又各分为三档，每档次的最高刑可分别长至 7 年、3 年、2 年有期徒刑）。①

那么我国刑法对私放在押人员罪所做的刑度配置又是怎样的呢？不难发现基本上属于上述第三种量化量刑情节配刑结构模式，根据该法第 400 条的规定，司法工作人员私放在押人员如果情节一般的，处 5 年以下有期徒刑或者拘投；情节严重的，处 5 年以上 10 年以下有期徒刑；情节特别严重的，处 10 年以上有期徒刑。

比较中外刑法对私放在押人员犯罪所做的刑度配置，哪一种配置结构模式具有更多的合理性？相对而言，量化量刑情节配置结构模式其优越性是比较明显的。一方面，根据情节之轻重分设阶梯式的法定刑单位，不仅增强了司法实践中的可操作性，而且有利于贯彻刑罚个别化原则，切实做到罪责刑相适应。另一方面，根据种罪内部罪量轻重的不同来配置与之相应的刑量，有利于实现配刑过程中罪刑间序的相应性（等级均衡），并且有利于框定法官行使自由裁量权的界限，使之不偏离立法者预设的轨道，使刑的量定更趋理性化，进而可以达到彰显刑法人权保障机能之目的。因此，就序的相应性而言，我国刑法第 400 条对私放在押人员罪所做的配刑（或采取的配刑结构模式）是合理的，在定序的意义上的确实现了种罪内部不同刑格与犯罪罪量之间的等级均衡。但等级均衡毕竟是一种形式均衡，因为即使"等级均

---

① 刘涛、柯良栋译：《新加坡刑法》，北京大学出版社 2006 年版，第 53 页。

衡程度很高，也可能掩盖着实际上整体所配刑过轻或过重"①。这就涉及了定基均衡（基的相应性）的问题，定基均衡（基的相应性）是一种实质意义上的罪刑均衡，其对种罪配刑考察的基点主要是看该种罪的最高刑量是否为适度的配刑基准（刑基）。就我国刑法对该罪的配刑而言，其对该罪配置的最高刑量是 15 年有期徒刑，笔者认为，配刑偏重。②有违定基均衡（基的相应性）的要求。而且从世界各国刑法典对该种犯罪所配置的最高刑量而言，一般均不超过 10 年自由刑。所以，似有必要降低我国刑法在该罪上的刑量水平，适当削减刑罚对该罪的力度，从而使刑法对该罪的刑度配置更趋理性化和科学化。

第四节　徇私舞弊减刑罪客观方面若干疑难问题研讨

根据《刑法》第 401 条的规定，所谓徇私舞弊减刑罪，是指司法工作人员徇私舞弊，对不符合减刑条件的罪犯予以减刑的行为。徇私舞弊罪的设立，对于维护正常的监狱管理秩序，保证犯罪改造工作的正确进行，消除社会治安隐患具有重要意义。本节拟对徇私舞弊减刑罪客观方面的两个问题进行探讨。

一、如何理解不符合减刑条件的罪犯

构成徇私舞弊减刑罪，在客观方面表现为对不符合减刑条件的罪犯予以减刑。可见，该罪的行为对象是不符合减刑条件的罪犯。何谓不符合减刑条件的罪犯？笔者认为，就是指不符合减刑实质条件的罪犯，以及法律和有关司法解释所规定的不得减刑的罪犯。如果罪犯符

---

① 白建军著：《罪刑均衡实证研究》，法律出版社 2004 年版，第 303 页。

② 我国刑法第 305-317 条规定的《妨害司法活动罪》中除组织、暴动越狱，聚众持械劫狱等个别暴力性妨害司法犯罪以外，其配置的最高刑量均不超过 7 年或 10 年徒刑，总的刑量水平相对于私放在押人员罪而言偏低。除此之外，第 397-411 条规定的《渎职罪》一章之中除徇私枉法等个别相似犯罪以外，其他的渎职型犯罪的最高刑量也均不超过 7 年或 10 年徒刑，总的刑量水平相对于私放在押人员罪而言也偏低。

合减刑的实质条件,司法工作人员只是违反了法定程序而予以减刑的,则不应以本罪论处。对于减刑的实质条件,《刑法》第78条第1款做了明确规定,即:被判处管制、拘役、有期徒刑、无期徒刑的犯罪分子,在执行期间,如果认真遵守监规,接受改造,确有悔改表现或者有立功表现的可以减刑。有"阻止他人重大犯罪活动的""检举监狱内外重大犯罪活动,查证属实的""有发明创造或者重大技术革新的""在日常生产、生活中舍己救人的""在抗御自然灾害或者排除重大事故中,有突出表现的""对国家和社会有其他重大贡献的"等重大立功表现之一的,则应当减刑。下面笔者不妨再结合一则典型案例进行分析。

该案的基本案情是:2008年3月,河南省信阳市第二看守所干警李富国将其他在押人员检举汪某故意伤害致人死亡一案的举报材料移花接木到留所服刑人员陈勇(因挪用公款罪被判处有期徒刑四年)身上,伪造了陈勇的立功材料,向信阳市中级法院为其呈报减刑。负责审理该案的信阳市中级法院审判员熊春亮违法认定陈勇为"重大立功",对其裁定减刑二年零十个月。信阳市人民检察院经审查认为,该减刑裁定违反了刑法关于有期徒刑减刑后实际执行的刑期不能少于原判刑期二分之一的规定,于同年4月8日向信阳市中级法院发出了《纠正违法通知书》。信阳市中级法院重新审理后撤销了该减刑裁定。①2008年9月8日,信阳市平桥区人民检察院以信平检刑诉(2008)第190号《起诉书》指控被告人熊春亮犯徇私舞弊减刑罪,依法向河南省信阳市平桥区人民法院提起公诉。

结合该案案情分析,虽然留所服刑人员陈勇的重大立功材料事后查明是被人为移花接木的,但是在信阳市第二看守所向信阳市中级人民法院呈报陈勇减刑材料时,罪犯陈勇符合减刑的实质条件,熊春亮并非是明知不符合减刑条件的罪犯而予以减刑。信阳市第二看守所向信阳市中级人民法院呈报的罪犯陈勇的减刑材料包括呈请减刑审批表、提请减刑建议书、平桥区检察院监所科驻所检察室意见、信用市

---

① 郑赫南、谢文英:《相关案例链接》,载《检察日报》2008年10月27日;河南省信阳市平桥区人民检察院以信平检刑诉(2008)第190号《起诉书》。

第二看守所所务会记录、关于罪犯陈勇等的减刑狱内公示、干警李富国等出具的旁证材料、陈勇的检举材料、新疆阿拉尔城区公安局刑警大队出具的《抓获犯罪嫌疑人汪文建经过证明》、信阳市第二看守所出具的《抓获犯罪嫌疑人孟磊经过证明》、在押人员羁押期间表现鉴定表、在押人员奖惩审批表以及同号犯人张伟、陈亮的相关书面证明等 16份材料，均证实罪犯陈勇在留所服刑期间认罪服法、认真遵守监规、接受教育改造，不仅有明显的悔改表现和立功表现，而且还有检举他人重大犯罪活动等重大立功表现，符合《刑法》第 78 条第 1 款规定的减刑的实质条件，应当减刑。上述呈报罪犯陈勇减刑的材料齐备、完整，呈报程序也是合法透明的，足以说明信阳市第二看守所向信阳市中级人民法院呈报罪犯陈勇的减刑材料时，陈勇是符合减刑实质条件的罪犯，并且不属于法律和司法解释所规定不得减刑的罪犯。

值得指出的是，不应把裁定对罪犯陈勇减刑时突破《刑法》规定的减刑限度，当成是被告人熊春亮明知不符合减刑条件的罪犯而对其予以减刑。诚然，"减刑以后实际执行的刑期，判处管制、拘役、有期徒刑的，不能少于原判刑期的二分之一"，这是《刑法》对减刑限度的硬性规定，不能突破，否则就是违法。也正是在这个意义上，合议庭裁定对罪犯陈勇减刑两年零十个月是具有违法性的。虽然被告人熊春亮曾是本案的直接承办人，但不能据此就得出其明知是不符合减刑条件的罪犯而予以减刑，因为两者之间并没有必然的联系和因果关系。事实上，除了本案被告人熊春亮，合议庭的陶某、丁某等也忽视了《刑法》第 78 条第 2 款对减刑限度的硬性规定。毋庸置疑，突破《刑法》第 78 条第 2 款对减刑限度的硬性规定而错误地裁定减刑与徇私舞弊、对明知是不符合减刑条件的罪犯予以减刑是有着本质区别的。

二、徇私舞弊的具体把握

所谓徇私舞弊，就是司法机关工作人员为徇私情、私利，对不符合减刑条件的罪犯予以减刑。如何理解不符合减刑条件的罪犯，前文已述。那么，如何把握该罪中徇私舞弊的构成要素？笔者仍以熊春亮徇私舞弊减刑案为例进行分析。在该案中，信阳市平桥区人民检察院信平检刑诉（2008）190 号《起诉书》指控被告人熊春亮犯徇私舞弊减刑罪的重要依据之一是认为其在罪犯陈勇减刑一案中"利用职权徇私舞弊"。在笔者看来，熊春亮涉嫌"徇私舞弊"的情节显著轻微，危害不大，应适用《刑法》第 13 条"但书"的规定，不以犯罪论处。

首先，熊春亮是基于工作上相互认识的关系才接受张新建之邀吃饭的，事先并不知道有罪犯陈勇父母参加，陈勇父母赴宴是违背其主观意志的。据在案证据材料显示，在办理罪犯陈勇减刑案之前，基于工作上的关系，熊春亮就已经认识了张新建（信阳市第二看守所劳动改造中队队长以及负责报送减刑等材料的专职干警）。因此，在 2008 年 2 月份的一天，熊春亮接受张新建的邀请晚上出来吃饭，也还是合乎情理的。而罪犯陈勇父母后来的出现，熊春亮事前并不知情。至于陈勇父母出现后熊春亮为何没有立即离开，毋庸置疑，这是严重违反纪律和相关司法职业规范的，不过在案证据显示熊春亮当时主要是"碍于情面"，考虑到与张新建是熟人，一走了之会使张新建没有面子。从中国社会人情伦理的角度来看，也还是存在情有可原之处。

其次，熊春亮与陈勇父母平时既不熟悉，也无任何往来，没有确实、充分的证据证明其实施了徇私舞弊的行为。根据在案证据材料所表明的事实，熊春亮只是应张新建之邀而被动（如前所述，事先并不知情）与罪犯陈勇父母在一起吃饭，陈勇父母并未主动直接邀约熊春亮。事实上，熊春亮对陈勇父母的情况不仅不了解，而且双方之间也一直无任何往来。本案中熊春亮的供述以及陈勇父母的证人证言均可证实这一点。此外，检察机关在侦查阶段调取熊春亮等的手机通话清单时，也未发现其与陈勇父母有过任何通话往来，也可进一步佐证这一点。应当说，熊春亮与罪犯陈勇父母在一起吃饭，尽管其事先并不知情，但确实是一种违纪和违反法官职业规范的行为，受到相应的纪律处分也是无可厚非的，但不应当仅因为其客观上与陈勇父母在一起吃饭，而不分析事情的来龙去脉，不结合事前、事中和事后的案件情况，就想当然地认定被告人熊春亮属于"利用职权徇私舞弊"。任何脱离主客观相统一的原则来分析认定被告人熊春亮是否"徇私舞弊"，都会陷入认识上的误区。

再次，对罪犯陈勇减刑两年零十个月的错误刑事裁定，客观上并没有造成实质性的危害结果，应属危害不大。信阳市中级人民法院于2008年3月19日做出对罪犯陈勇错误减刑两年零十个月的刑事裁定后，信阳市人民检察院即于2008年4月8日向该院发出了信检纠（2008）第1号《纠正违法通知书》。在收到该《纠正违法通知书》后，信阳市中级人民法院即于2008年4月13日另行组成合议庭对该案重新进行了审理，撤销了先前的错误刑事裁定，并及时将该裁定送达了信阳市人民检察院、信阳市公安局、信阳市第二看守所。由于纠正违法及时，并撤销了原减刑裁定，罪犯陈勇实际上并没有减刑一天，也未释放，客观上尚未造成任何实质性的危害结果，危害显然不大。

最后，罪犯陈勇被违法减刑一案，其责任具有分散性与集体性，在处理时应当注意公平合理。《刑法》第78条第2款明文规定："减刑以后实际执行的刑期，判处管制、拘役、有期徒刑的，不能少于原判刑期的二分之一。"这对处理减刑案件的公安司法机关来说，当属法律常识。可是，罪犯陈勇被违法减刑一案，从最初减刑材料的呈报到最后减刑刑事裁定的做出，经过了信阳市第二看守所、平桥区检察院监所科驻所检察室、信阳市公安局、信阳市中级人民法院合议庭以及主管院长审查等好几个环节，都没有审查发现出来。在合议庭开庭审理罪犯陈勇减刑案之前，信阳市第二看守所、平桥区检察院监所科驻所检察室、信阳市公安局在相关审批和鉴定材料上甚至均是"建议或同意减去余刑"，这更是严重违反《刑法》第78条第2款对减刑限度的硬性规定的。诚然，熊春亮作为案件承办人承担责任是应该的，但其他机关和相关当事人也负有不可推卸的责任。其实，在对罪犯陈勇的违法减刑裁定正式做出并生效之前，只要有任何一个环节发现或者审查出来，就不会发生罪犯陈勇被违法减刑的后果。从整体上看，对罪犯陈勇违法减刑一案，其责任具有分散性和集体性，而并非完全是某一个人的责任。因而在处理本案时，应当充分考虑到案件的特殊性和违法减刑责任的分散性，注意考量被告人责任承担上的公平合理，并慎重做出决定。